Jürgen Holdenrieder (Hrsg.)

Betriebswirtschaftliche Grundlagen Sozialer Arbeit

Eine praxisorientierte Einführung

Verlag W. Kohlhammer

für Amelie, Julian und Susanne

1. Auflage 2013
Alle Rechte vorbehalten
© 2013 W. Kohlhammer GmbH Stuttgart
Umschlag: Gestaltungskonzept Peter Horlacher
Gesamtherstellung:
W. Kohlhammer Druckerei GmbH + Co. KG, Stuttgart
Printed in Germany

ISBN 978-3-17-021481-1

Vorwort

Die Soziale Arbeit ist eine Branche, die in den letzten Jahrzehnten und selbst in Zeiten der Krise durch hohes Wachstum und steigende Beschäftigungszahlen gekennzeichnet war. Allerdings haben sich die strukturierenden Rahmenbedingungen Sozialer Arbeit in jüngster Vergangenheit nachhaltig verändert und der Ausgang dieser Entwicklungen ist bislang noch nicht absehbar. Eindeutig beobachtbar ist jedoch, dass Marktmechanismen in die Sozialwirtschaft Einzug genommen haben und hier immer selbstverständlicher werden, u. a. mit der Konsequenz, dass der Wettbewerb zwischen öffentlichen, frei-gemeinnützigen und privat-gewerblichen Trägern spürbar zunimmt. Dabei konkurrieren die Sozialunternehmen mit ihren Einrichtungen und Diensten sowohl um knapper werdende Ressourcen als auch um ihre Adressaten oder Kunden. Deren sich wandelnde Ansprüche sowie Bedarfe beeinflussen ebenfalls den Wettbewerb. In der Sozialwirtschaft entsteht damit ein hoher Druck, die Leistungserbringung nicht nur entlang der eigenen fachlichen Standards zu gewährleisten, sondern diese auch mit ökonomischen Maßgaben der Effektivität (Wirksamkeit) und Effizienz (Wirtschaftlichkeit) in Einklang zu bringen. Dementsprechend sind an die Träger bzw. deren Mitarbeiter neue und wachsende Anforderungen hinsichtlich betriebswirtschaftlicher Kompetenzen gestellt. Diese gehören heute zu den unverzichtbaren Bestandteilen einer modernen und professionellen Aus- und Weiterbildung in der Sozialen Arbeit. Dabei verbieten sich einfache Adaptionen aus anderen Branchen. Vielmehr sind Konzepte zu einer auf die fachlichen Anforderungen und spezifischen Rahmungen der Sozialen Arbeit zugeschnittenen Betriebswirtschaftslehre notwendig, um passgenaue Handlungsoptionen für die komplexen Herausforderungen bereitzustellen.

In diesen Spannungsfeldern bewegt sich das vorliegende Lehrbuch. Es will, wie der Titel zum Ausdruck bringt, berufspraktische Aspekte einer Betriebswirtschaft für die Soziale Arbeit aufzeigen, ohne dabei die theoriegeleitete Wissensvermittlung zu vernachlässigen. Die Lektüre des Buches setzt keine betriebswirtschaftlichen Kenntnisse voraus und richtet sich an Studierende in sozialwissenschaftlichen Studiengängen, an Teilnehmer einschlägiger Weiterbildungsangebote sowie an Fach- und Leitungskräfte in Sozialunternehmen. Das Lehrbuch ist so strukturiert, dass dem Leser zunächst ein breit angelegter Einstieg zu den Rahmenbedingungen der sich entwickelnden Disziplin der Sozialwirtschaftslehre ermöglicht wird. Im Anschluss erfolgt ein grundlegender Überblick zur Betriebswirtschaftslehre und zu den zentralen ökonomischen Aufgaben und Bereichen für Sozialunternehmen. Darauf aufbauend werden die für die Soziale Arbeit zentralen Funktionen der Betriebswirtschaftslehre (Planung, Organisationsentwicklung, Personalwirtschaft,

Rechnungswesen, Controlling, Finanzwirtschaft und Marketing) sowie ihre spezifischen Ausprägungen in eigenständigen Kapiteln durchleuchtet. Kernziel ist dabei, die Leserschaft in die Lage zu versetzen, aus der Vielfalt an Möglichkeiten, welche die Betriebswirtschaftslehre zur Verfügung stellt, die geeigneten Instrumente für den (auch eventuell zukünftigen) Bedarf des eigenen Sozialunternehmens zu identifizieren. Der konsequent hergestellte Praxisbezug vermittelt zudem Rüstzeug, um betriebswirtschaftlich relevante Prozesse in Sozialunternehmen zu analysieren, zu beurteilen und effizient zu gestalten sowie darüber kommunizieren zu können. Außerdem sollen die Ausführungen dazu beitragen, kompetent und überzeugend Führungsverantwortung zu initiieren oder auszufüllen. Nicht zuletzt versteht sich das vorliegende Werk als ein Beitrag zur Weiterentwicklung einer speziellen Betriebswirtschaftslehre für die Soziale Arbeit (Sozialwirtschaftslehre).

Der Lesbarkeit halber und aus Platzgründen wurde zumeist die männliche Schreibweise benutzt, Personen weiblichen Geschlechts sind jedoch stets mitgedacht.

Einer Vielzahl an Mitwirkenden und Unterstützern schulde ich großen Dank für die tatkräftige Unterstützung bei der Erstellung dieses Lehrbuches. Mein Dank gilt insbesondere den Mitautoren Rainer Burk, Nina Maier, Bettina Müller, Arnold Pracht, Kathrin Seifert, Arnd von Boehmer und Reinhold Wolke. Den studentischen Mitarbeitern Sarah Baronner, Andreas Karl Gschwind und Manuela Mabud danke ich für ihre sorgfältige Unterstützung bei der redaktionellen Arbeit sowie für die Erstellung der Abbildungen. Meiner Kollegin und Studiendekanin der Sozialen Arbeit Marion Laging für ihre redaktionelle Unterstützung und das Einbringen sozialarbeitswissenschaftlicher Kompetenz. Ebenfalls danke ich ganz herzlich den Studierenden der Hochschule Esslingen, den Studierenden der berufsbegleitenden Masterstudiengänge Sozialwirtschaft (Heidelberg/Stuttgart) und Sozialmanagement (Berlin) sowie den Teilnehmern an zahlreichen Weiterbildungsseminaren, die durch ihre vielfältigen Beiträge und wertvollen Anregungen (aus der Praxis) zum Gelingen dieses Werkes beigetragen haben.

Esslingen, im Januar 2013   Prof. Dr. Jürgen Holdenrieder

Inhaltsübersicht

Arnd von Boehmer und Jürgen Holdenrieder

1 Einführung

Jürgen Holdenrieder

1.1 Grundlagen

Soziale Arbeit hat sich in den letzten Jahrzehnten zu einem bedeutenden Teil der Volkswirtschaft entwickelt. Bereits zwischen den 1970er und Anfang der 1990er Jahre verdoppelte sich die Gesamtzahl der Beschäftigten und auch in jüngster Vergangenheit waren tendenziell steigende Mitarbeiter- und Einrichtungszahlen zu verzeichnen (Schilling 2010). Allein bei den Spitzenverbänden der freien Wohlfahrtspflege wurden bei der bisher letzten Gesamterhebung im Jahr 2008 bundesweit 102 393 Einrichtungen und Dienste mit insgesamt 1 541 829 hauptamtlich Beschäftigen erfasst (vgl. 1.3). Von den Beschäftigten waren in etwa 3/4 in den Arbeitsfeldern der Sozialen Arbeit und 1/4 im gesundheitsmedizinischen Sektor tätig, der eigentlich nicht dem Sozialmarkt zurechenbar ist (Bundesarbeitsgemeinschaft der Freien Wohlfahrtspflege 2009). In Relation zu anderen Branchen bedeutet dies, dass die Wohlfahrtsverbände mit insgesamt 1,5 Mio. Menschen rund 3,5 Prozent aller Erwerbspersonen (43,5 Mio.) in Deutschland beschäftigen (Statistisches Bundesamt 2010), was beispielsweise der Beschäftigtenzahl der vier belegschaftsstärksten Großunternehmen entspricht (Kreft 2008) und die Beschäftigtenzahl der Automobilindustrie einschließlich ihrer Zulieferer (rund 720 000 Menschen) um mehr als das Doppelte übertrifft (vgl. Statistisches Bundesamt 2011 a). Bemerkenswert ist zudem, dass die Beschäftigtenzahlen in der Sozialwirtschaft in den letzten Jahren deutlich angestiegen sind, während sie im produzierenden Gewerbe zurückgegangen sind (Statistisches Bundesamt 2010).

Die wirtschaftliche Bedeutung wird auch durch weitere Analysen bestätigt. Gemäß einer Studie im Auftrag der Landesarbeitsgemeinschaft der Freien Wohlfahrtspflege in Bayern verzeichnet die Sozialwirtschaft dort mehr Beschäftigte als u. a. das Kredit- und Versicherungsgewerbe und gilt als lokaler Beschäftigungsmotor mit tendenziell überdurchschnittlichen Wachstumswerten. Die Bruttowertschöpfung beträgt rund 12 Milliarden Euro, dies sind ca. 3,2 Prozent des bayerischen Bruttoinlandsproduktes (Puch/Schellberg 2010). Abgesehen von regionalen Schwankungsbreiten entsprechen diese Werte ähnlichen Erhebungen in anderen Regionen bzw. sind repräsentativ für den gesamtdeutschen Raum (Pfannendörfer 2009). In Anbetracht dieser Datenlage und der gegenwärtigen gesamtgesellschaftlichen Entwicklungstendenzen kann davon ausgegangen werden, dass es sich bei der Sozialen Arbeit auch zukünftig um einen Sektor mit hohem Wachstumspotential handelt. Hinzu kommt, dass sich das diesbezügliche Beschäftigungspotenzial, im Gegensatz zu anderen Branchen, zukünftig in Deutschland halten und voraussichtlich nur im geringen Maße ins Ausland verlagern lassen dürfte. Dies liegt an der Angebotsgestaltung (personenbezogene Dienstleistung), gleichwohl aber auch an der Professionalisierung der Arbeitsfelder, der Umgestaltung von Personalstrukturen und am gestiegenen Qualifikationsniveau in der Sozialen Arbeit (Engelhardt/Graf/Schwarz 2000).

Volkswirtschaftlich betrachtet zeigt sich die Soziale Arbeit also als beeindruckende Branche. Erstaunlicherweise legten aber viele Sozialunternehmen bis vor wenigen Jahren eine meist ablehnende Haltung in Bezug auf betriebswirtschaftliches Denken und Handeln an den Tag, was ihnen eine (berechtigt) häufige Kritik einbrachte, u. a. in Bezug auf die Effektivität, Effizienz und Transparenz der Leistungserfüllung. Beispielsweise konstatierten Engelhardt/Graf/Schwarz (2000, 42) zur Jahrtausendwende: »Es gibt wenig gesellschaftliche Bereiche (von der Einkommens und Vermögensverteilung einmal abgesehen), deren interne Strukturen, Prozesse und Finanzen so undurchsichtig sind, wie der Sozialbereich«.

Seit einigen Jahren jedoch scheint sich das Qualifikationsniveau bei vielen Trägern der Sozialen Arbeit tendenziell in Richtung betriebswirtschaftlicher Kompetenz auszuweiten. Interessanterweise lässt sich ein vergleichbarer Perspektivwechsel gegenwärtig auch bei gewinnorientierten Wirtschaftsunternehmen konstatieren. Hier erlangen neben den so genannten wirtschaftlichen »hard facts« auch die weichen humanistischen Werte eine zunehmende Bedeutung. Allerdings basieren solche Veränderungen beiderseits nicht immer nur auf Einsicht oder freiwilligem Entschluss. Wirtschaftsunternehmen handeln oftmals mehr aus verschärften Konkurrenzkämpfen denn aus ethischen und moralischen Erkenntnissen und Einstellungen heraus. Die Ursache für einen Perspektivwechsel begründet sich häufig in der ökonomischen Logik moderner Produktionsweisen, mit welcher unter anderem die Erkenntnis einhergeht, dass die Beschäftigten nicht nur einen Kostenfaktor, sondern auch bzw. vor allem eine bedeutende ökonomische Ressource darstellen. Maßnahmen der Personalentwicklung, Partizipation, Motivation sowie die emotionale Bindung der Mitarbeiter gewinnen folglich an (ökonomischer) Bedeutung und die Zufriedenheit (psychosoziale Gesundheit) der Mitarbeiter wird zu einem mittelbar wirtschaftlichen Unternehmensziel (Schmidt 2010; Engelhardt/ Graf/Schwarz 2000). Trotz der unterschiedlichen Hintergründe dieser beidseitigen Veränderungen sind vielerorts gegenseitige Annäherungen, mehr noch: wachsende Verständigungen und Brückenschläge zwischen den beiden, bisher sehr unterschiedlichen Bereichen »Wirtschaft« und »Soziale Arbeit« deutlich erkennbar (Engelhardt/Graf/Schwarz 2000).

Die Ursachen, welche die Träger der Sozialen Arbeit zunehmend dazu bewegen, neben der geforderten sozialarbeiterischen und sozialpädagogischen Fachlichkeit verstärkt auch betriebswirtschaftliche Kompetenzen zur Bewältigung der steigenden Anforderungen in ihren Einrichtungen und Diensten zu berücksichtigen, sollen durch die sozialstaatliche Diskussion gegen Ende dieses Kapitels aufgezeigt werden. Vorab erscheint es unabdinglich, die Vielfalt der Arbeitsfelder und Trägerstrukturen sowie gängige sozialwirtschaftliche Rechtsformen für die Zwecke dieses Lehrbuchs zu ordnen und dabei nicht nur Interessierten mit einer sozialwissenschaftlichen Grundausbildung, sondern auch bisher Fachfremden (z. B. Kaufleuten oder Steuerberatern) einen Zugang zur Sozialwirtschaft zu ermöglichen.

1.2 Arbeitsfelder der Sozialen Arbeit

Die Arbeitsfelder der Sozialen Arbeit bilden ein äußerst komplexes und heterogenes Untersuchungsfeld, welches in der Literatur aus unterschiedlichen Standpunkten heraus differenziert dargestellt wird. Es finden sich, je nach Schwerpunktsetzung, unterschiedliche Systematiken, welche die Praxisfelder der Sozialen Arbeit entlang von Funktionen, Aufgaben und Methoden, Institutionen oder Zielgruppen ordnen. Darüber hinaus bestehen zahlreiche Mischformen. Ebenso uneinheitlich geordnet sind die Schwerpunktsetzungen, welche in den Studiengängen der Sozialen Arbeit zur Strukturierung der Lehre angewendet werden. Zudem findet sich auch in empirischen Studien keine einheitliche Systematik. Gleich nach welcher Logik gehandelt wird, der Versuch, die Arbeitsfelder der Sozialen Arbeit auf einheitlicher Grundlage zu definieren, gliedern und begrenzen, erscheint als Sisyphusarbeit (vgl. Chassé/v. Wensierski 2008; Wöhrle 2003). Aus diesem Grunde erhebt auch die anschließende, vor allem auf die Zielgruppen und Tätigkeitsbereiche von Sozialarbeitern und Sozialpädagogen ausgerichtete Systematik, die der in der Sozialwissenschaftlichen Literatur Rundschau (2000) vorgenommen Strukturierung folgt (s. Abbildung 1.1), keinerlei Anspruch auf Allgemeingültigkeit, sondern verfolgt vielmehr das Ziel, einen für die Zwecke dieses Lehrbuchs geeigneten Überblick zu ermöglichen.

- Altenarbeit / Altenhilfe
- Ausländer / Flüchtlinge / Migration
- Behinderte / Rehabilitation
- Erwachsenenbildung
- Frauen / Frauenpolitik
- Gesundheitswesen
- Jugendgerichtshilfe / Jugendstrafvollzug
- Kinder- und Jugendhilfe
- Nichtsesshafte / Obdachlose

Arbeitsfelder der Sozialen Arbeit

- Psychisch Kranke / Sozialpsychiatrie
- Sozialarbeit in Berufswelt und Berufsausbildung
- Sozialarbeit und Schule
- Sozialhilfe / Armut / Arbeitslosigkeit
- Strafvollzug / Straffälligenhilfe / Resozialisierung
- Suchtkranke (Alkohol, Drogen, Medikamente, Spielsucht)

Abb. 1.1: Arbeitsfelder der Sozialen Arbeit
Quelle: Sozialwissenschaftliche Literatur Rundschau 2000, H. 40, 99

Die in der Abbildung 1.1 angeführte **Kinder- und Jugendhilfe** bildet mit ihrem breiten Aufgaben- und Handlungsspektrum aktuell das größte Arbeitsfeld der Sozialen Arbeit (Bock 2010) und lässt sich weiter unterteilen in verschiedene, eigenständige Tätigkeitsbereiche. Abbildung 1.2 gibt einen Überblick.

Abb. 1.2: Tätigkeitsbereiche der Kinder- und Jugendhilfe
Quelle: Eigene Darstellung nach Bock 2010, 448; Chassé/v. Wensierski 2008

Die vielfältigen Tätigkeitsbereiche der Kinder- und Jugendhilfe können ihrerseits noch weiter aufgefächert werden. Beispielsweise lassen sich die **Hilfen zur Erziehung** unterteilen in ambulante Erziehungshilfen, Erziehungs-, Ehe- und Familienberatung, Ehe- und Familienbildung, Soziale Gruppenarbeit, Erziehungsschaft, Sozialpädagogische Familienhilfe, Heimerziehung, Pflegekinderwesen, Adoption und Vormundschaft, sowie Trennungs- und Scheidungsberatung (Thole 2010; Chassé/v. Wensierski 2008).

Allein die exemplarische Beschreibung der Kinder- und Jugendhilfe dürfte die vorhandene Komplexität und Heterogenität der Arbeitsfelder der Sozialen Arbeit verdeutlicht haben. Um darzustellen, wie sich eine andere als die aufgezeigte und auf die Tätigkeit von Sozialarbeitern und Sozialpädagogen ausgerichtete Systematisierung der Arbeitsfelder entwickeln kann, soll der Bereich »Hilfe für Personen in besonderen sozialen Situationen« herausgegriffen werden (Wörle 2003). Dieser lässt sich beispielsweise untersetzen mit einer Klientengruppe, welche sich aufgrund individueller, spezifischer Problemlagen in einer besonderen sozialen Situation befindet. Tätigkeitsbereiche solch eines möglichen Arbeitsfeldes können beispielsweise sein die Sozialpsychiatrie, Sucht und Drogenhilfe, Straffälligenhilfe für Jugendliche, Heranwachsende und Erwachsene aber auch Schwangerschafts-, Sexualitäts-, und AIDS-Beratungen (Chassé/v. Wensierski 2008). Dabei gelangen, neben Sozialpädagogen und Sozialarbeitern, auch weitere Berufsgruppen (z.B. Ärzte, Psychologen, Pflegekräfte in einer psychiatrischen Tagesklinik) sowie ehrenamtliches Engagement ins Zentrum der Betrachtung (Wörle 2003).

1.3 Trägerstrukturen

Die Unternehmen, Organisationen und Institutionen (vgl. 2.4), welche soziale Dienste und Einrichtungen bereitstellen und »quer« zu den Arbeitsfeldern angelegt sind, werden in der Literatur häufig als Träger der Sozialen Arbeit bezeichnet

(Wöhrle 2003). Beim Versuch, das Trägerspektrum übersichtlich zu erfassen und zu strukturieren, wird dessen hohe Komplexität deutlich. Autoren, welche die vorhandene Auswahl als Labyrinth, Irrgarten und kaum durchdringbares Dickicht beschreiben (vgl. Merchel 2008; Lüers 1977), veranschaulichen dies in ihren Werken. Ganz allgemein ist in der neueren Literatur eine Dreiteilung in **öffentliche Träger, frei-gemeinnützige Träger** und **privat-gewerbliche Träger** prägend (vgl. Thole 2010; Bäcker u.a. 2010a), der sich auch dieses Lehrbuch anschließt. Freie und private Träger üben ihre Arbeit freiwillig aus und erbringen ihre Leistungen, im Gegensatz zu aus einer Verpflichtung heraus handelnden öffentlichen Trägern, auf Basis eigener Motivation und Absicht. Zusätzlich sind in diesem Zusammenhang die **Fachverbände** zu benennen, welche maßgeblich bedeutsame Beiträge im Bereich sozialpolitischer Steuerung und der fachlichen Entwicklung liefern. Dennoch sind Fachverbände im engeren Sinne nicht als Träger zu kennzeichnen, da sie nicht in herkömmlicher Form als Betreiber von sozialen Einrichtungen und Diensten tätig werden (Merchel 2008). Neben der prägenden Dreiteilung finden sich in der Literatur und Praxis der Sozialen Arbeit noch zahlreiche Mischformen bei der Klassifizierung von Trägerstrukturen. Beispielsweise werden in der juristisch geprägten Literatur die nicht-öffentlichen Träger häufig als private Träger bezeichnet, wobei die Gruppe der frei-gemeinnützigen Träger mit eingeschlossen wird (Falterbaum 2009). Weiterhin gibt es Ansätze, welche die nicht-öffentlichen Träger in frei-gemeinnützige Träger und frei-gewerbliche Träger zweiteilen (vgl. Horcher 2009; Hensen 2006). Abbildung 1.3 gibt einen Überblick zu der in diesem Lehrbuch angewandten Systematik.

Trägerstrukturen in der Sozialen Arbeit

I. Öffentliche Träger	II. Frei-gemeinnützige Träger	III. Privat-gewerbliche Träger
regional:	1. Wohlfahrtsverbände	1. Träger, deren primärer
▪ Jugendamt	▪ Arbeiterwohlfahrt	Zweck Soziale Arbeit ist
▪ Gesundheitsamt	▪ Caritas-Verband	2. Betriebe, die Sozialein-
▪ Sozialamt	▪ Deutscher Paritätischer	richtungen betreiben
überregional:	Wohlfahrtsverband	
▪ Landesjugendamt	▪ Deutsches Rotes Kreuz	
▪ überörtliche Träger	▪ Diakonisches Werk	
der Sozialhilfe	▪ Zentralwohlfahrtsstelle der	**Fachverbände:**
	Juden in Deutschland	▪ Lobbyisten-Organisationen
	2. Jugendverbände	für bestimmte Arbeitsfelder
	3. Selbsthilfe- u. Initiativgruppen	▪ trägerübergreifende
	4. Sonstige; z.B. gemeinnützige	Kooperationsgremien mit
	Stiftungen außerhalb der Wohl-	sozialpolitischer Funktion
	fahrtsverbände	

Abb. 1.3: Trägerstrukturen der Sozialen Arbeit
Quelle: Eigene Darstellung nach Merchel 2008, 12

1.3.1 Öffentliche Träger

Bei den öffentlichen Trägern kann zwischen der regionalen (kommunalen) und überregionalen Ebene unterschieden werden. Das Verhältnis zwischen den öffentlichen Trägern auf der überregionalen und regionalen Ebene ist im engeren Sinne nicht hierarchisch, es handelt sich vielmehr um eine nach Zuständigkeiten abgegrenzte, funktionale Aufgabenteilung. Während die öffentlichen Träger der überregionalen Ebene primär fachpolitisch, administrativ und planerisch fungieren und Aufgaben der Bedarfsplanung und Finanzierung übernehmen, haben die regionalen Träger oftmals eine Doppelfunktion, die vor allem in Prozessen der kommunalen Sozial- oder Jugendhilfeplanung deutlich wird. Hier nehmen die öffentlichen Träger einerseits eine moderierende Rolle ein und treten andererseits als Akteure mit eigenen Trägerinteressen auf (Schilling 2010; Merchel 2008). Im Folgenden sind die Strukturen und Aufgaben der für die Soziale Arbeit bedeutsamsten öffentlichen Träger beschrieben.

Jugendamt: Die gegenwärtige Existenz des Jugendamtes basiert auf dem achten Sozialgesetzbuch (SGB VIII, Kinder- und Jugendhilfe), wobei sowohl auf regionaler (kommunaler) Ebene eine Verpflichtung zur Errichtung besteht, als auch auf überregionaler Ebene (Landesjugendamt). Die Kernaufgabe eines Jugendamtes liegt in der Erfüllung aller im SGB VIII festgelegten Funktionen und Anforderungen in seinem Zuständigkeitsbereich. Die hierbei gesetzlich auferlegte Gesamtverantwortung des öffentlichen Trägers der Jugendhilfe umfasst sowohl die Sicherstellung der Infrastruktur für die im achten Sozialgesetzbuch beschriebenen Leistungen als auch die letztendliche Verantwortung in Bezug auf Leistungsberechtigte (Merchel 2008). Die meisten Jugendämter verfügen einerseits über eigene Einrichtungen und Dienste (z. B. Kindergärten, Kindertageseinrichtungen, Beratungsstellen und Jugendfreizeiteinrichtungen) und haben andererseits die Aufgabe, die Prozesse der Jugendhilfeplanung zu initiieren und unter Beteiligung der frei-gemeinnützigen (ggf. privat-gewerblichen) Träger maßgeblich zu steuern (Merchel 2008). In diesem Zusammenhang sind die Jugendämter an das Subsidiaritätsprinzip gebunden, worin es heißt: »Soweit geeignete Einrichtungen, Dienste und Veranstaltungen von anerkannten Trägern der freien Jugendhilfe betrieben werden oder rechtzeitig geschaffen werden können, soll die öffentliche Jugendhilfe von eigenen Maßnahmen absehen« (Ortmann 1994, 165). Ferner kommt den Jugendämtern eine zentrale Rolle bei Aushandlungsprozessen zu (z. B. Hilfebedarf im Einzelfall), wodurch sie auch prägend für die Existenz anderer Träger sind. Ein spezielles Strukturmerkmal des Jugendamtes ist die so genannte Zweigliedrigkeit. Diese beinhaltet die Verwaltung des Jugendamtes (idealtypisch die operative Ebene) und den Jugendhilfeausschuss (JHA), der auf strategischer Ebene tätig ist (Merchel 2008). Die Aufgaben des Landesjugendamtes umfassen vor allem administrative Aufgaben sowie die Errichtung eines Landesjugendhilfeausschusses (LJHA), welcher sich u. a. befasst mit Anregungen und Vorschlägen zur Weiterentwicklung der Jugendhilfe, Jugendhilfeplanung sowie der Förderung und Anerkennung nicht-öffentlicher Träger der Jugendhilfe (Eichenhofer 2007).

Sozialamt: Anders als in der Jugendhilfe (Jugendamt) sind die Kommunen nicht zur Errichtung eines Sozialamtes verpflichtet. Sie können sowohl über die Organisationsform zur Wahrnehmung der Aufgaben nach dem zwölften Sozialgesetzbuch (SGB XII, Sozialhilfe) als auch über die Art der Strukturierung und Erledigung von ihnen zugewiesenen Aufgaben weitgehend selbst entscheiden (kommunale Selbstverwaltung). Dennoch findet sich auf kommunaler Ebene zumeist ein Sozialamt, welches mit der Gewährung von Hilfen zum Lebensunterhalt und bei Hilfen in besonderen Lebenslagen betraut ist. Zudem können, je nach kommunalen Strukturen, weitere Aufgaben vom Sozialamt übernommen werden, beispielsweise nach dem Pflegeversicherungs-, Heim-, Schwerstbehinderten-, Unterhaltssicherungs- und Asylbewerberleistungsgesetz (Merchel 2008).

Gesundheitsamt: Regelungen zum Gesundheitswesen und folglich zu den Gesundheitsämtern liegen weitgehend in der Zuständigkeit der Länder. Dass sich das kommunale Gesundheitswesen dennoch bundesweit ähnelt, lässt sich auf das 1934 erlassene Gesetz über die Vereinheitlichung des Gesundheitswesens (GVG) sowie auf damit verbundene Durchführungsverordnungen und Aufgabenbeschreibungen zurückführen (Merchel 2008; Ortmann 1994). Zusätzlich zu den sich aus dem GVG ergebenden Aufgaben obliegen den Gesundheitsämtern Tätigkeiten, die ihnen beispielsweise durch das Bundesseuchengesetz, das Bundessozialhilfegesetz und das Gesetz zur Bekämpfung von Geschlechtskrankheiten auferlegt werden (Ortmann 1994). Insgesamt lässt sich das Aufgabenspektrum der Gesundheitsämter zweiteilen. Zum einen in den Bereich einer Kontrollfunktion (Gesundheitsschutz), welcher der staatlichen Gesundheitsaufsicht zu Grunde liegt. Zum anderen in jenes Spektrum, welches sich als regionale Gesundheitsfürsorge etabliert hat und zugleich eine aktive gesundheitsfördernde Rolle einnimmt (Merchel 2008).

Allgemeiner Sozialer Dienst (ASD): Der ASD, welcher auch als Basisdienst der Sozialen Arbeit bezeichnet wird, ist nach Merchel »eine Organisationseinheit in der kommunalen Sozialverwaltung, die zur Erfüllung unterschiedlicher klientenbezogener Aufgaben von Jugendämtern, Sozialämtern und (zum Teil) Gesundheitsämtern geschaffen worden ist« (2008, 46). Die organisatorische Ansiedlung kann zwar variieren, allerdings ist der ASD bei den meisten Kommunen (rund 90 Prozent) ihrem Jugendamt zugeordnet (Pluto u. a. 2007). Dem ASD obliegt die Zuständigkeit für ein Bündel von unterschiedlichen Aufgaben, wobei in vielen Kommunen die persönliche Beratung und planvolle Hilfegestaltung das Zentrum bilden. Der umfangreichste Teil der beratenden Aufgaben ergibt sich aus dem Arbeitsfeld der Kinder- und Jugendhilfe und hier insbesondere durch die Hilfen zur Erziehung (Merchel 2008).

1.3.2 Frei-gemeinnützige Träger

Die frei-gemeinnützigen Träger umfassen im Wesentlichen folgende drei Blöcke: Selbsthilfe- und Initiativgruppen, Jugendverbände sowie Wohlfahrtsverbände.

Selbsthilfe- und Initiativgruppen sind selbst organisierte Bündnisse von Bürgern, die zumeist ein ähnliches Anliegen haben und hierzu gemeinsame Aktivitäten entwickeln. Beispiele sind Selbsthilfe- und Initiativgruppen im Falle von Lebenskrisen und chronischen Erkrankungen. Die Integration in die Trägerlandschaft der Sozialen Arbeit erfolgt häufig über die Mitgliedschaft in einem Verband der freien Wohlfahrtspflege, beispielsweise im Paritätischen Gesamtverband (Merchel 2008).

Jugendverbände bestehen primär aus Gruppierungen von Jugendlichen sowie jungen Erwachsenen, die üblicherweise selbst organisiert gemeinsame Ziele bzw. Interessen vertreten und deren gesetzliche Grundlage auf dem achten Sozialgesetzbuch basiert (SGB VIII, Kinder- und Jugendhilfe). Die Angebote umfassen beispielsweise Wochenend- und Ferienfreizeiten, offene Jugendarbeit und Jugendsozialarbeit. Scheffold und Damm (1984) schlagen folgende Gliederung vor:

- weltanschauliche bzw. konfessionelle Jugendverbände (z. B. Arbeitsgemeinschaft der evangelischen Jugend)
- politisch orientierte Jugendverbände (z. B. Falken)
- beruflich orientierte Jugendverbände (z. B. Bund der deutschen Landjugend)
- fachlich orientierte Jugendverbände (z. B. Jugendfeuerwehr) und
- freizeitorientierte Jugendverbände (z. B. Sportjugend).

Die **Wohlfahrtverbände** sind in ihrer Gesamtheit der größte und sozialpolitisch bedeutsamste Anbieter sozialer Einrichtungen und Dienste. Das System der Wohlfahrtsverbände setzt sich aus sechs unterschiedlichen **Spitzenverbänden** zusammen, die sich auf Bundesebene zur Vertretung ihrer Interessen in einer Bundesgemeinschaft der Freien Wohlfahrtspflege (BAGFW) zusammengeschlossen haben (Bundesarbeitsgemeinschaft der Freien Wohlfahrtspflege 2009) und sowohl gesetzlich als auch bezüglich ihrer sozialpolitischen Funktion als Einheit verstanden werden können (Schilling 2010). Bei den sechs Spitzenverbänden handelt es sich um folgende Organisationen (Boeßenecker 2005):

- Arbeiterwohlfahrt-Bundesverband e. V. (AWO)
- Deutscher Caritasverband e. V. (DCV)
- Der Paritätische Gesamtverband (DPWV)
- Deutsches Rotes Kreuz e. V. (DRK)
- Diakonisches Werk der Evangelischen Kirche in Deutschland e. V. (DW der EKD)
- Zentralwohlfahrtsstelle der Juden in Deutschland e. V. (ZWST).

Die sechs Spitzenverbände sind geprägt durch Gemeinnützigkeit (keine Gewinnorientierung), Freiwilligkeit (autonome Auswahl der Aufgaben) und Weltanschaulichkeit (Werte und Überzeugungen, die das fachliche Verständnis des Verbands maßgeblich prägen) (Merchel 2008). Sie vertreten die zahlreichen und meist eigenständigen, häufig nur teilweise miteinander verbundenen Sozialunternehmen, die sich einem Wohlfahrtverband angeschlossen haben, und schließen sie unter einem Dach zusammen (Schilling 2010). Teilweise unterscheiden sich die Profile der sechs Spitzenverbände sowohl organisatorisch als auch in ihren spezifischen Funktionen deutlich voneinander (Merchel 2008).

Bundesweit wurden im Jahr 2008 insgesamt 102 393 Einrichtungen und Dienste mit 3 699 025 Betten bzw. Plätzen von den Wohlfahrtsverbänden erfasst. Dabei waren 1 541 829 Mitarbeitende hauptamtlich beschäftigt, wovon 708 523 Vollzeitarbeitskräfte (46 Prozent) und 833 306 Teilzeitarbeitskräfte sind (die Zahlen beinhalten neben der Sozialen Arbeit auch den gesundheitsmedizinischen Bereich). Dies bedeutet, dass die Spitzenverbände der Freien Wohlfahrtspflege bzw. deren Einrichtungen und Dienste auch volkswirtschaftlich eine beachtliche Stellung einnehmen (vgl. 1.1) (Bundesarbeitsgemeinschaft der Freien Wohlfahrtspflege 2009). Insgesamt ist die freie Wohlfahrtspflege in allen Arbeitsfeldern der Sozialen Arbeit vertreten. Größter Bereich bezüglich Einrichtungs- sowie Betten- und Platzzahl ist die Kinder- und Jugendhilfe mit 38 092 Einrichtungen (Diensten) und 2 032 790 Plätzen bzw. Betten. Dies entspricht einem Anteil von mehr als einem Drittel (37 Prozent) aller Einrichtungen und Dienste sowie 55 Prozent aller verfügbaren Plätze/Betten der freien Wohlfahrtspflege. Darauf folgen die Soziale Altenarbeit und die Behindertenhilfe mit 16 524 bzw. 15 365 Einrichtungen (Diensten), was einem Anteil von 16 Prozent bzw. 15 Prozent am Gesamtvolumen der freien Wohlfahrtspflege entspricht. Die Altenarbeit verfügt über 548 072 Plätze/Betten (rund 15 Prozent am Gesamtanteil) und die Behindertenhilfe über 493 708 Plätze/Betten (rund 13 Prozent am Gesamtanteil). Betrachtet man die Beschäftigtenzahlen, ist die Altenarbeit mit 398 914 Personen (dies entspricht rund einem Viertel der Gesamtkapazität) das Arbeitsfeld mit den meisten Beschäftigten, gefolgt vom Gesundheitsbereich (374 886) und der Kinder- und Jugendhilfe (325 973) (ebd.).

1.3.3 Privat-gewerbliche Träger

Privat-gewerbliche Träger, die in der Literatur auch als Profit-Unternehmen bezeichnet werden, treten in der Sozialen Arbeit in zwei unterschiedlichen Grundformen auf:

- Privat-gewerbliche Träger, deren vordergründiger oder gar ausschließlicher Zweck die Dienstleistungserbringung in der Sozialen Arbeit ist
- Unternehmen, die neben ihren eigentlichen industriellen oder gewerblichen Produkten (Dienstleistungen) soziale Einrichtungen und Dienste betreiben, wie z. B. betriebliche Sozialberatung, Suchtberatung, betriebliche Kindertageseinrichtungen (Merchel 2008).

Charakteristisch für privat-gewerbliche Träger, deren primärer Zweck in der Erbringung von sozialen Dienstleistungen liegt, sind u. a. die volle unternehmerische Dispositionsfreiheit bezüglich spezialgesetzlicher Regelungen für soziale Einrichtungen, das Wirtschaften mit eigenem Kapital und die enge Gebundenheit an wirtschaftliches, rentables und kundenorientiertes Handeln. Weiterhin unterliegen privat-gewerbliche Träger zumeist keinen haushaltbedingten Verpflichtungen der öffentlichen Verwaltung, verfügen über ein hohes Maß an Flexibilität und nicht über den steuerlich bedeutsamen Status der Gemeinnützigkeit. Letztendlich sind sie zumeist auch durch die Spezialisierung auf bestimmte Arbeitsfelder geprägt (ebd.).

Die Möglichkeiten der privat-gewerblichen Träger, sich in den Handlungsfeldern der Sozialen Arbeit zu etablieren, haben sich vor allem mit der Umgestaltung zahlreicher Sozialgesetze seit Mitte der 1990er Jahre und Veränderungstendenzen im Sozialstaat (vgl. 1.5) wesentlich verbessert, der bis dato häufig privilegierte Status der Wohlfahrtverbände hingegen wurde maßgeblich erschüttert (ebd.). Wenngleich es Arbeitsfelder gibt, in denen der Zugang für privat-gewerbliche Träger weiterhin nur erschwert möglich erscheint, oder solche, die wegen mangelnder (wirtschaftlicher) Attraktivität bewusst gemieden werden, ist deren zwischenzeitliche Ausweitung in vielen Tätigkeitsbereichen enorm. Neben bereits hohen Marktanteilen privat-gewerblicher Träger in der Sozialen Altenarbeit oder Kinder- und Jugendhilfe sind diese mittlerweile sogar mit ehemals hoheitlichen Aufgaben betraut, wie das Beispiel der Bewährungshilfe in Baden-Württemberg zeigt.

1.3.4 Fachverbände

Fachverbände sind üblicherweise gekennzeichnet durch den Zusammenschluss von verschiedenen Trägern mit dem Zweck einer fach- und sozialpolitischen Meinungsbildung und -vertretung. Sie treten entweder in Erscheinung als **Lobbyisten-Organisationen** für bestimmte Tätigkeitsbereiche oder als trägerübergreifende **Kooperations- und Koordinationsgremien**. Die arbeitsfeldspezifischen Fachverbände der beiden konfessionellen Wohlfahrtsverbände sind ein eindrückliches Beispiel für die Einflussstärke von Lobbyisten-Organisationen. Ein besonders beachtenswerter Fachverband, der durch seine trägerübergreifende Kooperations- und Koordinationsarbeit sowie durch Beiträge zur Sozialpolitik als Konglomerat von öffentlicher und privater Fürsorge gilt, ist der Deutsche Verein für öffentliche und private Fürsorge. Der Verein hat eine über hundertjährige Geschichte vorzuweisen, in der vor allem die Wohlfahrtsverbände als Vertreter der Spitzenverbände und der fachlich relevanten Ministerien zusammenwirken, wenn es um die Realisierung sozialpolitischer und gesetzlicher Vorhaben geht (Merchel 2008).

1.4 Rechtsformen

Die Gründung eines in der Sozialen Arbeit tätigen Unternehmens kann trotz guter Absichten nicht ohne gewisse Voraussetzungen erfolgen. Dabei ist beispielsweise die Einbettung in finanztechnische Regelwerke sowie vor allem die Erfordernis einer funktionalen und die Leistungserbringung unterstützenden Rechtsform von zentraler Bedeutung (Wöhrle 2003). Die Rechtsform muss bei Gründung feststehen, wobei nachträgliche Änderungen prinzipiell möglich sind. Wesentliche Kriterien bei der Entscheidung für eine Rechtsform sind vor allem Aspekte der Haftung und Organisationsstruktur, steuerliche Gesichtspunkte, Gründungsaufwendungen, Publizitätspflichten, Mitbestimmungsmöglichkeiten und Imageper-spektiven. Grundsätzlich werden die Kategorien **privatrechtliche** und **öffentlich-rechtliche** Rechtsformen voneinander unterschieden. Abbildung 1.4 gibt einen ausgewählten Überblick.

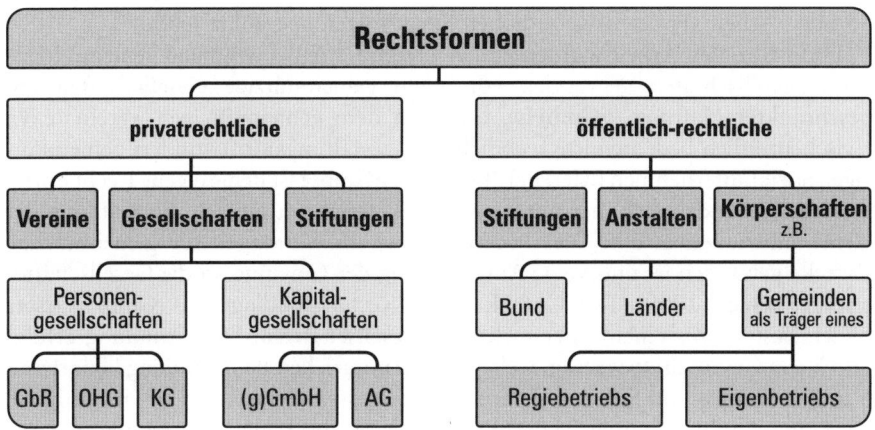

Abb. 1.4: Rechtsformen der Sozialen Arbeit
Quelle: Eigene Darstellung nach Schick 2009, 402

1.4.1 Öffentlich-rechtliche Rechtsformen

Die öffentlich-rechtlichen Rechtsformen sind für die Soziale Arbeit vor allem im kommunalen (regionalen) Bereich von Bedeutung. Beispielsweise unterhalten eine Vielzahl von Städten und Landkreisen Pflegeheime und Krankenhäuser und betreiben diese oftmals in der rechtlich sowie organisatorisch relativ unselb-ständigen Form eines **Regiebetriebs**. Als noch häufiger gewählte Rechtsform für durch Kommunen und Landkreise betriebene Einrichtungen und Dienste findet sich die rechtlich ebenso unselbständige, organisatorisch jedoch verselbständigte Form des **Eigenbetriebs**. Weiterhin werden, zumeist auf kommunaler Ebene (teil-weise ebenso im kirchlichen Bereich), Dienste und Einrichtungen der Sozialen Arbeit auch in **öffentlich-rechtlichen Stiftungen** betrieben (Schick 2009).

1.4.2 Privatrechtliche Rechtsformen

Die wesentlichen Rechtsformen im privatrechtlichen Bereich lassen sich gliedern in Personen- und Kapitalgesellschaften, Vereine sowie Stiftungen.

Eine **Personengesellschaft** entsteht, wenn sich mindestens zwei Personen zur Verwirklichung eines bestimmten Zweckes zusammenschließen. In der Sozialwirt-schaft haben Personengesellschaften allerdings den großen Nachteil, dass sie im Gegensatz zu Vereinen, Stiftungen und Kapitalgesellschaften, nicht den Status der Gemeinnützigkeit erlangen können. Von hervorgehobener Bedeutung für Sozial-unternehmen ist die **Gesellschaft bürgerlichen Rechts (GbR)**, welche häufig als

Rechtsform bei privat-gewerblichen Trägern auftritt. Die GbR stellt einen Zusammenschluss von Personen zu einem gemeinsamen Zweck dar und bietet die Möglichkeit, mit vergleichsweise geringen rechtlichen Anforderungen und ohne Mindestkapital tätig zu werden. Als problematisch bei der GbR werden das erhebliche Haftungsrisiko (inkl. Privatvermögen) sowie die für den Bereich der Sozialen Arbeit vergleichsweise hohen Steuerfolgen angeführt (ebd.).

In der Sozialen Arbeit wurden in den letzten Jahren zunehmend gemeinnützige Kapitalgesellschaften gegründet, vor allem **gemeinnützige Gesellschaften mit beschränkter Haftung (gGmbHs)**, die nach dem gemeinnützigen Verein (e. V.) zwischenzeitlich bedeutendste rechtliche Ausgestaltungsform von frei-gemeinnützigen Sozialunternehmen (Merchel 2008). Die gGmbH ist keine eigene Rechtsform, sondern es handelt sich hier um eine GmbH, welche zusätzlich die Kriterien der Gemeinnützigkeit erfüllt. Dies bedeutet, dass ihr Vermögen für gemeinnützige Zwecke gebunden ist und keine Ausschüttung der Gewinne an die Gesellschafter erfolgt (Schick 2009). Die GmbH, deren Rechtsgrundlage das **GmbH-Gesetz** bildet, besteht aus einem oder mehreren **Gesellschaftern**. Die Gründung erfolgt durch den **Gesellschaftsvertrag**, welcher einer notariellen Beurkundung bedarf und u. a. den Namen und Sitz des Unternehmens, dessen Gegenstand sowie die Höhe des **Stammkapitals** (häufig 25 000 Euro) enthält (ebd.). Die Mitwirkung und das Stimmrecht der jeweiligen Gesellschafter sind an deren Anteile am Stammkapital gekoppelt. Gleichzeitig mit der Errichtung der GmbH ist die **Geschäftsführung** zu bestellen (Merchel 2008). Während die Geschäftsführung für laufende Geschäfte zuständig ist, trägt die Gesellschafterversammlung die Verantwortung für Grundsatzentscheidungen, beispielsweise die Feststellung des Jahresabschlusses, die Verwendung von Jahresüberschüssen sowie die Bestellung und Abberufung der Geschäftsführung (Schick 2009). Im Gegensatz zur GmbH, deren Gründung nach dem GmbH-Gesetz keines bestimmten Zweckes bedarf, muss eine gGmbH sich zu einem gemeinnützigen Ziel und Zweck verpflichten. Die gGmbH findet sich in der Sozialen Arbeit häufig dann, wenn Träger in einem Arbeitsfeld agieren, welches durch hohen Wettbewerb geprägt ist, wie beispielsweise die stationäre Altenarbeit, Beschäftigungsinitiativen und Werkstätten für Menschen mit Behinderung. Weiterhin ist diese Rechtsform von besonderem Stellenwert, wenn die Ausgliederung eines oder mehrerer Bereiche aus dem ursprünglichen Unternehmen erfolgt, um das wirtschaftliche Risiko zu begrenzen oder im neu gegründeten Betrieb beweglicher und spezifischer zu agieren. Ebenso scheint die Gründung einer gGmbH attraktiv, wenn Einrichtungen und Dienste gemeinsam von mehreren Trägern getragen werden (Merchel 2008; Knorr/Offer 1999), eine flexiblere Vergütung der Mitarbeiter angestrebt wird und die Gestaltungsspielräume für Publizitätsverpflichtungen sowie Finanzierungen erweitert werden sollen.

Die Entscheidung, sich in einem **eingetragenen Verein (e. V.)** zu organisieren, ist die seit jeher häufigste Rechtsformwahl von frei-gemeinnützigen Trägern der Sozialen Arbeit (Merchel 2008). Das **Vereinsrecht** ist geregelt in den §§ 21 – 79 des Bürgerlichen Gesetzbuches (BGB). Gemäß einer geläufigen Definition »ist ein Verein ein auf eine gewisse Dauer angelegter, körperschaftlich organisierter Zusammenschluss einer Anzahl von Personen, die ein gemeinschaftliches Ziel verfolgen« (Schick 2009, 417). Die körperschaftliche Struktur in diesem Zusammenhang bedeutet, dass Vereine auf einen wechselnden Mitgliederstamm hin ausgelegt sein müssen, wobei für eingetragene Vereine mindestens sieben Mitglieder erforderlich sind. Gleichzeitig ist auch die Vereinssatzung von mindestens sieben Mitgliedern zu unterschreiben (Merchel 2008). Verbindliche Mindestanforderungen an die **Vereinssatzung** sind in § 57 BGB geregelt und umfassen den Zweck, Name und Sitz des Vereins, sowie die Verpflichtung zum Eintrag in das Vereinsregister. Weiterhin sollte die Vereinssatzung gemäß § 58 BGB Regelungen enthalten über Ein- und Austritte von Mitgliedern, Mitgliedsbeiträge, Bildung des Vorstands, Voraussetzungen, unter denen die Mitgliederversammlung zu berufen ist, Form der Berufung und zur Beurkundung der Beschlüsse (Schick 2009; Knorr/Offer 1999).

Den **Mitgliedern** eines Vereins obliegt vor allem die Verpflichtung zur Entrichtung von Mitgliedsbeiträgen und zum loyalen Verhalten (Treupflicht) in Bezug auf den Verein und die anderen Mitglieder. Die Rechte der Mitgliedschaft liegen insbesondere in der Gleichbehandlung aller Mitglieder, im Stimmrecht bei der Mitgliederversammlung und unter bestimmten Voraussetzungen (zumeist wenn mindestens 10 Prozent der Mitglieder dies fordern) bei der Möglichkeit zur Einberufung einer außerordentlichen Mitgliederversammlung. Sowohl der **Vorstand** (dieser vertritt den Verein im Außenverhältnis) als auch die **Mitgliederversammlung** sind Organe von Vereinen. Die Mitgliederversammlung ist beispielsweise zuständig für die Wahl des Vorstands und für Änderungen an der Satzung (Schick 2009). Abgesehen hiervon besteht bei eingetragenen Vereinen ein breiter Spielraum für satzungsmäßige Regelungen. Beispielsweise kann festgelegt werden, dass neben dem Vorstand besondere Vertreter für gewisse Aufgaben bestellt werden. Bei in der Sozialen Arbeit tätigen Vereinen (Wohlfahrtsverbänden) sind dies zumeist hauptamtliche Geschäftsführer, deren Vertretungsmacht sich auf alle Rechtsgeschäfte erstreckt, die der zugewiesene Bereich mit sich bringt. Abgesehen von Geschäftsführungen werden neben dem Vorstand und der Mitgliederversammlung zunehmend weitere Organe gebildet (z. B. Aufsichtsrat, Ausschuss oder Beirat), denen umfassende Aufgaben übertragen werden können (ebd.).

Die **Stiftung** bildet neben dem Verein und der gemeinnützigen GmbH die häufigste Rechtsform von Sozialunternehmen. Ihre rechtliche Grundlage ist das BGB (§§ 80 ff.) sowie die verschiedenen Stiftungsgesetze der Bundesländer, welche die Verfahren zur Anerkennung und Stiftungsaufsicht reglementieren. Eine Stiftung kann definiert werden als »Organisation, die bestimmte, durch ein Stiftungsgeschäft festgelegte Zwecke mit Hilfe eines Vermögens verfolgt, das diesen Zwecken dauernd gewidmet ist« (Schick 2009, 424). Im Gegensatz zu Vereinen und Gesellschaften verfügt die Stiftung über keine Mitglieder, Gesellschafter oder Eigentümer und gehört sich sozusagen selbst (Göring 2009). Prägnante Wesensmerkmale für eine Stiftung sind der Stiftungszweck, das Stiftungsvermögen und die Stiftungsorganisation.

Der **Zweck** einer rechtsfähigen Stiftung muss auf Dauer angelegt und im Stiftungsgeschäft bzw. der Stiftungssatzung festgeschrieben sein. Bei der Wahl des Stiftungszwecks werden dem Stifter grundsätzlich Freiräume eingeräumt. Allerdings müssen die durch das Stiftungsvermögen erzielten Erträge ausreichen, um den jeweiligen Stiftungszweck zu realisieren (Schick 2009). Entsprechend einer gängigen Anerkennungspraxis in den einzelnen Bundesländern ist für die Stiftung ein **Vermögen** von mindestens 50 000 Euro erforderlich (Göring 2009). Die **Stiftungsorganisation** ist zuständig für die Administration des Stiftungsvermögens und trägt Verantwortung dafür, dass mit daraus erzielten Erträgen der Stiftungszweck realisiert werden kann. Die Ausgestaltung der Stiftungsorganisation erfolgt zumeist in Abhängigkeit vom Stiftungszweck und Vermögen. Stiftungen, die beispielsweise ein spezielles Tätigkeitsfeld der Sozialen Arbeit begünstigen und hierzu eigene Einrichtungen und Dienste betreiben, müssen anders organisiert und ausgestattet sein, als reine Förderstiftungen, die ausschließlich darauf fokussiert sind, Kapital zu verwalten (ggf. Spendengelder zu generieren) und aus erzielten Erträgen beispielsweise andere Sozialunternehmen zu unterstützen (Schick 2009).

Die **Gründung** einer Stiftung kann sowohl durch natürliche als auch juristische Personen erfolgen. Im Stiftungsgeschäft, welches von Lebenden oder durch Testament (Erbvertrag) vorgenommen werden kann, erklärt der Stifter seinen Willen zur Errichtung einer rechtsfähigen Stiftung. Dabei widmet der Stifter das zur Verfügung gestellte Vermögen dauerhaft der Erfüllung des von ihm vorgegebenen Zweckes (ebd.). Durch das Stiftungsgeschäft muss die Stiftung eine Satzung (Verfassung) erhalten mit Regelungen über den Namen, Sitz, Zweck und das Vermögen der Stiftung, sowie über die Bildung des Vorstands der Stiftung (§ 81 Abs. 1 BGB). Nach den gesetzlichen Bestimmungen wäre es ausreichend, wenn der Stiftungsvorstand aus einer Person besteht. Allerdings ist dies, insbesondere bei Stiftungen, die in der Sozialwirtschaft selbst Einrichtungen und Dienste betreiben, weniger zweckmäßig und würde, beispielsweise beim Ausscheiden des Vorstands, die Handlungsfähigkeit der Stiftung gefährden. In der Praxis setzt sich der Vorstand deshalb zumeist aus mehreren Personen zusammen bzw. werden zusätzliche Organe errichtet, z. B. ein Stiftungsrat oder Kuratorium (Schick 2009).

1.5 Sozialstaatliche Rahmenbedingungen

Die zentrale Frage, welche eine Vielzahl an Sozialunternehmen neben allen fachlichen Herausforderungen zunehmend beschäftigt, ist, wie die wirtschaftliche Überlebensfähigkeit sichergestellt werden kann. Bevor diese Thematik in den folgenden Abschnitten zur Krise des Sozialstaates, neuen Wegen des Sozialstaates und darauf basierenden Ausführungen zur Erfordernis von wirtschaftlichem Denken und Handeln in der Sozialen Arbeit explizit aufgegriffen wird, erfolgt zunächst eine begriffliche Eingrenzung zum **Sozialstaat** sowie ein historischer Rückblick zu den **Entwicklungslinien**. Beides erscheint hilfreich, da vor allem unter Einbezug eines historischen sowie sozialstaatlichen Gesamtkontextes aufgezeigt werden kann, weshalb betriebswirtschaftliche Instrumente, im Gegensatz zu vorangegangen Zeiträumen, zwischenzeitlich eine so hohe Bedeutung in Sozialunternehmen einnehmen. Die historische Darstellung macht aber auch deutlich, warum Teile der Träger von sozialen Einrichtungen und Diensten der Betriebs-

wirtschaftslehre eher ablehnend begegnen, selbst dann noch, wenn ein Sozialunternehmen in existenzielle Schieflagen gerät. Schließlich soll durch die folgenden
Abschnitte auch aufgezeigt werden, wie sensibel und spezifisch eine Annäherung
der Betriebswirtschafslehre an die Soziale Arbeit erfolgen sollte.

1.5.1 Sozialstaat – Sozialpolitik

Sozialpolitik gibt Antworten auf die Risiken und Probleme, welche im Laufe des
Lebens jeden Menschen betreffen können, und lässt sich definieren als »all jene
Maßnahmen, Leistungen und Dienste, die darauf abzielen

- dem Entstehen von sozialen Probleme und Risiken vorzubeugen,
- die Voraussetzungen dafür zu schaffen, dass die Bürgerinnen und Bürger
  befähigt werden, soziale Probleme zu bewältigen,
- die Wirkungen sozialer Probleme auszugleichen und
- die Lebenslage einzelner Personen und Personengruppen zu sichern und zu
  verbessern« (Bäcker u. a. 2010a, 43).

Die Sozialpolitik umfasst ein Bündel von Maßnahmen und Leistungen, die durch
verschiedenste Dienste und Einrichtungen sichergestellt werden. Dieser Gesamt-
komplex wird auch als Sozialstaat (Wohlfahrtstaat) bezeichnet (ebd.). Gemäß
einem **breiter angelegten Verständnis** lassen sich die Strukturelemente des Sozialstaats allerdings nicht auf die Maßnahmen der Sozialpolitik und des Systems der
Sozialen Sicherung eingrenzen. Die Bandbreite reicht hier »von den rechtlichen
Regelungen von Arbeitsmarkt, Arbeitsverhältnis und Arbeitsbedingungen bis hin
zur allgemeinen Arbeitsmarkt- und Beschäftigungspolitik, von der beruflichen
Ausbildung bis hin zur Betriebs- und Unternehmensverfassung und zum Tarif-
vertragswesen, vom Gesundheitswesen und der Versorgung der Bevölkerung mit
sozialen Diensten und Einrichtungen auf der kommunalen Ebene bis hin zur
Ausgestaltung des Steuerrechts« (ebd., 44).

In einem **enger gefassten Verständnis** ist der Sozialstaat und seine Politik ein
Bereich mit tendenziell klaren Grenzlinien zu der »Wirtschafts-, der Außen-, der
Innenpolitik und anderen Politikfeldern« (Wöhrle 2003, 55). Selbst der Umfang
von Angeboten und Leistungen, welche zum sozialstaatlichen Verständnis im
engeren Sinne zählen, ist weit und umfasst u. a. die fünf Säulen der Sozialversicherung, das Gesundheitswesen, staatliche Transfers wie Kinder-, Wohn- und
Elterngeld oder die Grundsicherung sowie die in Einrichtungen und Diensten der
Sozialen Arbeit erbrachten Leistungen. Abbildung 1.5 berücksichtigt sowohl das
engere als auch das breiter gefasste Verständnis des Sozialstaats und seiner Politik.

Abb. 1.5: Sozialstaat und Sozialpolitik in Deutschland
Quelle: Bäcker u. a. 2010 a, 66

1.5.2 Entwicklungslinien

Der Sozialstaat und seine Politik sind in Deutschland ein zentrales Themenfeld, welches durch eine über **hundertjährige Erfolgsgeschichte**, aber auch durch Konflikte und Befriedungsversuche geprägt ist. Von zentraler sozialstaatlicher Bedeutung ist das historisch entwickelte und differenziert ausgestaltete Sozialversicherungssystem. Die Einführung der Sozialversicherung begann bereits in den **1880er Jahren** im deutschen Kaiserreich (**Bismarcksche Sozialgesetzgebung**) und hatte zum Ziel, die vorhandene Unterdrückung der organisierten Arbeiterbewegung bzw. soziale Konflikte durch die Förderung des Wohles der Arbeiter einzufrieden (Backhaus-Maul 2009). Vor diesem Hintergrund wurden unter Reichskanzler Bismarck drei große Säulen der Sozialgesetzgebung eingeführt (Bundesministerium für Arbeit und Soziales 2010 a):

- Krankenversicherung (1883)
- Unfallversicherung (1884)
- Invaliditäts- und Altersversicherung (1889).

In der darauf folgenden Epoche (1890–1918), die durch die Kaiserzeit von **Wilhelm II.** und den **ersten Weltkrieg** geprägt ist, erfolgte eine stetige Erweiterung des Sozialstaats. Eine wichtige Errungenschaft war das 1891 verabschiedete »Arbeiterschutzgesetz«, welches u. a. das Verbot der Sonntagsarbeit in der Industrie sowie das Verbot der Nachtarbeit für Frauen und Kinder unter 16 Jahren enthält und erstmals die Arbeitnehmervertretungen in Betrieben zulässt. Ein zentrales Feld der Sozialpolitik um 1900 wird dann das Gesundheitswesen mit medizinischen Fortschritten, Weiterentwicklungen in der Krankenversicherung, steigenden Ärztezahlen und Erfolgen bei der Hygiene und Seuchenbekämpfung. Zudem übernimmt auch die kommunale Ebene wichtige Aufgaben in der Gesundheitsfürsorge, z. B. durch Einrichtung von Gesundheitsämtern. Die wichtigste sozialpolitische Errungenschaft während der Regierungszeit Wilhelms II. ist die Zusammenfassung der Kranken-, Unfall-, Invaliditäts- und Altersversicherung zu einem einheitlichen Gesetz (1911), verbunden mit verbesserten Leistungen für die Versicherten (z. B. Einführung der Witwen- und Waisenrente in der Invaliditäts- und Altersversicherung). Durch den Ersten Weltkrieg (1914–1918) ergeben sich neue sozialstaatliche Herausforderungen. Beispielsweise entsteht oberhalb der Armenfürsorge eine so genannte Kriegswohlfahrtspflege, die Gruppen von Bedürftigen unterstützt, deren Not sich durch den Krieg begründet. Je länger der Krieg andauert, umso mehr verschlechtern sich allerdings die sozialstaatlichen Bedingungen. Dies zeigt sich beispielsweise in der Aufhebung des Arbeitsschutzes für Kinder, Jugendliche und Frauen und der Einführung von Doppelschichten mit zwölfstündiger Arbeitszeit für Frauen und Jugendliche (ebd.)

Die ersten sozialpolitischen Kernpunkte der auf den Ersten Weltkrieg folgenden **Weimarer Republik** (1918–1933) umfassen eine Reihe von Verbesserungen für Arbeitnehmer (z. B. Einführung des Achtstundentages, Anerkennung der Gewerkschaften als Tarifpartner) und die Implementierung des Wahlrechts für Frauen. In den Jahren 1921–1923, der Zeit der Inflation, kommt die Sozialpolitik nahezu zum Stillstand. Als die damalige Regierung im November 1923 die Inflation durch eine Geldentwertung sowie die Einführung einer neuen Währung (Rentenmark) beendet, steht die Sozialversicherung vor dem Zusammenbruch und die Arbeitnehmerrechte vor drastischen Einschnitten (z. B. Ausdehnung der Arbeitszeit und Verzicht auf Lohnerhöhungen). Dem Krisenjahr folgt eine kurze Zeit wirtschaftlicher Erholung, in der auch bislang aufgeschobene Sozialreformen verabschiedet und umgesetzt werden. Die bedeutsamste sozialpolitische Leistung der Weimarer Republik ist das Gesetz zur Arbeitsvermittlung und Arbeitslosenversicherung (1927), durch welches neben den Risiken Krankheit, Unfall und Alter nun auch die Erwerbslosigkeit abgesichert wird. Am 25. Oktober 1929 (»Schwarzer Freitag«) löst der Zusammenbruch der New Yorker Börse eine **Weltwirtschaftskrise** aus, die sich auch in Deutschland katastrophal auswirkt. Tausende Firmen gehen Konkurs und bis zum Jahr 1932 vervierfacht sich die Zahl der Arbeitslosen auf über 6 Millionen Menschen. Die damalige Regierung versucht, die Krise durch eine Ausgabenanpassung an die sinkenden Einnahmen zu bewältigen. Sozialversicherungsbeiträge werden erhöht, Leistungen gleichzeitig reduziert, Löhne und Preise per Verordnung gesenkt, die 40-Stunden-Woche eingeführt und berufstätige Frauen dazu ermuntert, ihre Stelle einem männlichen Arbeitslosen zu überlassen. Das Versagen dieser Maßnahmen begünstigt vor allem die Nationalsozialisten, was letztendlich zur Zerschlagung der Weimarer Verfassungsordnung im Jahre 1933 führt (ebd.).

In der Zeit des **Nationalsozialismus** und **Zweiten Weltkriegs** (1933–1945) besetzten die Nationalsozialisten zielstrebig die Schaltstellen der Macht und schalten mit einer Mischung aus Terror, Propaganda und Notverordnungen ihre politischen Gegner aus. Hiervon sind auch sozialstaatliche Errungenschaften betroffen, beispielsweise die Zerschlagung der Arbeitnehmerbewegung, das außer Kraft setzen elementarer Grundrechte, die Auflösung von Gewerkschaften und Parteien sowie die Beendigung der Selbstverwaltung der Sozialversicherungen. Diese Maßnahmen stehen stellvertretend für das Ende der Demokratie und einer insgesamt rückwärtsgewandten Sozialpolitik. Dennoch gibt es im Nationalsozialismus auch ein Bündel von Maßnahmen, welches große Teile der Bevölkerung in den nationalsozialistischen Staat integrieren und bisherigen Organisationen den Boden entziehen soll. Dies sind z. B. die Erbauung von Werkswohnungen, Sportplätzen und Kantinen, ein verbesserter Mutterschutz, die Verdoppelung des Jahresurlaubs von drei auf sechs Tage, die Einführung des Kindergeldes und die Erweiterung des Versichertenkreises in der Renten- und Krankenversicherung. Weiterhin stehen verschiedene und mit hohem Propagandaaufwand verkündete Maßnahmen zur Arbeitsbeschaffung im Mittelpunkt, u. a. die Aufgabe von Arbeitsplätzen durch Jugendliche zugunsten erwerbsloser Familienväter und die Einführung von Wehr- sowie Arbeitsdienst, was letztendlich im Jahre 1937 zur Vollbeschäftigung führt (ebd.).

Die **Besatzungszeit** (1945–1949) ist dadurch geprägt, dass fast die Hälfte aller Häuser und Wohnungen in Deutschland zerstört ist und aus den östlichen Gebieten mehrere Millionen Menschen vertrieben werden. Folglich steht zunächst nicht der umfassende sozialstaatliche Wiederaufbau im Fokus, sondern die Sicherung des bloßen Überlebens. Durch den ideologischen Gegensatz zwischen der Sowjetunion und den westlichen Alliierten zeichnet sich schon früh die im Jahre 1949 letztendlich mit der Gründung von zwei Staaten, der Bundesrepublik Deutschland (BRD) und der Deutschen Demokratischen Republik (DDR), vollzogene **Teilung Deutschlands** ab, die auch für die weiteren sozialstaatlichen Entwicklungslinien prägend sein wird. Während die Sowjetunion in ihrer Besatzungszone die Einführung der Planwirtschaft vorbereitet und 1947 eine einheitliche Sozialversicherung einführt, wird in den westlichen Besatzungszonen das im deutschen Kaiserreich begonnene und mehrgliedrige System der Sozialversicherung (Bismarcksche Sozialgesetzgebung) fortgesetzt (ebd.).

Die nachfolgenden sozialpolitischen Entwicklungslinien von **1949 bis Mitte der 1990er Jahre,** die sich wegen dessen einseitig prägender Bedeutung für den jetzigen Sozialstaat ausschließlich auf die Bundesrepublik Deutschland beziehen, sind anfangs gekennzeichnet von der Bewältigung der Kriegsfolgen. Beispielsweise sieht das Bundesversorgungsgesetz von 1950 umfangreiche Leistungen für die Heil- und Krankenbehandlung der Kriegsversehrten sowie Rentenzahlungen an Hinterbliebene vor und der akuten Wohnungsnot wird mit sozialem Wohnungsbau begegnet. Grundsätzlich knüpft die sozialstaatliche Entwicklung in den 1950er Jahren wieder an die Vorkriegsstrukturen und Institutionen an und auch das Leistungsspektrum und -niveau bleiben erhalten. Dabei sind die Einführung der dynamischen Rente mit Kopplung an die Lohnentwicklung und die Implementierung der Lohnfortzahlung im Krankheitsfall bedeutsame Eckpfeiler dieser Zeit. Mit dem wirtschaftlichen Aufschwung und der sinkenden Arbeitslosenquote (unter ein Prozent) mit Beginn der 1960er Jahre verbessert sich nicht nur der Lebensstandard, sondern es kommt auch sukzessive zur eigentlichen **Expansion des Sozialstaates** (Bundesministerium für Arbeit und Soziales 2010a). Besonders prägend sind die Implementierung des Bundessozialhilfegesetzes (1962), womit dem Staat nun verstärkt die Aufgabe der materiellen Grundsicherung seiner Bürger obliegt (Wendt 2011) und der deutliche Ausbau des Gesundheitswesens. Weitere Merkmale sind eine aktive Arbeitsmarkt- und Qualifizierungspolitik, die Einführung des Bundeskindergeldes und die forcierte Bereitstellung eines breiten Spektrums an sozialen Einrichtungen und Diensten, beispielsweise im Arbeitsfeld der Kinder- und Jugendhilfe. Zudem werden die bestehenden Sozialversicherungszweige in Bezug auf den erfassten Personenkreis und das Leistungsniveau fortentwickelt.

Nach vielen Jahren der Hochkonjunktur stürzt die Ölkrise 1973 die Bundesrepublik in ihre erste große **Rezession** und bereits 1975 sind erstmals wieder über eine Million Menschen ohne Arbeit. Dennoch gelingen auch in dieser Zeit sozialpolitische Weichenstellungen, z. B. der Ausbau von Rehabilitationseinrichtungen und der erweiterte Einbezug von Menschen mit Behinderung in das System der Sozialversicherung. 1980 findet die Frauenemanzipationsbewegung der 1970er Jahre auch in der Gesetzgebung ihren Ausdruck, u. a. durch Regelungen zur Gleichbehandlung von Männern und Frauen am Arbeitsplatz. 1983 gibt es 2,2 Millionen Arbeitslose (fünfzehnmal so viele wie 1970) und die Gesetze zum Vorruhestand und zur Beschäftigungsförderung, mit der Möglichkeit zum Abschluss befristeter Arbeitsverträge, sollen ab dem Jahre 1985 helfen, die Chancen von (jüngeren) Menschen auf dem Arbeitsmarkt zu verbessern (Bundesministerium für Arbeit und Soziales 2010 a).

Der Zusammenbruch der DDR ermöglicht die **Wiedervereinigung Deutschlands** und gleichzeitig einen massiven **Bedeutungszuwachs des Sozialstaats**, dessen Ausprägungen zu Beginn der **1990er Jahre** binnen kurzer Zeit auf die neuen Bundesländer übertragen werden. Durch einen hohen Mitteleinsatz, vor allem in der Arbeitsmarktpolitik, wird bis heute dazu beigetragen, die Folgen des Systemwechsels (u. a. Zusammenbruch der ostdeutschen Wirtschaft) zu begrenzen bzw. zu kanalisieren. Im Jahre 1995 kommt es durch die Einführung der Pflegeversicherung als nunmehr fünftem Zweig der Sozialversicherung zu einer weiteren Ausdehnung des Sozialstaats (Bäcker u. a. 2010 a; Bundesministerium für Arbeit und Soziales 2010).

Wenngleich Sozialpolitik in der Bundesrepublik nie ein konfliktfreies Politikfeld war, ist die Entwicklung bis Mitte der 1990er Jahre geprägt durch einen **sozialen Grundkonsens** zwischen den beteiligten Akteuren. Dies beruht vermutlich auch auf dem beispiellosen wirtschaftlichen Aufschwung, der zu einem deutlichen Anstieg des allgemeinen Wohlstands führt und die Finanzierbarkeit eines umfangreichen Sozialstaats erst ermöglicht. Hinzu kommen die historischen Erfahrungen in Deutschland, die aufgezeigt haben, dass sich mit »reiner« Marktwirtschaft keine stabile demokratische und friedvolle Gesellschaft entwickeln kann, sondern es hierfür auch eines sozialen Ausgleichs und der Sicherstellung von Bürgerrechten bedarf (ebd.).

1.5.3 Krise des Sozialstaats

Die Sozialpolitik in Deutschland steht, ähnlich wie in anderen europäischen Ländern, seit **Mitte der 1990er Jahre** unter massivem Druck. Der ausgebaute Sozialstaat wird kritisiert und ein Richtungswechsel gefordert (Bäcker u. a. 2010 a). Die Krise des Sozialstaates wird häufig auch mit der kontinuierlich wachsenden **Finanzknappheit** und **Schuldenlast** der öffentlichen Haushalte begründet. Interessanterweise waren die verantwortlichen Akteure und auch die Bürgerschaft selbst in Jahren des wirtschaftlichen Wachstums offensichtlich nicht bereit, die öffentliche Last zu reduzieren und z.B. der Verlockung von »Wohltaten« für teilweise ausgewählte Interessens- und Wählergruppen zu widerstehen, sondern es kam im Gegenteil auch in ausgeprägten Wachstumsphasen zur Aufnahme neuer Schulden. Ein Beispiel hierfür ist der Bundeshaushalt des Jahres 2012. Die hier ausgewiesene Gesamtsumme von 306 Milliarden Euro basiert, trotz positiver Konjunktur- und Staatseinnahmekennziffern, auch auf einer zusätzlichen Neuverschuldung von rund 26 Milliarden Euro. Größter Einzelposten des Haushalts ist der Etat des Arbeitsministeriums mit 126,5 Milliarden Euro. Darin enthalten ist u.a. der Bundeszuschuss an die Rentenversicherung in Höhe von rund 80 Milliarden Euro. An zweiter Stelle folgen bereits Zinszahlungen (38,3 Milliarden Euro) für die Bundesschuld, welche insgesamt 1,3 Billionen Euro beträgt. Die Ausgabensumme für Zinszahlungen im Jahr 2012 entspricht einem Anteil von rund 12,5 Prozent der Gesamthaushaltsumme und steht folglich nicht für andere Ressorts (z.B. Bildung und Soziales) zur Verfügung (Süddeutsche Zeitung 2011). Berücksichtigt man zusätzlich die zukünftig steigenden Ausgabenlasten für Rentner und Pensionäre sowie die aktuell kaum überschaubaren Unwägbarkeiten durch die **Schuldenkrise in EU-Ländern,** so wird deutlich, dass die reale Finanzlast für zukünftige Generationen weit über der aktuell publizierten Schuldenlast liegen dürfte.

Die im Zusammenhang mit der Finanzknappheit oftmals beschriebene These, dass öffentliche Haushalte immer weniger Geld für Soziales ausgeben und dafür andere Bereiche bevorzugen, erscheint allerdings nicht haltbar. Die **Sozialleistungsquote,** die sich als Anteil aller Sozialleistungen in Beziehung zum Brutto-Inlandsprodukt pro Kopf (BIP) ergibt, belegt vielmehr das allgemeine Wachstum des Sozialbereichs für den Zeitraum der vergangenen 50 Jahre (vgl. Abbildung 1.6).

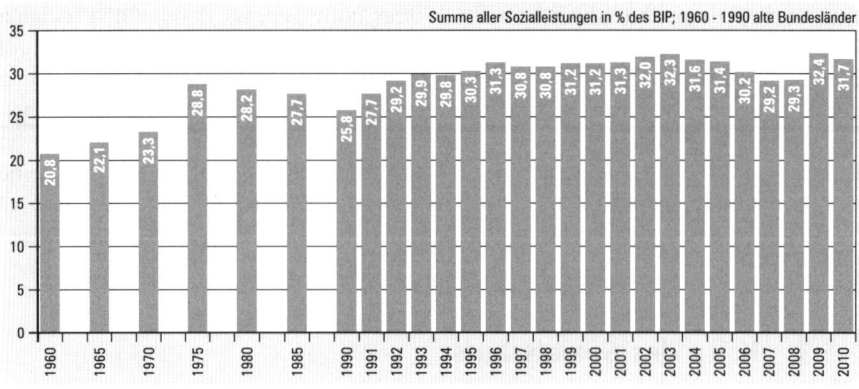

Abb. 1.6: Sozialleistungsquote im Zeitraum 1960–2010
Quelle: Bundesministerium für Arbeit und Soziales 2011

Im zeitlichen Verlauf ist zu erkennen, dass die Sozialleistungsquote zwischen 1960 und 1975 als Ergebnis der sozialpolitischen Expansionspolitik deutlich gestiegen ist, sich 1975 auf einem vergleichsweise konstanten Niveau eingependelt hatte und nach der Wiedervereinigung tendenziell nochmals einen Schub bekam. Der vorläufige Spitzenwert wurde dann im Jahr 2003 mit 32,3 Prozent erreicht und im Erhebungsjahr 2009 mit 32,4 Prozent nochmals leicht übertroffen. Die Entwicklungen der Werte im Zeitverlauf sind allerdings nicht nur das Resultat der Ausgabenentwicklung, sondern korrelieren auch mit den Schwankungen des BIP. Falls die Höhe der Sozialleistungen unverändert bleibt, jedoch das BIP (Bezugsgröße) sinkt, kommt es zwangsläufig zu einer steigenden Quote (Bundesministerium für Arbeit und Soziales 2011).

Die Entwicklung der Sozialleistungsquote verdeutlicht, dass es sich bei der oftmals proklamierten Krise des Sozialstaates nicht um einen allgemeinen Abbau von Leistungen handelt. Folglich müssen anderweitig gelagerte Herausforderungen einen solchen Diskurs begründen. Ein Kernelement dürften die **Angebots- und Leistungsverschiebungen** innerhalb des Sozialstaats sein. Am stärksten beeinflussen die beiden höchsten und überproportional steigenden Ausgabenblöcke der **Kranken- und Rentenversicherung** das Leistungspotential des Sozialstaats. Die Gesamtsumme aller Sozialleistungen lag im Jahr 2010 bei rund 761 Milliarden Euro, wovon rund 428 Milliarden Euro allein den beiden Hauptausgabenbereichen zuordenbar sind, was einem Anteil von ca. 56 Prozent entspricht. Weiterhin wird der Sozialstaat durch Leistungsverbesserungen in den Bereichen der **Pflegeversicherung** und **Kinder-/Jugendhilfe** sowie vergleichsweise hohe Ausgabenböcke in der **Arbeitslosenversicherung** und im **Hartz-IV-System** stark in Anspruch genommen (Bundesministerium für Arbeit und Soziales 2011 und 2010b).

Die hier beschriebenen Entwicklungen führen zwangsläufig dazu, dass die sozialstaatlichen **Handlungsspielräume** für andere Angebote und Leistungen, beispielsweise für zahlreiche Arbeitsfelder der Sozialen Arbeit, deutlich **geringer** geworden sind. Aufgrund der sich fortsetzenden Verschiebungen in der Altersstruktur der Bevölkerung, des medizinischen Fortschritts und einem zunehmenden Anspruchsdenken der Bevölkerung ist davon auszugehen, dass vor allem die Ausgaben in den Bereichen der Gesundheitsversorgung sowie Alterssicherung auch zukünftig steigen und dies tendenziell zur Reduzierung von anderen Angeboten und Leistungen innerhalb des Sozialstaats führen wird. Nicht übersehen werden darf, dass sich eine steigende Lebenserwartung und sinkende Geburtenquoten nicht nur auf die sozialstaatliche Ausgabenseite auswirken, sondern gleichzeitig zu einer abnehmenden Zahl von Beitragszahlern in die Sozialversicherungen sowie tendenziell zur Erschwernis in der Generierung von Steuereinahmen beitragen (Backhaus-Maul 2009). Hinzu kommt, dass der **Bedarf** an professionell erbrachter Sozialer Arbeit in vielen Arbeitsfeldern weiter **wächst**, vor allem aufgrund von zunehmenden Ungleichheiten in der Gesellschaft sowie sozialen Herausforderungen (z. B. Armut in unterschiedlichen Altersschichten, Gewaltbereitschaft, ungleiche Entwicklungschancen aufgrund von Herkunft, Geschlecht, etc.) (Wöhrle 2003). Thiersch konstatiert hierzu: »[Die] in unserer Gesellschaft immer deutlicher werdenden Prozesse einer generellen Erosion tradierter Lebensordnungen, die Prozesse also der Pluralisierung der Lebenslagen und der Individualisierung von Lebensführung machen – über die gleichsam traditionellen Ungerechtigkeiten der Arbeits- und Familienbiografie hinaus – neue Ungerechtigkeiten evident und deshalb neue Anstrengungen zum Ausgleich nötig« (Thiersch 1995, 32). Hinzu kommt, dass die aktuelle Schuldenlast der öffentlichen Haushalte zu Auseinandersetzungen hinsichtlich Zuständigkeit und Finanzierung zwischen einzelnen sozialstaatlichen Akteuren führt und der Sozialstaat sich in einer steigenden **Konkurrenzsituation** mit anderen Bereichen bzw. deren finanziellen Anliegen befindet (Wöhrle 2003).

Ein weiterer zentraler Aspekt bei der Diskussion um die Krise des Sozialstaates ist der zunehmende Einfluss **globaler Entwicklungen.** Dabei führt die Öffnung von Märkten, zum Beispiel der Handels- und Finanzmärkte, nicht nur zu sich dynamisch wandelnden Wettbewerbsbedingungen bei gewinnorientierten Wirtschaftsunternehmen, sondern auch zu tiefgreifenden Veränderungen in den Rahmenbedingungen nationaler Volkswirtschaften und zur Abnahme der Spielräume für sozialstaatliches Handeln. Ebenso wie in der Steuer-, Finanz- und Arbeitsmarktpolitik sehen sich die einzelnen Staaten auch in der Sozialpolitik einem permanenten Vergleichsprozess im grenzübergreifenden Standortwettbewerb ausgesetzt (Bäcker u.a. 2010 a). Beispielsweise findet sich ein Benchmarking (= Maßstäbe vergleichen) zwischen den Systemen der Sozialen Sicherheit in den 27 EU-Mitgliedstaaten auf Basis der sogenannten »**Offenen Methode der Koordinierung**« (**OMK**). Durchleuchtet werden hier u.a. Zugangskriterien, Art und Umfang der Leistungserbringung sowie deren Finanzierung. Die im Kontext der Suche nach marktkonformen Lösungen häufig formulierte Grundsatzkritik beschreiben Bäcker u.a. so, dass es der ausgebaute Sozialstaat sei, »der aufgrund seines überzogenen Niveaus sowie seiner fehlerhaften Strukturen sowie Leistungs- und Finanzierungsprinzipien für die Krisenerscheinungen in Wirtschaft und Gesellschaft verantwortlich zeichne. Sozialpolitik habe sich damit vom Problemlöser zum Problemverursacher entwickelt und gefährde die Zukunftschancen« (2010 a, 75).

1.5.4 Neue Wege im Sozialstaat

Die oben diskutierten Krisensymptome und Kritiken am deutschen Sozialstaat führen seit Mitte der 1990er Jahre und bis heute zu einer enormen Breitenwirkung in den öffentlichen, politischen und wissenschaftlichen Diskursen. Begleitet wird diese Zeit von einer kaum überschaubaren **Vielfalt von Eingriffen** in Regelungen und Gesetze. Wenngleich eine gemeinsame Linie bei den vollzogenen Veränderungen kaum sichtbar ist, wird deutlich, dass sich die sozialstaatlichen Grundprinzipien in den letzten Jahren verändert haben und sich neue Strukturen herausbilden (Bäcker u.a. 2010 a). Ein wesentlicher Eingriff ins sozialstaatliche System sind umfassende Reformen des Gesundheitssystems ab dem Jahr 1997. Diese sind gekennzeichnet durch eine Vielfalt von Maßnahmen, die insgesamt zu einer höheren Belastung der Versicherten führen. Beispiele hierfür sind die Einführung erhöhter Zuzahlungen und Kostenerstattungstarife, die alleinige Finanzierung einzelner Zweige der Krankenversicherung durch die Versicherten sowie die Erhebung von Zusatzbeiträgen im Gesundheitsfonds (Bundesministerium für Arbeit und Soziales 2010 a). Mit dem Altersvermögensgesetz startet 2001 die nach dem damaligen Bundesarbeitsminister benannte Riester-Rente. Neben der gesetzlichen Rente entsteht damit eine privat finanzierte, vom Staat mit Zulagen und Sonderausgabenabzugsmöglichkeiten geförderte Altersvorsorge (ebd.). Gleichzeitig kommt es zu einer deutlichen Senkung des Leistungsniveaus in der gesetzlichen Rentenversicherung und das hier einst primäre Ziel einer Sicherung des Lebensstandards im Alter trifft nur noch eingeschränkt zu. Insgesamt stehen die neuen Wege in der Gesundheits- und Altersvorsorge für eine **zunehmende Privatisierung** der sozialen Sicherung und eine Reduzierung des Solidaritätsprinzips sowie der Einkommensumverteilung (Bäcker u. a. 2010 a).

Ein zentrales sozialpolitisches Projekt ist auch die so genannte **Agenda 2010**, welche ab dem Jahr 2003 mit dem Kernziel einer Flexibilisierung des Arbeitsmarkts implementiert wird. Zu den wichtigsten Neuerungen im Kontext der Agenda 2010 zählen die Ausweitung der Mini-Jobs, die Förderung von neuen Formen selbständiger Arbeit, die Einrichtung von Jobcentern, die Absenkung der Bezugsdauer für das Arbeitslosengeld I (maximal 12 Monate für Arbeitsuchende vor Vollendung des 50. Lebensjahres) und die Zusammenführung von Arbeitslosenhilfe und Sozialhilfe zum Arbeitslosengeld II. Da der Leistungsumfang beim Arbeitslosengeld II auf das sozial-kulturelle Existenzminimum abgesenkt wurde, besteht für Arbeitsuchende, die innerhalb von 12 Monaten keine neue Beschäftigung finden, die potenzielle Gefahr eines Verlustes ihrer finanziellen und gesellschaftlichen Position (Bundesministerium für Arbeit und Soziales 2010 a). Neben diesen sozialstaatlichen Einschnitten umfasst die Agenda 2010 auch investive familienpolitische Maßnahmen. Dazu zählen Steuervergünstigungen für Kinderbetreuung und Haushaltshilfen, aber auch der Ausbau von Ganztagsschulen. Die Große Koalition beschließt 2006 mit Einführung des Elterngeldes ein weiteres familienpolitisches Instrument. Ein Jahr später folgt das Kinderbetreuungsfinanzierungsgesetz als bedeutsame Maßnahme zur Vereinbarkeit von Familie und Beruf bzw. dem Ziel, die Krippenplätze bis zum Jahr 2013 auf 750 000 zu verdreifachen (ebd.).

1.5.5   Ökonomisierung des Sozialen

Neben den bereits aufgezeigten Eingriffen in Regelungen und Gesetze des Sozialstaats ab Mitte der 1990er kommt es seit dieser Zeit zu einem Bündel an Reformansätzen, die sich primär auf öffentliche Verwaltungsstrukturen sowie die organisatorische und finanzielle Weiterentwicklung der sozialen Einrichtungen und Dienste konzentrieren und unter **Ökonomisierung des Sozialen** firmieren (vgl. Bäcker u. a. 2010 b). Insbesondere zielen die Kommunen als Hauptverantwortliche für zahlreiche Arbeitsfelder und deren Finanzierung darauf ab, den Ausgabenanstieg durch unterschiedliche Maßnahmen einzudämmen und die Erstellung Sozialer Arbeit stärker an den Maßstäben der **Effektivität** (Wirksamkeit) und **Effizienz** (Wirtschaftlichkeit) auszurichten. Tiefgreifende Reformen bei Finanzierungsformen und -verfahren spielen dabei ebenso eine zentrale Rolle, wie die Intensivierung des Wettbewerbs und die Implementierung neuer Steuerungsmodelle (ebd.).

Neue Steuerungsmodelle

Neue Steuerungsmodelle (NSM) sind eine für die deutsche Kommunalverwaltung entwickelte Sonderform des New Public Managements. Grundgedanke ist, betriebswirtschaftliche Effizienzkriterien, Managementdenken sowie Wettbewerbsmechanismen auf Verwaltungen zu übertragen und diese von Bürokratien in modernen Dienstleistungseinheiten umzuwandeln (Horcher 2008). Neue Steuerungsmodelle sollen zu einer verbesserten Leistungsqualität, Bürger- und Kundenorientierung, qualifiziertem Personal, mehr Wirtschaftlichkeit, Kosteneinsparungen und -transparenz sowie zu einer klaren Verantwortungsabgrenzung innerhalb der Verwaltung sowie zwischen Politik und Verwaltung beitragen (Kommunale Gemeinschaftsstelle für Verwaltungsvereinfachung 2007). Im Konzept der Neuen Steuerungsmodelle geht es darum, Leistungen zu definieren, entsprechende Wege (inputs) festzulegen und die angestrebten Ziele (outputs) zu bestimmen. Der Kommune obliegt die Rolle eines »Konzerns«, mit der als »Vorstand« agierenden Verwaltungsspitze (Backer u. a. 2010 b). Die Politik, in der Rolle des Auftraggebers, soll sich beim Neuen Steuerungsmodell auf das »ob« und »was« konzentrieren, den strategischen Rahmen vorgeben, steuern und kontrollieren. Der Verwaltungsspitze, in der Position des Auftragnehmers, obliegt die Entscheidung über das »wie« der Leistungserbringung (Zielinski 2005).

Zur operativen Umsetzung werden, im Zuge des so genanten **Kontraktmanagements**, Leistungsverträge mit den zuständigen Fachämtern oder mit Sozialunternehmen abgeschlossen. Der Bürgerschaft kommt eine Doppelrolle zu. Sie ist zum einen Nachfrager (Kunde) der durch Einrichtungen und Dienste angebotenen Leistungen sowie zugleich auch Auftraggeber für die Verwaltungsspitze. Letzteres ergibt sich durch Wahlen bzw. die damit verbundene Mandatsfrage.

In den deutschen Kommunalverwaltungen besteht allerdings keine einheitliche Form des Neuen Steuerungsmodells, etwa in der Kinder- und Jugendhilfe, sondern es kommt in der Praxis zu durchaus differenzierten Schwerpunktsetzungen und Verfahren (Bäcker u. a. 2010 b). Dennoch haben sich gemeinsame **Grundelemente** heraus gebildet, die sich wie folgt zusammenfassen lassen:

- Ausrichtung der Verwaltung auf die Interessen der Bürger als Kunden
- Soziale Einrichtungen und Dienste wandeln sich in Produkte, die zu einem bestimmten Preis angeboten und von Kunden nachgefragt (ausgewählt) werden können
- Einführung eines Kontraktmanagements zur Regelung des Verhältnisses von Politik und Verwaltung: Politik trifft Entscheidungen über Ziele, zu erbringende Leistungen und dafür erforderliche Ressourcen. Die Verteilung der Ressourcen erfolgt nicht über eine Festlegung von detaillierten Ausgabenpositionen, sondern durch Bereitstellung von fixen Gesamtbudgets für die einzelnen Einheiten (z. B. Fachbereiche)
- Eigenständige Entscheidungskompetenz auf Verwaltungsebene (im Rahmen der bereitgestellten Budgets) über Wege zur Zielerreichung und folglich dezentrale Steuerung von Fach- und Ressourcenverantwortung

- Produktbeschreibungen sind Grundlage für so genannte Leistungsverträge, die zwischen der zuständigen Verwaltungseinheit und den tatsächlichen Leistungs-erbringern abgeschlossen werden. Geregelt werden u. a. die Ziele, der Umfang, die Qualität sowie die voraussichtlichen Kosten eines Produkts. Leistungs-erbringer können sowohl interne Dienstleistungseinheiten der Kommune (z. B. Kindertageseinrichtungen oder Jugendfreizeiteinrichtungen des Jugendamtes), als auch externe Sozialunternehmen sein
- Durch öffentliche Träger erbrachte Leistungen stehen im Wettbewerb mit den angeboten von frei-gemeinnützigen und privat-gewerblichen Angeboten. Ver-waltungsintern basiert der Wettbewerb auf Kennzahlenvergleichen zwischen einzelnen Einheiten einer Kommune
- Steuerung der Ziele und des finanziellen Rahmens der Leistungserbringung durch Maßnahmen des Controllings (ebd.).

Wettbewerb

Im Zuge der Neuen Steuerungsmodelle, aber auch durch zahlreiche andere Initiativen und Reformen, beispielsweise in der Pflege- und Krankenversicherung, kommt es in den letzten Jahren zu einer bisher in Art und Umfang nicht gekannten Intensivierung des **Wettbewerbs** bzw. einer zunehmenden **Privatisierung** im deut-schen Sozialstaat. Diese Prozesse finden neben dem gesundheitsmedizinischen Sektor innerhalb einer Vielzahl von Arbeitsfeldern der Sozialen Arbeit statt.

Von den Veränderungen betroffen ist dabei insbesondere das historisch bedeut-same **Subsidiaritätsprinzip**. Dieses regelte ursprünglich das Verhältnis zwischen den unterschiedlichen Trägergruppierungen und sah vor, dass sich frei-gemein-nützige Anbieter an der Erfüllung öffentlicher Aufgaben beteiligen können, dabei einen Rechtsanspruch auf Förderung haben und ihnen zusätzlich ein Vorrang gegenüber öffentlichen Trägern einzuräumen ist. In Konsequenz dieser Regelung haben öffentliche Institutionen von der Errichtung oder dem Ausbau eigener Einrichtungen und Dienste abzusehen (z. B. einer Kindertagesstätte oder eines Pflegeheimes), falls entsprechende Angebote in geeigneter Art und Weise durch frei-gemeinnützige Träger bereitgestellt werden können.

Die praktische Umsetzung des Subsidiaritätsprinzips war in der Vergangenheit nicht frei von Konflikten. Die Kontroverse um die Zuständigkeiten von öffentlichen und frei-gemeinnützigen Trägern findet sich bereits in der Weimarer Republik, wo vor allem die katholische Kirche die Grundsätze der Subsidiarität für sich und ihr nahe stehende Dienste und Einrichtungen einforderte (Bäcker u. a. 2010 b). Darüber hinaus muss die zügige Wiedereinführung des Subsidiaritätsprinzips nach dem zweiten Weltkrieg auch im Kontext der Erfahrungen mit einer weitrei-chenden Auflösung der Differenzierung zwischen Staat und Gesellschaft im Faschismus betrachtet werden. Trägervielfalt und die Sicherung von verschiedenen Interessen und Lebensstilen in einer Gesellschaft »wurde unter diesem Aspekt als Element einer demokratischen Staats- und Gesellschaftsordnung aufgenommen und politisch proklamiert« (Merchel 2008, 18). Durch die Implementierung des Bundessozialhilfe- sowie Jugendwohlfahrtsgesetzes kam es im Jahr 1961 zur gesetzlichen Standardisierung und Verfestigung des Subsidiaritätsprinzips und die hierzu geführte Kontroverse zwischen staatlichen und frei-gemeinnützigen Trägern verlor in der Expansionsphase des deutschen Sozialstaats an Gewicht. Es entwickelten sich vielerorts enge **Netzwerke** und verbindliche Formen der **Zusammenarbeit,** die sich beispielsweise an der institutionellen Beteiligung der Wohlfahrtsverbände an öffentlichen Gremien wie dem Jugendhilfeausschuss und der Partizipation an kommunalen Sozialplanungen zeigten (Bäcker u. a. 2010 b). Zusätzlich bildeten sich innerhalb der Wohlfahrtsverbände verbandliche Strukturen auf der Bundes-, Landes- und Kommunalebene, die eine hohe **Kompatibilität** mit dem Aufbau staatlicher Institutionen zeigen. Für die Bereitstellung von Finanzmitteln stellte die öffentliche Seite die Bedingungen, dass sich die frei-gemeinnützigen Träger weitgehend an die Prinzipien und Vorgehensweisen der öffentlichen Haushaltsführung und zudem an die **tariflichen Regelungen** zur Vergütung des Personals (Bundesangestelltentarif – BAT) anpassen. Dies führte in der Konsequenz auch zu Einschränkungen beim Aufbau einer eigenen und unverwechselbaren Identität der jeweiligen Träger (Pracht 2008).

Zu einer deutlichen Veränderung im Subsidiaritätsverständnis kam es erstmals durch das im Jahr 1995 in Kraft getretene **elfte Sozialgesetzbuch** (Pflegeversicherung). Hierbei wurde der bedingte Vorrang von frei-gemeinnützigen Trägern bei der Leistungserbringung auf privat-gewerbliche Träger erweitert. Vordergründiges Ziel war die Anregung des **Preis- und Qualitätswettbewerbs** sowie eine Erhöhung der **Auswahlmöglichkeiten** für pflegebedürftige Menschen und ihre Angehörigen auf dem Pflegemarkt. Dieser entwickelt sich seit Einführung der Pflegeversicherung, insbesondere in dem von vergleichsweise geringen Investitionskosten geprägten ambulanten Bereich, mit dynamischer Geschwindigkeit (Pabst 2009). Von den zu Beginn des Jahres 2010 rund 12 000 zugelassenen ambulanten Pflegediensten befand sich die deutliche Mehrzahl in privat-gewerblicher Trägerschaft (7400 bzw. 61,5 Prozent), der Anteil frei-gemeinnütziger Träger betrug 36,5 Prozent und jener der öffentlichen Träger rund zwei Prozent (Statistisches Bundesamt 2011 b). Im Jahr 1996 wurde die um privat-gewerbliche Träger erweiterte Vorrangstellung gegenüber öffentlichen Trägern auch in das heutige **zwölfte Sozialgesetzbuch** sowie in die **Kinder- und Jugendhilfe** (SGB VIII) übernommen (Bäcker u. a. 2010 b). Bemerkenswert ist, dass sich der **legitimierte Marktzugang** für privatgewerbliche Träger zwischenzeitlich auch in zahlreichen weiteren Tätigkeitsbereichen der Sozialen Arbeit wiederfindet, beispielsweise in der Behinderten-, Bewährungs- und Suchthilfe oder bei Qualifizierungsmaßnahmen die durch so genannte regionale Einkaufszentren der Bundesagentur für Arbeit ausgeschrieben werden.

Obwohl für die freie Wohlfahrtspflege der Wettbewerb mit den privat-gewerblichen Anbietern vor allem in lukrativ erscheinenden Marksegmenten und in Ballungsräumen typisch geworden ist, bestehen nach wie vor **punktuelle Wettbewerbsvorteile** für frei-gemeinnützige Sozialunternehmen. Neben den steuerlichen Begünstigungen auf Basis der Gemeinnützigkeit trifft dies vor allem zu auf die Beteiligung an historisch gewachsenen Netzwerken und Entscheidungsgremien sowie einer insgesamt besseren Ressourcenausstattung, beispielsweise aufgrund von Zuwendungen, die zusätzlich zu den mit Kostenträgern vereinbarten Leistungsentgelten bezogen werden (Pabst 2009). Hinzu kommt, dass frei-gemeinnützige Träger unterschiedliche Beschäftigungsformen nutzen können (z. B. Helfer im freiwilligen sozialen Jahr sowie ehrenamtliche Mitarbeiter), die sich außerhalb von regulären Arbeitsverhältnissen bewegen (Bäcker u. a. 2010 b). Andererseits darf nicht übersehen werden, dass auch privat-gewerbliche Träger in einzelnen Aspekten über tendenzielle Wettbewerbsvorteile gegenüber frei-gemeinnützigen Anbietern verfügen. Dies betrifft u. a. flexiblere Vergütungsmög-lichkeiten für das Personal sowie »schlankere« Organisationsstrukturen- und Abläufe. Ein anderer Aspekt ist, dass ggf. noch vorhandene Privilegien für frei-gemeinnützige Träger zunehmend geringer werden oder der Gefahr ausgesetzt sind, zukünftig zu entfallen. Hierzu zählen zum Beispiel das Ende des Zivildienstes und die derzeit unklare Situation darüber, inwiefern der deutsche Sonderweg einer (steuerlichen) Bevorzugung von Wohlfahrtsverbänden unter wettbewerbsrecht-lichen Aspekten zukünftig dem Druck des europäischen Rechts standhalten kann. Abschließend lässt sich konstatieren, dass die Wettbewerbsbedingungen für Träger der Sozialen Arbeit zwar eine sehr differenzierte Betrachtungsweise erfordern, sich aber in zahlreichen Tätigkeitsfeldern enorm verschärft haben und aufgrund der aufgezeigten sozialstaatlichen Entwicklungstendenzen zudem davon auszugehen ist, dass die Marktanteile von privat-gewerblichen Trägern bzw. der Wettbewerb weiter zunehmen dürften (ebd.).

Finanzierungsformen und -verfahren

Neben der Einführung von Elementen der neuen Steuerung und des Wettbewerbs nimmt der Wandel der Finanzierungsformen und -verfahren eine zentrale Rolle bei der Ökonomisierung der Sozialen Arbeit ein. Die Finanzierung von sozialen Leistungen durch die öffentliche Hand war bis Mitte der 1990er Jahre geprägt durch die so genannte **Vollkostenrechnung**. Diese umfasste die Ermittlung von Kostensätzen nach dem **Selbstkostendeckungsprinzip** sowie oftmals zusätzlich eine Beteiligung an **Investitionskosten**. Grundlage der zweckgebundenen Investitions-kostenzuschüsse für Gebäude, technische Anlagen, Mobiliar etc. war üblicherweise eine (kommunale) Bedarfsplanung zu sozialen Einrichtungen und Diensten durch die öffentliche Hand (Schellberg 2007). Bei der Finanzierung nach dem Selbst-kostendeckungsprinzip wurden, auf Grundlage eines bestimmten Auslastungs-grades, alle Kosten von sachgerecht und sparsam wirtschaftenden Einrichtungen und Diensten in einem differenzierten Selbstkostenblatt erfasst. Dieses beinhaltete zumeist die Grunddaten des Sozialunternehmens sowie eine darauf folgende Zweiteilung in Personal- und Sachkosten. Bei den Personalkosten waren u. a. Eintragungen hinsichtlich Stellenbezeichnung, Vergütungsgruppe, Stellenumfang und Arbeitgeberbruttokosten vorzunehmen. Der Sachkostenbereich umfasst bei-spielsweise folgende Kategorien: Verbrauchsgüter, Geschäftsbedarf, Post- und Fernmeldegebühren, Betriebsausgaben für Fahrzeuge, Mieten und Pachten für Gebäude/Räume, Lebensmittel und Getränke. Ebenso erfolgte im Selbstkosten-deckungsblatt eine detaillierte Erfassung der einzelnen Erlöspositionen (ebd.).

Der Betrachtungszeitraum beim Selbstkostendeckungsprinzip entsprach zu-meist einem Kalenderjahr und die Spezifizierung der Kosten auf beispielsweise einen Tag und/oder einen Kunden wurde dann auch als Tages- oder Pflegesatz bezeichnet (Pracht 2002). Im Rahmen von Kostenübernahmenverhandlungen ging es aus Sicht von Sozialunternehmen vor allem darum, die angefallenen Selbstkosten und ihre Angemessenheit zu begründen und eine hohe Refinanzierung (möglichst hundert Prozent) durch die öffentliche Hand bewilligt zu bekommen. Für die öffentlichen Kostenträger war von zentraler Bedeutung, ob sich die Höhe der einzelnen Kostenarten im Rahmen der jeweiligen Erfahrungswerte bewegte, ob tarifliche Bestimmungen, vorgegebene Personalschlüssel sowie formale Kriterien eingehalten wurden und ob die exakte Trennung nach den einzelnen Kostenpositionen deutlich wurde (ebd.). Die exakte Abrechnung erfolgte zumeist im Nachhinein, dies durch einen vom Sozialunternehmen ausgefüllten Verwendungsnachweis über die Selbstkosten. Während des laufenden Kalenderjahres kam es üblicherweise zu Abschlagszahlungen durch die öffentliche Hand. In anderen Fällen wurde die Möglichkeit eingeräumt, erzielte Verluste oder Gewinne mit dem Kostensatz des Folgejahres zu verrechnen.

Grundsätzlich bestanden beim Selbstkostendeckungsprinzip nur sehr begrenzt Anreize, Sozialunternehmen an den Maßstäben der Effektivität und Effizienz auszurichten. Zudem galt das Selbstkostendeckungsprinzip allein wegen der hohen Nachweis- und Rechtfertigungspflichten als bürokratisch. Die zentralen Aufgaben für das Management von Sozialunternehmen lagen dabei nicht bei Aspekten der Qualitäts-, Markt- und Kundenorientierung, sondern vielmehr darin, die ausgehandelten Kostenpositionen vereinbarungsgemäß umzusetzen und vollständig auszureizen. Eine durch das System begünstigte Motivation für Einsparungen bestand zumeist einseitig beim öffentlichen Kostenträger (Schellberg 2007). Nicht übersehen werden darf aber, dass Sozialunternehmen beim Selbstkostendeckungsprinzip einem gewissen politischen Risiko ausgesetzt waren, beispielsweise mit Hinblick auf die Genehmigung der Kostenpositionen durch die öffentliche Hand, sich aber dann auf fest vereinbarte Spielregeln verlassen konnten und zudem die Gewähr hatten, Einrichtungen und Dienste auch ohne außergewöhnliche betriebswirtschaftliche Kompetenzen erhalten zu können (Pracht 2002).

Vor dem Hintergrund einer zunehmenden Knappheit der öffentlichen Ressourcen und vergleichsweise geringen Anreizen zu Effektivität und Effizienz seitens der Einrichtungen und Dienste beim Selbstkostendeckungsprinzip wurden die Finanzierungsformen und -verfahren für die Soziale Arbeit in den letzten Jahren weiterentwickelt bzw. umfassend reformiert. Eine mittlerweile prägende Variante sind **Leistungsentgelte**, durch die soziale Einrichtungen bzw. Dienste voll oder teilweise durch die öffentliche Hand finanziert werden können. Leistungsentgelte werden zwischen dem öffentlichen Kostenträger und dem Leistungserbringer durch **Entgeltvereinbarungen** für einen zukünftigen Zeitraum (**prospektiv**) festgelegt. Das Entgelt kann sich, je nach Vereinbarung, auf unterschiedliche Zeitabschnitte beziehen, beispielsweise auf die anfallenden Kosten

- pro Stunde, z. B. bei Fachleistungsstunden in der Erziehungsberatung
- pro Tag, z. B. bei Tagessätzen in stationären Einrichtungen der Jugendhilfe
- pro Monat, z. B. bei Monatspauschalen in Jugendberufshilfemaßnahmen (Bäcker u. a. 2010 b).

Daneben findet sich in zahlreichen Vereinbarungen eine differenzierte Aufteilung in einzelne Leistungen/Module (z. B. in der ambulanten Pflege), in anderen wiederum werden mehrere Einzelleistungen verursachungsgemäß in einer Gesamtpauschale zusammengeführt (z. B. bei Bildungsmaßnahmen der Agentur für Arbeit). Weiterhin besteht zunehmend die Tendenz, Leistungsentgelte einheitlich für mehrere Einrichtungen eines Trägerverbundes (z. B. landesweit für alle in einem bestimmten Arbeitsfeld tätigen Wohlfahrtsverbände) oder innerhalb des Bereichs einer Kommune (z. B. für alle Kindertageseinrichtungen in einer bestimmten Stadt) zu vereinbaren. Folglich bilden nicht mehr der Kostensatz des einzelnen Sozialunternehmens, sondern (wie auch immer ermittelte) überinstitutionelle Kostensätze die Finanzierungsgrundlage für soziale Einrichtungen und Dienste (Schellberg 2007).

Während Entgeltvereinbarungen festlegen, welches Entgelt die öffentliche Hand zahlen muss, wenn Anspruchsberechtigte Leistungen von frei-gemeinnützigen oder privat-gewerblichen Trägern in Anspruch nehmen, kann es Anliegen einer öffentlichen Behörde sein, bestimmte soziale Einrichtungen/Dienste unmittelbar durch ein oder mehrere ausgewählte Sozialunternehmen vorhalten zu lassen. Im Zuge der Neuen Steuerungsmodelle bzw. des Kontraktmanagements ist dies möglich durch den Abschluss von (mehrjährigen) **Leistungsverträgen,** in denen die Beziehungen zwischen öffentlichen Geldgebern und z. B. frei-gemeinnützigen Geldempfängern geregelt werden. Inhalte dieser Verträge können weiter sein die Festlegung verbindlicher Ziele, Leistungsinhalte und ergebnisorientierte Wirkungen sowie Regelungen zum Umgang mit erwirtschafteten Gewinnen oder Verlusten. Der Abschluss von Leistungsverträgen mit Sozialunternehmen kann durch die öffentliche Hand **freihändig** oder durch ein **Ausschreibungsverfahren** erfolgen. Die Vergabe mittels Ausschreibungen wird beispielsweise überwiegend bei Maßnahmen eingesetzt, die durch regionale Einkaufszentren der Agentur für Arbeit vergeben werden (Bäcker u. a. 2010 b). Eine weitere Möglichkeit ist die Finanzierung von Einrichtungen und Diensten über **Sozialraumbudgets.** Diese kommen dann zur Anwendung, wenn die Kommune ein Sozialunternehmen oder einen Verbund mehrerer Träger damit beauftragt, soziale Dienste/Einrichtungen in einem bestimmten Sozialraum (zumeist Stadtteil) anzubieten und für die Finanzierung der Leistungserfüllung ein Gesamtbudget bereitstellt. Die Höhe des Budgets wird ebenfalls in Leistungsverträgen geregelt (ebd.). Eine andere Form der Finanzierung sind **Persönliche Budgets,** die vor allem in der Hilfe für Menschen mit Behinderung zur Anwendung kommen. Persönliche Budgets sind zusammengefasste Geldbeträge (oder Gutscheine), die Betroffene anstelle der traditionellen Sachleistung erhalten. Behinderte Menschen können so selbst bestimmen, wann welcher Dienst und/oder welche Person welche Form der Hilfe erbringen soll, und diese als Kunde unmittelbar selbst vergüten (ebd.).

Wenngleich sich in der Praxis der Sozialen Arbeit noch zahlreiche (arbeitsfeld- und regionalbezogene) **Mischformen** finden und auch die Trennung zwischen Vollkostenrechnung und Leistungsentgelten nicht immer so eindeutig gehandhabt wird, wie beispielsweise in der Rechtssprechung gefordert, so besteht doch eine **klare Tendenz** hin zu Finanzierungsformen und -verfahren, die im Kern auf vereinbarten Leistungsentgelten basieren. Grundsätzlich gehen vereinbarte Leistungsentgelte von einer annähernd vollständigen **Kapazitätsauslastung** aus. Sind soziale Einrichtungen und Dienste tatsächlich voll ausgelastet, so steigen tendenziell auch die Möglichkeiten, Überschüsse zu erwirtschaften. Kommt es hingegen zu einer geringeren Auslastung (Belegung), reduziert sich die Summe des vereinnahmten Entgelts zumeist entsprechend. Dies bedeutet, dass das **finanzielle Risiko** durch diese Finanzierungsform (im Gegensatz zur Vollkostenfinanzierung) zwischenzeitlich vollumfänglich von den Sozialunternehmen getragen wird und diese unweigerlich gezwungen sind, wirtschaftlich zu handeln. Eine weitere zentrale Gefahr für Sozialunternehmen besteht immer dann, wenn unerwartete Kostenerhöhungen auftreten (z. B. in der Bewirtschaftung von Räumen und Gebäuden), welche nicht durch die auf zukünftige Zeiträume vereinbarten Entgelte abgedeckt sind (Merchel 2008). Hinzu kommt, dass die öffentliche Hand angehalten ist, Vereinbarungen vor allem mit solchen Sozialunternehmen abzuschließen, die für einen bestimmten Leistungsumfang das **kostengünstigste Angebot** unterbreiten. Der vom Gesetzgeber in vielen Arbeitsfeldern bewusst zugelassene Wettbewerb ermöglicht der öffentlichen Hand dabei oftmals eine bisher nicht gekannte Möglichkeit zur Auswahl zwischen den Angeboten und verdeutlicht zugleich die Erfordernis zum wirtschaftlichen Handeln in Sozialunternehmen (Bäcker u. a. 2010 b).

1.6　Zwischenfazit

Zentrales Anliegen dieses einleitenden Kapitels ist, dem Leser einen breit ausgerichteten und systematischen Einstieg in die Rahmenbedingungen der sich entwickelnden Disziplin der Sozialwirtschaftslehre (Sozialbetriebslehre) zu ermöglichen. Bereits beim Versuch, die Arbeitsfelder der Sozialen Arbeit zu ordnen, wurde deutlich, dass dies ein äußerst komplexes Anliegen darstellt, welches sowohl in der einschlägigen Literatur als auch in der Strukturierung von Studiengängen der Sozialen Arbeit und in der Forschung äußerst unterschiedlich angegangen wird. Folglich kann auch die hier vorgenommene Festlegung von wesentlichen Arbeitsfeldern keinen Anspruch auf Allgemeingültigkeit erheben, sondern zielt vielmehr darauf ab, die vorhandene Heterogenität für die Zwecke dieses Lehrbuchs zu ordnen sowie einen Brückenschlag für bisher Fachfremde zu bauen. Eine ähnliche Komplexität zeigte sich auch bei dem im Anschluss durchleuchteten Trägerspektrum. Ausgehend von einer Dreiteilung in öffentliche, frei-gemeinnützige und privat-gewerbliche Träger konnten die bedeutsamsten Unternehmen, welche soziale Einrichtungen und Dienste organisieren, systematisch zugeordnet und ihre Arbeitsschwerpunkte benannt werden. Bei der Diskussion zu den Rechtsformen hingegen wurde deutlich, dass eine Differenzierung zwischen dem öffentlichen- und privaten Bereich prägend ist. Hierbei konnte auch aufgezeigt werden, dass auf Grundlage unterschiedlicher Motive (z. B. Haftungs- und Finanzierungsaspekte), neben eher traditionellen Formen wie dem eingetragenen Verein (e. V.), zwischenzeitlich auch andere Rechtsformen weit verbreitet sind. Im privat-rechtlichen

Bereich ist dies vor allem die gemeinnützige Gesellschaft mit beschränkter Haftung (gGmbH) sowie die Stiftung.

Bei der Diskussion zur begrifflichen Eingrenzung, Entwicklungsgeschichte und Krise des Sozialstaates wurde deutlich, dass seit Mitte der 1990er Jahre ein tief greifender und im Ausmaß bisher kaum gekannter Umbruch vonstatten geht, der sich zukünftig aller Voraussicht nach noch intensivieren und beschleunigen dürfte. Es konnte ebenso aufgezeigt werden, dass Sozialunternehmen von diesen Entwicklungen nicht ausgenommen sind. Insbesondere die unter der Bezeichnung »Ökonomisierung des Sozialen« diskutierten Reformen (z. B. veränderte Finanzierungsformen und -verfahren sowie eine Intensivierung des Wettbewerbs), die darauf abzielen, Soziale Arbeit stärker an den Maßstäben der Effektivität (Wirksamkeit) und Effizienz (Wirtschaftlichkeit) auszurichten, aber auch eine Reihe weiterer Faktoren (z. B. erhöhte gesetzliche Auflagen und sich wandelnde Kundenansprüche) führen dazu, dass Träger der Sozialen Arbeit in starkem Maße dazu bewegt werden, betriebswirtschaftliche Kompetenzen zur Bewältigung der sich wandelnden und steigenden Anforderungen in ihren Einrichtungen und Diensten einzusetzen. Hier setzt das folgende Kapitel 2 an.

Literaturverzeichnis

Bäcker, Gerhard; Nägele, Gerhard; Bispinck, Reinhard; Hofemann, Klaus; Neubauer, Jennifer: Sozialpolitik und soziale Lage in Deutschland. Band 1: Grundlagen, Arbeit, Einkommen und Finanzierung. 5., durchgesehene Auflage. Wiesbaden: Verlag für Sozialwissenschaften, 2010 a.

Bäcker, Gerhard; Nägele, Gerhard; Bispinck, Reinhard; Hofemann, Klaus; Neubauer, Jennifer: Sozialpolitik und soziale Lage in Deutschland. Band 2: Gesundheit, Familie, Alter und Soziale Dienste. 5., durchgesehene Auflage. Wiesbaden: Verlag für Sozialwissenschaften, 2010 b.

Backhaus-Maul, Holger: Sozialpolitische Entwicklungslinien in Deutschland. In: Arnold, Ulli; Maelicke, Bernd (Hrsg.): Lehrbuch der Sozialwirtschaft. 3. Auflage. Baden-Baden: Nomos Verlagsgesellschaft, 2009, S. 96 – 116.

Bitzan, Maria: Fraueninitiative, Frauenbüros und Frauenzentren. Frauenprojekte zwischen Sozialer Arbeit und feministischer Politik. In: Chassé, Karl August; Von Wensierski, Hans-Jürgen (Hrsg.): Praxisfelder der Sozialen Arbeit. Eine Einführung. 4. aktualisierte Auflage. Weinheim und München: Juventa Verlag, 2008, S. 245 – 258.

Bock, Karin: Die Kinder- und Jugendhilfe. In: Thole, Werner (Hrsg.): Grundriss Soziale Arbeit. Ein einführendes Handbuch. 3., überarbeitete und erweiterte Auflage. Wiesbaden: VS Verlag für Sozialwissenschaften, 2010, S. 439 – 460.

Brückner, Margrit: Soziale Arbeit mit Frauen und Mädchen: Auf der Suche nach neuen Wegen. In: Thole, Werner (Hrsg.): Grundriss Soziale Arbeit. Ein einführendes Handbuch. 3., überarbeitete und erweiterte Auflage. Wiesbaden: VS Verlag für Sozialwissenschaften, 2010, S. 549 – 558.

Bundesarbeitsgemeinschaft der Freien Wohlfahrtspflege e. V. (Hrsg.): Einrichtungen und Dienste der Freien Wohlfahrtspflege – Gesamtstatistik 2008. Berlin: 2009.

Bundesministerium für Arbeit und Soziales (Hrsg.): Sozialleistungsquote 1960 – 2009. Berlin: 2011.

Bundesministerium für Arbeit und Soziales (Hrsg.): In die Zukunft gedacht – Bilder und Dokumente der deutschen Sozialgeschichte. Berlin: 2010 a.

Bundesministerium für Arbeit und Soziales (Hrsg.): Sozialbericht 2009. Berlin: 2010 b.

Chassé, Karl August; Von Wensierski, Hans-Jürgen (Hrsg.): Praxisfelder der Sozialen Arbeit. Eine Einführung. 4. Aktualisierte Auflage. Weinheim und München: Juventa Verlag, 2008.

Eichenhofer, Eberhard: Sozialrecht. 6. Auflage. Tübingen: Mohr Siebeck Verlag, 2007.

Engelhardt, Hans Dietrich; Graf, Pedro; Schwarz, Gotthart: Organisationsentwicklung. 2. überarbeitete Auflage. Augsburg: ZIEL Verlag, 2000.

Falterbaum, Johannes: Rechtliche Grundlagen Sozialer Arbeit. Eine praxisorientierte Einführung. 3. Auflage. Stuttgart: Kohlhammer Verlag, 2009.

Göring, Michael: Unternehmen Stiftung. München: Carl Hanser Verlag, 2009.

Hamburger, Franz: Migration und Soziale Arbeit. In: Chassé, Karl August; Von Wensierski, Hans-Jürgen (Hrsg.): Praxisfelder der Sozialen Arbeit. Eine Einführung. 4. aktualisierte Auflage. Weinheim und München: Juventa Verlag, 2008, S. 414–430.

Hensen, Gregor: Markt und Wettbewerb in der Jugendhilfe – Ökonomisierung im Kontext von Zukunftsorientierung und fachlicher Notwendigkeit. Weinheim und München: Juventa Verlag, 2006.

Homfeldt, Hans Günther: Soziale Arbeit im Gesundheitswesen und in der Gesundheitsförderung. In: Thole, Werner (Hrsg.): Grundriss Soziale Arbeit. Ein einführendes Handbuch. 3., überarbeitete und erweiterte Auflage. Wiesbaden. VS Verlag für Sozialwissenschaften, 2010, S. 489–504.

Hörster, Reinhard: Sozialpsychiatrie und Soziale Arbeit. In: Chassé, Karl August; Von Wensierski, Hans-Jürgen (Hrsg.): Praxisfelder der Sozialen Arbeit. Eine Einführung. 4. aktualisierte Auflage. Weinheim und München: Juventa Verlag, 2008, S. 369–383.

Horcher, Georg: Neue Steuerung. In: Maelicke, Bernd (Hrsg.): Lexikon der Sozialwirtschaft. Baden-Baden: Nomos Verlagsgesellschaft, 2008, S. 715–717.

Horcher, Georg: Das System öffentlicher und freier Träger und gewerblicher Anbieter sozialer Dienstleistungen. In: Arnold, Ulli; Maelicke, Bernd (Hrsg.): Lehrbuch der Sozialwirtschaft. 3. Auflage. Baden-Baden: Nomos Verlagsgesellschaft, 2009, S. 193–246.

Iben, Gerd: Sozialarbeit- Armut und Randgruppen. In: Chassé, Karl August; Von Wensierski, Hans-Jürgen (Hrsg.): Praxisfelder der Sozialen Arbeit. Eine Einführung. 4. aktualisierte Auflage. Weinheim und München: Juventa Verlag, 2008, S. 273–287.

Kommunale Gemeinschaftsstelle für Verwaltungsvereinfachung (KGSt) (Hrsg.): Das Neue Steuerungsmodell: Bericht 2/2007. Köln: 2007.

Knorr, Friedhelm; Offer, Hans: Betriebswirtschaftslehre. Grundlagen für die Soziale Arbeit. Neuwied und Kriftel: Luchterhand Verlag, 1999.

Kreft, Mielenz: Wörterbuch Soziale Arbeit. Aufgaben, Praxisfelder, Begriffe und Methoden der Sozialarbeit und Sozialpädagogik. 6., überarbeitete und aktualisierte Auflage. Weinheim und München: Juventa Verlag, 2008.

Loviscach, Peter: Sucht- und Drogenhilfe. In: Chassé, Karl August; Von Wensierski, Hans-Jürgen (Hrsg.): Praxisfelder der Sozialen Arbeit. Eine Einführung. 4. aktualisierte Auflage. Weinheim und München: Juventa Verlag, 2008, S. 384–397.

Lüers, U: Im Irrgarten der Sozial- und Jugendhilfeträger. Bericht und Bilder zur verbandlichen und öffentlichen Macht in der Sozial- und Jugendhilfe. In: Barabas, Friedrich; Blanke, Thomas; Sachße, Christoph; Stascheit, Ulrich (Hrsg.): Jahrbuch der Sozialarbeit 1978. Reinbek, 1977, S. 248–280.

Maelicke, Hannelore: Straffälligenhilfe für Jugendliche, Haranwachsende und Erwachsene. In: Chassé, Karl A.; von Wensierski, Hans-J. (Hrsg.): Praxisfelder der Sozialen Arbeit. Eine Einführung. 4. aktualisierte Auflage. Weinheim und München: Juventa Verlag, 2008, S. 398–413.

Merchel, Joachim: Trägerstrukturen in der Sozialen Arbeit. Eine Einführung. 2., überarbeitete Auflage. Weinheim und München: Juventa Verlag, 2008.

Ortmann, Friedrich: Öffentliche Verwaltung und Sozialarbeit. Lehrbuch zu Strukturen, bürokratischer Aufgabenbewältigung und sozialpädagogischem Handeln der Sozialverwaltung. Grundlagentexte Soziale Berufe. Weinheim und München: Juventa Verlag, 1994.

Pfannendörfer, Gerhard: Sozialwirtschaft – mehr als Wirtschaft? Baden-Baden: Nomos Verlagsgesellschaft, 2009.

Pluto, Liane; Gragert, Nicola; van Santen, Eric; Seckinger, Mike: Kinder- und Jugendhilfe im Wandel. Eine empirische Strukturanalyse. München: DJI Verlag, 2007.

Pracht, Arnold: Betriebswirtschaftslehre für das Sozialwesen. Eine Einführung in betriebs-wirtschaftliches Denken im Sozial- und Gesundheitsbereich. 2. aktualisierte Aufl. Wein-heim/München: Juventa Verlag, 2008.

Puch, Hans Joachim; Schellberg Klaus: Sozialwirtschaft Bayern – Umfang und wirtschaftliche Bedeutung. München: Landesarbeitsgemeinschaft der Spitzenverbände der Freien Wohl-fahrtspflege in Bayern, 2010.

Schaub, Heinz-Alex: Klinische Sozialarbeit. Ausgewählte Theorien, Methoden und Arbeits-felder im Bereich Praxis und Forschung. Göttingen: V&R unipress, 2008.

Scherr, Albert: Männer als Adressatengruppe und Berufstätige in der Sozialen Arbeit. In: Thole, Werner (Hrsg.): Grundriss Soziale Arbeit. Ein einführendes Handbuch. 3., über-arbeitete und erweiterte Auflage. Wiesbaden: VS Verlag für Sozialwissenschaften, 2010, S. 559–568.

Schefold, Werner; Damm, D.: Jugendverbände. In: Eyferth, Hanns; Otto, Hans-Uwe; Thiersch, Hans (Hrsg.): Handbuch zur Sozialarbeit, Sozialpädagogik. Darmstadt und Neuwied: Luchterhand, 1984, S. 611–623.

Schellberg, Klaus: Betriebswirtschaftslehre für Sozialunternehmen. 2., überarbeitete Auflage Augsburg: Ziel-Verlag, 2007.

Schick, Stefan: Rechts- und Organisationsformen. In: Arnold, Ulli; Maelicke, Bernd (Hrsg.): Lehrbuch der Sozialwirtschaft. 3. Auflage. Baden-Baden: Nomos Verlagsgesellschaft, 2009, S. 402–437.

Schilling, Matthias: Die Träger der Sozialen Arbeit in der Statistik. In: Thole, Werner (Hrsg.): Grundriss Soziale Arbeit. Ein einführendes Handbuch. 3., überarbeitete und erweiterte Auflage. Wiesbaden: VS Verlag für Sozialwissenschaften, 2010, S. 777–794.

Schmidt, Matthias: Die Ethik betrieblicher Sozialarbeit im Kontext einer werteorientierten Unternehmensführung. In: Klein, Susanne; Appelt, Hans-Jürgen (Hrsg.): Praxishandbuch betriebliche Sozialarbeit. Prävention und Intervention in modernen Unternehmen. Krö-ning: Asanger Verlag, 2010, S. 45–54.

Schweppe, Cornelia: Soziale Altenarbeit. In: Thole, Werner (Hrsg.): Grundriss Soziale Arbeit. Ein einführendes Handbuch. 3., überarbeitete und erweiterte Auflage. Wiesbaden: VS Verlag für Sozialwissenschaften, 2010, S. 505–522.

Sozialwissenschaftliche Literatur Rundschau (Hrsg.): Bibliographie zur Sozialpädagogik/ Sozialarbeit – Arbeitsfelder der Sozialarbeit/Sozialpädagogik. In: Heft 40, Jg. 23, 2000, S. 99.

Statistisches Bundesamt (Hrsg.): Produzierendes Gewerbe -Beschäftigung und Umsatz der Betriebe des Verarbeitenden Gewerbes sowie des Bergbaus und der Gewinnung von Steinen und Erden. Wiesbaden: 2011 a.

Statistisches Bundesamt (Hrsg.): Pflegestatistik – Pflege im Rahmen der Pflegeversicherung – Deutschlandergebnisse 2009. Wiesbaden: 2011 b.

Statistisches Bundesamt (Hrsg.): Statistisches Jahrbuch 2010 für die Bundesrepublik Deutsch-land mit internationalen Übersichten. Wiesbaden: 2010.

Süddeutsche Zeitung (Hrsg.): Haushalt 2012 verabschiedet Deutschland nimmt 26 Milliar-den Euro neue Schulden auf (vom 25.11.2011). München: 2011.

Thiersch, Hans: Lebenswelt und Moral. Beiträge zur moralischen Orientierung sozialer Arbeit. Weinheim und München: Juventa Verlag, 1995.

Thole, Werner: Die Soziale Arbeit – Praxis, Theorie, Forschung und Ausbildung – Versuch einer Standortsbestimmung. In: Thole, Werner (Hrsg.): Grundriss Soziale Arbeit. Ein einführendes Handbuch. 3., überarbeitete und erweiterte Auflage. Wiesbaden: VS Verlag für Sozialwissenschaften, 2010, S. 19–72.

Thomas, Jürgen; Stelly Wolfgang; Kerner, Hans-Jürgen Kerner: Freie Straffälligenhilfe unter Veränderungsdruck. Neue Praxis 36, 2006, Heft 1, S. 80–98.

Von Kardorff, Ernst: Soziale Arbeit und Soziale Dienste im Gesundheitswesen. In: Chassé, Karl A.; von Wensierski, Hans-J. (Hrsg.): Praxisfelder der Sozialen Arbeit. Eine Einführung. 4. aktualisierte Auflage. Weinheim und München: Juventa Verlag, 2008, S. 351–368.

Wendt, Wolf Rainer (Hrsg.). Sozialwirtschaftliche Leistungen. Versorgungsgestaltung und Produktivität. 1. Auflage. Augsburg: ZIEL Verlag, 2011.

Woog, Astrid: Einführung in die Soziale Altenarbeit. Theorie und Praxis. Weinheim und München: Juventa Verlag, 2006.

Wöhrle, Armin (Hrsg.): Grundlagen des Managements in der Sozialwirtschaft. Baden-Baden: Nomos Verlagsgesellschaft, 2003.

Zielinski, Heinz: Das Modell der neuen Steuerung. 2. Auflage. Brandenburg: Service-Agentur des Hochschulverbundes Distance Learning, 2005.

2 Gegenstand, Methoden und Inhalte der Betriebswirtschaftslehre

Jürgen Holdenrieder

2.1 Grundlagen

Kernziel des zweiten Kapitels ist es zunächst, einen kohärenten Überblick zur Betriebswirtschaftslehre zu vermitteln. Des Weiteren werden die Charakteristika einer spezifischen Betriebswirtschaftslehre für Sozialunternehmen herausgearbeitet. Besondere Bedeutung kommt hierbei den sozialwirtschaftlichen Funktions- und Tätigkeitsbereichen zu.

Der erste Abschnitt bietet einen Überblick zur geschichtlichen Entwicklung und zu den bedeutsamsten Theorien der Betriebswirtschaftslehre. Anschließend wird die Betriebswirtschaftslehre in das System der Wissenschaften eingeordnet. Daraufhin erfolgt die Darstellung und Analyse der zentralen Schlüsselbegriffe und Theorieelemente. Dies beinhaltet zum einen den Überblick über die Betriebsarten, welche Güter und Dienstleistungen erzeugen, und zum anderen eine differenzierende Beschreibung der Betriebe in Haushalte und Unternehmen sowie weitere Subformen in der Sozialwirtschaft. Ein Abriss zum Handlungsgrundsatz des ökonomischen Prinzips sowie eine Diskussion zu zentralen Kennziffern und Maßen für das Handeln nach diesem Prinzip runden diesen Teil des Kapitels ab.

Anschließend werden die zentralen Systematisierungsprinzipien der Betriebswirtschaftslehre aufgezeigt. Zum Abschluss des Kapitels erfolgt eine umfassende Analyse zu den wesentlichen sozialwirtschaftlichen Aufgaben und Bereichen, die in den Kategorien von Management- und Grundfunktionen betrachtet werden. Die sich bei dieser Analyse herausbildenden betriebswirtschaftlichen Tätigkeitsbereiche strukturieren zugleich die nachfolgenden Kapitel dieses Lehrbuches.

2.2 Geschichtliche Entwicklung im deutschsprachigen Raum

Die Betriebswirtschaftslehre ist ein Teilgebiet der Ökonomik, die als Lehre vom umsichtigen Umgang mit knappen Gütern, beispielsweise Finanzen und Personal, bezeichnet werden kann. Wenngleich die Auseinandersetzung mit ökonomischen Sachverhalten bis in die Antike zurückreicht, wird zumeist das **Jahr 1898**, in welchem die Handelshochschulen in Aachen, Leipzig, Wien und St. Gallen installiert wurden, als **Gründungsjahr der Betriebswirtschaft** als Wissenschaft benannt. Im Laufe der Zeit wurden Teile der ursprünglichen Handelshochschulen zu Universitäten ausgebaut oder mit technischen Hochschulen bzw. Universitäten vereinigt. Allerdings konnten die Handelshochschule St. Gallen und die Hochschule für Welthandel in Wien ihre Selbstständigkeit bewahren. Zur Einrichtung dieser Hochschulen kam es vor dem Hintergrund der zunehmenden Industrialisierung Deutschlands in der zweiten Hälfte des 19. Jahrhunderts und dem neu entstandenen Bedarf an ökonomisch ausgebildetem Fachpersonal. Durch die damalig im deutschsprachigen Raum bereits vorhandene Volkswirtschaftslehre (Nationalökonomie) konnte dieser Bedarf nicht aufgefangen werden, da diese als »Staatswissenschaft« nicht den Ausbildungserfordernissen der wirtschaftlichen Praxis entsprach (Wöhe 2010).

Das in den **Handelshochschulen** angebotene und klar zur Volkswirtschaftslehre abgegrenzte Studium wurde zunächst **Privatwirtschaftslehre** oder **Handelswissenschaft** genannt und zielte vor allem auf die Vermittlung von kaufmännischen Techniken wie beispielsweise Rechnungswesen sowie Kompetenzen des Wirtschaftsrechts ab. Die etablierte Volkswirtschaftslehre blickte lange Zeit mit geringer Wertschätzung auf das neue Angebot und erst kurz vor Beginn des ersten Weltkrieges gelang es der Betriebswirtschaftslehre, als eigenständige wissenschaftliche Disziplin Anerkennung zu gewinnen. Als **prägende wissenschaftliche Persönlichkeiten** der Gründerzeit gelten Heinrich Nicklisch (hauptsächlich Handelshochschule Berlin), Wilhelm Rieger (Handelshochschule Nürnberg und Eberhard-Karls-Universität Tübingen), Eugen Schmalenbach (Universität zu Köln) sowie Franz Schmidt (Universität Frankfurt am Main) (ebd.).

Nach dem zweiten Weltkrieg war die Entwicklung der Betriebswirtschaftslehre zunächst gekennzeichnet durch eine umfangreiche politische Diskussion über die Vorteile eines marktwirtschaftlichen gegenüber einem planwirtschaftlichen System. Im Wesentlichen auf Basis eines deutlichen marktwirtschaftlichen Plädoyers durch Ludwig Erhard wurde im westlichen Teil Deutschlands letztendlich die **Soziale Markwirtschaft** implementiert, die prägenden Einfluss nahm auf die weitere wissenschaftliche Diskussion um die Ausrichtung der Betriebswirtschaftslehre. Allerdings gibt es bis heute keine einheitliche Linie in Bezug auf deren bedeutendste Theorien. Einige wesentliche Konzepte sind nachfolgend skizziert:

- **Produktionsorientierter Ansatz** nach Erich Gutenberg, welcher nicht den Menschen, sondern die Produktivitätsbeziehung zwischen Faktoreinsatz (Input) und Faktorertrag (Output) in das betriebliche Zentrum stellt. Erich Gutenberg entwickelte zudem eine den wissenschaftlichen Diskurs prägende Einteilung der Produktionsfaktoren in elementare (Werkstoffe, Betriebsmittel, Ausführung) und dispositive Faktoren (Leitung, Planung, Organisation und Kontrolle) (Gutenberg 1990).
- **Entscheidungsorientierter Ansatz** von Edmund Heinen, der gekennzeichnet ist durch die realitätsnahe Berücksichtigung von betrieblichen Entscheidungssituationen, die Entwicklung von Entscheidungsmodellen sowie die Öffnung für sozialwissenschaftlich geprägte Fragestellungen (Wöhe 2010).

- **Systemtheoretischer Ansatz** nach Hans Ulrich, der vor allem die Entwicklung von Gestaltungsmodellen für zukünftige Wirklichkeiten in den Mittelpunkt stellt. Als kybernetisch ausgerichtete Wissenschaft basiert das Vorgehen auf einer tiefgründigen Analyse des bisherigen Systems und einer darauf aufbauenden Modellbildung zur Entwicklung optimierter Lösungsvorschläge (Jung 2006).
- **Ökologieorientierter Ansatz**, der die Vereinbarkeit zwischen Ökologie und Betriebswirtschaft bzw. den Einbezug ökologischer Fragestellungen in den Mittelpunkt stellt (Jung 2006).
- **Institutionenökonomischer Ansatz,** welcher ein neueres und heterogenes Theoriekonzept der Mikroökonomik darstellt und im Wesentlichen aus folgenden drei Teilsätzen besteht: Lehre von Verfügungsrechten (Property-Rights-Ansatz) mit Fokus auf dem Einfluss rechtlicher Rahmenbedingungen auf menschliches Verhalten; Principial-Agent-Ansatz mit Schwerpunkt auf Beziehungen zwischen Auftraggebern (Prinzipalen) und Auftragnehmern (Agenten); Transaktionskostenansatz mit Betrachtung der Kosten für unterschiedliche ökonomische Handlungen (Bea/Haas 2005; Kück 1998).

Die hier beschriebenen Theoriegebäude, die den Fokus jeweils auf einzelne Dimensionen eines Unternehmens legen, schließen sich zwar nicht gegenseitig aus, sind jedoch geprägt durch ihre spezifischen Herangehens- und Betrachtungsweisen. Dies wird beispielsweise deutlich beim Blick auf die Systematisierung der betriebswirtschaftlichen Inhalte durch diese Theoriegebäude, u. a. bei der weit verbreiteten Systematisierung nach Funktions- bzw. Tätigkeitsbereichen (Kück 1998).

Ab der zweiten Hälfte des 20. Jahrhunderts kam es zur Einflussnahme durch **amerikanische Managementlehren** auf die Entwicklung der Betriebswirtschaftslehre im deutschsprachigen Raum (Steinmann/Schreyögg 2005; Staehle 1999). Die Ausprägungen dieser Tendenz, die sich bis in die jüngste Vergangenheit hinein fortgesetzt hat, zeigen sich beispielsweise in Bezug auf die Inhalte der funktionalen Systematisierung, aber auch im Hinblick auf den institutionellen Gliederungsansatz (vgl. Abschnitt 2.7). Hinzu kommt, dass sich die Betriebswirtschaftslehre seit den 1970er Jahren zunehmend einer interdisziplinären Öffnung gestellt hat und zwischenzeitlich u. a. auch politische, ethische, rechtliche, kulturelle und ökologische Erkenntnisanteile beinhaltet (Schellberg 2007).

Insgesamt kann die Vielfalt an unterschiedlichen und anerkannten Theoriekonzepten auch als Hinweis darauf gewertet werden, dass es in der von heterogenen Angebots- und Trägerstrukturen geprägten Sozialwirtschaft nicht nur eine Form der Betriebswirtschaftslehre schlechthin geben kann, sondern eine Reihe von Herangehensweisen und Zugängen erforderlich ist, um den heterogenen Anforderungen der betrieblichen Praxis gerecht zu werden.

2.3 Betriebswirtschaftslehre im System der Wissenschaften

Allgemein begründet sich das Ziel jeder Wissenschaft in der Hilfe zur menschlichen Daseinsberechtigung (Heinen 1992). Seit dem Altertum findet in der Wissenschaft eine Aufgliederung in Teilbereiche statt, wobei in der Entwicklungsgeschichte immer weitere Einzelwissenschaften neu erschlossen oder aus bestehenden ausgegliedert wurden. Eine in das sich im stetigen Wandel befindliche Spektrum der Wissenschaften eingebundene Disziplin ist die Betriebswirtschaftslehre, die zudem beeinflusst wird von Schnittstellen mit verschiedenen anderen Einzelwissenschaften (Heinen 1992).

Bei der Einteilung der Wissenschaften gibt es keine allgemein verbindlichen Regeln und folglich bestehen auch hier unterschiedliche Systematisierungsansätze. Eine gebräuchliche Einteilung differenziert, auf Basis des Erkenntnisobjekts (Gegenstands), zwischen Ideal- und Realwissenschaften. Die Gegenstandsgebiete der **Idealwissenschaften** basieren auf Denkprozessen des Menschen und sind davon losgelöst nicht existent. Beispiele sind die Logik, Mathematik und Methodenlehre. Im Gegensatz dazu sind Gegenstände der **Realwissenschaften** in der Wirklichkeit präsent und dies unabhängig davon, ob sich menschliches Denken damit beschäftigt oder nicht. Die Realwissenschaften lassen sich ihrerseits zweiteilen in Natur- und Geisteswissenschaften (Jung 2006).

Naturwissenschaften beschäftigen sich damit, die gesamte Natur zu erforschen, einschließlich der Menschen, insofern diese selbst Teil der Natur sind. Anders formuliert ist es Anliegen der Naturwissenschaften, Gegenstandsgebiete, die natürliche und somit von menschlicher Beeinflussung unabhängig existierende Sachverhalte verkörpern, zu beschreiben, zu bemessen und zu erklären. Beispiele sind hier die Biologie, Chemie, Geologie und Physik. **Geisteswissenschaften** hingegen untersuchen mit verschiedenen Methoden bestimmte Sachverhalte, die von Menschen und für Menschen erdacht, entwickelt, eingeführt oder verändert werden. Zu den Geisteswissenschaften gehören beispielsweise die Geschichtswissenschaften, Religionswissenschaften, Sprachwissenschaften und auch die Sozialwissenschaften (ebd.).

Im deutschen Hochschulwesen erfolgt häufig eine Zusammenfassung von **Wirtschafts- und Sozialwissenschaften** unter dem Dach einer gemeinsamen Fakultät. Im Zentrum der Sozialwissenschaften stehen die Beschäftigung mit Menschen als sozialem Phänomen, institutionelle und organisatorische Bedingungen für das menschliche Handeln sowie das gemeinschaftliche Zusammenleben. Im Gegensatz zu den sonstigen sozialwissenschaftlichen Teilgebieten (z. B. Psychologie, Soziologie, Politikwissenschaften, Rechtswissenschaften und Sozialarbeitswissenschaften) beschränken die Wirtschaftswissenschaften ihre Untersuchung von menschlichem Handeln auf die ökonomische Nützlichkeit bzw. auf die Betrachtung der Güterknappheit und einem Streben nach Nutzenmaximierung. Dieses Untersuchungsfeld wurde ursprünglich allein durch die **Volkswirtschaftslehre** bearbeitet, die sich dabei vor allem den gesamtwirtschaftlichen Zusammenhängen widmet.

Erst zu Beginn des 20. Jahrhunderts (vgl. Abschnitt 2.2) etablierte sich mit der **Betriebswirtschaftslehre** eine anwendungsorientierte Wissenschaftsdisziplin, die speziell darauf abzielt, Handlungsempfehlungen zu entwickeln, die sich auf einen Teilbereich des menschlichen Handelns erstrecken, dem Wirtschaften in Betrieben (Wöhe 2010). Der wirtschaftliche Betrieb, der im nachfolgenden Abschnitt in seinen Grundstrukturen beschrieben wird, kann folglich als Erfahrungsobjekt der Betriebswirtschaftslehre bezeichnet werden.

2.4 Der Betrieb – Erfahrungsobjekt der Betriebswirtschaftslehre

Menschen decken ihre materiellen Bedürfnisse üblicherweise durch die Nachfrage nach Gütern und/oder Dienstleistungen. Die nachgefragten **Güter** und **Dienstleistungen** werden durch Betriebe erzeugt. Wöhe beschreibt den Betrieb als »planvoll organisierte Wirtschaftseinheit, in der Produktionsfaktoren kombiniert werden, um Güter und Dienstleistungen herzustellen und abzusetzen« (2010, 27). Der diesbezügliche Kombinationsprozess wird auch als Leistungserstellung (Produktion) bezeichnet. Die in der Sozialwirtschaft angesiedelten Betriebe sind nur marginal in der Produktion von Gütern tätig (z. B. Behindertenwerkstätten), die große Mehrzahl erbringt soziale Dienstleistungen.

In Teilen der einschlägigen Literatur werden die Begriffe »Betrieb« und »Unternehmen« synonym verwendet, in anderen wird der Betrieb als Teil eines Unternehmens verstanden und in weiteren das Unternehmen als Teil des Betriebes (Knorr/Offer 1999). Die Ausführungen des vorliegenden Lehrbuchs folgen einem ursprünglich durch Kosiol (1966) geprägten Ansatz, der den **Betrieb** als Oberbegriff für Unternehmen und Haushalte verwendet. Haushalte und Unternehmen weisen jeweils unterschiedliche Merkmale auf. **Unternehmen** produzieren Güter und bringen Dienstleistungen aus, die zur Bedürfnisbefriedigung von Dritten dienen sollen. Sie sind daher der **Produktionswirtschaft** zuzuordnen. **Haushalte** hingegen verbrauchen die von Unternehmen hergestellten Güter und Dienstleistungen bzw. decken nur ihren Eigenbedarf und sind der **Konsumtionswirtschaft** zuordenbar. Abbildung 2.1 gibt einen Überblick.

Haushalte können untergliedert werden in Privathaushalte und öffentliche Haushalte. **Privathaushalte** umfassen zumeist Einzelpersonen, Familien sowie daraus abgeleitete Verbandshaushalte wie beispielsweise Verbraucherverbände. Ziel dieser Haushalte ist es, den eigenen (individuellen) Bedarf zu decken. **Öffentliche Haushalte**, beispielsweise Anstalten, Körperschaften und öffentlich-rechtliche Stiftungen, verfolgen ebenfalls das Ziel (abgeleitet aus den Privathaushalten), den eigenen (kollektiven) Bedarf zu decken. Hierbei werden den Mitgliedern der Gesellschaft unterschiedliche Güter und Dienstleistungen bereitgestellt, beispielsweise in den Bereichen Bildung und Gesundheit (Härdler 2010; Knorr/Offer 1999).

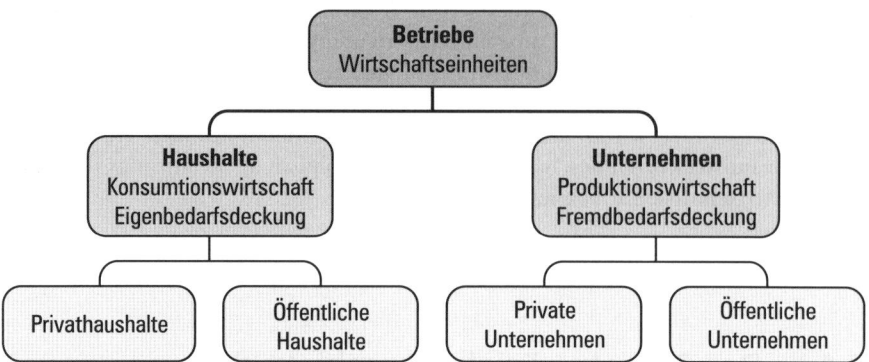

Abb. 2.1: Betriebe, Haushalte und Unternehmen
Quelle: In Anlehnung an Wöhe, 2010, 34; Knorr/Offer 1999, 22 ff.

Mit der Erscheinungsform der Privathaushalte befasst sich vorrangig die wissenschaftliche Disziplin der Hauswirtschaftslehre und mit öffentlichen Haushalten vor allem die Finanz- und Verwaltungswissenschaft. Darüber hinaus werfen Haushalte jedoch auch eine Vielzahl an betriebswirtschaftlichen Fragen auf (Wöhe 2010; Bea/Friedl/Schweizer 2004).

Private und öffentliche Unternehmen verfolgen gemeinsam das übergeordnete Ziel, einen fremden Bedarf individuell zu decken (Knorr/Offer 1999), wobei zwischen diesen beiden Erscheinungsformen zentrale Unterschiede bestehen, vor allem hinsichtlich den Eigentumsverhältnissen und deren spezifischen Zielsetzungen. **Private Unternehmen** stehen im Eigentum von Privatpersonen oder privaten Gesellschaftern, die üblicherweise autonome und selbstbestimmte Entscheidungen treffen können. **Öffentliche Unternehmen** sind hingegen zumeist im Eigentum der öffentlichen Hand (z. B. Staat oder Gebietskörperschaften) und orientieren ihre Entscheidungen an gemeinwirtschaftlichen Interessen (Wöhe 2010). Hieraus ergeben sich auch Unterschiede in den spezifischen Zielsetzungen. Während private Unternehmen den Fokus ihrer Tätigkeit häufig auf Gewinnmaximierung legen, orientieren sich öffentliche Unternehmen (z. B. städtische Wohnbaugesellschaften, Museen, Theater, kommunale soziale Dienste/Einrichtungen), von Ausnahmen abgesehen, an Zielen wie Kostendeckung, Verlustminimierung, optimaler Bedarfsdeckung oder Steigerung der Lebensqualität und streben nicht nach Gewinn (Bea/Friedl/Schweitzer 2004). Sogenannte **Non-Profit-Organisationen** (oder **Not-for-Profit-Unternehmen**), zu denen auch die Wohlfahrtsverbände zählen, werden in der einschlägigen Literatur (vgl. Wöhe 2010; Schellberg 2007) häufig den öffentlichen Unternehmen zugeordnet, primär deshalb, da sie nicht nach Gewinn streben. Andere Autoren wiederum ordnen Non-Profit-Organisationen als Dritten Sektor bzw. Intermediäre Instanzen zwischen Staat und privaten Wirtschaftsunternehmen mit Gewinnorientierung ein (vgl. Pracht 2002).

Allerdings muss konstatiert werden, dass die skizzierten Unternehmenstypen Idealkonstrukte darstellen, die sich so nicht immer in der Realität der Sozialen

Arbeit wieder finden. Eine sachlogische Zuordnungsentscheidung fällt häufig allein wegen der von Komplexität geprägten Form der Leistungserbringung in den einzelnen sozialen Arbeitsfeldern schwer. Hinzu kommt, dass zunehmend Mischformen in den Trägerstrukturen auftreten, die eindeutige Zuordnungen verkomplizieren. Typisches Beispiel hierfür ist ein frei-gemeinnütziger Wohlfahrtsverband, der seine aus dem Dachverband ausgegliederten Einrichtungen der Altenhilfe in einer privat-gewerblich tätigen Gesellschaft mit beschränkter Haftung (GmbH) bündelt (Knorr/Offer 1999).

Grundsätzlich ist aber das **Wirtschaften** in öffentlichen und privaten Unternehmen **zentraler Untersuchungsgegenstand** der Betriebswirtschaftslehre (Wöhe 2010). Folglich schließt dies sowohl Einrichtungen und Dienste von öffentlichen, frei-gemeinnützigen, als auch privat-gewerblichen Sozialunternehmen (Trägern) ein. Abschließend soll der Unternehmens-Begriff von weiteren artverwandten Begriffen abgegrenzt werden. Unter einem **Sozialunternehmen** versteht man ein Unternehmen der Sozialwirtschaft, welches soziale Einrichtungen/Dienste bereitstellt (Kirchheim 2008). Als **Organisation** im Sinne des hier diskutierten Erfahrungsobjekts der Betriebswirtschaftslehre kann ein Sozialunternehmen bezeichnet werden, welches durch einen frei-gemeinnützigen Träger betrieben wird. Unter dem Begriff **Institution** ist in diesem Sinne das durch einen öffentlichen Träger geführte Sozialunternehmen zu verstehen.

2.5 Wirtschaften – Erkenntnisobjekt der Betriebswirtschaftslehre

Der Betrieb vereint als Erfahrungsobjekt verschiedene wissenschaftliche Bereiche, beispielsweise die Betriebspsychologie, die Betriebssoziologie und die Betriebswirtschaftslehre. Unterschiede ergeben sich allerdings bei der Perspektive, durch die der Betrieb und seine Abläufe betrachtet werden. Bei der Betriebswirtschaftslehre ist dies das **Wirtschaftlichkeitsprinzip** (= ökonomisches Prinzip). Damit gelangt man vom allgemeinen Erfahrungsobjekt, über das Auswahlprinzip, zum speziellen Erkenntnisobjekt, dem **Wirtschaften im Betrieb** (Wöhe 2010).

Ausgangsbasis des Wirtschaftens sind Menschen mit ihren unerfüllten Wünschen, die in der Betriebswirtschaftslehre als **Bedürfnisse** bezeichnet werden. Dabei sind vor allem jene Bedürfnisse von Interesse, die Unternehmen als Anbieter von Gütern und Dienstleistungen befriedigen können. Führen vorhandene Bedürfnisse zur Nachfrage nach einem Gut oder einer Dienstleistung, wird dies als **Bedarf** bezeichnet. Voraussetzung dabei ist, dass ein nachfragendes Individuum über die entsprechende Kaufkraft verfügt (Schaufelbühl/Hugentobler/Blattner 2007). Wenn ein Ehepaar für seinen einjährigen Sohn von einem umfangreichen Kindertageskrippenplatzangebot in einer privat-gewerblichen Einrichtung im Hochpreissegment träumt, aber leider nicht über genügend finanzielle Mittel oder Unterstützung verfügt, so wird dieses Bedürfnis nicht zum Bedarf und bleibt für die Wirtschaft zumindest vordergründig irrelevant.

Grundsätzlich kann davon ausgegangen werden, dass die **menschlichen Bedürfnisse unbegrenzt** sind, die **Güter/Dienstleistungen**, welche zu deren Befriedigung dienen, jedoch zumeist knapp und nur in **begrenztem Umfang** vorhanden. Demgegenüber steht der Bereich an freien Gütern, also jene, die keine Mangelerscheinung auslösen und damit für die Wirtschaft nicht von Bedeutung sind (Balderjahn/ Specht 2007).

Die zur Erzeugung der verfügbaren und übertragbaren Güter und Dienstleistungen erforderliche Einsatzmenge von Produktionsfaktoren (z. B. Personal, Material, Räume und Zeit) wird als **Input** bezeichnet. Die Ausbringungsmenge nennt man **Output**. Wird die Einsatzmenge (Input) mit Preisen multipliziert, ergibt sich der (Produktions-)**Aufwand**. Multipliziert man den Output mit einem Güter- oder Dienstleitungspreis, führt dies zum (Produktions-)**Ertrag** (Wöhe 2010). Unter dem Begriff des **Wirtschaftens** können dann alle menschlichen, zielgerichteten Handlungen verstanden werden, die dazu dienen sollen, das Spannungsverhältnis zwischen unbegrenzten Bedürfnissen und der Knappheit der Güter bzw. Dienstleistungen zu vermindern (ebd.). Grundlage hierfür ist das **ökonomische Prinzip**, auch als **Wirtschaftlichkeits-** oder **Rationalprinzip** bezeichnet. Dieses verlangt, das Verhältnis aus Produktionsergebnis (Output, Ertrag) und Produktionseinsatz (Input, Aufwand) zu optimieren. Das ökonomische Prinzip hat drei Ausprägungen, die in Abbildung 2.2 veranschaulicht werden.

Maximumprinzip:
Bei einem gegebenen Faktoreinsatz (Input, Aufwand) ist eine größtmögliche Güter-/Dienstleistungsmenge (Output, Ertrag) zu erwirtschaften.

Minimumprinzip:
Eine gegebene Güter-/Dienstleistungsmenge (Output, Ertrag) ist mit einem geringstmöglichen Faktoreinsatz (Input, Aufwand) zu erwirtschaften.

Optimumprinzip (Extremumprinzip):
Es ist ein möglichst günstiges Verhältnis zwischen Güter-/Dienstleistungsmenge (Output, Ertrag) und Faktoreinsatz (Input, Aufwand) zu erwirtschaften.

Abb. 2.2: Ausprägungen des ökonomischen Prinzips
Quelle: Wöhe 2010, 34

In Sozialunternehmen, die sich am ökonomischen Maximumprinzip orientieren, kann es beispielsweise darum gehen, in einer Schuldnerberatungsstelle mit einem gegebenen Personaleinsatz eine möglichst große Anzahl an Klienten zu beraten. Stattdessen kann die Vorgabe entsprechend dem Minimumprinzip auch sein, eine fixe Menge an Klienten, mit einem möglichst geringen Personaleinsatz zu beraten (unter Einhaltung der gesetzlichen bzw. mit dem Zuwendungsgeber vereinbarten Rahmenbedingungen). Das ökonomische Prinzip verlangt in diesem Zusammenhang also nicht zwangsläufig nach einer wertmäßigen Betrachtung von Faktoreinsatz und Güter-/Dienstleistungsmenge. Vielmehr sind unterschiedliche Größen denkbar. Allerdings besteht bei einer nicht-monetären (subjektiveren) Formulierung die Gefahr, dass die Vergleichbarkeit zwischen den gewählten Parametern verloren geht (Schellberg 2007).

Die Motive des wirtschaftlichen Handelns oder die damit verbundenen Ziele sind beim ökonomischen Prinzip nicht in eine bestimmte Richtung hin definiert, sondern geprägt von enormer Vielfalt. Ein Sozialunternehmen kann zum Beispiel ökonomisch handeln, um einen maximalen Gewinn zu generieren, ein anderes, um mit den gegebenen (knappen) Ressourcen den Bedarf einer bestimmten Zielgruppe zu decken, ein weiteres, um die Position des bedeutsamsten Anbieters in einer Region zu erlangen, etc. Folglich hat das ökonomische Prinzip einen rein formalen Charakter (Wöhe 2010).

2.6 Kennzahlen des Wirtschaftens

Wie oben aufgezeigt ist Wirtschaften der Inbegriff aller Entscheidungen, welche unter Beachtung des ökonomischen Prinzips darauf abzielen, die bestehende Knappheit an Gütern (gemessen an den menschlichen Bedürfnissen) zu reduzieren. Bedeutsame Parameter für eine erfolgreiche betriebliche Umsetzung des ökonomischen Prinzips sind die nachfolgend aufgezeigten betriebswirtschaftlichen Kennzahlen.

2.6.1 Produktivität

Die Produktivität beschreibt das **Verhältnis** zwischen **mengenmäßigem Ergebnis (Output)** und **mengenmäßigem Einsatz (Input)** von Produktionsfaktoren. Beim Einsatz unterschiedlicher Faktoren wie Kapital, Arbeit oder Betriebsmitteln verliert diese Grundform der Produktivitätskennzahl allerdings an Bedeutung, da es beispielsweise wenig hilfreich erscheint, ungleiche Maßeinheiten wie die Arbeitskraft in Stunden und den Energieverbrauch in kWh zur Inputermittlung zusammenzufassen. Deshalb werden in der Praxis Teilproduktivitätskennzahlen gebildet. Beispielsweise lässt sich die Arbeitsproduktivität durch die Relation von gleichartigen Verrichtungen (u. a. Anzahl durchgeführter Beratungen) und einem Arbeitstag ermitteln (Wöhe 2010).

2.6.2 Wirtschaftlichkeit

Zur Ermittlung der Wirtschaftlichkeit, die auch mit **Effizienz** gleichgesetzt wird (Balderjahn/Specht 2007; Pracht 2002), erfolgt eine Bewertung des mengenmäßigen Outputs und Inputs mit Geldeinheiten (Faktorpreisen). Hieraus resultieren der wertmäßige **Output** und **Input** bzw. der **Ertrag** und **Aufwand,** worin sich auch das Extremum- oder Optimumprinzip widerspiegelt (Balderjahn/Specht 2007). Beträgt der Quotient aus Ertrag durch Aufwand ≥ 1, gilt dies zumeist als effizient (Härdler 2010). Ein Wert < 1 bedeutet hingegen, dass ein Unternehmen in der Verlustzone arbeitet.

Eine Erhöhung der Wirtschaftlichkeit kann bei gegebener Ausbringungsmenge erreicht werden durch eine verringerte Faktoreinsatzmenge, eine Senkung der Faktorpreise sowie eine Erhöhung der Absatzpreise (Wöhe 2010). In Sozialunternehmen wäre eine verringerte Faktoreinsatzmenge zum Beispiel denkbar durch optimierte Strukturen bzw. Abläufe und eine Senkung der Faktorpreise als Ergebnis »harter« Preisverhandlungen mit Lieferanten. Eine Erhöhung der Absatzpreise könnte beispielsweise dann in Betracht gezogen werden, wenn das Sozialunternehmen als Nischenanbieter tätig und nicht dem in vielen Arbeitsfeldern verbreiteten Wettbewerbsdruck ausgesetzt ist.

2.6.3　Rentabilität

Die Rentabilität beschreibt das Verhältnis des erzielten **Gewinns** (= positive Differenz zwischen Ertrag und Aufwand) in einer Rechnungsperiode zum **eingesetzten Kapital** eines Unternehmens. Eine prägende Rentabilitätskennziffer ist die **Eigenkapitalrentabilität** (Wöhe 2010). Wurde beispielsweise ein Gewinn in Höhe von 5000 Euro mit einem eingesetzten Eigenkapital von 100 000 Euro erwirtschaftet, beträgt die Eigenkapitalrentabilität fünf Prozent. Ein Vergleich der Eigenkapitalrentabilität mit am Markt erzielbaren Renditen aus risikoarmen Anlageformen (beispielsweise drei Prozent) ermöglicht dann eine Beurteilung des unternehmerischen Jahreserfolges (ebd.). Für frei-gemeinnützige und öffentliche Sozialunternehmen ist die Rentabilitätskennzahl beispielsweise von Interesse bei der Investition des eigenen Kapitals in den Bau eines Behinderten- oder Pflegeheimes (Decker/Decker 2008).

2.6.4　Liquidität

Die Liquiditätskennzahl beschreibt die Fähigkeit eines Unternehmens, seine Verbindlichkeiten fristgerecht und passgenau begleichen zu können. Als Grundbedingung der Liquidität gilt, dass der **Anfangsbestand** der **Zahlungsmittel** und die **Summe** der **Einzahlungen, größer oder gleich** der **Summe** der **Auszahlungen** sind. Ein Finanzplan und die Beachtung unterschiedlicher Liquiditätsgrade sind die zentralen Instrumente, um sicherzustellen, dass die vorhandene Liquidität zur Deckung von kurzfristigen Verbindlichkeiten ausreicht (Härdler 2010).

Allerdings ist die Verfügbarkeit über ausreichend liquide Mittel weniger eine primäre Zielsetzung von Unternehmen, sondern vielmehr die notwendige Grundbedingung zur Existenzsicherung. Insofern geht es bei der Erlangung einer optimalen Liquidität darum, sowohl eine Unterliquidität bzw. Zahlungsschwierigkeiten als auch eine zu Rentabilitätsdefiziten führende Überliquidität zu vermeiden.

Eine alleinig stichtagsbezogene Betrachtung der Liquidität ist jedoch nicht aussagekräftig genug. Von besonderer Bedeutung, auch in Sozialunternehmen, ist daher die dynamische Liquidität, welche neben aktuellen ebenso die zukünftigen Zahlungsströme berücksichtigt (ebd.).

2.7 Gliederungen der Betriebswirtschaftslehre

Dem Grundgedanken des ökonomischen Prinzips folgend, ist eine Betriebswirtschaft für die Soziale Arbeit so zu konzipieren, dass es der potenziellen Zielgruppe möglich ist, einen vorgegebenen Erkenntnisgewinn mit möglichst geringem Mitteleinsatz zu erzielen. Hierfür wurde das vorliegende Lehrbuch inhaltlich so geordnet, dass die Stoffgliederung die Leserschaft wie ein roter Faden durch die Vielfalt an betriebswirtschaftlich relevanten Fragestellungen hindurchleitet. Prägende **Strukturierungskonzepte** zur Betriebswirtschaftslehre sind die Gliederungen nach genetischen, prozessorientierten, institutionellen und funktionalen Aspekten (Wöhe 2010).

Die **genetische Gliederung** der Betriebswirtschaftslehre orientiert sich an den Entwicklungsstufen des Betriebes. Dabei wird die unternehmerische Tätigkeit in die Gründungs-, Betriebs- und Liquidationsphase eingeteilt. Die genetische Herangehensweise findet sich vor allem in älteren Theorien der Betriebswirtschaftslehre (Kück 1998). Allerdings wurden seit den 1990er Jahren zunehmend Lehrstühle an Hochschulen mit der Schwerpunktbildung Existenzgründung eingerichtet, wodurch die Bedeutung der genetischen Gliederung wieder gestiegen ist. Beispielhafte Themenschwerpunkte der Gründungsphase sind die Marktanalyse, die Standortwahl, Rechtsformwahl, Gründungskapital und Organisationsstrukturen (Wöhe 2010). Die Betriebsphase umfasst u. a. die Bereiche der Leistungserstellung/-verwertung sowie Umstrukturierung, und in der Liquidationsphase geht es beispielsweise um die Themen Unternehmenskrise, Insolvenz und Liquidation (ebd.).

Im Zentrum der **prozessorientierten Gliederung** der Betriebswirtschaftslehre steht die Unternehmensführung (Management/Geschäftsleitung), welche auch als dispositiver Faktor eines Betriebs bezeichnet wird. Eine klare Differenzierung zwischen ausführender Arbeit (Aufgaben im direkten Kontext mit der Leistungsverwertung und Finanzwirtschaft) und dispositiver Arbeit wird vor allem von Gutenberg hervorgehoben (Bea/Friedl/Schweizer 2004). Entlang der Logik des prozessorientierten Konzepts lässt sich die Unternehmensführung in folgende fünf Schritte gliedern (Wöhe 2010):

- Festlegungen von Unternehmenszielen
- Planung
- Entscheidung
- Ausführung (Organisation und Personalwirtschaft)
- Kontrolle.

Die fünf Schritte müssen durch die Implementierung eines Informationssystems begleitet werden, welches beispielsweise Daten des betrieblichen Rechnungswesens generiert und unternehmensexterne Informationen mit Entscheidungsrelevanz bereitstellt. Letztendlich bedürfen die einzelnen Teilsysteme der Unternehmensführung auch der Koordination. Dies ist hier die Aufgabe des Controllings (ebd.). Der prozessorientierte Ansatz findet sich in zentralen Werken der Betriebswirtschaftslehre (vgl. Schäfer 1980), wurde in der jüngeren Entwicklung aber zunehmend durch die Systematisierung nach Tätigkeitsbereichen (Funktionsbereichen) abgelöst (vgl. Wöhe 2010; Kück 1998). Ähnliches gilt auch für die in Abschnitt 2.2 aufgezeigten und für die historische Entwicklung bedeutenden einzelaspektbezogenen Theoriekonzepte (Schellberg 2007).

Von besonderer Bedeutung, auch für Sozialunternehmen, ist die **institutionelle Gliederung** der Betriebswirtschaftslehre. Durch bestehende Spezifika in den einzelnen Branchen (Sektoren) des wirtschaftlichen Handelns unterscheiden sich Unternehmen in unterschiedlichem Ausmaß von jenen mit einer anderen Branchenzugehörigkeit. Die Betriebswirtschaftslehre berücksichtigt dies, indem Sachverhalte, die alle Sektoren betreffen, durch das Grundgerüst einer **Allgemeinen Betriebswirtschaftslehre** abgedeckt werden und es für branchenspezifische Fragestellungen **Spezielle Betriebswirtschaftslehren** gibt (Wöhe 2010). Die folgende Abbildung gibt einen ausgewählten Überblick zu speziellen Ausprägungsformen der Betriebswirtschaftslehren.

Branchenzugehörigkeit	Spezielle Betriebswirtschaftslehre
Handwerk	Handwerksbetriebslehre
Industrie	Industriebetriebslehre
Kreditwirtschaft	Bankbetriebslehre
Land- und Forstwirtschaft	Land- und forstwirtschaftliche Betriebslehre
Soziale Arbeit	Sozialwirtschaftslehre (Sozialbetriebslehre)
Tourismus	Tourismusbetriebslehre
Verkehrswesen	Verkehrsbetriebslehre
Versicherungen	Versicherungsbetriebslehre

Abb. 2.3: Spezielle Betriebswirtschaftslehren
Quelle: Eigene Darstellung nach Wöhe 2010, 45; Kück 1998, 41

Die Speziellen Betriebswirtschaftslehren differieren teilweise erheblich zwischen ihren Entwicklungslinien und Ausprägungen. Durch lange Tradition und entsprechend hohen Entwicklungsstand sind die Bank- und Industriebetriebslehre geprägt. Hingegen bestehen Spezielle Betriebswirtschaftslehren für andere Branchen (z. B. Gaststätten-/Beherbergungsgewerbe und Wohnungswirtschaft) nur in Ansätzen bzw. befinden sich erst im Aufbau (Kück 1998). Hierzu zählt, trotz der gesamtwirtschaftlichen Bedeutung dieser Branche, auch die Spezielle Betriebswirtschaftslehre (Sozialbetriebslehre oder Sozialwirtschaftslehre) für soziale Einrichtungen und Dienste. Erst seit den nachhaltigen Veränderungen in den strukturierenden Rahmenbedingungen Sozialer Arbeit seit Mitte der 1990er Jahre hat die

Entwicklung einer branchenspezifischen Betriebswirtschaftlehre einen enormen Bedeutungszuwachs erhalten, der sich in den letzten Jahren und bis zur heutigen Zeit stetig verstärkt zu haben scheint. Insbesondere zu Beginn dieser Entwicklung wurden für viele Bereiche der Sozialwirtschaft, da branchenspezifische Ansätze noch fehlten, Konzepte vor allem aus der Allgemeinen Betriebswirtschaftslehre weitgehend unreflektiert übertragen, sodass nicht selten der Eindruck entstand, »als wolle man mit Kanonen auf Spatzen schießen« (Pracht 2002, 29). Diese unspezifische Herangehensweise führte zu Widerständen, Missverständnissen und Fehleinschätzungen zwischen Akteuren der Sozialen Arbeit und der Betriebswirtschaftslehre.

Seit einigen Jahren aber wurde sowohl durch empirische Studien in der Lehre und in der betrieblichen Praxis damit begonnen, eine für die Anforderungen der Sozialen Arbeit spezifische Form der Betriebswirtschaftslehre zu entwickeln. Dies trug in vielen Fällen zu einem wachsenden gegenseitigen Verständnis und einer Kultur des voneinander Lernens bzw. Profitierens zwischen den Disziplinen der Sozialen Arbeit und Betriebswirtschaftslehre bei. Die sich im Aufbau befindende Spezielle Betriebswirtschaftslehre für Sozialunternehmen wird im vorliegenden Lehrbuch als **Sozialwirtschaftslehre** bezeichnet.

Besonders weit verbreitet und unentbehrlich für eine praxisnahe Systematisierung der betriebswirtschaftlichen Aufgaben und Bereiche erscheint die Gliederung nach Funktions- bzw. Tätigkeitsbereichen (**funktionale Gliederung**) (vgl. Wöhe 2010; Schellberg 2007). Diese findet sich zwischenzeitlich in nahezu allen Lehrwerken der Allgemeinen Betriebswirtschaftslehre sowie zu Speziellen Betriebswirtschaftslehren. Hierbei oftmals prägend ist eine Zweiteilung in **Managementfunktionen** (Unternehmensführung) und **Grundfunktionen** (operationelle Funktionsbereiche) (vgl. Knorr/Scheibe-Jaeger, 2002; Kück 1998). So weit verbreitet dieser Ansatz auch ist, so vielfältig sind die Systematisierungsprinzipien bzw. Schwerpunktsetzungen innerhalb der betriebswirtschaftlichen Management- sowie Grundfunktionen. Diese entstanden – vergleichbar mit den unterschiedlichen Kategorisierungsansätzen der sozialen Arbeitsfelder (vgl. Abschnitt 1.2) – im Entdeckungshorizont des jeweiligen Forschers und durch die unterschiedlichen Anforderungen der betrieblichen Praxis. Die Differenzen könnten für den Laien zu weiteren Zugangsbarrieren zur Betriebswirtschaftslehre führen. Deshalb soll ausdrücklich angemerkt werden, dass es Kernfunktionen gibt, die in nahezu sämtlichen Systematisierungsansätzen unabdingbar sind und im Rahmen der nachfolgenden Analyse zu den zentralen Funktions- bzw. Tätigkeitsbereichen einer Speziellen Betriebswirtschaftslehre für Sozialunternehmen (Sozialwirtschaftslehre) thematisiert werden.

2.8 Sozialwirtschaftliche Funktions-/ Tätigkeitsbereiche

Die betriebswirtschaftlichen Funktions- bzw. Tätigkeitsbereiche, welche für die Träger der Sozialen Arbeit von zentraler Bedeutung sind, werden in den nachfolgenden Unterkapiteln identifiziert und beschrieben. Hierzu wird die in anderen Branchen angewandte Zweiteilung der Funktions- bzw. Tätigkeitsbereiche in **Managementfunktionen** (Unternehmensführung) und **Grundfunktionen** beibehalten.

2.8.1 Managementfunktionen

Der Begriff »**Management**« wird im deutschsprachigen Raum zumeist synonym mit »**Unternehmensführung**« verwendet (Pepels 2002) und kann zudem als **betriebswirtschaftliche Metafunktion** bezeichnet werden, die in einem komplementären und sich teilweise überschneidenden Verhältnis zu den noch aufzuzeigenden betriebswirtschaftlichen Grundfunktionen steht. Steinmann und Schreyögg beschreiben »Management als eine komplexe Verknüpfungsaktivität [...], die den Leistungserstellungsprozess gleichsam netzartig überlagert und in alle Sachfunktionsbereiche steuernd eindringt« (2005, 7). Folglich dürfte ein möglichst optimales betriebliches Ergebnis nur dann zu realisieren sein, wenn ein gutes Zusammenwirken von Grund- und Managementfunktionen erfolgt.

In den theoretischen Einordnungsansätzen wird Management einerseits als Institution verstanden (**institutionelle Perspektive**) und andererseits als Komplex von Aufgaben (Funktionen), die zur zielorientierten Führung und Leitung eines Unternehmens und der Mitarbeiter erfüllt werden müssen (**funktionale Perspektive**), vgl. Abbildung 2.4.

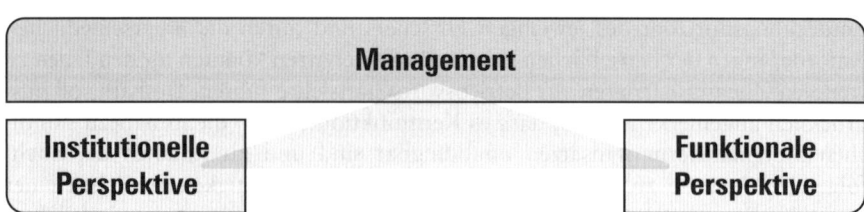

Abb. 2.4: Struktur des Managementbegriffs
Quelle: Eigene Darstellung

Die institutionelle Perspektive umfasst die Personen und Funktionsträger, die für das Management eines Unternehmens verantwortlich sind und über Entscheidungs-, Weisungs-, sowie Kontrollkompetenzen verfügen. Staehle (1999) zeigt in seinem renommierten Lehrbuch eine Unterscheidung zwischen oberem, mittlerem und unterem Management auf. Das **untere Management** stellt das Bindeglied zwischen dem Management und den überwiegend mit ausführenden Arbeiten beschäftigten Mitarbeitern eines Unternehmens dar. Das **mittlere Management** ist hingegen besser ausgebildet, karriereorientiert und richtet sich nach oben. Zu seinen zentralen Aufgaben gehört es, betriebliche Entscheidungen in Konzepte, Standards und Vorgaben zu überführen und deren Umsetzung zu überwachen. Im **oberen Management** werden u. a. die Grundsätze und Ziele eines Unternehmens festgelegt, die betrieblichen Teilbereiche koordiniert, Störungen im Ablauf beseitigt, Maßnahmen von besonderer unternehmerischer Bedeutung formuliert sowie zentrale Personalmaßnahmen durchgeführt (ebd.).

Diese drei Managementebenen lassen sich gut am Beispiel eines komplexen Trägers der freien Wohlfahrtspflege illustrieren. Die untere Managementebene kann hier repräsentiert werden durch die Projekt- oder Einrichtungsleitungen, die mittlere Ebene durch die Fachbereichs- oder Abteilungsleitungen und das obere Management durch die Geschäftsführung oder den Vorstand. Lässt sich die idealtypische Struktur der drei Managementebenen bei komplexeren Sozialunternehmen mehrfach nachweisen, so kann demgegenüber das Management z. B. bei einem als eingetragener Verein (e. V.) geführten und eingruppigen Waldkindergarten allein aus einer Erzieherin und einem ehrenamtlichen Vorstand bestehen. Ob die Strukturierung eines Sozialunternehmens in den drei Managementebenen allerdings realisiert wird und welche Kompetenzen den jeweiligen Ebenen zugeordnet werden, ist aufgrund der heterogenen Trägerstrukturen nicht allgemein beschreibbar. Wesentlichen Einfluss hierauf nehmen zudem Rechtsform, Größe, Angebotsstruktur, informelle Gegebenheiten und nicht zuletzt die persönlichen Gestaltungsprofile des jeweiligen Managers. Schließlich ist zu berücksichtigen, dass Leitungspositionen in der Sozialen Arbeit nur selten ausschließlich Managementaufgaben, sondern in unterschiedlichem Umfang auch ausführende Tätigkeiten wahrnehmen. Die Managementanteile dürften dabei in der Regel umso kleiner ausfallen, je niedriger die Managementebene ist.

Neben dem geschilderten institutionellen Managementaspekt wird in der Literatur der funktionalen Perspektive eine zentrale Bedeutung zugewiesen. Das funktionale Management wird definiert als ein »Komplex von Steuerungsaufgaben, die bei der Leistungserstellung und -sicherung in arbeitsteiligen Organisationen erbracht werden müssen« (Steinmann/Schreyögg 2005, 7). Bei der Festlegung der funktionalen Teilbereiche besteht allerdings keine Einheitlichkeit und die entwickelten **Funktionskataloge** sind entsprechend vielfältig (Staehle 1999). Prägende Bedeutung in diesem Diskurs nimmt das Werk von **Fayol** (1929) ein, der als einer der ersten Autoren und auf der Grundlage seiner Praxiserfahrungen folgende allgemeine Managementfunktionen formulierte: Vorschau, Planung, Organisation, Anweisung, Koordination und Kontrolle. Auf der Basis dieser Systematik eines funktionalen Managements entwickelte **Gulick** (1937) seine bedeutsame Funktionsübersicht, die sieben Funktionen – Planung, Organisation, Personaleinsatz, Führung, Koordination, Information und Budgetierung – umschließt und die mit dem Akronym **POSDCORB-Konzept** auf den Begriff gebracht wurde. Weitere Funktionskataloge folgten und letztendlich bildete sich folgende, erstmals 1955 von **Koontz** und **O'Donnell** (Koontz/O'Donnell 1984) beschriebene, **Fünfgliederung** von Managementfunktionen heraus:

- Planung (*planning*)
- Organisation (*organising*)
- Personaleinsatz (*staffing*)
- Führung (*leading*) und
- Kontrolle (*controlling*).

In einer internationalen Studie zum Praxisnutzen von Managementfunktionen haben Carroll und Gillen (1987) bedeutsame Lehrbücher untersucht und herausgefunden, dass 17 von 21 ihr Werk zumindest nach vier dieser Funktionen gliedern, die zudem auch in zahlreichen Werken der jüngeren Managementdiskussion als Standard gelten (Steinmann/Schreyögg 2005). Entgegen dem von Gulick (1937) entwickelten und von vielen weiteren Managementvertretern zunächst verfolgten Ansatz wird sowohl von Koontz und O'Donnell (1984) als auch im neueren Verständnis die **Koordination** und **Entscheidung** nicht als eigenständige Funktion gesehen. Beiden obliegt vielmehr die Position einer funktionsübergreifenden Rolle, die in allen fünf prägenden Managementfunktionen mitgedacht werden muss (Wöhrle 2003).

Die sich herausgebildeten fünf Managementfunktionen, die auf die meisten Branchen des wirtschaftlichen Handelns (inkl. der Sozialwirtschaft) übertragbar sind, werden im folgenden Beispiel mit Bezug zur Sozialen Arbeit (hier: Kinder- und Jugendhilfe) näher erläutert:

- **Planung** bedeutet systematisches, zukunftsorientiertes Durchdenken und Festlegen dessen, was erreicht werden soll und wie dies bestmöglich zu erfolgen hat (z. B. Bau einer neuen Einrichtung der Kindertagesbetreuung). Kerninhalte der Planung sind die Analyse der Umwelt und der internen Stärken/Schwächen des Unternehmens, die Zuordnung von Handlungsoptionen, sowie die Entwicklung von Programmen zu deren Realisierung.
- **Organisation** umfasst das Herstellen eines Handlungsgefüges, welches alle erforderlichen Aufgaben spezifiziert und so aneinander anschließt, damit eine Realisierung der Planung sichergestellt werden kann. Zentraler Aspekt ist das Einrichten von plangerechten, organisatorischen Einheiten (z. B. Stellen, Projekten und Gruppen) mit Zuweisung von Entscheidungskompetenzen sowie deren Verbindung zu einem einheitlichen Gebilde. Zudem muss ein Kommunikationssystem implementiert werden, welches dafür sorgt, dass die einzelnen Einheiten die für ihre Aufgabenerfüllung erforderlichen Informationen erhalten.
- **Personaleinsatz** erfasst insbesondere die Besetzung von geschaffenen Stellen mit anforderungsgerechtem Personal (z. B. Erzieher und Kindheitspädagogen) und die Beurteilung, Entlohnung und Entwicklung des Personals sowie ggf. auch dessen Freisetzung unter fairen Bedingungen.
- **Führung** ist die konkrete Veranlassung der Arbeitsausführung und die zielführende Feinsteuerung unter Berücksichtigung von Organisationszielen und Ansprüchen der Mitarbeiter (z. B. den Kindern und den Mitarbeitern der Einrichtung bestmögliche Entwicklungsbedingungen zu bieten). Mitarbeitermotivation, Kommunikation und Konfliktbewältigung sind wesentliche Aspek-

te dieser Managementfunktion, die im englischsprachigen Raum auch als Leadership bezeichnet wird.

- **Kontrolle** hat die Aufgabe, erzielte Ergebnisse zu erfassen, mit Plandaten abzugleichen und aufzuzeigen ob es gelungen ist, die vorgenommene Planung zu realisieren (z. B. Vergleich von Soll/Ist-Daten in der pädagogischen Arbeit und bei den Finanzen). Dabei auftretende Abweichungen sind zugleich auf erforderliche Korrekturmaßnahmen oder Planrevisionen zu prüfen. Die Funktion der Kontrolle bildet mit ihren gewonnenen Informationen idealtypisch zugleich die Basis für weitere Planungen (z. B. in Bezug auf neue Konzepte und Projekte) und somit neu beginnende Managementprozesse.

Da entsprechend der beschriebenen Management-Systematik die Kontrollfunktion ohne Planungsfunktion (Solldaten) nicht möglich ist und auch jeder neue Planungsprozess ohne Kontrollinformationen über die Zielerreichung keine verlässliche Grundlage hat, besteht branchenübergreifend eine sehr enge Verbindung zwischen diesen beiden Funktionen (Steinmann/Schreyögg 2005). Hieran knüpft auch der in unterschiedlicher Form beschriebene Prozessansatz an (Terry und Franklin 1982). Die fünf Managementfunktionen stehen hierbei nicht nebeneinander, sondern sind in eine logisch erscheinende Prozessabfolge gebracht (Planung – Organisation – Personaleinsatz – Führung – Kontrolle). Die von Schierenbeck und Wöhle (2008) dargestellte und aus nachfolgender Abbildung 2.5 ersichtliche **Phasenstruktur des Managementprozesses** ist hierfür ein prägnantes Beispiel.

Im Phasenmodell von Schierenbeck und Wöhle (2008) findet sich auch die Fünfgliederung der Managementfunktionen wieder, wobei die Planungsfunktion mit der Zielbildung beginnt und der Entscheidung (Durchsetzung) schließt. Auf die Planung folgt in der Phasenstruktur die Realisierungsphase, welche zunächst auf die Organisationsfunktion und dann auf den Personaleinsatz abzielt. Sind die organisatorischen und personellen Voraussetzungen geschaffen, beginnt die Führung mit der konkreten Veranlassung der Arbeitsausführung. Die Kontrollfunktion (inkl. Abweichungsanalyse) bildet den letzten zeitlichen Abschnitt.

So bedeutsam die Phasenstruktur zu den zentralen Managementaufgaben auch ist, wird diese in der jüngeren Literatur zunehmend relativiert. Steinmann und Schreyögg konstatieren, dass »die Interdependenzen zwischen den Funktionen so stark ausgeprägt sind, dass sie sich solch einer Ordnung entziehen. Interdependenzen ergeben sich sowohl in sachlicher als auch in zeitlicher Hinsicht« (2005, 15). Dabei dürften sich beispielsweise auch die Anforderungen an das Management eines Sozialunternehmens so stark überschneiden sowie kurzfristig auftretende Anforderungen an einzelne Aufgabenbereiche (Funktionen) zeitnahe Antworten und Entscheidungen erfordern, dass eine sequentielle Abarbeitung im Sinne des idealtypischen Prozessmodells nicht durchgängig möglich wäre.

Die offensichtliche Diskrepanz zwischen der linearen Phasenstruktur und dem realen Arbeitsalltag hat dazu beigetragen, dass Vertreter eines **handlungsorientierten Managementansatzes** die Tätigkeiten von Managern vor Ort im Rahmen verschiedener Studien empirisch durchleuchtet haben, um herauszufinden, was diese wirklich tun (Staehle 1999). Tendenziell gelangen die Studien zu den Arbeitsaktivitäten eines Managers zum Ergebnis, dass sich dessen Alltag wesentlich

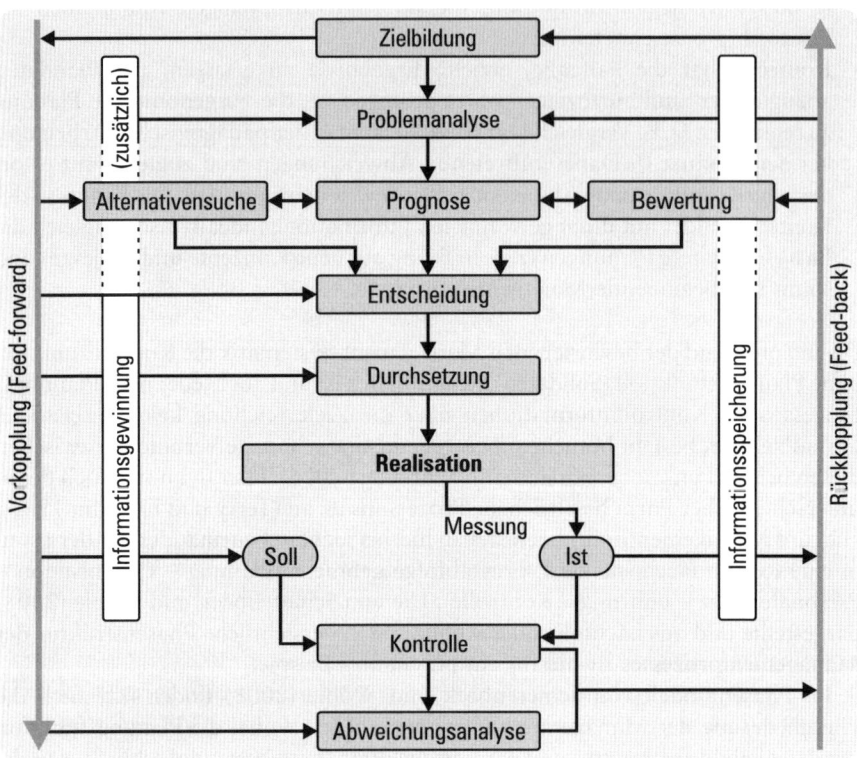

Abb. 2.5: Phasenstruktur des Managementprozesses
Quelle: Schierenbeck und Wöhle 2008, 115

differenzierter gestaltet, als durch die fünf Kernfunktionen zum Ausdruck kommt. Relativ nahe an den fünf Funktionen orientiert ist die Erhebung von **Mahooney, Jerdee und Carol** (1965), die mit einem Fragebogen 452 Manager aller Ebenen aus 13 Unternehmen danach befragt haben, wie sich deren Arbeitsaktivitäten auf acht Teilbereiche erstrecken. Abbildung 2.6 gibt einen Überblick.

Eine andere und ebenfalls branchenübergreifend weit beachtete Studie des Managementforschers **Mintzberg** (1973) basiert auf der Fremdbeobachtungs-methode (Zeitraum: 25 Tage). Dabei hielten sich Forscher über einen längeren Zeitraum in einem Unternehmen auf, erfassten alle Aktivitäten von fünf Topma-nagern und interviewten diese zusätzlich. Im Kern gelangte Mintzberg zum Ergebnis, dass die Arbeit eines Managers in **zehn Rollen** darstellbar ist, welche sich wiederum in drei Bereiche gliedern lassen (s. Abbildung 2.7).

Bei den durch Mintzberg erhobenen Managementaktivitäten ergeben sich in der Praxis zwangsläufig unterschiedliche Schwerpunktsetzungen. Dies wird beispiels-weise begünstigt durch die vielfältigen Sektoren des wirtschaftlichen Handelns, unterschiedliche Persönlichkeiten in Managementpositionen oder verschiedene Hierarchieebenen. So dürfte etwa die Gewichtung bei Produktionsmanagern in Industriebetrieben oftmals in der Überwindung kurzfristig auftretender Probleme

Managementfunktionen	relativer Zeitanteil am gesamten Arbeitstag (in %)
Führen, Anleiten, Entwickeln von Mitarbeitern	28,4
Planung (Ziele, Regeln, Programme)	19,5
Koordination (Kommunikation mit Managern gleicher/höherer Ebene und anderen Abteilungen)	15,0
Beurteilung von Vorschlägen, Leistungen, Personen	12,7
Informationen sammeln, aufbereiten, auswerten	12,6
Verhandeln mit Kunden, Lieferanten, Behörden, Gewerkschaften	6,0
Personalauswahl, Einstellung, Beförderung, Versetzung	4,1
Repräsentation, Vorträge, Öffentlichkeitsarbeit	1,8

Abb. 2.6: Arbeitsaktivitäten eines Managers
Quelle: Mahooney/Jerdee/Carol 1965, zit. n. Staehle 1999, 83

Bereich	Interpersonelle Rollen	Informations-rollen	Entscheidungs-rollen
Rollen	▪ Galionsfigur ▪ Vorgesetzter ▪ Vernetzer	▪ Radarschirm ▪ Sender ▪ Sprecher	▪ Innovator ▪ Problemlöser ▪ Ressourcenzuteiler ▪ Verhandlungsführer

Abb. 2.7: Management-Rollen nach Mintzberg
Quelle: Mintzberg 1980, 923

liegen (»Problemlöser«) (Steinmann/Schreyögg 2005). Nimmt zum Beispiel der ehrenamtliche Vorstand eines Sozialunternehmens Managementaufgaben wahr, so könnte die Schwerpunksetzung hingegen beim Ausbau des Kontaktnetzes (»Vernetzer«) und in der Repräsentation (»Galionsfigur«) liegen.

Beim Vergleich dieser Studien zu den Aktivitäten von Managern mit den fünf Kernfunktionen konstatiert Staehle, »dass in der Realität stärker kommunikative, interpersonale Aktivitäten feststellbar sind, als die mehr sachbezogenen Funktionsbeschreibungen des Managements in der Literatur vermuten lassen« (1999, 84). Allerdings ist bei genauerer Betrachtungsweise auch festzuhalten, dass die Distanz zu den fünf klassischen Funktionen (allerdings nicht zur Phasenstruktur des Managementprozesses) keineswegs deutlich ausgeprägt ist und Zuordnungen weitgehend möglich sind. Beispielsweise lassen sich zu den im Schema nach Mintzberg (1980) definierten Rollen des Radarschirms, des Innovators und des Ressourcenzuteilers klare Verbindungen zur Managementfunktion der Planung herstellen. Nach Steinmann und Schreyögg (2005), welche in jüngster Vergangenheit prägend zur Systembildung in der Managementdebatte beigetragen haben, wird die Organisationsfunktion im Modell nach Mintzberg (1980) »mit der Ressourcenzuteilungsfunktion angesprochen wie mit der Rolle des Vorgesetzten.

65

Die Rollen des Vorgesetzten, des Senders und des Problemlösers korrespondieren mit der Managementfunktion Führung. Personaleinsatzprobleme kann man der Vorgesetztenrolle zuordnen, während sich die Managementfunktion Kontrolle in der Radarschirm-Rolle findet« (Steinmann/Schreyögg 2005, 21). Die bestehende Kompatibilität zwischen den fünf Basisfunktionen und den auf praxisnaherer Ebene beobachteten zehn Rollen nach Mintzberg (letztere weisen teilweise auch den Charakter einer Unterordnung der Managementfunktionen auf), wird dadurch verstärkt, dass es sich bei beiden Ansätzen nicht nur um eine Beschreibung von beobachteten Aktivitäten, sondern um eine Bündelung von Aufgaben handelt, die im Sinne eines positiven Handelns zu erfüllen sind (Steinmann/Schreyögg 2005; Caroll/Gillen 1987). Solch ein Verständnis liegt auch diesem auf die Sozialwirtschaft fokussierten Lehrbuch zugrunde, wobei die **Fünfgliederung** des Managements in die Funktionen Planung, Organisation, Personaleinsatz, Führung und Kontrolle den **Orientierungsrahmen** bildet.

Die in einigen Theoriegebäuden (vgl. Hopfenbeck 2002; Pepels 2002) vorgenommene Zuordnung der fünf Funktionen in eine **sachbezogene Dimension** (Planung, Organisation und Kontrolle) bzw. eine **personenbezogene Dimension** (Personaleinsatz und Führung) wird wegen der besonders in Sozialunternehmen hohen Korrelation in den zu erfüllenden Aufgaben zwischen sach- und personellen Aspekten, die sich zudem gegenseitig ergänzen und durchdringen, in diesem Lehrbuch nicht gesondert weiter verfolgt.

Neben dem aufgezeigten Diskurs zu den zentralen Kernfunktionen zielen die Ausführungen zum Management in der Sozialwirtschaft häufig ab auf eine Unterteilung in folgende drei Handlungsebenen (Maelicke 2008):

* Normatives Management
* Strategisches Management
* Operatives Management.

Normatives Management beinhaltet die Formulierung von Zielen als Norm für Daseinsberechtigung, Entwicklung und den inneren Zusammenhalt eines Unternehmens. In der Praxis kann das normative Management seinen Ausdruck in der Vision, im Leitbild und der langfristigen Rahmenplanung finden. Die grundsätzliche Entscheidung eines Sozialunternehmens, in das Arbeitsfeld der Kinder- und Jugendhilfe einzusteigen und nicht in die Soziale Altenarbeit, ist beispielsweise dem normativen Management zuzuordnen.

Strategisches Management umfasst die Konkretisierung der Ziele des normativen Managements und die Ausrichtung von für die Zielerreichung erforderlichen Aktivitäten. Strategisches Management findet seinen Niederschlag vor allem im strategischen Teil der Planung, wobei beispielsweise die Kontrollfunktion eine zentrale strategische Rolle einnehmen kann und zwar in Form eines die Planung begleitenden Ansatzes. In Anlehnung an oben genanntes Beispiel konzentriert sich das Sozialunternehmen beim strategischen Management auf spezielle Segmente wie die Tagesbetreuung von Kleinkindern im Alter zwischen 0 – 3 Jahren.

Operatives Management ist gekennzeichnet durch die Umsetzung der Ziele und Maßnahmen des normativen und strategischen Managements in konkretes Praxishandeln. Dabei legt der operative Teil der Planung die Handlungen fest, bevor beispielsweise organisatorische Einheiten gebildet, der Personaleinsatz realisiert und letztendlich die erzielten Ergebnisse erfasst sowie mit den geplanten Daten abgeglichen werden (Pepels 2002). Zum Beispiel erfolgt an dieser Stelle u. a. die Akquise und Einstellung qualifizierter Erzieher und Kindheitspädagogen.

2.8.2 Grundfunktionen

Ähnlich wie bei den Managementfunktionen bestehen auch in Bezug auf die betriebswirtschaftlichen Grundfunktionen teilweise erhebliche Unterschiede zwischen den vorhandenen Theoriegebäuden (vgl. Kück 1998). In kaum einem traditionellen Werk der Allgemeinen Betriebswirtschaftslehre und Industriebetriebslehre fehlen allerdings die drei für viele Wirtschaftsunternehmen grundlegenden Funktionsbereiche Beschaffung, Produktion (Leistungserstellung) und Absatz (vgl. Wöhe 2010; Bea/Friedl/Schweizer 2004; Gutenberg 1990).

Die Grundfunktion der **Beschaffung** umfasst alle Entscheidungsbereiche, »die gestaltet werden müssen, um die Betriebswirtschaft mit den erforderlichen Produktionsfaktoren (insbesondere mit Werkstoffen und Betriebsmitteln) in der richtigen Art und Menge zu versorgen« (Bestmann 2008, 16). Die **Produktion** beinhaltet »die eigentliche Erstellung der betrieblichen Leistung, also die Herstellung von Sachgütern (Industrie oder Handwerk), aber auch die Erbringung von Dienstleistungen im Handel-, Bank-, Versicherungswesen usw.« (ebd.). Der **Absatz** umfasst »alle Entscheidungstatbestände zur marktlichen Verwertung der von einer Betriebswirtschaft erstellten Leistungen« (ebd., 17).

Diese drei **Grundfunktionen** werden allerdings zumeist **weiter aufgegliedert**, um fachliche Handlungsoptionen für die betriebswirtschaftlichen Fragestellungen eines Unternehmens ableiten zu können. Beispielsweise können in einem Betrieb folgende Aufgaben im Kontext der Beschaffungsfunktion entstehen:

- Einstellung und Bereitstellung von Mitarbeitern als Aufgabe der Personalwirtschaft
- Beschaffung, Transport und Lagerhaltung von Roh-, Hilfs- und Betriebsstoffen mit Zuständigkeit bei der Materialwirtschaft
- Sicherstellung von finanziellen Ressourcen und Vermögenswerten durch die Bereiche der Finanzierung und Investition (ebd.).

Weiterhin ist denkbar, der Beschaffung auch Teile des Rechnungswesens (Informationsfunktion) sowie des Controllings zuzuordnen, beispielsweise dann, wenn durch diese beiden Bereiche Informationen zum Kunden- oder Lieferantenverhalten bereitgestellt werden. Eine ähnliche Vielfalt an Aufgaben kann sich sogar bei der Produktionsfunktion ergeben. Wenngleich die Grundfunktion der Produktion vor allem innerhalb der Allgemeinen Betriebswirtschaftslehre bzw. Industriebetriebslehre von besonderer Bedeutung ist und dort zumeist die Erstellung von Gütern beschrieb und analysiert, erstreckt sie sich demgegenüber in manchen Branchen im Kern auf die Finanzierung und Investition (z. B. bei Banken) oder auf die Personalwirtschaft (z. B. bei Sozialunternehmen) (Kück 1998). Schließlich lässt sich auch die Absatzfunktion nicht nur auf das Marketing eines Unternehmens eingrenzen, sondern steht beispielsweise in engem Kontext mit Teilen der Personalwirtschaft (vgl. u. a. Individualkommunikation durch Mitarbeiter).

In Bezug auf die sozialwirtschaftliche Branche erscheint eine differenzierte Aufgliederung der Grundfunktionen auch deswegen angebracht, da es hier, abgesehen von Ausnahmen (z. B. Werkstätten für Behinderte oder im Auftrag der Industrie produzierende Berufshilfeeinrichtungen), zumeist um die Ausführung von Dienstleistungen geht. Diese sind durch eine Reihe von Spezifika gekennzeichnet, wie beispielsweise die Zeitgleichheit von Verrichtung, Erstellung und Absatz, die Abhängigkeit von der Präsenz und dem Beitrag des Kunden, die Herausforderungen in der Kapazitätsauslastung aufgrund nicht möglicher Lagerhaltung sowie die subjektive Form der Qualitätsbewertung. Hinzu kommt, dass in einer eng gefassten Definition, wie sie auch im täglichen Sprachgebrauch zu finden ist, sich die allgemeine Produktionstheorie auf die betriebliche Herstellung von Erzeugnissen beschränkt (Wöhe 2010). Wenngleich es dennoch Ansätze gibt, die Spezifika der Dienstleistungsproduktion zu beschreiben, zu erklären und entsprechende Gestaltungsempfehlungen für wirtschaftliches Handeln abzuleiten (vgl. Schellberg 2007; Scheuch 2002), erscheinen auch diese, in Relation zu einer differenzierten Herangehensweise, weniger hilfreich zur Unterstützung der durch hohe Komplexität und sozialarbeiterische Fachlichkeit geprägten Aufgaben und Bereiche in Sozialunternehmen (vgl. Knorr/Scheibe-Jaeger 2002; Knorr/Offer 1999).

Vergleichbare Einschränkungen wie bei der Produktion lassen sich in Bezug auf Sozialunternehmen auch für die beiden anderen betriebswirtschaftlichen Grundfunktionen konstatieren. Bei der Beschaffung und beim Absatz geht es primär um die Bereitstellung von Werkstoffen und Betriebsmitteln bzw. um den Absatz von Sachgütern (Wöhe 2010). Grundsätzlich ist es möglich, die Bereitstellung von Mitarbeitern und den Absatz einer sozialen Dienstleistung unter diesen beiden Grundfunktion abzuhandeln. Weil aber beispielsweise der in Sozialunternehmen zentrale Faktor Personal völlig andere Fragestellungen aufwirft als die Bereitstellung von Werkstoffen und auch der Absatz einer sozialen Dienstleistung eine Reihe von Spezifika aufweist, erscheint es empfehlenswert, diese Besonderheiten im Rahmen von differenzierteren Funktionsbereichen zu thematisieren.

Die konsequenterweise zu erfolgenden Aufgliederungen der Grundfunktionen in weitere Bereiche, beispielsweise in die Material- und Personalwirtschaft, firmieren in Teilen der wissenschaftlichen Literatur ebenfalls als Grundfunktionen und stehen somit auf der gleichen Stufe. Allerdings finden sich häufig auch differenziertere Strukturierungssysteme. Schaufelbühl, Hugentobler und Blattner (2007) ordnen beispielsweise die Personalwirtschaft und das Finanzmanagement als Versorgungsfunktionen ein und das Marketing sowie die Materialwirtschaft als Teile sogenannter marktleistungsbezogener Funktionen. Eine auch in der Sozialwirtschaft zunehmend verbreitete Einordnung der unterschiedlichen betriebswirtschaftlichen Bereiche bzw. Aufgaben firmiert unter dem Begriff **Gestaltungs- und Steuerungsfunktionen** (vgl. Decker/Decker 2008). Diesen für Sozialunternehmen geeignet erscheinenden Ansatz zur Aufgliederung der Grundfunktionen in ausdifferenzierte betriebswirtschaftliche Aufgaben und Bereiche übernimmt auch das vorliegende Lehrbuch.

In den bisher vorhandenen Lehrbüchern zur Sozialwirtschaftslehre werden nicht nur die Strukturierungssysteme zur Einordnung der unterschiedlichen betriebswirtschaftlichen Bereiche bzw. Aufgaben divers diskutiert. Weitgehend uneinheitlich ist auch die eigentliche Auswahl an als für Sozialunternehmen zentral erachteten betriebswirtschaftlichen Funktionen. Gemeinsam ist den meisten dieser Werke allerdings, dass auf eigenständige Kapitel zu den weniger differenzierten Grundfunktionen (Beschaffung, Produktion und Absatz) verzichtet wurde (Schellberg 2007). Der Fokus liegt vielmehr auf den hier als Gestaltungs- und Steuerungsfunktionen bezeichneten Bereichen und Aufgaben. Diejenigen Gestaltungs- und Steuerungsfunktionen, die in mehreren sozialwirtschaftlichen Werken, allerdings in deutlich unterschiedlicher Ausprägungsform, diskutiert werden, sind die Personalwirtschaft, Finanzierung, Rechnungswesen, Controlling und Marketing (vgl. Decker/Decker 2008; Moos/Peters 2008; Schellberg 2007; Knorr/Offer 1999). Diese Auswahl an Funktionen mit offensichtlich besonderer Bedeutung für eine Vielzahl von Sozialunternehmen ist auch kompatibel mit dem Entdeckungshorizont des Herausgebers vom vorliegenden Lehrbuch. Im Einzelnen werden die folgenden Gestaltungs- und Steuerungsfunktionen als besonders zentral für die Soziale Arbeit erachtet und in den nachfolgenden Abschnitten weiter verfolgt:

- Materialwirtschaft
- Personalwirtschaft
- Finanzwirtschaft
- Rechnungswesen
- Controlling
- Marketing.

Die **Materialwirtschaft** eines Sozialunternehmens kann verschiedene Teilbereiche umfassen. Im Einkauf erfolgen beispielsweise die Auswahl, die Beschaffung und die Zuteilung der erforderlichen Güter (z. B. Büromaterial, EDV-Ausstattung, Fahrzeuge, Getränke, medizinische Geräte). Dabei sind die günstigste und zuverlässigste Einkaufsquelle sowie die benötigte Menge zu ermitteln, eine vertragliche Regelung abzuschließen und entsprechende Konditionen auszuhandeln. Im nächsten Schritt erfolgt die Lagerhaltung bzw. -kontrolle. Schließlich gehört auch die Entsorgung und Verwertung von Rückständen und Abfall zur Materialwirtschaft. In enger Verbindung zur Materialwirtschaft steht u. a. das Controlling bzw. die Kontrolle der Beschaffungs-, Lager- und Fehlmengenkosten.

Die **Personalwirtschaft** umfasst unterschiedliche Aufgabenbereiche, die mit der Beschäftigung eines Menschen in einem Unternehmen einhergehen. Dies betrifft nicht nur den betriebswirtschaftlichen Gestaltungs- und Steuerungsbereich, sondern schließt die Managementfunktionen mit personenbezogener Dimension mit ein (Personaleinsatz und Führung). Als erstes Element der Personalwirtschaft beschreibt die Personalplanung die Dimensionen, in denen ein Sozialunternehmen daran arbeitet, den personalwirtschaftlichen Ist-Zustand in einen Soll-Zustand zu überführen. Die Personalbeschaffung richtet ihren Blick auf interne und externe

Arbeitsmärkte, verlangt Entscheidungen über Rekrutierungswege und Auswahl-instrumente. Vor dem Personaleinsatz werden Arbeitsbedingungen abgeklärt, die sich in den Schranken des Arbeitsrechts bewegen (z. B. Gehalts- und Arbeitszeit-regelungen). Während der Beschäftigung wirken auf Mitarbeiter Elemente der Personalführung ein und im Rahmen der Personalentwicklung erfolgen die Ein-arbeitung und Weiterbildung, evtl. auch Beurteilungen und Karriereplanungen sowie Förderungen und Sanktionen. Während der Verweildauer des Mitarbeiters erfolgt eine Personalverwaltung und am Ende dieses personenzentrierten Zyklus kann das Ausscheiden im Rahmen der Personalfreisetzung stehen.

Für die **Finanzwirtschaft** von Sozialunternehmen ist zunächst von Relevanz, dass Leistungen aufgrund der sozialen und ökonomischen Bedürftigkeit der Kunden meist nicht zu kostendeckenden Nutzungsentgelten abgegeben werden können und daher in der Regel eine öffentliche Finanzierung benötigt wird. Daher ist die Beschaffung und Verteilung von finanziellen Mitteln zum Zwecke der Erstellung sozialer Dienstleistungen von grundsätzlich zentraler Bedeutung. We-sentliches Anliegen ist aber auch, die Finanzierungsströme- und Strukturen der Sozialwirtschaft zu durchleuchten sowie ein betriebliches Finanzmanagement mit weitreichenden Aufgabenbereichen (z. B. Kapitelbeschaffung durch Formen der Außen- und Innenfinanzierung) zu entwickeln.

Das generelle Interesse des **Rechnungswesens** besteht darin, das gesamte unter-nehmerische Geschehen und die Zustände zahlenmäßig zu erfassen. Das Rech-nungswesen dient der Dokumentation (d. h. zeitlich und sachlich geordnete Auf-zeichnung aller Geschäftsvorgänge auf Basis von Belegen), der Information (d. h. Bereitstellung von planungs- und entscheidungsrelevanten Informationen zu Ver-mögen, Kapital, Erträgen, Aufwendungen, etc. für das Management und interes-sierte Dritte, wie beispielsweise Anteilseigner, Finanzbehörden, Zuwendungsgeber) und der Überwachung (d. h. Aufbau eines aussagefähigen Systems zur Kontrolle des Zahlungsverkehrs, der Kosten, etc.). In der Sozialwirtschaft sind grundsätzlich unterschiedliche Systeme des Rechnungswesens denkbar, wobei sich die zwischen-zeitlich auch in der sozialen Branche prägende Form, das kaufmännische Rech-nungswesen, in ein internes (Kosten- und Leistungsrechnung) und externes Rech-nungswesen (doppelte Buchführung und Jahresabschluss) aufgliedern lässt.

Beim **Controlling** handelt es sich um ein komplexes, funktionsübergreifendes Entscheidungsunterstützungssystem für das Management eines Unternehmens. Die Unterstützungsfunktion ist fokussiert auf die Beschaffung und Aufbereitung spezi-fischer, für die Zielerreichung unabdingbarer Informationen. Bei komplexen Vorgängen kann die Unterstützungsfunktion bis hin zur entscheidungsreifen Aufarbeitung solcher Informationen gehen und dabei auch die Bewertungsvor-gänge im Vorfeld umfassen. Grundsätzlich kann zwischen dem operativen und strategischen Controlling unterschieden werden. Operatives Controlling ist eher konkret, handlungsnah, unternehmensintern und primär kurzfristig ausgerichtet. Beispielhafte Instrumente und Methoden des operativen Controllings in der Sozialwirtschaft sind die Budgetierung, die Gemeinkostenwertanalyse und Kenn-zahlensysteme. Das strategische Controlling ist dagegen häufig langfristig, unter-nehmensextern, gering strukturiert, kreativ und abstrakt ausgerichtet. Instrumente und Methoden sind beispielsweise die SWOT-Analyse (Strenth/Stärken, Weakness/

Schwächen, Opportunities/Chancen, Threats/Gefahren), die Strategische Bilanz und die Produkt-Markt-Portfolio-Analyse.

Die Funktion **Marketing** kann in der Sozialwirtschaft alle Aktivitäten umfassen, welche darauf ausgerichtet sind, die öffentliche Akzeptanz für die Leistungen von sozialen Einrichtungen und Diensten aufzubauen bzw. sicherzustellen. Marketing lässt sich in vier verschiedenen Instrumenten-/Maßnahmenbereichen abhandeln. Dies sind die Produktpolitik mit der Aufgabe der Konzipierung eines bedürfnis- und marktgerechten Leistungsprogramms, die Preispolitik, d. h. die absatzfördernde Gestaltung der Transaktionsbeziehungen, die Distributionspolitik mit dem Fokus auf der Gestaltung der Absatzwege bzw. darauf, dass die Leistungen dem Kunden zur Verfügung stehen, sowie die Kommunikationspolitik mit dem Anliegen einer planmäßigen, zielgerichteten Information der Kunden. Die Kommunikationspolitik ist für Sozialunternehmen von besonderer Bedeutung und verfügt im Kern über Instrumente der Individual- (z. B. Kommunikation durch Mitarbeiter und Kommunikation zwischen Kunden und Nicht-Kunden) und Massenkommunikation (z. B. Öffentlichkeitsarbeit und Werbung).

2.8.3 Gesamtkontext

Um die für die Zwecke dieses Lehrbuchs vorgenommene Auswahl an zentralen betriebswirtschaftlichen Aufgaben und Bereichen für Sozialunternehmen weiter zu systematisieren bzw. in einen Gesamtkontext einzuordnen, wurde das folgende Sozialwirtschaftliche-Funktionen-Modell entwickelt (Abbildung 2.8).

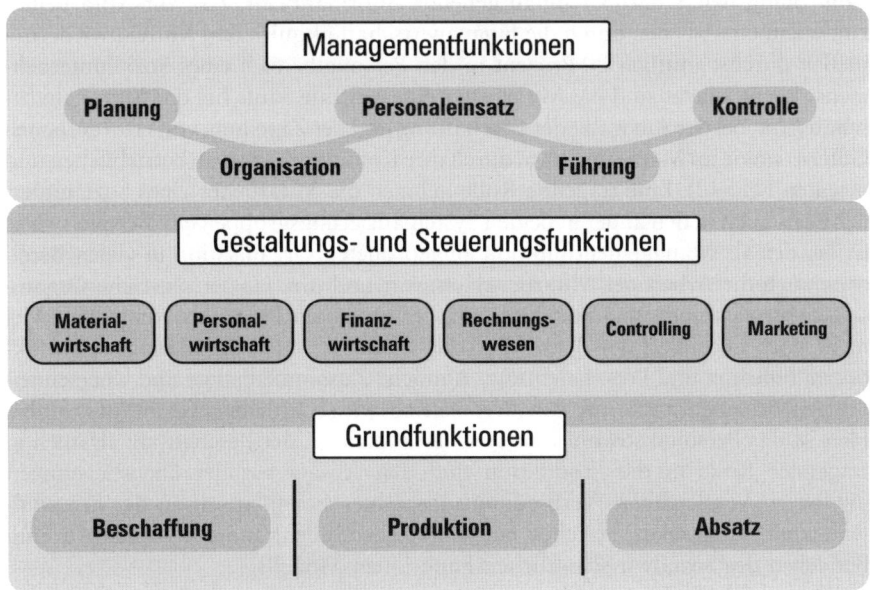

Abb. 2.8: Sozialwirtschaftliches-Funktionen-Modell
Quelle: Eigene Darstellung

Im Sozialwirtschaftlichen-Funktionen-Modell sind auf drei unterschiedlichen Ebenen die **Managementfunktionen**, die **Gestaltungs- und Steuerungsfunktion** sowie die **Grundfunktionen** betriebswirtschaftlichen Handelns integriert. Bei der Entwicklung des Modells wurde allerdings nicht die Intention verfolgt, ein abgeschlossenes und starres Gesamtsystem der betriebswirtschaftlichen Aufgaben und Bereiche in Sozialunternehmen bereitzustellen, vielmehr sind zukünftig Anpassungen an die weitere sozialwirtschaftliche Forschung und Praxisentwicklung vorstellbar und erwünscht. Die im Modell abgebildete Auswahl ist allerdings nicht generell auf alle Sozialunternehmen übertragbar, da in der Praxis unterschiedliche Schwerpunktsetzungen innerhalb der einzelnen Funktionsbereiche vorzunehmen sind. Eine diesbezüglich treffliche Beurteilung erscheint im Übrigen nur unter Einbindung der in den sozialen Einrichtungen und Diensten selbst handelnden Personen sinnvoll und denkbar. Dies setzt wiederum voraus, dass Sozialarbeiter und Sozialpädagogen, neben einer fachspezifischen Aus- und Weiterbildung, auch in einer für die fachlichen Anforderungen und spezifischen Rahmungen der Sozialen Arbeit zugeschnittenen Betriebswirtschaftslehre qualifiziert werden.

Sowohl zwischen den drei Systematisierungsgruppen als auch innerhalb einer Funktionsebene bestehen eine Vielzahl an **Zusammenhängen** und **Überschneidungen**, so dass sich manche Aufgaben und Bereiche kaum trennscharf voneinander unterscheiden lassen. Exemplarisch soll dies am Beispiel der gerade für Sozialunternehmen hoch relevanten Personalwirtschaft deutlich gemacht werden. Enge Berührungspunkte der Personalwirtschaft bestehen zunächst mit allen weiteren Gestaltungs- und Steuerungsfunktionen. So werden im Rechnungswesen beispielsweise die Ausgaben für das gesamte Personal erfasst und überwacht und das Controlling liefert darüber hinausgehende Informationen, z. B. zur Mitarbeiterzufriedenheit. Aus den durch die Finanzwirtschaft akquirierten Mitteln wiederum fließen durchschnittlich 80 Prozent in den Personalbereich eines Sozialunternehmens. Nicht zuletzt sind die Mitarbeiter eine zentrale Säule bei der Materialwirtschaft (u. a. bei der Auswahl, der Beschaffung und der Zuteilung von erforderlichen Gütern) sowie im Marketing (u. a. durch ihre Kommunikation im betrieblichen und privaten Umfeld). Eine tragende Rolle nehmen die Mitarbeiter eines Sozialunternehmens auch in den anderen beiden Systematisierungsgruppen ein. Beispielsweise ist bei der als Managementfunktion eingeordneten Organisation in vielen Bereichen auch die Arbeit der Mitarbeiter tangiert und u. a. eine erfolgreiche Organisationsentwicklung nur unter Einbezug des gesamten Personals vorstellbar. Viel mehr noch inkludiert der Begriff Personalwirtschaft auch die Managementfunktionen Führung und Personaleinsatz. Ähnliche Zusammenhänge und Überschneidungen bestehen auch mit den drei betriebswirtschaftlichen Grundfunktionen. Hier ist das Personal sowohl zentraler Bestandteil bei der Beschaffung als auch in tragender Rolle in die Produktion und den Absatz sozialer Dienstleistungen involviert. Vergleichbare Verbindungen, wie hier exemplarisch an der Personalwirtschaft aufgezeigt, bestehen auch zwischen allen anderen Aufgaben und Bereichen des Sozialwirtschaftlichen-Funktionen-Modells.

Wenngleich die für Sozialunternehmen zentralen Funktionen in den folgenden Kapiteln getrennt voneinander und branchenspezifisch aufgezeigt werden, ist es ein wichtiges Anliegen dieses Werkes, auf die vorhandenen Zusammenhänge und

Überschneidungen zwischen den Funktionen hinzuweisen bzw. die Inhalte so aufzubereiten, dass der Leserschaft auch ein Denken in betriebswirtschaftlichen Gesamtstrukturen ermöglicht wird.

2.9   Zwischenfazit

Zentrales Anliegen dieses Kapitels ist es, einen grundlegenden Überblick zur Betriebswirtschaftslehre zu vermitteln und auf dieser Basis die Spezifika sowie die wesentlichen ökonomischen Aufgaben und Bereiche für Sozialunternehmen zu identifizieren.

Die einleitenden Ausführungen zur geschichtlichen Entwicklung im deutschsprachigen Raum erstreckten sich von einer kurzen Übersicht zur wissenschaftlichen Etablierung an Hochschulen, über einen Abriss zu den durchaus unterschiedlichen Lehrauffassungen und Theorieansätzen, bis hin zum Einfluss der amerikanischen Managementlehre. Dabei wurde bereits deutlich, dass es die Betriebswirtschaftslehre als einheitliches wissenschaftliches System nicht gibt, sondern sich die Disziplin vielmehr aus unterschiedlich geprägten Standpunkten heraus entwickelt hat. Hinzu kommen und entwickeln sich, auch in jüngster Vergangenheit, immer wieder neue Ansätze.

Im Anschluss folgten eine wissenschaftliche Einordnung und die Abgrenzung von der Volkswirtschaftslehre sowie die Analyse der zentralen Bestandteile betriebswirtschaftlicher Theoriebildung. Hierbei wurde aufgezeigt, dass der Mensch mit seinen Bedürfnissen nach Gütern und Dienstleistungen Triebkraft wirtschaftlichen Handelns ist. Die nachgefragten Güter und Dienstleistungen werden von Betrieben erzeugt, wobei der Betrieb zugleich als Oberbegriff von Haushalten und (öffentlichen sowie privaten) Unternehmen firmiert. Die Produktion von Gütern und die Ausbringung von Dienstleistungen in Unternehmen sind grundsätzlich zentraler Untersuchungsgegenstand der Betriebswirtschaftslehre. Dies schließt sowohl Dienste und Einrichtungen von öffentlichen, frei-gemeinnützigen, als auch privat-gewerblichen Sozialunternehmen ein. Aus der Perspektive eines optimalen Einsatzes von Ressourcen in Unternehmen ergibt sich ein Handlungsgrundsatz, das sogenannte ökonomische Prinzip. Es fordert bei gegebenem Input einen größtmöglichen Output (Maximumprinzip) bzw. einen gegebenen Output mit einem geringstmöglichen Input zu erwirtschaften (Minimumprinzip). Als zentrale Maßgrößen (Kennzahlen) für das Handeln nach dem ökonomischen Prinzip wurden die Produktivität, Wirtschaftlichkeit, Rentabilität und Liquidität identifiziert.

In den darauf folgenden Abschnitten erfolgten eine Analyse zu unterschiedlichen Systematisierungsprinzipien der Betriebswirtschaftslehre sowie eine Erarbeitung zentraler sozialwirtschaftlicher Funktionen. Es wurde aufgezeigt, dass die Betriebswirtschaftslehre nach unterschiedlichen Kriterien systematisiert werden kann, wobei für die Branche der Sozialwirtschaft vor allem die Gliederungen nach institutionellen und funktionalen Aspekten von Bedeutung sind. Bei einer umfassenden Diskussion zu den betriebswirtschaftlichen Managementfunktionen wurde dann vor allem die den wissenschaftlichen Diskurs prägende Fünfgliederung, bestehend aus Planung, Organisation, Personaleinsatz, Führung und Kontrolle thematisiert, welche mit der sozialwirtschaftlichen Praxis kompatibel erscheint und die das vorliegende Lehrbuch übernimmt. Die in anderen Branchen weit verbreiteten betriebswirtschaftlichen Grundfunktionen (Beschaffung, Produktion und Absatz) scheinen hingegen nur bedingt übertragbar auf die spezifischen betriebswirtschaftlichen Fragestellungen der Sozialen Arbeit zu sein. Vielmehr erscheint empfehlenswert, die gegebenen Besonderheiten im Rahmen der differenzierteren betriebswirtschaftlichen Gestaltungs- und Steuerungsfunktionen abzuhandeln, wobei der diesbezügliche Schwerpunkt in den meisten Einrichtungen und Diensten der Sozialen Arbeit vor allem auf der Materialwirtschaft, Personalwirtschaft, Finanzwirtschaft sowie dem Rechnungswesen, Controlling und Marketing liegen dürfte.

Auf Grundlage der Ausführungen zu den zentralen betriebswirtschaftlichen Aufgaben und Bereichen konnte dann ein Sozialwirtschaftliches-Funktionen-Modell entwickelt werden. Dieses bildet zugleich die Basis für die weitere Struktur dieses Lehrbuchs. Konsequenterweise werden im Folgenden die einzelnen Funktionsbereiche in jeweils eigenständigen Kapiteln und mit der inhaltlichen Ausrichtung auf eine Spezielle Betriebswirtschaftslehre für Sozialunternehmen (Sozialwirtschaftslehre) hin aufgezeigt, wobei der Fokus auf den zentralen Managementfunktionen und Steuerungs-/Gestaltungsfunktionen liegt. Die beiden Managementfunktionen mit personenbezogener Dimension (Personaleinsatz und Führung) sind dabei in ein Kapitel zur Personalwirtschaft integriert und auf ein eigenes Kapitel zur Managementfunktion Kontrolle (teilweise ist dieses Thema in den Kapiteln 3 und 8 berücksichtigt) wird verzichtet. Die Steuerungs- und Gestaltungsfunktion der Materialwirtschaft wird, wegen der im Vergleich mit anderen Branchen vergleichsweise geringen Bedeutung für Sozialunternehmen, ebenfalls nicht weiter thematisiert.

Literaturverzeichnis

Balderjahn, Ingo; Specht, Günter: Einführung in die Betriebswirtschaftslehre. 5., überarbeitete Aufl. Stuttgart: Schäffer-Poeschel Verlag, 2007.

Bea, Franz Xaver; Haas, Jürgen: Strategisches Management. 4. Auflage. Stuttgart: Lucius & Lucius Verlag, 2005.

Bea, Xaver Franz; Friedl, Birgit; Schweizer, Marcell: Allgemeine Betriebswirtschaftslehre. Band 1: Grundfragen. 9., überarbeitete Auflage. Stuttgart: Lucius & Lucius Verlag, 2004.

Bestmann, Uwe (Hrsg.): Kompendium der Betriebwirtschaftslehre. 11. Auflage. München: Oldenbourg Verlag, 2008.

Carroll, Stephen; Gillen, Dennis: Are the classical management functions useful in describing managerial work? In: AMR. 12/1987, S. 38–51.

Decker, Franz; Decker, Albert: Management in Gesundheits- und Sozialbetrieben. Betriebswirtschaftliche Grundlagen für Führungskräfte und Nachwuchs. Baden-Baden: Nomos Verlagsgesellschaft, 2008.

Decker, Franz: Das große Handbuch Management für soziale Institutionen. Landsberg: Verlag moderne Industrie, 1997.

Fayol, Henri: Allgemeine und industrielle Verwaltung. München, Berlin: Oldenbourg Verlag, 1929.

Gulick, Luther (Hrsg.): Papers on the science of administration (ursprünglich New York: Columbia University, 1937). New York, London: Garland Publishing, 1987.

Gutenberg, Erich: Einführung in die Betriebswirtschaftslehre. Wiesbaden: Gabler Verlag, 1990.

Härdler, Jochen (Hrsg.): Betriebswirtschaftslehre für Ingenieure. Lehr- und Praxisbuch für Ingenieure und Wirtschaftsingenieure. 4., aktualisierte Aufl. München: Carl Hanser Verlag, 2010.

Heinen, Edmund: Einführung in die Betriebswirtschaftslehre. 9., verbesserte Auflage. Wiesbaden: Gabler Verlag, 1992.

Hopfenbeck, Waldemar: Allgemeine Betriebswirtschafts- und Managementlehre. 14. Auflage. Landsberg: Verlag moderne Industrie, 2002.

Jung, Hans: Allgemeine Betriebswirtschaftslehre. 10. Auflage. München: Oldenbourg Verlag, 2006.

Kirchheim, Kerstin: Sozialunternehmen. In: Maelicke, Bernd (Hrsg.): Lexikon der Sozialwirtschaft. Baden-Baden: Nomos Verlagsgesellschaft, 2008, S. 950–951.

Knorr, Friedhelm; Scheibe-Jaeger, Angela: Sozialökonomie. Volkswirtschaftliche und betriebswirtschaftliche Grundlagen für die soziale Arbeit. Frankfurt am Main: Eigenverlag des Deutschen Vereins für öffentliche und private Fürsorge, 2002.

Knorr, Friedhelm; Offer, Hans: Betriebswirtschaftslehre. Grundlagen für die Soziale Arbeit. Neuwied und Kriftel: Luchterhand Verlag, 1999.

Koontz, Harold; O'Donnell, Cyril: Management: A systems and contingency analysis of managerial functions. 8. Auflage. New York: McGraw-Hill, 1984.

Kosiol, Erich: Die Unternehmung als wirtschaftliches Aktionszentrum: Einführung in die Betriebswirtschaftslehre. Hamburg: Rowohlt Verlag, 1966.

Kück, Marlene (Hrsg.): Allgemeine Betriebswirtschaftslehre – Grundlagen. 3. Auflage. Berlin: Verlag Arno Spitz, 1998.

Maelicke, Bernd (Hrsg.): Lexikon der Sozialwirtschaft. Baden-Baden: Nomos Verlagsgesellschaft, 2008.

Mintzberg, Henry: The nature of managerial work. 2. Auflage. New Jersey: Englewood Cliffs, 1980.

Moos, Gabriele; Peters, André: BWL für soziale Berufe. Eine Einführung. München, Basel: Ernst Reinhardt Verlag, 2008.

Pepels, Werner (Hrsg.): Das neue Lexikon der BWL. Betriebswirtschaft, Wirtschaftsinformatik, Wirtschaftsrecht. Berlin: Cornelsen Verlag, 2002.

Pracht, Arnold: Betriebswirtschaftlehre für das Sozialwesen. Eine Einführung in betriebswirtschaftliches Denken im Sozial- und Gesundheitsbereich. Weinheim, München: Juventa Verlag, 2002.

Schäfer, Erich: Die Unternehmung. Einführung in die Betriebswirtschaftslehre. 10. Auflage. Wiesbaden: Gabler Verlag, 1980.

Schaufelbühl, Karl; Hugentobler Walter; Blattner, Matthias (Hrsg.): Betriebswirtschaftslehre für Bachelor. Zürich: Orell Füssli Verlag AG, 2007.

Schellberg, Klaus: Betriebswirtschaftslehre für Sozialunternehmen. 2., überarbeitete Auflage. Augsburg: Ziel-Verlag, 2007.

Scheuch, Fritz.: Dienstleistungsmarketing. 2. Auflage. München: Vahlen Verlag, 2002

Schierenbeck, Henner; Wöhle, Claudia B.: Grundzüge der Betriebswirtschaftslehre. 17., völlig überarbeitete und aktualisierte Auflage. München: Oldenbourg Verlag, 2008.

Staehle, Wolfgang H.: Management. Eine verhaltenswissenschaftliche Perspektive. 8., überarbeitete Auflage. München: Vahlen Verlag, 1999.

Steinmann, Horst; Schreyögg, Georg: Management. Grundlagen der Unternehmensführung. Konzepte – Funktionen – Fallstudien. 6., vollständig überarbeitete Auflage. Wiesbaden: Gabler Verlag, 2005.

Terry, George Robert; Franklin, Stephen G.: Principles of Management. 8. Auflage. Homewood: R. D. Irwin, 1982.

Wöhe, Günter; Döring, Ulrich: Einführung in die Allgemeine Betriebswirtschaftslehre. 24. überarbeitet und aktualisierte Auflage. München: Vahlen Verlag, 2010.

Wöhrle, Armin: Grundlagen des Managements in der Sozialwirtschaft. Baden-Baden: Nomos Verlagsgesellschaft, 2003.

3   Planung

Jürgen Holdenrieder

3.1   Grundlagen

Jedes Sozialunternehmen benötigt angesichts der sich wandelnden sozialstaatlichen Rahmenbedingungen (vgl. Abschnitt 1.5) systematisch und kontinuierlich generierte Informationen, um sich zu orientieren und um seine Handlungsfähigkeit dauerhaft sicherzustellen. Dies erfordert das Beobachten anderer Systeme, das analytische Aufzeigen potenzieller Möglichkeiten und Gefahren, etc. Die betriebswirtschaftliche Managementfunktion, die diese Anforderungen erfüllt, ist die Planung (Steinmann/Schreyögg 2005). Die Literatur bietet eine Reihe an Definitionen zum Begriff der »Planung«, die aber im Kern durchaus vergleichbar sind, zum Beispiel:

- »Planung ist die gedankliche Vorbereitung zielgerichteter Entscheidungen« (Wöhe 2010, 76)
- »Planung ist die gedankliche Vorwegnahme zukünftigen Handelns in einem bestimmten Zeitraum« (Rau 2004, 6)
- Planung ist ein »geistiger Entwurf der zukünftig zu erreichenden Ziele und der hierzu zu ergreifenden Maßnahmen« (Steinmann/Schreyögg 2005, 131)
- »Planung stellt eine Vorwegnahme von Handlungen unter Unsicherheit bei unvollkommener Information dar. Sie beruht auf Prognosen über den zukünftigen Eintritt von Ereignissen und dient der Zielausrichtung aller Aktivitäten einer Organisation« (Wild 1981, zit. n. Staehle 1999, 539).

In den anerkannten Theorien zur Planung finden sich **Systematisierungskonzepte**, die auf sogenannten Bezugsobjekten basieren. Für die Planung prägende **Bezugsobjekte** sind der Bezugszeitraum (z. B. kurz-, mittel- oder langfristig), der Funktionsbereich (z. B. Materialplanung, Personalplanung, Finanzplanung), die Leitungshierarchie (z. B. Unternehmensplanung, Geschäftsbereichsplanung, Projektplanung, Stellenplanung) sowie die Planungshierarchie (z. B. operativ und strategisch) (Bea/Friedl/Schweitzer 2005).

Die **Planungshierarchie** ist ein in der Sozialwirtschaft sehr verbreitetes Klassifikationsmerkmal (vgl. Arnold/Maelicke 2009; Schellberg 2007). Sie bringt zum Ausdruck, dass zwischen den unterschiedlichen Plänen in Unternehmen ein Über- bzw. Unterordnungsverhältnis besteht. In diesem Kontext definieren Bea, Friedl und Schweitzer einen »Plan einem anderen als übergeordnet, wenn er den Handlungsrahmen absteckt, in welchem der untergeordnete Plan formuliert werden muss« (2005, 35). In der Sozialwirtschaft wird auf Basis der Planungshierarchie zumeist zwischen der operativen Planung und der strategischen Planung unterschieden.

Idealtypischerweise legt die **strategische Planung**, auf der Grundlage der Werte und generellen Ziele eines Unternehmens, im Wesentlichen fest, in welchen Geschäftsfeldern (z. B. Jugendsozialarbeit und/oder Hilfen zur Erziehung) ein Unternehmen tätig sein soll, mit welchem Wettbewerbskonzept (z. B. Fokussierung) Erfolg versprechend konkurriert werden kann und was die eigene, langfristige Kompetenzgrundlage sein soll. Anders formuliert geht es bei der strategischen Planung darum, bestehende Erfolgspotenziale zu sichern, neue Potenziale zu erschließen sowie Risikoquellen zu verringern. Während es somit bei der auf oberster Managementebene angesiedelten strategischen Planung um einen grundsätzlichen, grob strukturierten Rahmenplan für die zentralen betrieblichen Entscheidungen geht (Wöhe 2010), zielt demgegenüber die **operative Planung** vor allem darauf ab, ein bestimmtes Orientierungsgerüst bzw. Handlungsprogramm für die täglichen unternehmerischen Aktivitäten festzulegen (Steinmann/Schreyögg 2005). So bestimmt beispielsweise ein operativer Plan, auf Grundlage der strategischen Vorgaben, den erforderlichen Personalbedarf des kommenden Monats oder Jahres, benennt den Materialbedarf und zeigt die entsprechend zu erwartenden Einnahme- sowie Ausgabequellen auf.

Manche Autoren (z. B. Rahn 2008; Knorr/Scheibe-Jaeger 2002) setzen die beiden Planungshierarchieebenen mit dem Systematisierungskonzept des Bezugszeitraums gleich und bezeichnen dabei die operative Planung als kurz-/mittelfristige Planung und die strategische Planung als langfristige Planung. Allerdings erscheinen diese Zuordnungen als wenig tragfähig, da z. B. strategische Pläne auch in kurzfristigen Zeithorizonten wirksam sein können (Steinmann/Schreyögg 2005). Ein Beispiel hierzu ist die Übernahme einer neuen Maßnahme der Familienhilfe durch einen frei-gemeinnützigen Träger, welche diesem kurzfristig durch den zuständigen Kostenträger angeboten wurde. Ein anderes Beispiel einer erforderlichen kurzfristigen Handlung vor strategischem Hintergrund ist die Umsteuerung von Personalressourcen innerhalb des Fachbereichs der Jugendberufshilfe eines komplex strukturierten Trägers, um dadurch den unmittelbar aufgetretenen Belegungseinbruch in einem durch prospektive Leistungsentgelte finanzierten Projekt zu kompensieren.

In zahlreichen Unternehmen obliegt, dem Grundsatz der Hierarchie folgend, die strategische Planung vor allem der oberen Managementebene und der Schwerpunkt der operativen Planung tendenziell eher den unteren Managementebenen (vgl. Abschnitt 2.8.1). Allerdings handelt es sich hierbei um keine immer gültige Zuordnung, da zum Beispiel strategische Neuausrichtungen oftmals durch das Know-how der Mitarbeiter initiiert werden und die operative Planungsebene dem oberen Management nicht selten so bedeutsam erscheint, dass dieses seine Beteiligung daran nicht vollständig aufgibt (ebd.). Da sich die spezifischen Denkweisen und Techniken der operativen und strategischen Planung aber deutlich unterscheiden, erscheint es sinnvoll, die beiden Formen separat zu behandeln. Der Schwerpunkt dieses Kapitels liegt auf der strategischen Planung. Diese hat, vor allem im Zuge der Veränderungen der sozialstaatlichen Rahmenbedingungen, einen enormen Bedeutungszuwachs in Sozialunternehmen und bei den zuständigen Kostenträgern erfahren. Trotzdem ist die strategische Planung bislang erst in Ansätzen in der Theorie und Praxis der Sozialwirtschaft entwickelt.

Ausgangspunkt der nachfolgenden Ausführungen zur strategischen Planung sind die grundlegenden Werte und Ziele eines Sozialunternehmens, die dem Management als Basis und Orientierung für alle aktuellen und zukünftigen Entscheidungen dienen sollten. In den sich anschließenden Schritten werden die Kernelemente der strategischen Planung, d.h. die Analyse der Umwelt sowie die Analyse der internen Stärken und Schwächen des eigenen Unternehmens, systematisch durchleuchtet. Darauf folgend werden mit den strategischen Optionen, der strategischen Wahl und der Vorbereitung der Strategieimplementation weitere Planungselemente aufgezeigt. Fortlaufend soll zudem der Bezug zwischen strategischer Planung und strategischer Kontrolle verdeutlicht werden.

3.2 Werte und generelle Ziele

Die strategische Planung fördert und systematisiert das Nachdenken über die zentralen strategischen Fragen in einem Unternehmen sowie deren konkrete Umsetzung. Die Ausgangsbasis hierfür sind in der Regel Visionen, Missionen, Philosophien, Satzungen, Leitbilder oder generelle Ziele (z.B. kostendeckendes, soziales und ökologisch verantwortungsbewusstes Handeln). Solche **Werte und generellen Ziele** geben vor allem Auskunft darüber, warum, zu welchem Zweck und für wen ein Unternehmen gegründet wurde und wie es organisiert und geleitet wird (Arnold/Maelicke 2009; Schneider/Minning/Freiburghaus 2007). Idealtypisch sollten sich hierin sowohl die Werte der ursprünglichen Gründer, die des aktuellen Managements als auch die Ansprüche der Stakeholder (z.B. Mitglieder, Mitarbeiter, Kunden, Investoren, öffentliche Kostenträger, Kommunen, Lieferanten) widerspiegeln. Bei der auf Grundlage von Werten und generellen Zielen durchzuführenden Analyse der Umwelt sowie den betriebsinternen Ressourcen üben diese »eine Filter-, Bewertungs- und Auswahlfunktion aus« (Staehle 1999, 615). Dadurch wird die Umwelt- bzw. Unternehmensanalyse in gewisser Weise vorgelenkt bzw. Informationen werden auf Basis vorhandener Werte und genereller Ziele wahrgenommen und aufbereitet. Fehlt es einem Unternehmen an einer grundlegenden Orientierung, unter anderem in Bezug darauf, »wo man hin will« und »was erreicht werden soll«, so mangelt es zumeist auch an einer Grundlage für die strategische Planung, was wiederum leicht zu einem eher improvisierten Handeln führen kann (ebd.).

Neben Werten und generellen Zielen wird darüber hinaus ein die **Planung förderndes Klima** als zentrale Grundvoraussetzung für den erfolgreichen strategischen Planungsprozess gesehen (vgl. Krystek/Zumbrock 2000; Kreilkamp 1987). Dabei handelt es sich um die Summe aller Wahrnehmungen, Einstellungen, Motive, etc. in Bezug auf den Planungsprozess durch die daran Beteiligten (Staehle 1999).

Raimo Nurmi konstatiert hierzu: »Ohne ein angemessenes Planungsklima produzieren selbst die ausgefeiltesten Planungsmethoden nur Berge von Papier, die
keinerlei Einfluss darauf haben, wie die Verhältnisse sein werden oder sein sollten«
(zit. nach Staehle 1999, 616). Der Generierung einer planungsfreundlichen
Atmosphäre, unter Verantwortung des zuständigen Managements, kommt diesem
Ansatz folgend eine ähnlich hohe Bedeutung zu, wie den in den nachfolgenden
Abschnitten aufgezeigten formalen Schritten zur Implementierung des Planungs-
systems. Ein weiterer Aspekt der strategischen Planung ist, dass diese in der
betrieblichen Praxis nur selten entlang einer linearen Struktur verläuft. Strategische
Entscheidungsprozesse sind in andere betriebliche Prozesse eingebettet und werden
von diesen überlagert, gefördert sowie behindert (Steinmann/Schreyögg 2005).

3.3 Umweltanalyse

Die Aufgabe der Umweltanalyse besteht darin, das externe Umfeld der Unternehmung insofern zu erkunden, ob sich Anzeichen für eine Bedrohung des gegenwärtigen Geschäftes und/oder neue Chancen und Möglichkeiten erkennen lassen.
Zur Systematisierung dieses zumeist sehr komplexen Prozesses kann zwischen zwei
Analyseebenen unterschieden werden, der globalen Umwelt und der Wettbewerbsumwelt.

Bei der Analyse der **allgemeinen (globalen) Umwelt** sollen jene Entwicklungen
aufgezeigt werden, die möglicherweise und in der Zukunft zu Unregelmäßigkeiten
bzw. Überraschungen im eigenen Geschäftsfeld führen können. Die globale Umwelt
umfasst allgemeine gesellschaftliche Trends, politische Strömungen, makroöko-
nomische Entwicklungen und weitere Faktoren. Bei der Analyse der engeren
Wettbewerbsumwelt werden die spezifischen Bedingungen in den Geschäftsfeldern
durchleuchtet, in denen ein Unternehmen tätig ist bzw. potenziell tätig sein kann
(Steinmann/Schreyögg 2005). Diese beiden Analyseebenen werden in den folgenden Abschnitten aufgegriffen.

3.3.1 Allgemeine Umwelt

Aufgrund des hohen Komplexitätsgrades der globalen Umwelt und ihrer zunehmend dynamischen Entwicklungen erscheint es sowohl unter systematischen
Gesichtspunkten als auch aus Zeit- und Kostengründen unumgänglich, den Rahmen für den Analyseprozess bereits im Vorfeld grob zu systematisieren. Dabei hat es
sich bewährt, die globale Umwelt in fünf Kernbereiche einzuteilen. Abbildung 3.1
gibt hierzu, unter Einbezug der weiteren strategischen Analyseebenen (Wettbewerbsumwelt und Unternehmung), einen Gesamtüberblick. Da sich die fünf
zentralen Faktoren der globalen Umwelt sowie die Sektoren der Wettbewerbsumwelt (Geschäftsfeldfaktoren) und der Unternehmung gegenseitig beeinflussen,

stellen die in die Abbildung eingefügten Trennlinien keine real zu fassenden Grenzen dar, sondern verfolgen vielmehr den Zweck einer analytischen Systematisierung.

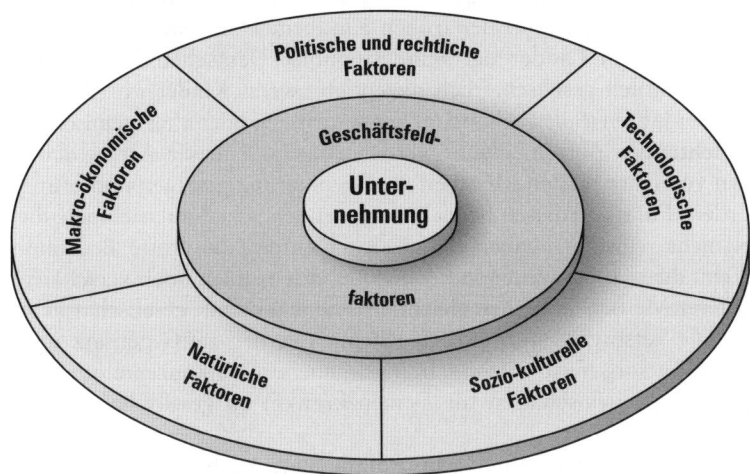

Abb. 3.1: Strategische Analyseebenen
Quelle: Eigene Darstellung nach Steinmann/Schreyögg 2005, 178; Staehle 1999, 625

Von grundlegender Bedeutung für strategische Entscheidungen ist die **makro-ökonomische Umwelt**. Entsprechende Einflussfaktoren auf die Sozialwirtschaft sind hier z. B. der Zustand der öffentlichen Haushalte, die Entwicklung des Bruttoinlandprodukts, die Inflationsrate, das Zinsniveau, die Arbeitslosenquote, die Verfügbarkeit und Qualität der Energieversorgung und Konjunkturprognosen. Eine allgemeine Rezession beeinflusst die überwiegend aus öffentlichen Mitteln finanzierten sozialen Einrichtungen und Dienste ebenso wie die Europäische Finanzkrise.

Die **technologische Umwelt** kann durchaus auch für Sozialunternehmen eine Quelle bedeutsamer Chancen und Risiken darstellen, wenngleich die soziale Branche zunächst durch keinen engeren Technologiebezug geprägt ist. Jedoch erfahren die Entwicklungen der Informations- und Kommunikationstechnologien sowie technischer Hilfsmittel (etwa Notrufsystem) auch hier zunehmende Bedeutung. Für jene Einrichtungen der Sozialen Arbeit, die in die Produktion von Gütern involviert sind (z. B. Behindertenwerkstätten und Qualifizierungsprojekte), kommt der Berücksichtigung von Entwicklungen bei Technologien, Materialien und damit in Verbindung stehenden Produkten ein besonderer Stellenwert zu.

Sozialunternehmen sind mit der **natürlichen Umwelt** insbesondere durch die in ihren Einrichtungen und Diensten benötigte Energie und den damit gekoppelten Entwicklungen verbunden. Weitere Verknüpfungen ergeben sich zum Beispiel durch Einschränkungen, Trends, etc. beim Umgang mit Abfallprodukten des Dienstleistungsprozesses sowie hinsichtlich der Erwartungen von Stakeholdern an eine ökologisch ausgerichtete Unternehmenspolitik.

In vielerlei Hinsicht ist die Soziale Arbeit von den Entwicklungen der teilweise schwierig erfass- bzw. quantifizierbaren **sozio-kulturellen Umwelt** beeinflusst. Von zentraler Bedeutung sind u. a. gesamtdemografische Trends, soziale Veränderungen, das Anspruchs- und Bildungsniveau sowie gesellschaftliche Werte. Ein Beispiel für einen Wertewandel mit zugleich demografischen Implikationen ist die Bildung, Betreuung und Erziehung in der frühen Kindheit. Dabei war es in den meisten Regionen der alten Länder der Bundesrepublik Deutschland über Jahrzehnte allenfalls punktuell gesellschaftlich akzeptiert, wenn Kinder im Alter zwischen null und drei Jahren (falls vorhanden) Kindergrippen oder altersgemischte Kindertageseinrichtungen nutzen. Heute werden Angebote dieser Art in den meisten Regionen von einer breiten Mehrheit der Bevölkerung getragen und oftmals auch eingefordert. Für die in diesen Bereichen agierenden Sozialunternehmen, die diesen Wandel nicht registriert haben, kann sich hieraus eine ernste Bedrohungslage entwickeln, die sich bei weiter sinkenden Geburtenzahlen noch verschärft. In der Pflege älterer Menschen werden gleichfalls sich wandelnde gesellschaftliche Werte deutlich. Die Versorgungsform in Pflegeheimen verliert im Gegensatz zu anderen Wohn- und Versorgungsformen (z. B. Mehrgenerationenkonzepte oder ambulant betreute Wohngemeinschaften für Demenzkranke) an gesellschaftlicher Akzeptanz.

Für die in den Sozialstaat und seine Politik eingebettete Sozialwirtschaft nimmt die **politisch-rechtliche Umwelt** einen zentralen Stellenwert ein. Beispiele für politisch-rechtliche Entscheidungen in der Sozialgesetzgebung, die in den letzten Jahren von hoher strategischer Bedeutung waren, sind die Einführung der Pflegeversicherung (SGB XI) als fünfte Säule der Sozialversicherung, die sogenannte Agenda 2010, das Kinderbetreuungsfinanzierungsgesetz sowie die Implementierung der Neuen Steuerungsmodelle (NSM) für die deutsche Kommunalverwaltung. Weitere Aspekte für relevante politisch-rechtliche Faktoren sind die politische Stabilität sowie das Wettbewerbsrecht. Dabei sollte sich eine politisch-rechtliche Analyse nicht ausschließlich auf die nationale Ebene begrenzen, da in jüngster Zeit auch internationale Tendenzen, wie die EU-Sozialpolitik und internationale Trends zur verstärkten Deregulierung und Globalisierung der (Sozial-)Märkte, von zunehmender Bedeutung geworden sind.

Trotz der systematisierten Betrachtung der globalen Umwelt in den fünf aufgezeigten Hauptsektoren findet sich im Ergebnis vermutlich eine Fülle von Informationen, die in unterschiedliche Richtungen weisen können. Dies beinhaltet das Risiko, dass die Analyseergebnisse unübersichtlich erscheinen und ohne Konsequenzen bleiben. Um dieser Gefahr entgegenzuwirken bzw. die Erkenntnisse der Umweltanalyse so zu bündeln, dass strategische Konsequenzen deutlich werden können, wird häufig ein vierstufiges Verfahren der **Informationsverdichtung** eingesetzt (Steinmann/Schreyögg 2005):

1. Ermittlung der Schlüsselgrößen in den fünf Sektoren der Umweltanalyse sowie Prognose ihrer Entwicklung
2. Analyse von Querverbindungen zwischen den Schlüsselgrößen
3. Analyse der Auswirkungen, Entwurf und Bewertung alternativer Szenarien (Szenariotechnik)
4. Entwicklung der Prämissen für den weiteren Verlauf der strategischen Planung.

Zunächst werden in einer **Bestandsaufnahme** die wesentlichen Entwicklungen in den fünf Sektoren der globalen Umwelt herausgefiltert und darauf basierend die diesbezüglichen Weiterentwicklungen bzw. Trends für die zukünftigen Jahre identifiziert. Im nächsten Schritt kann dann geprüft werden, inwiefern **Querverbindungen** zwischen den identifizierten Schlüsselgrößen vorliegen, da ein prognostiziertes Ereignis in einem Faktor der Umwelt die Entwicklungsrichtung in einem anderen Sektor stark beeinflussen kann. Solche Analysen basieren beispielsweise auf der Grundlage von plausiblen Vermutungen oder unter Einbezug eines Instruments, welches als **Cross-Impact-Analyse** geläufig ist. Alternativ streben neuere Ansätze eine Darstellung der vielfältigen Interdependenzen in **Netzwerken** und **Feedback-Diagrammen** an (vgl. hierzu Staehle 1999, 637 ff.). Im dritten Schritt geht es darum, die gesammelten Informationen noch stärker zu verdichten und daraus Szenarien abzuleiten. Hierzu eignet sich vor allem eine als **Szenariotechnik** bekannte Methode, die in Teilen der sozialwirtschaftlichen Literatur als strategisches Controllinginstrument eingeordnet wird (vgl. Pracht/Bachert 2005). Die Szenariotechnik versucht durch eine starke Komplexitätsreduktion, Weiterentwicklung und Bündelung der zahlreichen Informationen der Umweltanalyse, eine gesamtperspektivische Zusammenfassung der zentralen Entwicklungslinien und Querverbindungen zu ermöglichen sowie daraus Szenarien für das Untersuchungsfeld abzuleiten. Diese Technik wird vereinfacht in Abbildung 3.2 am Beispiel des zukünftigen stationären Pflegebedarfs illustriert.

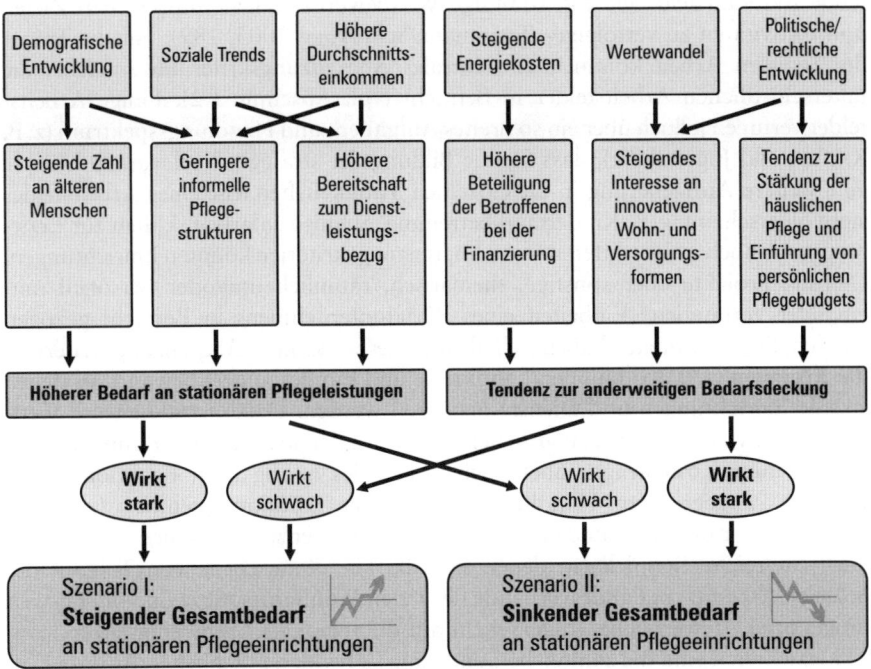

Abb. 3.2: Szenarienmodell für den zukünftigen stationären Pflegebedarf
Quelle: Eigene Darstellung nach Schellberg 2007, 114

Das hier entwickelte Szenario sollte in der Praxis durch weitere qualitative sowie quantitative Daten verifiziert und erweitert werden. Das Verfahren der Informationsverdichtung endet, indem in einem vierten Schritt **Prämissen** (Konsequenzen) aus den Szenarien abgeleitet werden, die für den weiteren Planungsprozess im Untersuchungsfeld einen Orientierungsrahmen darstellen.

Während die in diesem Abschnitt aufgezeigten allgemeinen Umweltfaktoren für viele Tätigkeitsbereiche (Geschäftsfelder) der Sozialen Arbeit eine vergleichbare Bedeutung haben und üblicherweise geschäftsfeldübergreifend beobachtet und analysiert werden können (z. B. durch die Bundes- oder Landesebene der Verbände der freien Wohlfahrtspflege), stellt sich die nachfolgend beschriebene Wettbewerbsumwelt für jedes Unternehmen, jedes Geschäftsfeld in jeder Region zumeist sehr unterschiedlich dar.

3.3.2 Wettbewerbsumwelt: Geschäftsfeldanalyse

Von ganz zentraler Bedeutung für die strategische Planung in Sozialunternehmen ist die systematische Erfassung der engeren Wettbewerbsumwelt (Geschäftsfeldanalyse). Die erste Herausforderung dabei ist die Abgrenzung des jeweils relevanten Untersuchungsfeldes. Hierbei steht die strategische Selbständigkeit im Vordergrund, »also die Möglichkeit und gegebenenfalls Notwendigkeit, für das betreffende Aktivitätsfeld eine eigenständige Wettbewerbsstrategie mit eigenen Zielen und Aktivitäten zu verfolgen« (Steinmann/Schreyögg 2005, 189). Für die Träger der Sozialen Arbeit kommen als zentrales **Abgrenzungskriterium** zunächst die unterschiedlichen Arbeitsfelder in Betracht (vgl. Abschnitt 1.2). Einige Arbeitsfelder verfügen jedoch über ein so breites Aufgaben- und Handlungsspektrum (z. B. Kinder- und Jugendhilfe), dass für die Bildung der strategisch relevanten Märkte eine weitere Auffächerung in die einzelnen **Tätigkeitsbereiche** eines Arbeitsfeldes sinnvoll erscheint (z. B. Kindertagesbetreuung, Schulsozialarbeit, Hilfen zur Erziehung). Als noch weiter differenzierte Abgrenzungskriterien könnten Einrichtungen, Dienste, Projekte oder sonstige, thematisch, räumlich und/oder personell miteinander verbundene Einheiten eines Sozialunternehmens in Betracht gezogen werden. Darüber hinaus haben sich als weiteres wirksames Abgrenzungskriterium die **Regionen** (z. B. Kommunen/Landkreise und Bundesländer) bewährt, in denen soziale Einrichtungen und Dienste betrieben werden. Dabei ist die engere Wettbewerbsumwelt in der Sozialen Arbeit, aufgrund der strukturellen Rahmenbedingungen ihrer Kostenträger, aber auch wegen des häufig nach Funktionen und Regionen abgegrenzten Handlungsrahmens der Sozialunternehmen (vgl. Abschnitt 1.3), räumlich ohnehin zumeist stark begrenzt. Allerdings finden sich auch zahlreiche Beispiele, in denen sich die Handlungsebene von Trägern der Sozialen Arbeit (z. B. Landesverbände der freien Wohlfahrtspflege und bundesweit tätige, privat-gewerbliche Träger) nicht auf die regionale Ebene eingrenzen lässt.

Letztendlich sind die zahlreichen und zum Teil widersprüchlichen Anforderungen an die Bildung **strategischer Geschäftsfelder** oftmals nur schwer einlösbar. Eine möglichst feine Abgrenzung des Untersuchungsfeldes ist vermutlich förderlich für eine optimale Strategieausrichtung auf die unterschiedlichen Gegebenheiten des Wettbewerbs. Gleichzeitig kann eine zu differenzierte Abgrenzung, vor allem bei komplex strukturierten Trägern, zur Bildung von sehr zahlreichen Geschäftfeldern führen, mit den entsprechenden Konsequenzen, z. B. hohen administrativen Aufwendungen und Verlust der gesamtunternehmerischen Perspektive. So bleibt die zweckmäßige Abgrenzung der Geschäftsfelder für das einzelne Unternehmen bzw. Management eine schwierige Herausforderung, deren Bewältigung oftmals erst nach mehreren Versuchen gelingt (ebd.).

Analog zum Prozess der globalen Umweltanalyse besteht bei der Geschäftsfeldanalyse eine weitere Aufgabe darin, die für die Entwicklung eines Geschäftsfeldes jeweils relevanten Einflusskräfte zu identifizieren. Ein für die Praxis von Wirtschaftsunternehmen bewährtes Analyseverfahren der engeren Wettbewerbsumwelt ist das durch Porter entwickelte Modell der **fünf Wettbewerbskräfte**. Die fünf Kräfte sind vorhandene Wettbewerber, potenzielle neue Konkurrenten, Ersatzprodukte, Lieferanten und Abnehmer (Porter 2010). Abbildung 3.3 veranschaulicht dieses Modell in einer auf die Sozialwirtschaft angepassten Form.

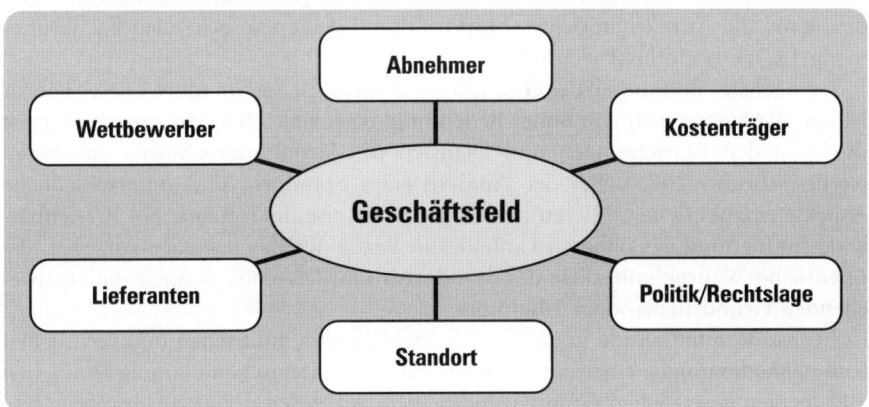

Abb. 3.3: Modell zur Geschäftsfeldanalyse in Sozialunternehmen
Quelle: Eigene Darstellung nach Porter 2010, 29

Die Attraktivität eines Geschäftsfeldes in der Sozialwirtschaft wird in vielerlei Hinsicht durch die **Abnehmer** (Kunden) bestimmt. Wesentliche Faktoren sind die zahlenmäßige Größe der potenziellen Abnehmergruppe, deren soziale und kulturelle Zusammensetzung sowie deren Kaufkraft. Weiterhin spielen der Informations- und Bildungsstand der Abnehmer, die Erwartungen an eine soziale Leistung sowie die Identität mit einem Anbieter eine tragende Rolle.

Die nächste zentrale Einflussgröße auf ein Geschäftsfeld sind die **Wettbewerber**. Hierbei geht es nicht nur um die Ermittlung der Zahl der Wettbewerber bzw. deren quantitativer Angebotsmenge, sondern auch um deren Verhaltensweisen, Einfluss, Kapazitätsauslastung, Qualität, etc. Weiterhin ist die Gefahr zu analysieren, ob neue Anbieter in das Geschäftsfeld drängen. Letzteres dürfte ganz wesentlich vom Ausmaß der Eintrittsbarrieren (z. B. gesetzliche Rahmenbedingungen, erforderliches Know-how, Kapitalbedarf) abhängen. Schließlich sind beim Wettbewerbsfaktor auch mögliche Substitutionsangebote zu analysieren. Dabei handelt es sich um Dienstleistungen/Produkte anderer Märkte (Wettbewerber), welche die Gefahr implizieren, dass der Abnehmer solche Angebote jenen des zu analysierenden Geschäftsfeldes vorziehen könnte.

Ein weiterer Bestandteil der Geschäftsfeldanalyse sollte die Ermittlung der Position von **Lieferanten** sein. Die Macht der Lieferanten hängt zum einen von der Marktstruktur der Lieferantenbranche und zum anderen von der Bedeutung des Lieferanteils ab. Lieferanten, die über eine gewisse Macht verfügen, weil es beispielsweise in einer Region an alternativen Angeboten mangelt, können durch verminderten Service (z. B. in den Bereichen der Verköstigung und beim Reinigungsdienst) oder überhöhte Preise den Wettbewerb deutlich beeinträchtigen. Zu den Lieferanten eines Trägers der Sozialwirtschaft gehören auch jene Unternehmen, die soziale Dienstleistungen anbieten, welche in enger Verbindung zum eigenen Angebot stehen bzw. das eigene Angebot sinnvoll ergänzen (z. B. Logopäden oder Ergotherapeuten in der Altenhilfe). Der zentrale Lieferant für die meisten sozialen Einrichtungen und Dienste ist allerdings der **Arbeitsmarkt**. Gerade in jenen sozialen Bereichen, in denen pflegerische und erzieherische Qualifikationen benötigt werden, kann die Attraktivität eines Marktes durch den entsprechenden Fachkräftemangel stark beeinflusst werden.

Ein nächster Bestandteil der Geschäftsfeldanalyse ist der **Standort**. Dieser Faktor ist vor allem deswegen von hoher Bedeutung, da soziale Dienstleistungen zumeist direkt in den Einrichtungen und Diensten des Sozialunternehmens angeboten werden (Bruhn 2005). Bei der Analyse eines Standorts sind unterschiedliche Aspekte einzubeziehen. Hierzu zählen beispielsweise die (öffentliche) Erreichbarkeit, die Eignung des näheren Umfeldes in Bezug auf das jeweilige Angebot, die öffentliche Wahrnehmbarkeit des Standortes und letztendlich auch die entsprechenden Grundstücks- oder Mietpreise.

Ebenso kommt gerade in der Sozialwirtschaft den **politischen** und **rechtlichen Rahmenbedingungen** eine zentrale Rolle bei der strategischen Planung zu. Neben allgemeinen gesetzlichen Grundlagen, die bereits bei der globalen Umweltanalyse angesprochen wurden, gibt es zumeist direkt auf das abgegrenzte Untersuchungsfeld bezogene Einflussfaktoren. Beispielsweise nehmen die gesetzlichen Rahmenbedingungen zur Kinderbetreuung, welche unter und teilweise sogar innerhalb der einzelnen Bundesländer differieren (u. a. in Bezug auf Personalschlüssel und Angebotsformen), einen erheblichen Einfluss auf die Attraktivität dieses Geschäftsfeldes. Hinzu kommt, dass die Soziale Arbeit häufig auf die Unterstützung der politischen Akteure angewiesen ist und es beispielsweise in einzelnen Regionen Sozialunternehmen gibt, die traditionell über unzureichende Kontakte zu den politischen Akteuren verfügen. Ein Faktor, der sich möglicherweise problematisch auswirken könnte, u. a. im Hinblick auf die kommunale Finanzierungsbereitschaft im Rahmen sogenannter freiwilliger Leistungen (vgl. Kapitel 6).

Letztendlich sind auch die öffentlichen **Kostenträger** ein Kernbestandteil der strategischen Analyse. Insbesondere in jenen Geschäftsfeldern, in denen die Zuständigkeit für die Finanzierung überwiegend bei einem kommunalen Zuschussgeber liegt, bestehen teilweise erhebliche Unterschiede zwischen den einzelnen

Regionen, beispielsweise in Bezug auf die Finanzierungsformen und -verfahren, Höhe der Finanzierung und daran geknüpfte Bedingungen.

Im Allgemeinen geht es bei der strategischen Analyse von für ein Geschäftsfeld wesentlichen Faktoren nicht ausschließlich um die Erfassung der derzeitigen Situation, sondern auch darum, zu Erkenntnissen hinsichtlich der **zukünftigen Entwicklung** zu kommen. Die Prognosen zur Entwicklung eines Geschäftsfeldes sollten dann auch die entsprechenden Trends aus der globalen Umweltanalyse einbeziehen (Steinmann/Schreyögg 2005).

Zur Gewinnung der für die Geschäftsfeldanalyse relevanten Informationen kann in zahlreichen Arbeitsfeldern auf vorhandenes **qualitatives und quantitatives Datenmaterial** zurückgegriffen werden. Beispielhafte Quellen sind statistische Erhebungen (z. B. durch das Statistische Bundesamt oder die zuständigen Kostenträger) und öffentlich zugängliche Berichte (z. B. Kreispflegepläne sowie regionale/überregionale Familienberichte, Behindertenberichte, etc.). In einigen Tätigkeitsbereichen (z. B. offene Jugendarbeit und Hilfen zur Erziehung) erscheint es zusätzlich angebracht, die potenziellen Abnehmer (Kunden) der sozialen Leistung sowie die Experten direkt zu konsultieren, um deren Bedürfnisse, Inanspruchnahmeverhalten etc. zu erfassen. Trotz vorhandener Daten und anerkannten Erhebungsverfahren darf nicht übersehen werden, dass eine Geschäftsfeldanalyse auch immer mit einem deutlichen Maß an methodischer **Subjektivität** durchgeführt wird. Dies betrifft sowohl die Auswahl der Faktoren innerhalb der zentralen Einflusskräfte auf den Wettbewerb, als auch deren Bewertung. Letzteres trifft verstärkt dann zu, wenn sich Merkmalsausprägungen nicht in quantifizierbaren Größen ausdrücken lassen (Wöhe 2010).

3.4 Unternehmensanalyse

Die globale und geschäftsfeldbezogene Umweltanalyse geben Aufschlüsse über die relevanten externen Kräfte und ihre anzunehmenden Entwicklungen. Der nächste Schritt der strategischen Planung ist die systematische Analyse der internen **Stärken und Schwächen** eines Unternehmens bzw. seiner Geschäftsfelder, um dann in einem weiteren Schritt, durch die Gegenüberstellung von externen Kräften und der internen Ressourcensituation, geeignete Strategien entwickeln zu können (Steinmann/Schreyögg 2005).

Bei der Unternehmensanalyse (auch als Ressourcenanalyse bezeichnet) sollte zunächst das eigene Unternehmen bzw. sollten seine Geschäftsfelder (vgl. 3.3.2) beschrieben werden. In der nächsten Phase müssen dann die für ein Unternehmen wichtigsten **Ressourcen und Leistungspotenziale** identifiziert werden. Die Unternehmensanalyse ist somit, ähnlich wie die Analyse der Umwelt, durch die Setzung von Annahmen geprägt. Es ist auch hier die Aufgabe der strategischen Kontrolle, die Entwicklung der getroffenen Annahmen rechtzeitig zu überwachen (ebd.). In der Literatur finden sich für Wirtschaftsunternehmen eine Reihe von **Kriterien-**

katalogen zu den zentralen strategischen Ressourcen und Leistungspotenzialen eines Unternehmens (Carl u. a. 2005). Ein dabei bewährtes Modell der Stärken-Schwächen-Analyse für einzelne Geschäftsfelder durch Hinterhuber (1984) basiert auf folgenden Kriterien: Produktlinien, Absatzmärkte, Marketingkonzept, Finanzsituation, Forschung und Entwicklung, Produktion, Versorgung mit Rohstoffen und Energie, Standort, Kostensituation, Abstimmung zwischen den Funktionsbereichen, Qualität der Führungskräfte, Qualität der Mitarbeiter sowie Betriebsklima.

Eines der Modelle zur Analyse von unternehmerischen Ressourcen in der Sozialwirtschaft stammt von Kortendieck (2008) und bildet die Stärken und Schwächen eines auf vier Geschäftsfeldern tätigen Trägers der Sozialen Arbeit ab. Die in der nachfolgenden Abbildung 3.4 aufgezeigte **Stärken-Schwächen-Analyse** für ein Sozialunternehmen mit vier Tätigkeitsbereichen ist eine Fortschreibung dieses Modells.

Ressourcen	Jugendberufs-hilfeeinrichtung	Kindertages-einrichtung	Betreutes Wohnen	Suchthilfe-einrichtung
	Bewertung = Noten von 1 [sehr gut] bis 8 [unzureichend]			
Belegungsquoten	4	4	2	3
Kundenzufriedenheit	6	6	1	2
MA-Zufriedenheit	4	6	3	2
Personalstruktur	4	4	2	5
Organisationsstruktur	4	3	3	3
Betriebliche Abläufe	3	7	3	2
Ausstattung	2	7	4	3
Rücklagen	4	8	4	4
Summe	31	45	22	25
Gewogener Durchschnitt (Summe dividiert durch Anzahl Ressourcen)	**3,88**	**5,63**	**2,75**	**3,13**

Abb. 3.4: Stärken-Schwächen-Analyse für mehrere Geschäftsfelder
Quelle: Eigene Darstellung nach Kortendieck 2008, 201

In der exemplarisch aufgezeigten Stärken-Schwächen-Analyse mit vier Geschäftsfeldern erhält das »Betreute Wohnen« die insgesamt besten Werte und die »Kindertageseinrichtung« wird in etlichen Bereichen als kritisch wahrgenommen. Wenngleich die Analyse subjektiv bleibt, da es beispielsweise methodisch fragwürdig erscheint, die wichtigsten Ressourcen und Leistungspotenziale von unterschiedlichen Tätigkeitsbereichen der Sozialen Arbeit durch einheitliche Kriterien zu identifizieren und vielmehr noch, diese miteinander zu vergleichen, können daraus wichtige Indizien für die Stärken und Schwächen der einzelnen Geschäftsfelder aufgedeckt werden (Kortendieck 2008). Hilfreich hierzu erscheint, für die einzelnen Kriterienbereiche bereits im Vorfeld ein **Bewertungsraster** festzulegen, welches dann auch die unterschiedlichen Bedingungen in den einzelnen Geschäftsfeldern eines Sozialunternehmens berücksichtigen kann. Beispielsweise ist denkbar, dass sich der Korridor, welcher beim Kriterium »Belegungsquote« im Betreuten Wohnen zur Bestnote führt, vom entsprechenden Korridor für die Jugendberufshilfeeinrichtung unterscheidet. Solch eine Konstruktion ist zwar im Vorfeld mit einem hohen zeitlichen Aufwand verbunden, erlaubt aber auf längere Sicht bzw. bei wiederholter Anwendung der Stärken-Schwächen-Analyse, die Entwicklungen der einzelnen Ressourcen im zeitlichen Verlauf systematisch zu vergleichen.

Ein über die einzelnen Geschäftsfelder hinausgehender Aspekt der Anwendung von einheitlichen Kriterien ist, dass hierdurch die Stärken-Schwächen-Analyse zu einer umfassenden **Unternehmensanalyse** erweitert werden kann (ebd.). Dies erscheint insofern von Bedeutung, da eine Stärken-Schwächen-Analyse ihren Blick nicht nur auf das bestehende Geschäftsfeld richtet, sondern auch die Möglichkeit bieten soll, herauszufinden, inwiefern die Ressourcen und Fähigkeiten eines Sozialunternehmens sich dafür eignen, in neue Geschäftsfelder einzutreten (Steinmann/Schreyögg 2005).

Inwiefern eine Ressourcenausstattung und gewisse Leistungspotenziale eine Stärke darstellen, hängt letztendlich entscheidend von den entsprechenden **Fähigkeiten der Konkurrenz** ab. Idealtypisch soll ein weiterer Analyseschritt nun darin bestehen, die internen Stärken und Schwächen eines Unternehmens bzw. seiner Geschäftsfelder mit jenen der wichtigsten Wettbewerber (wenngleich diese bereits Bestandteil der Umweltanalyse sind) zu vergleichen. Dies würde im Prinzip bedeuten, dass analog zu den eigenen Ressourcen und Leistungspotenzialen auch jene der bedeutsamsten Konkurrenten analysiert werden müssten. Allerdings erscheint es in der sozialwirtschaftlichen Praxis kaum möglich, vergleichbar tiefgründige Informationen über die direkten Wettbewerber zu erhalten. Folglich ist man hier gezwungen, sehr selektiv vorzugehen, sowohl in Bezug auf die einzubeziehenden Konkurrenten als auch hinsichtlich der zu erhebenden Daten, was gleichzeitig ein weiteres Betätigungsfeld für die Funktion der strategischen Kontrolle beinhaltet (ebd.). In der Sozialwirtschaft finden solche wettbewerbsbezogenen Ressourcenvergleiche mit anderen Einrichtungen und Diensten seit einigen Jahren zunehmend unter der Perspektive des **Benchmarking** statt. In einigen Tätigkeitsbereichen sind sogar die Zuwendungen von öffentlichen Kostenträgern an die Auflage geknüpft, dass sich die sozialen Einrichtungen/Dienste an einem Benchmarking mit anderen, ebenfalls bezuschussten Trägern beteiligen.

In einem weiteren Schritt der Unternehmensanalyse sollte herausgearbeitet werden, wie die vorhandenen Stärken weiter ausgebaut und die bestehenden Schwächen reduziert werden können. Hierbei ist allerdings zu beachten, dass eine negative Bewertung von einzelnen Kriterien einer Stärken-Schwächen-Analyse durchaus unterschiedliche Strategien widerspiegeln könnte und nicht zwangsläufig eine Schwäche darstellt. Eine Schwäche ist vielmehr nur dann von Bedeutung, wenn sie sich unter den gegebenen Wettbewerbsbedingungen nachteilig auf das Unternehmen auswirkt (Carl u.a. 2005). Für einen »Billiganbieter« von sozialen Diensten/Einrichtungen (etwa im Bereich von Qualifizierungsmaßnahmen für Langzeitarbeitslose) könnte beispielsweise klar sein, dass er über keine herausragende Personalstruktur und Mitarbeiterzufriedenheit verfügt. Somit wäre dies keine ausgeprägte Schwäche, sondern Bestandteil der Wettbewerbsstrategie. Die Ressourcenanalyse überschneidet sich folglich stark mit der im nachfolgenden Abschnitt zu thematisierenden Strategieentwicklung (Steinmann/Schreyögg 2005).

3.5 Strategische Optionen

Zur Beurteilung ob und inwiefern eine **strategische Neuorientierung** für ein Unternehmen sinnvoll sein kann, ist es zunächst hilfreich, seine wesentlichen internen Stärken und Schwächen mit den sich aus der Umwelt ergebenden Chancen und Risiken in einer Gesamtbetrachtung zusammenzuführen. Entsprechende strategische Controllinginstrumente, deren Einbezug sich hierzu in der Praxis als hilfreich erwiesen hat und die an anderer Stelle des vorliegenden Lehrbuches erläutert werden (s. Abschnitt 8.3.2), sind die »**SOFT-Analyse**« (Strength/Stärken, Opportunities/Chancen, Failors/Schwächen, Threats/Gefahren) sowie die »**SWOT-Analyse**« (Strength/Stärken, Weakness/Schwächen, Opportunities/Chancen, Threats/Gefahren).

Für eine auf Basis der durchgeführten strategischen Analysen sinnvoll erscheinende Formulierung von strategischen Optionen wird in Teilen der relevanten Literatur die Idee von »**Normstrategien**« vertreten. Hierbei sucht man »nach empirischen Gesetzmäßigkeiten für den strategischen Erfolg, um daraus universelle Erfolgstrategien ableiten zu können« (Steinmann/Schreyögg 2005, 220). Ein beispielhaftes strategisches Controllinginstrument zur Ableitung von Normstrategien auf der Ebene des Gesamtunternehmens ist die **Produkt-Markt-Portfolio-Analyse** (s. Abschnitt 8.3.2). Allerdings ist zu konstatieren, dass solche Bestrebungen bzw. Instrumente, die zudem für die speziellen Anforderungen der Sozialwirtschaft bisher als wenig ausgereift gelten, mit kaum zu überwindenden methodischen Herausforderungen behaftet sind und strategisches Handeln in der betrieblichen Praxis nur selten gesetzmäßigen Verläufen folgt. Hinzu kommt, dass strategische Gesetzmäßigkeiten aufgrund des stetigen Wandels, sowohl im Unternehmen als auch in seiner Umwelt, häufig rasch von neuen Strategien abgelöst werden (Steinherr 2000). Dies soll allerdings nicht bedeuten, dass zur Vorstrukturierung strategischer Optionen auf gewisse Normstrategien grundsätzlich verzichtet werden sollte. Normstrategien dürfen aber keinesfalls das »einzelfallbezogene Denken gänzlich verdrängen, denn dieses Denken ist es gewöhnlich, das den Weg für neue, bislang unbekannte Optionen (›entrepreneurship‹) freischlägt« (Steinmann/Schreyögg 2005, 220).

Strategische Optionen lassen sich generell in die beiden Strategieebenen des Gesamtunternehmens und des Geschäftsfeldes unterteilen, wobei sich die in jeweils gesonderten Abschnitten behandelten Ebenen stark überschneiden und gegenseitig durchdringen können.

3.5.1 Strategische Optionen auf der Gesamtunternehmensebene

Auf der **Unternehmensebene** geht es zunächst darum, die zu bearbeitenden Geschäftsfelder eines Betriebs festzulegen (Kortendieck 2008). Eine darüber hinausgehende Entwicklung von Strategien auf der Gesamtunternehmensebene ist beispielsweise dann sinnvoll, wenn ein Betrieb seine Aktivitäten auf weitere Geschäftsfelder ausdehnen möchte. Die Strategie der Ausweitung auf ein neues Geschäftsfeld mit einer für den Träger neuen Dienstleistung wird als **Diversifikation** bezeichnet und kann generell über die folgenden drei Pfade umgesetzt werden (Steinmann/Schreyögg 2005):

- Akquisition
- Eigenaufbau
- Kooperation.

Die **Akquisition** ist die in vielen Branchen (z. B. Industrie, Kreditwirtschaft, Versicherungen) am häufigsten praktizierte Herangehensweise. Akquisition bedeutet, dass ein Unternehmen gekauft (übernommen) wird, welches sich bereits auf dem angestrebten Geschäftsfeld etabliert hat und das spezifische Know-how besitzt (ebd.). Dieser vordergründig zumeist am schnellsten zu realisierende Weg einer Diversifikation wird zwischenzeitlich auch häufig im gesundheitsmedizinischen Sektor beschritten, ist aber bisher in der Sozialen Arbeit noch wenig verbreitet. Allerdings finden hier gewisse Formen der Akquisition zunehmend dahingehend statt, dass bestehende soziale Einrichtungen und Dienste (zumeist unter öffentlicher Trägerschaft oder ursprünglich gegründet durch Selbsthilfe- und Initiativgruppen) Wohlfahrtsverbänden oder privat-gewerblichen Trägern zur (unentgeltlichen) Übernahme angeboten werden.

Der **Eigenaufbau** eines neuen Geschäftsfeldes mit einer für das Unternehmen bisher »fremden« Dienstleistung wird in vielen Branchen eher zögerlich vorgenommen. Die Gründe sind hier mangelndes Know-how, ein erhöhtes unternehmerisches Risiko und viele weitere Aspekte mehr (ebd.). Sozialunternehmen sind häufig mit zusätzlichen Hindernissen konfrontiert, wenn sie beim Eigenaufbau in einem bisher entfernten Geschäftsfeld versuchen, neue Kunden zu gewinnen. Dies liegt unter anderem daran, dass soziale Dienstleistungen einen hohen Vertrauensgutcharakter besitzen (s. Abschnitt 9.3.5), der häufig nur über Jahre hinweg aufgebaut werden kann. Weiterhin sind zusätzliche Gebiete in der Sozialwirtschaft zumeist nur dann zu erschließen, wenn dort auch in neue Einrichtungen und Dienste investiert wird. Der Eigenaufbau bindet somit erhebliche zeitliche und finanzielle Ressourcen (Steinherr 2000). In jenen Fällen, wo der Weg des Eigenaufbaus allerdings konsequent gegangen wird, bestehen oftmals gute Aussichten auf dauerhaften Erfolg.

Eine **Kooperation** ist der dritte Weg einer Diversifikation und bedeutet in diesem Zusammenhang, dass die Leistungspotenziale von zwei oder mehreren wirtschaftlich selbständig bleibenden Unternehmen zusammengeführt werden, um gemeinsam einen neuen Markt zu erschließen (Balderjahn/Specht 2007). Ein Kooperationsweg in der Sozialen Arbeit in diesem Sinne liegt beispielsweise dann vor, wenn zwei frei-gemeinnützige Träger ihre Kompetenzen und Ressourcen bündeln und gemeinsam im für beide Unternehmen neuen Markt der Kulturarbeit und kulturellen Bildung tätig werden.

Alle drei hier mit Fokus auf die Unternehmensebene aufgezeigten Strategien der Diversifikation sind in der Sozialwirtschaft auch als strategische Optionen auf der

Geschäftsfeldebene in Betracht zu ziehen. Insbesondere **Kooperationen** sind hier in jüngster Zeit stark in den Vordergrund gerückt. Die damit verbundenen Erwartungen sind vielfältig und reichen von Kostenreduzierungen (z. B. aufgrund gemeinsamer Einkaufs- und Marketingaktivitäten), über Leistungsverbesserungen (z. B. durch sich ergänzende Leistungen), der Unterstützung bei Kapazitätsengpässen (z. B. durch das Vorhalten eines gemeinsamen »Vertretungspools«) bis hin zur Steigerung von Macht und Einfluss (z. B. bei Entgeltverhandlungen). Potenzielle Gefahrenquellen von Kooperationen auf der Geschäftsfeldebene sind beispielsweise, dass diese zu einem gewissen Verlust der eigenen Autonomie führen können und/oder nur ein Partner einen bestimmten Nutzen aus der Kooperation zieht. Hingegen sind besonders positive Verläufe von Kooperationen nicht selten die Basis für spätere **Fusionen**, also den rechtlichen Zusammenschluss von mindestens zwei Trägern zu einem gemeinsamen Unternehmen. In der Sozialwirtschaft bedeutet dies aber in den seltensten Fällen, dass sich die in die Fusion involvierten Unternehmen auflösen. Vielmehr wird aus sehr unterschiedlichen Motiven heraus (z. B. haftungsrechtlichen Aspekten) zumeist ein zusätzliches bzw. neues Unternehmen (z. B. Stiftung kirchlicher Sozialstationen) gegründet, welches sich dann im gemeinsamen Besitz der Fusionspartner befindet.

3.5.2 Strategische Optionen auf der Geschäftsfeldebene

Für die Formulierung strategischer Optionen ist es sowohl im Falle der oben primär diskutierten Konstellation der Ausweitung auf ein neues Geschäftsfeld als auch für den Fall der Entwicklung von Alternativen für das bestehende Geschäftsfeld unumgänglich, die strategischen Grundfragen für jedes einzelne Geschäftsfeld eines Unternehmens separat zu durchleuchten (Staehle 1999).

Grundsätzlich sollten strategische Optionen der **Geschäftsfeldebene** auf den Erwerb und die Steigerung von Wettbewerbsvorteilen zielen. Eine besonders hohe Popularität hat **Porters** Ansatz erlangt (Staehle 1999), der zwischen den drei folgenden **Wettbewerbsstrategien** unterscheidet:

- Strategie der Kostenführerschaft
- Differenzierungsstrategie
- Fokussierung/Spezialisierung auf Schwerpunkte (Porter 2010).

Porter (2010) weist zudem darauf hin, dass es für eine den Erfolg versprechende Wettbewerbsstrategie auf das »entweder/oder« ankommt. Ein Ansatz, der hingegen versucht, von allen Optionen einen Teil herauszugreifen und diese für ein Geschäftsfeld zu kombinieren, dürfte als Strategie »zwischen den Stühlen« scheitern oder zumindest nicht zu einem optimalen Ergebnis führen (Carl u. a. 2005).

Die **Kostenführerschaft** zielt darauf ab, durch eine signifikant niedrige Kostenstruktur die eigene Dienstleistung am Markt zum günstigsten Preis anzubieten und dadurch mehr Kunden (Kostenträger) zu gewinnen bzw. den eigenen Marktanteil zu steigern. Durch eine aggressive Preispolitik sollen bei dieser Strategie sowohl bestehende Konkurrenten vom Markt verdrängt als auch potenzielle Neuanbieter vom Eintritt in den Markt abgehalten werden. Die Basis für niedrige Preise sind **niedrige Kosten** und permanente Maßnahmen zu deren Optimierung (Steinherr 2000). Dies kann zum Beispiel bedeuten, dass die betriebliche Ablauf- und Aufbauorganisation so gestaltet wird, dass möglichst wenige Verwaltungsebenen vorhanden sind, es zu ehrgeizigen Budgetvorgaben und deren ständiger Kontrolle kommt, und dass Lieferanten (inkl. Arbeitskräfte) einem starken Preisdruck ausgesetzt werden. Wirtschaftsunternehmen, in denen der Wettbewerb vorrangig über die Kostenführerschaft ausgetragen wird, finden sich beispielsweise unter den Automobilzulieferern und Rohstoffbetrieben. Ein prägendes Beispiel aus dem Lebensmittelhandel ist Aldi, wo unter anderem durch eine geringe Personaldichte, große Einkaufsmargen, ein im Umfang beschränktes Sortiment sowie die erfolgs-orientierte Vergütung der Filialleiter eine strikte Kostenorientierungsstrategie verfolgt wird (Carl u. a. 2005).

Inwiefern die Kostenführerschaft für die Branche der Sozialwirtschaft eine generell geeignete Wettbewerbsstrategie darstellt, ist jedoch zu hinterfragen. Da die Personalkosten im Durchschnitt rund 80 Prozent der Gesamtkosten in der Sozialen Arbeit abbilden (Kreft/Mielenz 2005), sind vergleichsweise niedrige Kosten im Personalbereich die plausibel erscheinende Grundlage für niedrige Preise von sozialen Einrichtungen und Diensten. Allein aufgrund der Tarifbindung zahlreicher Träger (z. B. Wohlfahrtsverbänden) sowie der in vielen Arbeitsfeldern vorgegebenen Personal- und Qualifikationsschlüssel erscheint eine Strategie der Kostenführerschaft somit nur für bestimmte Sozialunternehmen eine mögliche und/ oder geeignete Option zu sein. Hinzu kommt, dass eine aggressive Preispolitik leicht dazu führen kann, dass die Akzeptanz und das Image eines Sozialunter-nehmens bei seinen Stakeholdern sinken. Trotz allem gibt es seit einigen Jahren verstärkt Beispiele, die deutlich machen, dass der Kampf um die Kostenführerschaft zwischenzeitlich zumindest in Teilen der Sozialwirtschaft voll angekommen ist. Gerade bei Maßnahmen, die über ein öffentliches Ausschreibungsverfahren an Träger der Sozialen Arbeit vergeben werden (z. B. durch regionale Einkaufszentren der Agentur für Arbeit), erhält in der Praxis zumeist jenes Angebot eines Trägers den Zuschlag, welches den niedrigsten Preis pro Maßnahmenplatz ausweist. Dass Träger der Sozialen Arbeit, selbst in wettbewerbsintensiven Tätigkeitsbereichen, offensichtlich in der Lage sind, eine Leistung zu einem vergleichsweise extrem niedrigen Preis anzubieten, kann auf einer Reihe von Gründen basieren. Einerseits können hier besonders intelligente und effiziente Organisationsstrukturen, die stringente Anwendung von betriebswirtschaftlichem Know-how, die Marktgröße des Unternehmens sowie weitere, ähnlich gelagerte Gründe ein plausibles Erklä-rungsmuster bieten. Andererseits birgt eine Strategie der Kostenführerschaft immer auch die Gefahr, dass ein besonders niedriges Preisniveau vor allem erzielt wird durch den Einsatz von niedriger qualifizierten/vergüteten Mitarbeitern, dass dadurch die Qualität der sozialen Dienstleistung leidet und der Erfolg einer Kostenführerstrategie somit letztendlich nur von kurzfristiger Dauer ist.

Die **Differenzierung** (Leistungsdifferenzierung) ist die zweite grundsätzliche Möglichkeit einer Wettbewerbsstrategie und zielt darauf ab, einen Vorteil gegen-über den Konkurrenten dadurch zu erhalten, dass die angebotene Dienstleistung einen **Besonderheitscharakter** aufweist bzw. sich von den Angeboten der Konkurrenz abhebt. Das Besondere kann in der hervorgehobenen Form von Service und Qualität, räumlichen und zeitlichen Unterschieden zu den Wettbewerbern, der Entwicklung von Varianten oder in der Schaffung eines besonderen Images liegen (Steinmann/Schreyögg 2005). Besonders geeignet erscheint der Einsatz einer Differenzierungsstrategie dann, wenn die Bedürfnisse der Abnehmer sehr unterschiedlich sind und diese folglich nicht von einer standardisierten Dienstleistung befriedigt werden können. Grundlage für eine Erfolg versprechende Differenzierungsstrategie ist, dass die Bedürfnisse der potenziellen Kunden bekannt sind und diesen mit den angebotenen Leistungen auch möglichst entsprochen wird. Ein prägendes Beispiel für die Differenzierungsstrategie aus der Nahrungsmittelbranche ist der Nestle-Konzern. Als ursprünglicher Produzent von Schokolade entwickelte sich das Unternehmen durch Akquisition, Eigenaufbau, sowie seine differenzierte Produktpolitik bei unterschiedlichen Marken (z. B. Alete, After Eight, Maggi, Nescafé, Smarties, Thomy und Kit Kat) zu einem der weltweit größten Nahrungsmittelkonzerne, der eine Reihe von Segmenten bedient (Carl. u. a. 2005).

Eine Vielzahl an Sozialunternehmen dürfte in ihren Geschäftsfeldern bewusst (ggf. auch unbewusst) eine Differenzierungsstrategie anwenden und so versuchen, die zumeist unterschiedlichen Bedürfnisse ihrer Abnehmer zu befriedigen sowie sich gleichzeitig von den anderen Wettbewerbern abzuheben. Ein weiterer Vorteil dieser Strategie kann für Träger der Sozialen Arbeit, wegen der Einmaligkeit der Differenzierungsmerkmale (z. B. besondere Öffnungszeiten und individuelle Serviceangebote einer Einrichtung), in einer erhöhten Kundenbindung liegen. Da die Kunden für den Nutzenvorteil zudem tendenziell bereit sein dürften, ein höheres Entgelt zu entrichten, kann dies auch zu einer im Vergleich zur Kostenführerstrategie höheren Preisgestaltung führen. Vorteilhaft ist die Differenzierung auch deswegen, da sie aufgrund des Besonderheitscharakters der eigenen sozialen Leistung einen gewissen Schutz vor neuen Wettbewerbern oder Substitutionsangeboten bietet (ebd.).

Die **Fokussierungsstrategie** (Spezialisierung) auf eine Marktnische als Ort des Wettbewerbs erscheint dann sinnvoll, wenn ein Unternehmen aufgrund seiner besonderen Kompetenzen seine Ziele auf einem **Teilmarkt** besser umsetzen kann, als dies bei einer Betätigung auf dem Gesamtmarkt möglich erscheint. Natürlich liegt im Falle der Spezialisierung eine enge Verknüpfung mit der Differenzierungsstrategie vor. Dies wird aber dadurch begrenzt, dass sich die Spezialisierung entweder auf die Geographie (z. B. Nürnberger Bratwürste im Vereinigten Königreich), eine bestimmte Kundengruppe (z. B. Wohlhabende als Abnehmer von Fahrzeugen im Hochpreissegment) oder auf eine außergewöhnliche Dienstleistungslinie (z. B. nur Augenlasercenter statt eines umfangreichen ophthalmologischen Sortiments) bezieht. Die Fokussierung auf Teilmärkte (Nischen) kann dazu führen, dass höhere Erträge erzielt werden, als dies bei der Bedienung des Gesamtmarktes möglich wäre, wobei die »Bedienung« einer Nische oftmals hoch qualifizierte/vergütete Mitarbeiter erfordert. Die Fokussierung auf Teilmärkte kann auch dazu beitragen, dem sonstigen (Preis-)Wettbewerb in einem Geschäftsfeld auszuweichen. Spezialisierungen sind häufig dann Erfolg versprechend, wenn die Anbieter des Kernmarktes nicht ohne weiteres in der Lage sind, die Nische selbst zu bedienen (z. B. können große Fluggesellschaften aufgrund der Ausrichtung ihres kompletten Flugapparats nur schwer den kleinen Regionalluftverkehr in ihr Angebot einbeziehen). Zu beachten ist allerdings, dass nicht jedes kleinere Unternehmen gleichzeitig eine Nischenstrategie verfolgt, sondern viele im Kernmarkt konkurrieren (Carl u. a. 2005; Steinmann/Schreyögg 2005).

Für Sozialunternehmen erscheint die Fokussierungsstrategie eine geeignete Form zu sein, dem zwischenzeitlich hohen Wettbewerbs- und Kostendruck in vielen Tätigkeitsbereichen auszuweichen. Beispielsweise sind (freiwillige) Zuwendungen durch die öffentliche Hand außerhalb der Regelfinanzierung häufig nur dann zu erwarten, wenn ein Träger der Sozialen Arbeit eine Leistung auf einem Teilmarkt anbietet, die es anderweitig in der betreffenden Region noch nicht gibt. Beispiele für eine Nische in der Sozialen Arbeit könnten sein eine innovative Wohn- und Versorgungseinrichtung für Menschen mit einer demenziellen Erkrankung, eine Kindertageseinrichtung mit einem 24 h-Angebot oder eine Hospizeinrichtung für Kinder. Weiterhin erscheinen vor allem jene freiberuflichen Betätigungen im Bereich der Sozialen Arbeit Erfolg versprechend zu sein, die sich auf eine bestimmte Nische spezialisiert haben bzw. auf eine besondere Leistung in einem Teilmarkt abzielen. Hinsichtlich der Beständigkeit ist die Spezialisierung, wie die anderen Strategien ebenso, von Veränderungen bedroht. Aufgrund von Verschiebungen in den Umweltbedingungen (z. B. politisch-gesetzliche Rahmenbedingungen) kann die Nische verschwinden, es können aufgrund der Attraktivität des Teilmarktes neue Anbieter eintreten oder der ausgewählte Teilmarkt erweist sich als zu klein für die Zwecke einer längerfristigen Existenzsicherung (ebd.).

3.6 Strategische Wahl

Der nächste Schritt der strategischen Planung ist die Beurteilung der strategischen Optionen und die Festlegung auf die am geeignetsten erscheinende(n) Strategie(n). Idealtypisch sollte dies auf Grundlage der Werte und der generellen Ziele eines Unternehmens bzw. der daraus entwickelten Kriterien erfolgen. An erster Stelle stehen aber oftmals **wirtschaftliche Kriterien** (Steinmann/Schreyögg 2005). In der Sozialwirtschaft könnte dies im Falle eines privat-gewerblichen Trägers die Gewinnmaximierung oder die Wertsteigerung des Unternehmens sein und bei einem frei-gemeinnützigen Träger die Kostendeckung. Allerdings ist zu berücksichtigen, dass Strategien an dieser Stelle des Planungsprozesses sich selten genau quantifizieren lassen. Folglich handelt es sich bei der Beurteilung strategischer Optionen unter wirtschaftlichen Gesichtspunkten zumeist um eine Grobprüfung durch das zuständige Management. Zudem sind für die strategische Wahl weitere Beurteilungsaspekte in Betracht zu ziehen. Hierzu verweisen Steinmann und Schreyögg vor allem auf die zentrale Bedeutung der folgenden drei Kriterien:

- Machbarkeit
- Akzeptanz
- Ethische Vertretbarkeit (2005, 264).

Das Kriterium der **Machbarkeit** zielt darauf ab, jene strategischen Optionen, deren Umsetzung als unrealistisch erscheint, rechtzeitig zu eliminieren. In Sozialunternehmen sollte dabei vor allem geprüft werden, inwiefern die personellen Voraussetzungen einer Realisierung vorhanden sind, ob die gesetzlichen Rahmenbedingungen die strategische Option zulassen und ob die erforderliche Finanzierung sichergestellt werden kann.

Die Beurteilung einer Strategie hinsichtlich seiner **Akzeptanz** ist von hoher Bedeutung. In der Sozialen Arbeit ist dabei nicht nur an externe Stakeholder (z. B. Kunden, Investoren, öffentliche Kostenträger und Lieferanten) zu denken, sondern ebenso an die Interessen und möglichen Widerstände der internen Gruppen eines Trägers (z. B. Mitglieder und Mitarbeiter). In vielen Fällen implizieren neue Strategien auch die Umverteilung von materiellen und immateriellen Ressourcen. Dies kann dazu führen, dass die hiervon Betroffenen mit Bündnissen, Verhandlungen, etc. versuchen, die generierten Strategien zu unterstützen oder zu unterbinden. Anders formuliert ist die strategische Wahl, wie andere unternehmerische Prozesse auch, stets eine Frage der Durchsetzung von Interessen, des Machtkampfs, der Mobilisierung von Koalitionen und der Besitzstandwahrung. Der Managementfunktion »**Führung**« kommt dabei eine hohe Verantwortung zu. Erfolgreiche strategische Führung bedeutet hier, nicht nur Akzeptanz und ihre Barrieren zu analysieren, sondern auch Überzeugungsarbeit zu leisten, eine Atmosphäre der Akzeptanz und des konstruktiven Miteinanders aufzubauen sowie in der Regel Kompromisse zu schließen. Diese Prozesse verlaufen häufig umso effizienter, je früher die Betroffenen in die strategischen Optionen einbezogen werden.

Das letzte Auswahlkriterium fordert dazu auf, das **Wertesystem** und die in einem Unternehmen vorhandenen ethischen Grundsätze verantwortungsbewusst in den Blick zu nehmen. Strategische Alternativen, die beispielsweise unter ausschließlich wirtschaftlichen Gesichtspunkten attraktiv und realisierbar erscheinen, erreichen in der Sozialwirtschaft häufig dann nicht die Phase der Implementation, wenn sie nicht konform mit den moralischen Grundwerten eines Trägers sind. So kann der Aufbau eines möglicherweise aussichtsreichen Seniorenzentrums für das besonders wohlhabende Klientel wegen der generellen Zielausrichtung eines Sozialunternehmens eine nicht akzeptable strategische Alternative darstellen.

Generell kann der strategische Auswahlprozess als eine **qualitative Abwägung** aller zentralen Beurteilungskriterien, einschließlich der wirtschaftlichen Komponente, bezeichnet werden. Solche Abwägungsprozesse sind trotzdem weit entfernt von Willkür bzw. dem beliebigem Ablehnen oder Annehmen einer Alternative. Der Begründungszusammenhang für die letztendliche Entscheidung kann weder formalisiert noch quantifiziert werden, er sollte aber nachvollziehbar sein und jedem gutwilligen Fachkundigen plausibel dargelegt werden können (ebd.).

3.7 Planung der Strategieimplementation

Für eine erfolgreiche Strategieumsetzung ist zentral, strategische Programme zu entwickeln und die **personellen sowie organisatorischen Bedingungen** (vgl. Kapitel 4 und 5), als wesentliche Erfolgsfaktoren eines Unternehmens, in den Blick zu nehmen. Dabei sind die formalen Aufbaustrukturen, Informationsprozesse, personalpolitischen Voraussetzungen und weitere wichtige Bereiche der Organisationsentwicklung bzw. Personalwirtschaft auf die Erfordernisse der formulierten Strategie(n) auszurichten.

Bei der **strategischen Programmplanung** geht es darum, die Strategie(n) für die jeweiligen betrieblichen Funktionen zu spezifizieren bzw. festzuhalten, welche Maßnahmen in den einzelnen Funktionsbereichen durchzuführen sind. Dabei ist zu beachten, dass strategische Programme keinesfalls bereits alle betrieblichen Maßnahmen zur Umsetzung einer Strategie beinhalten und auch nicht sämtliche davon betroffenen Bereiche in die strategischen Programme einbezogen werden (Steinmann/Schreyögg 2005). Vielmehr sind bewusst nur jene Bereiche involviert, in denen die Umsetzung als besonders kritisch gilt oder die Ressourcen erfordern, welche nicht im operativen »Alltag« zur Verfügung stehen. So kann es beispielsweise bei der strategischen Programmplanung für eine Strategie der Kostenführerschaft darum gehen, die notwendigen Maßnahmen in der Material- und Personalwirtschaft festzulegen. Denkbar ist auch, dass an dieser Stelle des strategischen Planungsprozesses die Rahmenkonzeption für einen neu zu schaffenden sozialen Dienst erstellt wird (Beck 1999).

Die Vorgehensweise, die strategische Programmplanung auf selektive Maßnahmenbereiche zu begrenzen, basiert auf dem allgemeinen Grundverständnis, dass es sich beim strategischen Plan explizit um einen Rahmenplan handelt und nicht um einen umfassenden Steuerungsplan. Strategische Programme setzen in diesem Zusammenhang die Eckpunkte für die operative Planung (Steinmann/Schreyögg 2005).

3.8 Zwischenfazit

Die Managementfunktion der (strategischen) Planung hat in Sozialunternehmen in den letzten Jahren stetig an Bedeutung gewonnen. Abbildung 3.5 ermöglicht einen zusammenfassenden Gesamtüberblick zum im vorliegenden Kapitel dargelegten strategischen Planungsprozess. Die fünf zentralen Bestandteile sind in der Darstellung um den Aspekt der Werte und generellen Ziele, die Realisation (Umsetzung) sowie die strategische Kontrolle ergänzt.

Durch den aus Gründen der besseren Verständlichkeit gewählten linearen Ansatz der strategischen Planung sollten die Elemente und die innere Logik der

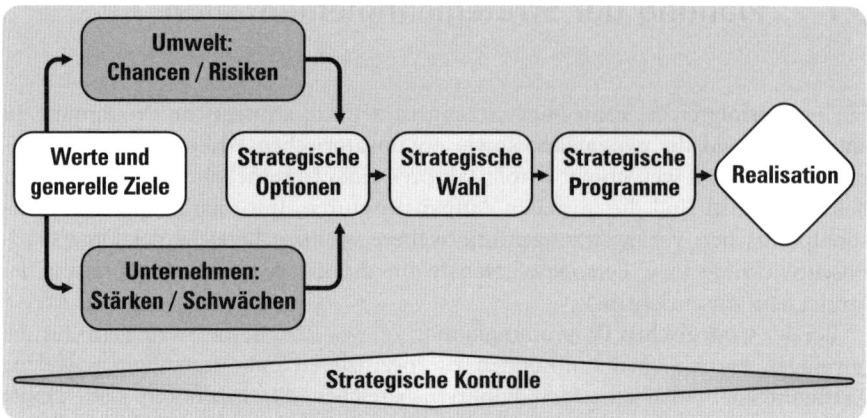

Abb. 3.5: Schematische Darstellung des strategischen Planungsprozesses
Quelle: Eigene Darstellung nach Steinmann/Schreyögg 2005, 172

einzelnen Prozessphasen systematisch aufgezeigt werden. In der sozialwirtschaftlichen Praxis erfolgen die fünf Phasen allerdings zumeist parallel und nicht linear. So wird sich der Planer bei der Aufnahme bzw. Analyse von Informationen aus der Umwelt bereits mit Optionen zur Problemlösung auseinandersetzen. Weiterhin ist zu beachten, dass durch die strategische Planung der Eindruck entstehen kann, dass die vorhandenen Unsicherheiten und Komplexitäten bei betrieblichen Entscheidungen auf ein beherrschbares Maß reduziert werden können. Jedoch wird die strategische Planung, allein wegen der Dynamik der sozialstaatlichen Rahmenbedingungen, immer ein offener Prozess und kein abschließendes Verfahren sein. Folglich sind die Ergebnisse der strategischen Planung zu einem gewissen Grad immer mit Ungewissheiten verbunden.

Die in der obigen Abbildung ebenfalls dargestellte strategische Kontrolle ist in mehrfacher Weise das »kritische Gewissen« des strategischen Planungsprozesses. Die einzelnen Aufgaben bzw. Typen der strategischen Kontrolle (Überwachungs-, Durchführungs- und Prämissenkontrolle, Beck 1999) werden in Abschnitt 8.3.1 des Controllingkapitels näher erläutert. Anliegen der im vorliegenden Kapitel weitgehend unbehandelten **operativen Planung** ist es, ausgehend von den gesetzten strategischen Rahmenbedingungen, die ausgewählte(n) Strategie(n) in ein optimales Handlungsprogramm umzusetzen und damit zur Sicherung der »Gegenwart« eines Unternehmens beizutragen. Die Prozesse der operativen Planung können als Teilbereiche in allen betrieblichen Funktionen (z. B. Personal-, Material- und Investitionsplanung) und differenziert für jedes Geschäftsfeld eines Unternehmens ablaufen. Die Zusammenführung der einzelnen Teilplanungen ergibt dann die Planung für die Gesamtunternehmensebene (ebd.). Die an die operative Planung gekoppelte operative Kontrolle überprüft im Rahmen von Soll/Ist-Vergleichen die Übereinstimmung von Soll- (Plan) mit Ist-Daten und analysiert dabei auftretende Abweichungen. Die betriebswirtschaftliche Controllingfunktion kann die Koordinationsstelle zwischen den Managementfunktionen der strategischen Planung, der operativen Planung und der Kontrolle bilden (Staehle 1999) sowie zugleich die diesbezüglichen Entscheidungsprozesse durch die Bereitstellung von Informationen unterstützen.

Literaturverzeichnis

Arnold, Ulli; Maelicke, Bernd (Hrsg.): Lehrbuch der Sozialwirtschaft. 3. Auflage. Baden-Baden: Nomos Verlagsgesellschaft, 2009.

Balderjahn, Ingo; Specht, Günter: Einführung in die Betriebswirtschaftslehre. 5., überarbeitete Auflage. Stuttgart: Schäffer-Poeschel Verlag, 2007.

Bea, Xaver Franz, Friedl, Birgit; Schweitzer, Marcell: Allgemeine Betriebswirtschaftslehre. Band 2: Führung. 9., überarbeitete Auflage. Stuttgart: Lucius & Lucius Verlag, 2005.

Beck, Gregor: Controlling. 2., unveränderte Auflage. Augsburg: Ziel-Verlag, 1999.

Bruhn, Manfred: Marketing für Nonprofit-Organisationen: Grundlagen – Konzepte – Instrumente. Stuttgart: Kohlhammer Verlag, 2005.

Carl, Notger; Fiedler, Rudolf; Jóraz, William; Kiesel, Manfred: BWL kompakt und verständlich. Für IT-Professionals, praktisch tätige Ingenieure und alle Fach- und Führungskräfte ohne BWL-Studium. 2., überarbeitete und verbesserte Auflage. Wiesbaden: Vieweg Verlag, 2005.

Hinterhuber, Hans Hartmann: Strategische Unternehmensführung. 3. Auflage. Berlin u. New York: de Gruyter Verlag, 1984.

Knorr, Friedhelm; Scheibe-Jaeger, Angela: Sozialökonomie. Volkswirtschaftliche und betriebswirtschaftliche Grundlagen für die soziale Arbeit. Frankfurt am Main: Eigenverlag des Deutschen Vereins für öffentliche und private Fürsorge, 2002.

Kortendieck, Georg: Strategisches Management in der Erwachsenenbildung. In: Kortendieck, Georg; Summen, Frank (Hrsg.): Betriebswirtschaftliche Kompetenz in der Erwachsenenbildung. Bielefeld: W. Bertelsmann Verlag, 2008, S. 167–245.

Kreft, Dieter; Mielenz, Ingrid: Wörterbuch Soziale Arbeit: Aufgaben, Praxisfelder, Begriffe und Methoden der Sozialarbeit und Sozialpädagogik. Weinheim und München: Juventa Verlag, 2005.

Kreilkamp, Edgar: Strategisches Management und Marketing. Berlin und New York: de Gruyter Verlag, 1987.

Krystek, Ulrich; Zumbrock, Stefanie: Planung und Vertrauen. Stuttgart: Schäffer-Poeschel Verlag, 2000.

Porter, Michael E.: Wettbewerbsvorteile – Spitzenleistungen erreichen und behaupten. 7. Auflage. Frankfurt am Main: Campus Verlag, 2010.

Pracht, Arnold; Bachert, Robert: Strategisches Controlling. Controlling und Rechnungswesen in Sozialen Unternehmen. Weinheim und München: Juventa Verlag, 2005.

Rahn, Horst-Joachim: Unternehmensführung. 7., vollkommen überarbeitete Auflage. Ludwigshafen (Rhein): Kiehl Verlag, 2008.

Rau, Thomas: Planung, Statistik und Entscheidung. Betriebswirtschaftliche Instrumente für die Kommunalverwaltung. München: Oldenbourg Verlag, 2004.

Schellberg, Klaus: Betriebswirtschaftslehre für Sozialunternehmen. 2., überarbeitete Auflage. Augsburg: Ziel-Verlag, 2007.

Schneider, Jürg; Minnig, Christoph; Freiburghaus, Markus: Strategische Führung von Nonprofit-Organisationen. Bern: Haupt Verlag, 2007.

Staehle, Wolfgang H.: Management. Eine verhaltenswissenschaftliche Perspektive. 8., überarbeitete Auflage. München: Vahlen Verlag, 1999.

Steinherr, Ludwig: Strategische Optionen. In: Hauser, Albert; Neubarth, Rolf; Obermair, Wolfgang: Sozial-Management. Praxis-Handbuch soziale Dienstleistungen. 2., erweiterte und überarbeitete Auflage. Neuwied: Luchterhand Verlag, 2000, S. 280–294.

Steinmann, Horst; Schreyögg, Georg: Management. Grundlagen der Unternehmensführung. Konzepte – Funktionen – Fallstudien. 6., vollständig überarbeitete Auflage. Wiesbaden: Gabler Verlag, 2005.

Wöhe, Günter; Döring, Ulrich: Einführung in die Allgemeine Betriebswirtschaftslehre. 24. überarbeitete und aktualisierte Auflage. München: Vahlen Verlag, 2010.

4 Organisationsentwicklung

Bettina Müller

4.1 Ausgangslage

Sozialwirtschaftliche Unternehmen werden, wie andere Unternehmen auch, von vielfältigen »inneren« und »äußeren« Entwicklungsimpulsen und Veränderungszwängen tangiert (vgl. Kapitel 1 und 3). Hervorgehoben werden soll an dieser Stelle die Tatsache, dass es mehr und mehr zur »erfolgskritischen Fähigkeit von Organisationen« (Wimmer 2004, 37) – und der in ihnen tätigen Menschen – wird, permanent und schnell auf Veränderungen reagieren zu können. Wissen und Können im Feld der Organisationsentwicklung (OE) gehört also zum notwendigen Handwerkszeug von Sozialunternehmen, was in erster Linie Angelegenheit des Managements ist, in vielen Bereichen aber auch die Arbeit von Fachkräften und Mitarbeitern tangiert.

OE bedeutet Verbesserung, Neujustierung und Innovation, d. h. OE greift Bestehendes auf, bewertet es und gestaltet es gemäß der analysierten Anforderungen neu. Bereits hier wird deutlich, dass OE weit mehr ist als pure (**Anpassungs-**) **Technologie**. Eine wissenschaftlich fundierte Diagnose und Einschätzung von Anforderungen gehören genauso dazu wie der Einbezug von Organisationspsychologischen und -soziologischen Erkenntnissen. OE ist also auch angewandte **Wissenschaft**. In ihrer dritten Dimension schließlich kann OE als **Philosophie** bezeichnet werden (Fatzer 2004; Schein 2000), basiert sie doch auf Grundhaltungen, die der Gruppendynamik und der Systemtheorie zuzuordnen sind und die bereits vor mehr als einem halben Jahrhundert »auf eine stärkere Enthierarchisierung von Organisationen hingearbeitet haben« (Wimmer 2004, 26). Jede der erwähnten Komponenten ist notwendiger Bestandteil der OE, d. h. bekleidet darin eine unverzichtbare Funktion. Abbildung 4.1 weist diese Funktionen im Überblick aus.

Das vorliegende Kapitel will diese drei Wesenselemente von OE aufgreifen und teilt sich dafür in zwei Abschnitte: Der erste gibt einen Überblick über Theorie und Praxis der OE, der zweite widmet sich dem Qualitätsmanagement, das als praktisches Vehikel des Verbesserungsfokus' der OE verstanden werden kann. Im ersten Teil geht es um Grundlagen der Gestaltung und Gestaltbarkeit von Organisationen. Dafür werden zunächst konstituierende Elemente einer Organisation und grundlegende Organisationstheorien aufgezeigt. Es folgt die Darstellung von Definitionen, Zielen und zentralen wissenschaftlichen Ansätzen der OE. Entlang der Phasen eines Organisationsentwicklungsprozesses wird im Weiteren ein Überblick über Methoden und Techniken der praktischen OE gegeben.

Abb. 4.1: »Dreidimensionalität« von Organisationsentwicklung
Quelle: Eigene Darstellung

Schließlich wird auf förderliche und hemmende Faktoren hingewiesen. Der zweite Teil des Kapitels stellt unter der Überschrift Qualitätsmanagement die Besonderheit des Begriffs Qualität sowie die Bedeutung von Qualitätsmanagement in der Sozialwirtschaft heraus, erläutert Möglichkeiten, Qualität »handhabbar« zu machen, und zeigt vergleichend auf, worauf ausgewählte Qualitätsmanagementsysteme abzielen, welchen Prinzipien sie folgen und mit welchen Verfahren sie verbunden sind. Ein Zwischenfazit schließt das Kapitel mit einer Zusammenfassung und einigen kritischen, ausblickenden Hinweisen ab.

4.2 Theoretische Grundlagen zur Gestaltung und Gestaltbarkeit von Organisationen

4.2.1 Der Organisationsbegriff

Der Begriff »Organisation« kann in Abhängigkeit vom begleitenden Hilfsverb verschiedene Bedeutungen transportieren: Etwas **ist** eine Organisation, etwas **hat** eine Organisation. Erstgenannte Verwendung kennzeichnet den institutionellen Organisationsbegriff, zweitgenannte den instrumentellen. Der **institutionelle** Organisationsbegriff betrachtet die Organisation als System, als Ganzheit: Damit eine Organisation als solche bezeichnet werden kann, müssen einige Voraussetzungen erfüllt sein. Zentrale Merkmale sind:

- Zielgerichtetheit: ein Organisationszweck bzw. -interesse muss vorhanden sein
- Regelgeleitetheit: eine gewisse Arbeitsteilung und/oder Zuständigkeitsordnung muss gegeben sein
- Identifizierbarkeit eines »Innens« und »Außens« muss vorliegen (Schreyögg 2008).

Der **instrumentelle** Organisationsbegriff beinhaltet die Sicht auf Bestandteile einer Organisation in ihrer Funktionalität. Er beschreibt das Insgesamt »des zur Struktur geronnenen Gestaltungssystems« (ebd., 5) einer Einrichtung. Was unter einem Gestaltungssystem zu verstehen ist, soll unter Abschnitt 4.2.2 erläutert werden.

Beide Bedeutungskontexte sind für die Veränderung in Organisationen relevant: So sind es zum einen die gewünschten Ergebnisse, die Ziele (Institutioneller Organisationsbegriff), die u. U. auf den Prüfstand gestellt werden müssen. Zum anderen sind eventuell die Regeln und Zusammenhänge des Organisierens (instrumenteller Institutionsbegriff) als Ursache organisatorischer Wandlungsnotwendigkeiten festzumachen. Gleichzeitig stellen genau diese die Ausgangssituation und strukturelle Notwendigkeit eines auf Veränderung abzielenden Planungsprozesses dar.

4.2.2 Strukturelemente von Organisation

Die Strukturgestaltung einer Organisation zu einer **Aufbauorganisation** verfolgt den Zweck, Regelungen im Hinblick auf den »interpersonellen Beziehungszusammenhang« und auf die »Zusammenfassung von einzelnen Stellen zu übergeordneten Abteilungen« zu treffen (Kück 1998, 82 f). Dabei werden der Grad der Arbeitsteilung und der Spezialisierung als horizontale Differenzierung und die hierarchische Struktur, d. h. das Kompetenzsystem, als vertikale Differenzierung festgelegt. Darüber hinaus werden Informations- und Kommunikationswege der Organisationsmitglieder untereinander bestimmt. Die horizontale Differenzierung kennzeichnet zwei Kategorisierungsdimensionen: Werden Funktionen und Aufgaben als Orientierungspunkte für den strukturellen Aufbau gewählt, wie z. B. Personalwirtschaft, Rechnungswesen und Controlling, spricht man von einer »funktionalen Organisation« oder auch »Verrichtungsorganisation« (Vahs 2007, 150). Werden dagegen Produkte oder Geschäftsfelder als Orientierungspunkt für den strukturellen Aufbau gewählt, wird von einer »divisionalen«, »Sparten-« oder auch »Geschäftsfeldorganisation« gesprochen. Während erstgenanntes Strukturierungsprinzip für kleine und mittlere Unternehmen mit einem »homogenen Produktprogramm« (ebd.) geeignet scheint, ist zweitgenanntes Prinzip eher in größeren Unternehmen zu finden, die über ein ausdifferenziertes Produktangebot und ein größeres Areal an Geschäftsfeldern, Werken, Außenstellen etc. verfügen. Eine »Matrixorganisation« stellt eine Verknüpfung beider Gliederungsprinzipien dar, sodass eine Funktion (z. B. Rechnungswesen) für mehrere Produkt- bzw. Geschäftsfelder (z. B. Ambulanter Dienst, Wohnheim, Beratungsstelle) zuständig ist.

Die vertikale Differenzierung der Aufbauorganisation kennzeichnet den Charakter der Hierarchisierung. Sie weist das Über- und Unterordnungsgefüge aus im Sinne der Tiefe der Gliederung, die sich in der Anzahl der Hierarchiestufen ausdrückt und der Frage der Einfachunterstellung (jeder Mitarbeiter ist nur einem Vorgesetzen unterstellt) oder der Mehrfachunterstellung (jeder Mitarbeiter ist mehreren Vorgesetzten unterstellt). Ersteres wird als Einliniensystem, letzteres als Mehrliniensystem bezeichnet. Während das Einliniensystem einen eindeutigen

Dienstweg markiert, gibt es im Mehrliniensystem mehrere Vorgesetze für einen Mitarbeiter. Werden in einem Einliniensystem Aufgaben erforderlich, die außerhalb der Linie aufgeführt werden müssen, weil sie eine fachliche Spezialisierung erfordern, werden so genannte Stäbe oder Stabsstellen eingerichtet. In einem solchen Stabliniensystem »wird versucht, die Vorteile des Einlinien- und des Mehrliniensystems miteinander zu kombinieren« (Vahs 2007, 113). Auch im Hinblick auf die Kommunikations- und Informationssystematik im Unternehmen besitzt die Aufbauorganisation steuernden Charakter. Werden z. B. Kommunikationen innerhalb der »Linie« oder des Dienstweges gewünscht, spricht man von einer gebundenen Kommunikation, ist Kommunikation auf unterschiedlichem und nicht festgelegtem Weg möglich und gewollt, spricht man von ungebundener Kommunikation (Kück 1998).

Als **Ablauforganisation** werden die in einem Unternehmen stattfindenden Prozesse in ihrer zeitlichen Abfolge bezeichnet. Bei der Festlegung von Abläufen wird erkennbar, welche Schritte in einem Arbeitsprozess durchlaufen werden, an welcher Stelle dieses Prozesses Entscheidungen und begleitende Tätigkeiten anstehen und welche Kommunikations- und Informationswege erforderlich sind. Die Darstellung von Arbeitsabläufen erfolgt häufig in Flussdiagrammen. Bevor ein solches Diagramm erstellt werden kann, müssen die Prozesse eingehend untersucht und in einzelne Bestandteile zerlegt werden. Die Ablauforganisation sorgt für Nachvollziehbarkeit, sachliche Stringenz und Wiederholbarkeit von Prozessen. Dies ist für die Sicherung von Qualitätsstandards unerlässlich.

4.2.3 Organisationstheorien

Organisationsentwicklung steht in engem Zusammenhang mit Theorien zur Erklärung der Gestaltbarkeit von Organisationen. Sie können in drei zentrale **Entwicklungslinien** unterteilt werden.

Die als **technostrukturierte** oder **klassische** Organisationstheorien zusammengefassten Erklärungsmuster entstanden zu Beginn des 20. Jahrhunderts. Sie sind unter den Überschriften »Bürokratieansatz« (Max Weber), »Administrativer Ansatz« (Henri Fayol), »Arbeitswissenschaftlicher Ansatz« oder »Scientific Management« (Frederic Taylor) sowie »betriebswirtschaftliche Organisationslehre« (Fritz Nordsieck; Erich Kosiol) bekannt (Vahs 2007) und weisen, bei aller Unterschiedlichkeit, folgende gemeinsame Sichtweisen auf:

- Organisationen sind rationale und sachorientierte Gebilde.
- Organisationen sind an formalen Regeln ausgerichtet. Diese Regeln, die sich in Stellenbeschreibungen, Ablaufregelungen, Beschreibungen von Aufbau- und Ablauforganisation etc. manifestieren, ermöglichen es, dass die Aufgaben der Organisation bzw. der Unternehmung rational und effektiv ausgeführt werden können.
- Der Mensch stellt in der Organisation eine untergeordnete oder zumindest eine den formalen und technischen Gegebenheiten gleichgestellte Größe dar.

- Bei der Gestaltung der Organisation ist die Innenwelt relevant, das »Außen« wird nicht betrachtet.

Bedeutend bei diesem Ansatzbündel, der auch unter der Überschrift »Human Engineering« firmiert und vor allem mit dem Taylorschen »Scientific-Management-Ansatz« eine Verwissenschaftlichung der Ausgestaltung des Arbeitslebens brachte, ist die Konzentration auf die inneren Strukturen und auf die strikte Arbeitsteilung, bei denen der Mensch eine formal zu steuernde und steuerbare Größe darstellt.

Ein zweites und zeitlich in der ersten Hälfte des vorigen Jahrhunderts anzusiedelndes Bündel von organisationstheoretischen Ansätzen wird als **soziostrukturiert** bezeichnet. Es ist eng mit der »Human-Relation-Bewegung« verbunden, die für einen grundlegenden Paradigmenwechsel in der Erklärung der Funktionsweisen von Organisationen steht: Anstelle der Fokussierung auf die formalen Strukturen und Prozesse werden nun die menschlichen Beziehungen als maßgebliche Stellgrößen in Organisationen gefasst (Gairing 2008). Die sogenannten »Hawthorne-Experimente«, die von den Harvard-Professoren Mayo und Roethlisberger zwischen 1927 und 1932 in den Hawthorne-Werken der Western Electric-Company durchgeführt wurden, werden vielfach als Ausgangspunkt für diese neue Sichtweise bezeichnet (Schreyögg 2008). In den arbeitswissenschaftlichen Untersuchungen zum Einfluss von objektiven Arbeitsbedingungen auf die Arbeitsleistungen der Arbeiter zeigte sich u. a. das Phänomen, dass die Leistungen in den beobachteten Gruppen stiegen, unabhängig davon, ob die Bedingungen (z. B. die Beleuchtung) optimiert oder verschlechtert wurden (Versuchsgruppe) oder ob sie gleich blieben (Kontrollgruppe) (Gairing 2008). Diese Ergebnisse wurden nun so interpretiert, dass die Arbeitsmotivation aufgrund der sozialen Aufmerksamkeit, die sowohl dem einzelnen Individuum als auch der Gruppe durch die Untersuchung zuteilwurde, stieg. Dies widersprach gänzlich den ursprünglichen, technostrukturiert ausgerichteten Grundannahmen der Untersuchungen, dass nämlich die formalen und sächlichen Arbeitsbedingungen die alleinigen Stellgrößen der Organisationsgestaltung sind. Die Resultate des Experiments wiesen dementgegen unübersehbar auf einen engen Zusammenhang zwischen sozialen Beziehungen bzw. emotionalen Befindlichkeiten der Mitarbeiter und Mitarbeiterinnen und ihren Arbeitsergebnissen hin und bereiteten einer gruppendynamisch und organisationspsychologisch ausgerichteten Sichtweise auf die Gestaltung von Organisationen den Weg.

Eine Weiterentwicklung der soziostrukturierten Theorien stellt die **systemstrukturierte** Perspektive dar: Darin gelten wiederum nicht mehr nur die sozialen Strukturen und Interessenslagen der in Organisationen tätigen Menschen als zentrale Gestaltungsgrößen, sondern das gesamte System einer Organisation mit allen seinen aufeinander bezogenen Elementen: Menschen, Strukturen, Konstellationen und deren je spezifische Beziehungen zur Außenwelt. Zu diesem dritten Bündel von Organisationstheorien, die von einigen Autoren auch als »moderne Theorien« bezeichnet werden, ist der »**Human-Ressourcen-Ansatz**« zu zählen, der die Notwendigkeit der Ausrichtung der Organisationsstrukturen auf die Motivationen und Ressourcen der Mitarbeiter herausstellt (Gairing 2008; Schreyögg 2008). Dieser Ansatz hebt auf die Entfaltungsbedürfnisse der in einer Organisation tätigen Menschen ab. Nur wenn diese berücksichtigt und gefördert würden, könnten Mitarbeiter – aus dezidiert individuellen Selbsterfüllungszwecken heraus – die Erfüllung des Unternehmenszwecks in optimaler Weise voranbringen, so die Auffassung (Schreyögg 2008). Ein weiterer wichtiger, diesem systemischen Theoriebündel zuzuordnender konzeptioneller Ansatz der OE, das Konzept des **organisationalen Lernens,** wird in Abschnitt 4.2.4 aufgegriffen.

4.2.4 Ziele von Organisationsentwicklung

In Grundsatzaufsätzen zur Organisationsentwicklung wird auf die Vielfalt der Definitionen von OE hingewiesen (Gairing 2008). Karsten Trebesch, bedeutender Vertreter der (wissenschaftlichen) Organisationsentwicklung in Deutschland, hat 50 von vermuteten 100 Definitionen zur Organisationsentwicklung auf ihre inhaltlichen Ausrichtungen hin analysiert und zeigt auf, »wie unterschiedlich die Auffassungen über Ziele, Inhalte und Methoden der OE sind« (Trebesch 2000, 52). Dies erklärt sich zum einen aus der bereits erwähnten Vielfalt der Anwendungsfelder der OE, zum anderen aus der Vielfalt der Herkunftsdisziplinen und wissenschaftlichen Begründungen der OE: Neben den Wirtschaftswissenschaften sind es vor allem die Psychologie, die Soziologie und die Pädagogik (Engelhardt/ Graf/Schwarz 2000).

Unter Hinweis auf die Heterogenität des Feldes, auf die Vielfalt wissenschaftlicher Grundlagen und auf die Vieldeutigkeit des Begriffes (Schreyögg 2008) soll hier lediglich **eine** Definition von Organisationsentwicklung präsentiert werden, nämlich die der Gesellschaft für Organisationsentwicklung aus dem Jahr 1980. Sie bezeichnet OE als »einen längerfristig angelegten, organisationsumfassenden Entwicklungs- und Veränderungsprozess von Organisationen und der in ihnen tätigen Menschen. Der Prozess beruht auf Lernen aller Betroffenen durch direkte Mitwirkung und praktische Erfahrung. Sein Ziel besteht in einer gleichzeitigen Verbesserung der Leistungsfähigkeit der Organisation und der Qualität des Arbeitslebens (Humanität)« (Merchel 2005, 32).«

In dieser Definition werden die beiden Hauptziele von OE herausgestellt: Zum einen die Verbesserung der Leistungsfähigkeit und Produktivität der Organisation, also die Steigerung der **Effektivität** und **Effizienz,** zum anderen die Verbesserung der Qualität der Arbeitsbedingungen und Entfaltungsmöglichkeiten für die in ihr tätigen Menschen. Letzterer Zielbereich wird mit dem Begriff **Humanität** belegt. Neben dieser doppelten Ausrichtung der OE sind noch weitere »Feinziele« zu nennen, die den beiden oben genannten Zielen untergeordnet werden können und die sich nach einer häufig zitierten Systematik von Becker und Langosch (2002) folgendermaßen darstellen lassen:

Abb. 4.2: Ziele von Organisationsentwicklung
Quelle: Eigene Darstellung nach Becker/Langosch 2002, 17

4.2.5 Konzeptionelle Ansätze der Organisationsentwicklung

Aktionsforschung und Gruppendynamik

Die ideengeschichtlichen Wurzeln der OE befinden sich im Wesentlichen in der »**Human- Relation-Bewegung**«, in den wissenschaftlichen Ansätzen der **Gruppendynamik** sowie in der **Feld- und Aktionsforschung**. Charakteristisch für diese Ansätze sind zum einen die Akzentuierung von Gruppenkonstellationen im sozialen Gefüge einer Organisation und zum anderen die wissenschaftliche Handlungsorientierung, welche die Beteiligten zu Forschern in eigener Sache macht. **Forschen, Handeln** und **Lernen** werden als sich wechselseitig bedingende und fördernde Aktionen begriffen. Dahinter steckt die Überzeugung, dass Gruppen über Problemlösungskapazitäten verfügen, die weit über die Leistungsfähigkeit des einzelnen Individuums hinausgehen. Nur wenn dies berücksichtigt wird, so der Ansatz, kann Organisationsentwicklung die Humanisierung des Arbeitslebens und die Effektivierung der Arbeitsprozesse ermöglichen. Kurt Lewin, der als Gründungsvater der OE gilt, hielt in einem so auf die Beteiligung der Betroffenen ausgerichteten Entwicklungsprozess das Durchlaufen dreier Phasen für notwendig, die er folgendermaßen betitelt: »Unfreezing«, »Moving« und »Refreezing«. In seinem »**organisatorischen Änderungsgesetz**« (Schreyögg 2008, 412) ist mit »Unfreezing« die Notwendigkeit gemeint, die bestehenden Strukturen, Sichtweisen und Handlungsroutinen bewusst und systematisch **aufzutauen** und den Gleichgewichtszustand aufzugeben. »Moving« bezeichnet die Phase der **Bewegung,** der Umsetzung konkreter Veränderungsmaßnahmen. Das »Refreezing« ist notwendig, um einen neuen Gleichgewichtszustand zu finden. Die neu entwickelten Strukturen und Prozessmuster werden **eingefroren** und stabilisiert, um erneut handlungsfähig zu werden (Schreyögg 2008; Merchel 2005).

Die gruppendynamisch orientierten Perspektiven beinhalten u. a. folgende wichtige Hinweise für den organisatorischen Wandlungsprozess:

- Die **aktive** Teilnahme der Gruppenmitglieder ist unbedingte Voraussetzung für den Wandlungsprozess.
- Die **Gruppe** kann als Wandlungsinstanz verstanden werden, d. h. sie erzeugt und ermöglicht überhaupt erst Wandel.
- **Ansatzpunkte** der Entwicklung werden von der Gruppe selbst »forschend« festgelegt.
- Wandel erfordert eine **Systematik des Vollzugs**, die am Anfang Bereitschaft für den Wandel erzeugt und am Ende wieder in einen stabilen Zustand führt (Schreyögg 2008; Gairing 2008).

Systemtheorien

Neben diesen gruppendynamischen Orientierungen prägten ab den 60er Jahren des vorigen Jahrhunderts vor allem **systemtheoretische** Denkweisen, Erklärungsmuster und Beratungsansätze die OE. Ohne in die Tiefe der systemtheoretischen Begründungszusammenhänge einsteigen zu können (vgl. Schiersmann/Thiel 2010; Gairing 2008), sollen hier zwei zentrale aus der Systemtheorie abgeleitete und für das vorliegende Thema wichtige Gedanken vermittelt werden: erstens die Erkenntnis, dass soziale Systeme komplexe Systeme sind, die nicht aus der Summe ihrer Einzelteile bestehen, sondern sich vielmehr dadurch auszeichnen, dass diese einzelnen Elemente in einem komplexen Wechselverhältnis miteinander stehen. Man spricht auch von »Emergenzen«. Zweitens die Kennzeichnung sozialer Systeme als »autopoietisch«, d. h. als selbsterzeugend und selbsterhaltend. Dies geht mit der Auffassung einher, dass Organisationen einen Eigensinn besitzen, durch den sie sich einerseits von der Umwelt abgrenzen und mit dem sie andererseits die hohe Komplexität der Umwelt reduzieren (können). Die Deutungsmuster, durch die sich das Verhältnis von innen und außen bestimmt, sind dem System selbst häufig nicht bewusst (Gairing 2008; Merchel 2004). System(theoret)isch orientierte Sichtweisen beinhalten u. a. folgende wichtige Hinweise für den organisatorischen Wandlungsprozess:

- Organisationen als soziale Systeme sind hoch **komplex**, d. h. sie sind gekennzeichnet durch eine Vielzahl sich gegenseitig beeinflussender Elemente: Personen, Ziele, Interessen, Kulturen, Strukturen.
- Organisationen weisen innere Logiken sowie **subjektive Deutungen der Umwelt** auf, die häufig nicht offensichtlich oder bewusst sind.
- Aufgrund einer Interessens- und Zielvielfalt und einer Nicht-Linearität von Organisationen muss von einer **begrenzten Steuerbarkeit** von Organisationen ausgegangen werden.
- **Beharrungstendenzen** gehören zu den Wesenszügen von Organisationen (Schiersmann/Thiel 2010; Gairing 2008).

Lernende Organisation

Das Prinzip des »Lernens« ist in allen Nuancen der theoretischen Fundierung der OE vorhanden, »auch wenn dabei der Begriff Lernen oft mit anderen Begriffen umschrieben wird, wie z. B.: Entwicklung, Wachstum, Mobilisierung von Wissen, Steigerung der Problemlösungskompetenz und die Fähigkeit zur Selbstaufklärung« (Gairing 2008, 190). Die Aufmerksamkeit im Konzept des organisationalen Lernens gilt prinzipiell drei »Lernebenen«: dem einzelnen Organisationsmitglied, der Gruppe und der Organisation (Merchel 2004). Ein weiterer Zielfokus des Lernens in der OE stellt auch die Organisationskultur dar, die sich in offen ausgedrückten und bewussten Zielen und Strategien, in gewohnheitsmäßig praktizierten Verhaltens-weisen sowie in verborgenen oder unbewussten Denkweisen und Grundannahmen manifestiert. Nach Edgar Schein, der den Kulturansatz entscheidend geprägt hat, ist sie »[e]in Muster gemeinsamer Grundprämissen, das die Gruppe bei der Bewältigung ihrer Probleme externer Anpassung und interner Integration erlernt hat, das sich bewährt hat und somit als bindend gilt ...« (Schein 1995 in Gairing 2008, 212). Auf organisationales Lernen ausgerichtete Sichtweisen beinhalten u. a. folgende wichtige Hinweise für den organisatorischen Wandlungsprozess:

- Organisationaler Wandel erfolgt nur durch paralleles Lernen der verschiedenen »Lernsubjekte«: Individuum, Gruppe, Organisation.
- Organisationales Lernen kann verschiedene Zielorientierungen aufweisen: Es kann unter Beibehaltung der prinzipiellen Ausrichtungen auf die Veränderung von Verfahren und Abläufen ausgerichtet sein, auch »single-loop-learning« genannt; es kann die Veränderung von Deutungsmustern und grundlegender Organisationsprogrammatiken intendieren, auch »double-loop-learning« ge-nannt; es kann schließlich auf ein Metalernen ausgerichtet sein, also auf das Erlernen des Lernens, auch »deutero-learning« genannt (Argyris/Schön 2006; Wöhrle 2005).
- Lernen von und in Organisationen braucht förderliche Bedingungen und Systematiken. So sind verschiedene Phasen zu planen, Aufbau- und Ablauf-strukturen des Veränderungsprozesses zu implementieren und Ressourcen einzusetzen.
- Organisationales Lernen kann eine Vielzahl von Themen oder »Disziplinen« (Senge 2008) fokussieren: z. B. Teamlernen und Teamentwicklung, Wissens-erwerb und Wissensmanagement, das Aufdecken von mentalen Modellen, also von individuellen und organisatorischen unbewussten Grundannahmen, die

Abb. 4.3: Themenfelder des Konzepts der »Lernenden Organisation«
Quelle: Eigene Darstellung

Entwicklung von Visionen und gemeinsamen Zielen etc. (Gairing 2008; Wöhrle 2005).

4.3 Organisationsentwicklung in der Praxis

4.3.1 Methoden und Techniken

Die Komplexität der Methoden, Instrumente und Techniken der OE kann in diesem Beitrag nur konstatiert, aber nicht vollständig abgebildet werden. Um dennoch etwas konkreter zu werden, sollen an dieser Stelle einige mögliche und bedeutende Planungsinstrumente entlang der **Lernphasen** in einem OE-Prozess benannt werden. Die wohl prominenteste Methode der klassischen OE ist das »Survey-Feedback«-Verfahren. Es beschreibt einen systematischen Datenerhebungs- und Datenrückkopplungsprozess, der den oben genannten Entwicklungsdreischritt »Unfreezing – Moving – Refreezing« partizipativ, d. h. unter aktiver Beteiligung der Organisationsmitglieder realisieren und als zyklisch zu vollziehendes Verfahren verankern soll (Merchel 2005). Das Survey-Feedback-Verfahren weist charakteristische Züge von Organisationsentwicklungsprojekten sowie eine Verwandtschaft zum Verfahren der Selbstevaluation auf, so dass es auch heute noch sozusagen als Prototyp eines Phasenmodells für die OE von Relevanz ist.

Phasenmodelle können insgesamt als »Wegbegleiter« der OE (Fatzer 2002 in Wöhrle 2005, 106) bezeichnet werden, weil sie eine systematische Abfolge der inhaltlichen Ansatzpunkte und Methoden im unternehmerischen Entwicklungsprozess vorschlagen. Die Anzahl der Phasen variiert von Modell zu Modell, prinzipiell können aber die folgenden vier Abschnitte in einem OE-Prozess identifiziert werden. Die Darstellung dieser Phasen dient hier der Exemplifizierung von »Techniken« der OE:

- In der **Motivations- und Analysephase** geht es darum, einen organisationsumfassenden Konsens über die Notwendigkeit von Entwicklung und eine gemeinsame Wissensbasis über die konkrete Ausgangssituation im Unternehmen herbeizuführen. Am Ende dieser Phase sollen verlässliche qualitative und quantitative Aussagen stehen über »Zustände und Zusammenhänge« (Bornewasser 2009, 161). Folgende Instrumentarien unterstützen und ermöglichen den Analyseprozess:
  - Startszenarien wie Workshops oder Großgruppenverfahren, um die Betroffenen zu Beteiligten zu machen und das Erfahrungswissen der Mitarbeiter zu nutzen. Hier kann das Vorgehen systematisch-analytisch sein (z. B. Diagnose-Workshop) oder kreativ-innovativ ausgerichtet werden (z. B. Zukunftskonferenz) (Schiersmann/Thiel 2010).
  - Strategische Verfahren zur Informationsgewinnung, wie Situationsanalysen und Diagnosetechniken etwa durch Soll-Ist-Vergleiche, Stärken-Schwächen-

oder Kraftfeldanalysen oder Mitarbeiterbefragungen (Bornewasser 2009; Vahs 2007).

- In der **Planungsphase** geht es um die Konzeptualisierung einer Entwicklungsstrategie einschließlich aller notwendiger Planungsparameter zur Realisierung dieser Strategie. Dabei werden eingesetzt:
  - Systematische Verfahren zur Zielbildung und Zielhierarchisierung, wie Zielmatrix und Teilziel- und Maßnahmenplanung.
  - Methoden der Konzeptentwicklung und des Projektmanagements mit der Festlegung von fachlichen Lösungsansätzen, Aufbau- und Ablaufstrukturen, Zuständigkeiten, Ressourcenkalkulationen und Controllingformen.
- In der **Umsetzungsphase** kommen die in der Planungsphase festgelegten Verfahren und Lernformen zur Realisierung der gemeinsam entwickelten Ziele des Entwicklungsprozesses zur Anwendung. Sie gehen auf in verschiedenen »Managementtechniken«, die auf Folgendes abzielen:
  - Verbesserung von Prozessen und Kommunikationsstrukturen
  - Entwicklung und Sicherung von Qualitätsstandards
  - Umstrukturierungsmaßnahmen der Aufbauorganisation
  - Personalentwicklung.
- Der letzte Schritt schließlich, die **Stabilisierungs- und Evaluationsphase** steht unter der Überschrift, den Veränderungsprozess zu beenden, dessen Ergebnisse zu überprüfen und zu bewerten, den erreichten Zustand und die veränderten Strukturen festzuschreiben und zu stabilisieren und schließlich die Kontinuität des Entwicklungsprozesses z. B. durch Einführung eines Qualitätsmanagementsystems zu sichern. Eingesetzt werden dabei:

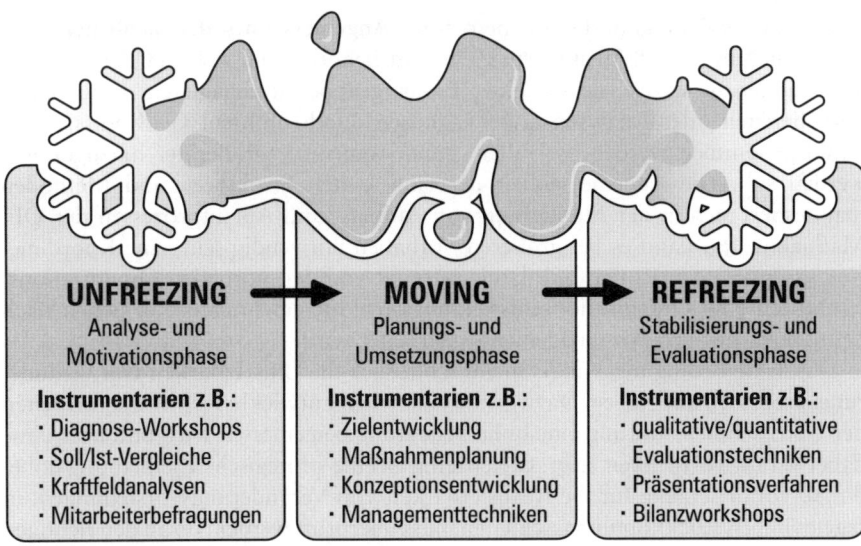

Abb. 4.4: Phasen und Instrumente der Organisationsentwicklung
Quelle: Eigene Darstellung des »organisatorischen Änderungsgesetztes« nach K. Lewin

111

– Qualitative und quantitative Evaluationstechniken, die den Grad der Zielerreichung messen und die Beurteilung der Beteiligten zu Verlauf und Ertrag
der Maßnahme widerspiegeln.
– Präsentations- und Dokumentationsverfahren, die für Transparenz des Ver-
laufs und der festgestellten Ergebnisse der OE-Maßnahme sorgen.
– Abschlussszenarien, wie Bilanzworkshops, Abschlussfeiern oder Pressemit-
teilungen, um gemeinschaftliche und öffentlichkeitswirksame Schlusspunkte
zu setzen.

4.3.2 Organisationale Bedingungen

Experten aus Wissenschaft und Praxis führen zahlreiche Bedingungen auf, die
vorliegen sollten, um einen OE-Prozess in einem Sozialunternehmen erfolgver-
sprechend in Gang zu bringen und durchzuführen (Schiersmann/Thiel 2010;
Wöhrle 2005). Diese Grundvoraussetzungen können in drei Bedingungsbündel
unterteilt werden. Sie gelten nur, wenn der Entwicklungsprozess entsprechend der
Grundprämissen der OE, also vor allem partizipativ und mit der Absicht, die
Arbeitsbedingungen zu verbessern, gedacht wird:

Das erste Bedingungsbündel betrifft die **Akzeptanz der Veränderungsprozesse in
der Gesamtorganisation**. Alle zu beteiligenden Personen müssen einsehen können,
dass die Maßnahme notwendig und sinnvoll ist. Dafür sollten die Gründe transparent und ein Nutzen für die Mitarbeiter erkennbar sein. Dies gilt sowohl für
Veränderungsprozesse, die zunächst »top-down« von der Leitung angestoßen
werden, als auch für solche, die »bottom-up«, also von der Basis, den Fachkräften
selbst, initiiert wurden.

Das zweite Bedingungsbündel betrifft die **Angemessenheit der sachlichen Rahmenbedingungen und Strukturen**: Zeit wird benötigt, um sich mit den Themen
auseinander zu setzen, sich in einer Projektgruppe zu engagieren, Erhebungen
vorzubereiten oder Analysen und Diagnosen durchzuführen. Geld muss in die
Hand genommen werden, vor allem dann, wenn ein OE-Berater hinzugezogen
werden soll. Die Angemessenheit der eingesetzten Strukturen und Methoden
manifestiert sich in der Etablierung von Aufbau- und Ablaufprozessen der OE-
Maßnahme. So kann es bei größeren Vorhaben notwendig sein, eine Koordinie-
rungsgruppe einzurichten und damit getrennt von den normalen Organisationsstrukturen eine **Organisationsentwicklungsstruktur** einzurichten, in denen nach
den Regeln des Projektmanagements gearbeitet wird.

Das dritte Bedingungsbündel meint schließlich die **Umsetzbarkeit von Veränderungsprozessen und -ideen**. Dazu gehört, dass dem Entwicklungsprozess von Seiten
der Unternehmensführung eine hohe Bedeutung beigemessen wird und dass diese
dabei Verantwortlichkeit zeigt. Gleichzeitig ist eine strategische Zielplanung unbedingte Voraussetzung für die Realisierbarkeit von Veränderungsvorstellungen. In
regelmäßigen Rückkopplungsschleifen muss überprüft werden, ob an den richtigen
Themen »richtig« gearbeitet wird, d. h. ob die entwickelten Ziele weiter Gültigkeit
haben und ob mit den eingesetzten Maßnahmen auch die definierten Ziele erreicht
werden können. Darüber hinaus ist bei umfassenden Veränderungen der Einbezug

aller relevanter »Stakeholder«, vor allem der Adressaten, deren Angehörigen und auch der Kostenträger und Kooperationspartner im Sozialraum erforderlich. Schließlich ist die schwierige Balance zwischen einer klaren Zielorientierung bei gleichzeitiger Offenheit der Ergebnisse zu finden (Schiersmann/Thiel 2010; Wimmer 2004).

4.3.3 Unterstützung von »außen«

Organisationsentwicklung wird häufig als umfangreicher und systematischer Wandlungsprozess gedacht, der von außen unterstützt werden muss (Wöhrle 2008). Die Komplexität und die Sensibilität des Vorhabens sowie die Unterschiedlichkeit der Interessenslagen und Einstellungen, die dabei zu berücksichtigen sind, machen es notwendig oder sinnvoll, eine mit organisatorischen Entwicklungsprozessen erfahrene, neutrale und von allen akzeptierte Person in den Prozess einzubeziehen. Diese Person, in der Regel ein »Organisationsberater«, hat vier zentrale Funktionen: Sie soll »Fähigkeiten entdecken, Kommunikation ermöglichen, Ängste bearbeiten, Risiken reduzieren« (Engelhardt/Graf/Schwarz 2000, 94).

Insgesamt kann die Rolle der beratenden Person in einem Unternehmensentwicklungsvorhaben vor allem als die eines Prozessbegleiters verstanden werden, der unter der Prämisse der Selbststeuerungs- und Selbstorganisationsfähigkeit von Organisationen die Problemlösefähigkeiten der Organisation stärkt, dabei aber nicht die Ergebnisse des Prozesses vorwegnimmt oder zu verantworten hat. Auf diese Weise erfährt ein Organisationsberater »Prozessautorität« (Heintel 1992 in Schiersmann/Thiel 2010), die eine Vielfalt an Kompetenzen erfordert: Von Fachkenntnissen aus verschiedenen wissenschaftlichen Fachdisziplinen, über Methodenkompetenzen im kommunikativen und analytischen Bereich bis hin zu sozialen Kompetenzen für einen reflektierten Umgang mit den beteiligten Personen und Machtstrukturen (Engelhardt/Graf/Schwarz 2000).

4.3.4 Veränderungshemmnisse

Ein Überblick zur OE würde eine zentrale Facette des Themas ausblenden, spräche er nicht auch die Hemmnisse organisationaler Veränderungen an. Entwicklungsvorhaben und -prozessen in Organisationen wird in der Regel zu Beginn eher mit distanzierter Skepsis begegnet als mit freudiger Erwartung auf Neues und Besseres. Ohne auf Details in den Ausprägungen eingehen zu können, soll hier auf zwei wichtige Ursachen dieser Widerstände aufmerksam gemacht werden. Der als **Interessenskollision** zu bezeichnende erste Hemmfaktor speist sich aus der Tatsache, dass ein partizipativ angelegter OE-Prozess »an festgefügten Machtpositionen« (Engelhardt/Graf/Schwarz 2000, 102) rüttelt und deshalb sowohl von Arbeitgeberseite als auch von Arbeitnehmerseite auf Vorbehalte stoßen kann. Beide Seiten befürchten eine Schwächung ihrer in der Unternehmensverfassung festgelegten (Vor-)Rechte. Es wird befürchtet, dass eigene Interessen »hintenrum«

unterlaufen werden oder einer vermeintlich notwendigen Veränderung weichen müssen und so eine vielleicht nicht gleich sichtbare Verschlechterung der Position oder der Arbeitsbedingungen eintritt. Der zweite Hemmfaktor lässt sich mit der bereits in diesem Kapitel kurz skizzierten Systemtheorie erläutern: Da Organisationen in Abgrenzung zur Außenwelt und in der Konzentration auf ihre eigentlichen Ziele eine Identität, eine »Gestalt« herausbilden können, ist es nicht sinnvoll und nicht möglich, auf jegliche äußere und innere Impulse mit einem Veränderungsprozess zu reagieren. Strukturen dienen dazu, einen Gleichgewichtszustand aufrecht zu erhalten und die Organisation funktional zu gestalten. Sie sind gefärbt von der organisationsspezifischen Wahrnehmung der Außenwelt und von einer spezifischen Logik der Innenwelt. Wöhrle begründet diese »systematisch« auftauchende **Systemträgheit** mit ihrer Tendenz, einen »Tunnelblick« zu entwickeln und dadurch eher an die normalen Routinen »anschlussfähige Entscheidungen« zu treffen. So komme es immer wieder dazu, dass mit eingefahrenen »Problemlösungsroutinen« auf Neues reagiert wird, was wiederum den Nachweis dafür liefert, »dass das bei uns nicht geht« (ebd. 2005, 20). Ein Zirkel, der Entwicklungsprozesse bremst und zum Teil von vornherein zum Scheitern verurteilt.

4.4 Veränderung als systematische Verbesserungsstrategie: Qualitätsmanagement

4.4.1 Qualitätsmanagement in der Sozialwirtschaft

Der traditionelle japanische »Kaizen-Ansatz« mit seinem Fokus auf die beständige »Veränderung zum Besseren« und seinem Wandel von der Produktorientierung hin zur Prozessorientierung gilt als Prototyp modernen Qualitätsmanagements (Bornewasser 2009). In den westlichen Industrieländern setzte sich dieses Prinzip des umfassenden Qualitätsmanagements als eine auf Kunden- und Mitarbeiterzufriedenheit ausgerichtete Führungsmethode unter der Überschrift »Total Quality Management« (TQM) in den 1980er Jahren durch. Nachdem zunächst industrielle Produktionsbetriebe die Relevanz des Themas Qualität im nationalen und internationalen Wettbewerb entdeckten und sehr rasch anfingen, systematisches Qualitätsmanagement zu betreiben, hielt das Thema in den 1990er Jahren Einzug auch in den nicht produzierenden Sektor und gewann auch in der Sozialen Arbeit nachhaltig an Bedeutung. Dabei wurde Qualitätsmanagement in sozialen Einrichtungen und Diensten weniger mit dem Aspekt des Konkurrenzvorteils verbunden als vielmehr mit dem Wunsch und der Notwendigkeit, organisationsinterne Strukturen und Prozesse neu und effektiver auszugestalten. So wurde Qualitätsmanagement zum einen als Realisierungsinstrument der Anliegen einer OE im Sinne der »lernenden Organisation« verstanden. Denn wenn es, wie oben dargestellt, Ziel des organisatorischen Wandels ist, die Leistungsfähigkeit und die Humanität des Arbeitsleben durch partizipative Verfahren zu verbessern und dabei proaktiv zu garantieren, »dass eine Organisation wandlungsfähig bleibt und fortlaufend neue Impulse aufnehmen und entwickeln kann« (Schreyögg 2008, 19), dann wird »Qualitätsmanagement [...] zur integralen prozessualen Ausstattung einer Organisation, die sich als lernende bzw. lernfähige Organisation konstituieren will« (Merchel 2004, 147).

Zum anderen hat die Etablierung von Qualitätsmanagement in der Sozialwirtschaft ganz handfeste Gründe und verdankt sich einer Debatte, die Fragen nach der Legitimität und der Wirksamkeit Sozialer Arbeit an sich sowie nach der Wirtschaftlichkeit des organisationalen Managements stellt. Dieser von außen an Soziale Arbeit herangetragene Qualitätsanspruch hat seinen Platz in den Sozialgesetzen gefunden und wurde damit zum festen Bestandteil verschiedener Richtlinien zur Mittelvergabe sowie konzeptioneller Baustein in der Sozialplanung (Böllert 2004; Merchel 2004).

Es ist also festzuhalten, dass die Einführung von Qualitätsmanagement in der Sozialwirtschaft sowohl der Intention folgt, die Binnenstrukturen eines Unternehmens kontinuierlich zu verbessern und weiter zu entwickeln, als auch darauf ausgerichtet ist, »öffentliche Legitimationsgewinne zu erzielen« (Beckmann 2009, 13). Die Resonanz von Fach- und Führungskräften der sozialen Branche auf derartige Qualitätsanforderungen fällt nicht ausschließlich positiv aus. Die Kritik speist sich aus einer Skepsis einerseits gegenüber einer eindeutigen Bestimmbarkeit und Operationalisierbarkeit der Qualität Sozialer Arbeit und andererseits gegenüber der Angemessenheit der zur Verfügung stehenden Instrumente zur Bestimmung von Qualität.

4.4.2 Grundlagen des Managens von Qualität

Wie oben bereits deutlich gemacht wurde, besteht die Entwicklungsbezogenheit des Qualitätsmanagements in seinem Zweck, den Qualitätsstandpunkt umfassend in eine Organisation einzuführen und zu verfestigen. Qualitätsmanagement bezeichnet also »die gesamten Anstrengungen einer Organisation, den Qualitätsgedanken in unterschiedlichen Bereichen, Strukturen, Prozessen und Ergebnissen einer Organisation zu verankern« (Grunwald 2008, 820). Damit ist Qualitätsmanagement deutlich abzugrenzen von den Verfahren einer Qualitätssicherung, die vor allem der Erhaltung und Überprüfung von Qualität dient und von einer Qualitätsentwicklung, die sich der Weiterentwicklung von Prozessen entlang fachlicher Standards widmet (ebd.). Für diesen umfassenden Qualitätsblick gelten einige grundlegende Bedingungen, die im Folgenden kurz angesprochen werden sollen.

Die Relativität von Qualität erfassen

»Qualität« ist keine feststehende Größe. Ob eine Sache oder eine Dienstleistung als qualitativ hochwertig oder als qualitativ minderwertig beurteilt wird, hängt vom individuellen Bewertungssystem der beurteilenden Person oder Stelle ab. Dieses

Bewertungssystem ergibt sich aus den für den Beurteiler geltenden Interessen, Normen, Werten und Vergleichsmöglichkeiten und steht wiederum in Zusammenhang mit dessen Erfahrungen und Wissensbeständen. So hat ein Gegenstand keine Qualität an sich, sondern erhält erst eine bestimmte Qualität durch die Beurteilung eines Betrachters, konkret des Käufers, Kunden, Leistungsempfangenden etc. Qualität ist also ein **Konstrukt**. Für den Begriff Qualität gibt es in der Literatur verschiedene Definitionen. Häufig wird Qualität als Grad der Übereinstimmung zwischen Ansprüchen bzw. Erwartungen an ein Produkt (Soll-Zustand) und dessen tatsächlichen Eigenschaften verstanden (Ist-Zustand). Die DIN (Deutsche Industrie Norm) 55 350 definiert folgendermaßen: »Qualität ist die Gesamtheit von Eigenschaften und Merkmalen eines Produktes oder einer Tätigkeit bezüglich ihrer Eignung, festgelegte und vorausgesetzte Erfordernisse zu erfüllen« (zit. nach Grunwald 2008, 815).

Qualität bestimmen, beschreiben und messen

Aufgrund der Relativität und Konstruktivität des Qualitätsbegriffs kann ein und dieselbe Sache mit sehr unterschiedlichen Qualitätsurteilen versehen sein. Für den Umgang mit Qualität ist es deshalb erforderlich, spezifische und gleichzeitig für alle Beurteiler gültige Qualitätsmaßstäbe und Qualitätskriterien aufzustellen, Qualität in Bezug auf die zu erbringende Dienstleistung zu definieren. Dafür ist es zunächst einmal wichtig, den **Bereich** festzulegen, für den Qualität beschrieben werden soll. Eine gebräuchliche Strukturierungshilfe bei der Beschreibung von Qualitätskriterien in Organisationen stellt die Unterscheidung von A. Donabedian in Struktur-, Prozess- und Ergebnisqualität dar (ders. 1982 in Meinhold/Matul 2003).

Unter die Überschrift **Strukturqualität** sind die Rahmenbedingungen einer Organisation zu stellen. Das sind äußere Gegebenheiten, wie Räumlichkeiten oder Arbeitsplatzausstattungen, die Grundvoraussetzungen des professionellen Handelns, wie z. B. die Aufbaustruktur der Organisation, die »Beschaffenheit« des Personals, wie z. B. Qualifikationen und Aufgaben bezogene Kompetenzen, Unterstützungssysteme, wie etwa Supervisions- oder Fortbildungsangebote, und schließlich die Grundvoraussetzungen des Arbeitens, wie z. B. die kommunikationstechnologische Ausstattung der Einrichtung.

Die **Prozessqualität** manifestiert sich in der Art und Weise des Handelns und der Dienstleistungserbringung einer Organisation. Dazu gehören die Kommunikations- und Abstimmungsformen der Mitarbeiter untereinander, die Ausgestaltung der Zusammenarbeit mit den Adressaten, der konkrete Ablauf von Schlüsselprozessen, das Management von Wissen etwa durch Fortbildungen sowie die Verlaufsformen eines Projektes oder des Qualitätsmanagements selbst.

Mit der **Ergebnisqualität** schließlich richtet sich das Augenmerk auf die unmittelbaren Resultate wie auch auf die mittelbaren Wirkungen, die auf Grundlage von und durch die Strukturen und Prozesse erzielt werden. Diese äußern sich z. B. in dem Grad der Informiertheit der Mitarbeiter über Neuerungen interner Betriebsabläufe, in der Zufriedenheit der Adressaten und anderer Anspruchsberechtigter und in dem Zielerreichungsgrad der Schlüsselprozesse.

Die Ergebnisqualität lässt sich in vielfältiger Weise differenzieren. An dieser Stelle soll als Beispiel die Aufteilung in Output und Outcome angesprochen werden. **Output** meint das direkte Ergebnis einer sozialen Dienstleistung oder eines sozialen Dienstes. Hier steht die Leistung als Verhältnis von Angestrebtem und Erreichtem im Fokus. **Outcome** dagegen meint die mittelbare Wirkung einer sozialen Dienstleistung oder eines sozialen Dienstes, sowohl im Hinblick auf deren Adressaten als auch im Hinblick auf die gesellschaftlichen Ansprüche an die erbrachten Angebote. Hier steht die Wirkung als mittel- oder langfristiger Nutzen sozialprofessionellen Handelns im Vordergrund (v. Spiegel 2008).

Um die Frage nach dem Verhältnis von Angestrebtem und Erreichtem beantworten zu können, muss also zuvor genau festgelegt werden, welche Ziele mit einer Leistung, einem Angebot erreicht werden sollen und welche Kriterien angelegt werden, um zu entscheiden, ob ein Angebot, ob Strukturen und Prozesse von hoher oder minderer Qualität sind. In diesem Verfahren, der **Operationalisierung**, ist es des Weiteren notwendig, Maßstäbe festzulegen, an denen sich erkennen lässt, dass die Kriterien erfüllt, der angestrebte Zustand eingetreten ist. Diese Maßstäbe nennt man Indikatoren. Sie »drücken das aus, was an einem beschriebenen Qualitätsmerkmal oder Qualitätskriterium messbar ist« (Meinhold/Matul 2003, 21). Im Qualitätsmanagement werden solche Indikatoren auch in Form von **Kennzahlen** aufgestellt. Kennzahlen bilden Strukturen, Prozesse und Ergebnisse in systematisch zusammengefassten Werten ab. Sie liefern (meistens quantitative) Informationen über Zielerreichungsgrade und Wirkungen von Prozessen und Maßnahmen. Diese können sich nach »innen« richten und Ergebnisse in Bezug auf ein bestimmtes Merkmal innerhalb eines spezifischen Zeitraumes deutlich machen. Sie können aber auch durch Außenvergleiche aufzeigen, wo die eigene soziale Einrichtung im Vergleich zu anderen Einrichtungen der Branche steht.

4.4.3 Qualität managen – ausgewählte Konzepte

Im Folgenden sollen die Qualitätsnorm DIN EN ISO 9000ff, das EFQM-Modell und die Selbstevaluation als zentrale Grundkonzepte des Qualitätsmanagements in Sozialunternehmen (Merchel 2004) dargestellt werden. Dabei wird ein Abriss über Relevanz, Ziele, Prinzipien und Aufbau, Verfahren und Umsetzung gegeben. Vorangestellt werden die grundlegenden Ideen des Total Quality Managements (TQM), das als allgemeines Leitprinzip des Qualitätsmanagements gilt und die Grundmodelle des Qualitätsmanagements maßgeblich prägt.

Total Quality Management (TQM)

Mit TQM kam Mitte der 1980er Jahre in westlichen Industriestaaten eine grundlegend neue Sichtweise auf, die sich im Unterschied zu den bisherigen Verfahren der Qualitätskontrolle als nachträgliche Fehlersuche durch die Optimierung von Prozessen zur Fehlervermeidung auszeichnete. »**Total**« steht für einen alle Anspruchgruppen und alle Organisationsbereiche umfassenden Qualitäts-

117

blick: Mitarbeiter, Kunden, Zulieferer (in Sozialunternehmen: Kostenträger und kommunale Leistungsträger) müssen beteiligt und in ihren Ansprüchen berücksichtigt, gesellschaftliche Anforderungen sollen einbezogen werden, der Qualitätsgedanke soll das ganze Unternehmen durchdringen. »**Quality**« meint den Anspruch, fehlerfreie Produkte zu liefern oder bedürfnisgerechte Dienstleistungen zu erbringen und gleichzeitig das Ziel, Kundenzufriedenheit herzustellen und Ressourcen angemessen einzusetzen, technisch optimal ausgestattet zu sein und über eine optimale Prozessstruktur zu verfügen. »**Management**« weist darauf hin, dass Qualitätsentwicklung Führungssache ist und deshalb im Mittelpunkt der Führungstätigkeiten stehen muss. TQM steht mit dieser Ausrichtung für eine Philosophie des qualitätsorientierten Managements. Das strategische und vorbereitende Element dieses Ansatzes ist die Entwicklung von Visionen und Zielen durch das Management, das operative Element beinhaltet die Entwicklung von konkreten und handhabbaren Zielen, die Planung und Umsetzung der darauf aufbauenden Qualitätsmaßnahmen und die Überprüfung der Ergebnisse.

DIN EN ISO 9000:2008

Die Qualitätsmanagementnorm der International Standardization Organization (ISO), die in der 9000er Normenfamilie seine Darstellung findet, wurde 1987 entwickelt. Das Europäische Komitee für Normung (EN) und das Deutsche Institut für Normung (DIN) erkannten diese Norm an. Eine Nutzung der ISO Qualitätsmanagementnormen erfährt in Deutschland den Zusatz DIN EN. Seit Veröffentlichung der 9000er Normenreihe fanden mehrere Revisionen statt (1994, 2000 und 2008), wobei die Revision in 2000 als die grundlegendste bezeichnet werden kann, denn mit ihr wurde der Fokus von den Produkten auf die Prozesse verlagert.

Relevanz: Das ISO-Verfahren ist nicht nur in Wirtschaftsunternehmen, sondern auch in der Sozialen Arbeit ein häufig verwendetes Qualitätsmanagement-Modell. Dies mag zum einen daran liegen, dass es insgesamt eine klare Systematik aufweist und dadurch strukturierend wirkt; zum anderen verdankt sich die häufige Anwendung dieses Modells sicherlich auch seines hohen Bekanntheits- und Anerkanntheitsgrads und seiner Nähe zu den Anforderungen der Kostenträger. Letztgenannte Entsprechungen bestehen bezüglich der strukturellen Bedingungen (z. B. Organigramm und Qualifikationsprofil der Mitarbeiter), im Hinblick auf Unternehmensprozesse (z. B. Kommunikations- und Dokumentationssystem) und schließlich hinsichtlich der Ergebnisdokumentation (z. B. Qualitätsmerkmale und Bewertung der Arbeit) (Rugor/Studzinski 2003).

Ziel: Das mit dem ISO-Modell verbundene Managementsystem soll dazu beitragen, die Qualität in einem Unternehmen zu standardisieren und zu sichern. Dabei geht es nicht um die konkrete Bewertung der Produkte oder Dienstleistungen, sondern vielmehr um eine genaue und systematische Beschreibung und Dokumentation dessen, was das Unternehmen in Bezug auf definierte wichtige Faktoren der Qualitätssicherung tut. Im Fokus stehen die Art und Weise der Berücksichtigung der Kundenbedürfnisse und anderer »Stakeholder«. Damit wird zwar implizit auch über die Qualität des Angebots gesprochen, explizit aber werden lediglich die Qualitäts**prozesse** zur Realisierung dieser Ansprüche dargestellt und überprüft. Unternehmen streben mit der Einführung des Qualitätsmanagements nach den ISO 9000er-Normen in der Regel eine Zertifizierung an. Diese bescheinigt ein funktionierendes und entlang des ISO-Standards konzipiertes Qualitätsmanagementsystem (Vilain 2003). Aber auch eine Selbstbewertung kann auf Grundlage dieser ISO-Normenfamilie erfolgen.

Prinzipien und Aufbau: Die dem neuen ISO 9000er Normensystem zugrunde liegenden Prinzipien korrespondieren mit der TQM-Philosophie der Kundenorientierung und des Strebens nach beständiger Verbesserung. Auch zentrale OE-Prinzipien finden sich hier wieder, wie z. B. der Einbezug der Mitarbeiter und ein systemorientierter Managementansatz. Darüber hinaus wird ein sachbezogener Ansatz zur Entscheidungsfindung sowie Lieferantenbeziehungen zum gegenseitigen Nutzen gefordert. Die ISO-9000er Normenfamilie gliedert sich wie in Abbildung 4.5 dargestellt:

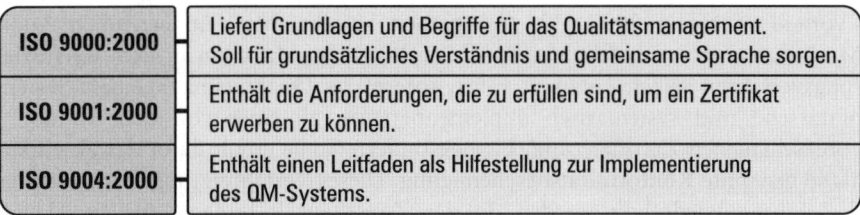

Abb. 4.5: Gliederung des ISO 9000er-Systems
Quelle: Eigene Darstellung

Verfahren: In den Voraussetzungen der Norm 9001:2000 wird ein Regelkreislauf vorgeschlagen, der durch die Realisierung von vier Prozesselementen gekennzeichnet ist:

- **Verantwortung der Leitung:** Hinter diesem Element verbirgt sich nicht nur die Verpflichtung der Unternehmensleitung, das Qualitätsmanagement-System aufzubauen und zu unterstützen, hier werden auch ganz konkrete Maßnahmen einer unternehmerischen Qualitätspolitik eingefordert: die Festlegung von Qualitätsmerkmalen, die Benennung von Qualitätsbeauftragten sowie die Entscheidung über das Herstellen und Anwenden von notwendigen Dokumenten.
- **Ressourcenmanagement** bedeutet die Festlegung von einzusetzenden Ressourcen personeller und sächlicher Art.
- Das Element **Prozessmanagement** umfasst alle Prozesse, die bei der Herstellung des Produktes notwendig sind: Dies reicht von der Ermittlung der Kundenbedürfnisse und der Kommunikation mit den Kunden über Verfahren im Hinblick auf Produktions- und Dienstleistungsvorgänge bis hin zur Lenkung der Fehlerhaftigkeit. Alle dafür notwendigen Ressourcen und Prozessschritte sind hier angesprochen.
- **Messung und Analyse** einerseits und **Verbesserung** andererseits stellen den vierten Themenkomplex dar. Dabei geht es darum, durch Evaluation, interne Audits oder andere Bewertungsverfahren mögliche Abweichungen zwischen den

entwickelten Zielen (z. B. Kundenbedürfnissen) und den realisierten Leistungen zu ermitteln und entsprechend der Ergebnisse die weitergehende »Produktion« so zu verändern, dass »Fehler« vermieden werden. In einem **Qualitätshandbuch** wird das Vorgehen des Unternehmens anhand von bereitgestellten Checklisten in diesen Bereichen beschrieben und dokumentiert.

Umsetzung: Die Umsetzung dieses Qualitätsmanagementsystems bis zur Zertifizierung variiert im Hinblick auf Dauer und Ressourceneinsatz erheblich. Einflussfaktoren wie Größe des Unternehmens, Stand der Qualitätsentwicklung, aber auch Grad der Akzeptanz durch die Mitarbeiter lassen den Prozess bis zur Zertifizierung zwischen einem Jahr und mehr als zwei Jahren andauern. Häufig werden für diesen Prozess externe Berater hinzugezogen. Für die Umsetzung können drei Phasen identifiziert werden: Die erste Phase umfasst die detaillierte Selbstbeschreibung des Unternehmens, in der zweiten Phase wird die im Qualitätshandbuch manifestierte Selbstbeschreibung von der Zertifizierungsstelle geprüft, wobei ggf. durch ein »Voraudit« (Vilain 2003, 32) Gelegenheit besteht, vor dem eigentlich Audit Modifikationen vorzunehmen. Die dritte Phase besteht dann in dem Zertifizierungsverfahren selbst. Letzteres führt, sofern das Qualitätsmanagement-System umfassend und systematisch implementiert ist, zu einer von den Auditoren vorgeschlagenen Zertifizierung. Eine gesonderte Stelle erteilt dann das Zertifikat als so genannte **Konformitätsbescheinigung.** Dieses Verfahren muss nach zwei bis drei Jahren wiederholt werden. In der Zwischenzeit finden jährliche »Überwachungsaudits« statt. Die Umsetzung der ISO-Anforderungen durch einen Selbstbewertungsprozess erfolgt nach einer Beschreibung zur Qualitätserfassung in der Norm 9004. Die dort vorzufindenden Anforderungen weisen eine starke Nähe zum EFQM-Modell auf und müssen u. a. zwingend Auditergebnisse, Kundenrückmeldungen und den Status von korrigierenden Maßnahmen aufzeigen.

EFQM

Das Akronym EFQM steht für »European Foundation of Quality Management«, also für eine Institution, genauer gesagt eine Stiftung. Das EFQM-Modell bezeichnet eine Qualitätsmanagement-Konzeption, die von dieser Stiftung für die Umsetzung des TQM-Gedankens entwickelt wurde (Schmitt/Pfeiffer 2010). Die im Jahr 1988 gegründete Stiftung ist eine Antwort auf umfängliche Qualitätsoffensiven in den USA und Japan, die das Ziel hatten, über die Auslobung von Qualitätspreisen eine kontinuierliche Qualitätsverbesserung in Unternehmen zu fördern und die Wettbewerbsfähigkeit der nationalen Produkte auf dem Weltmarkt zu verbessern. Die EFQM als Institution hat ihren Sitz in Brüssel und hält genauso wie ihre Vorbildinstitutionen aus Übersee auch einen Qualitätspreis vor: den »EFQM Excellence Award« (EQA). Die letzte Modifikation erfuhr das EFQM-Modell im Jahr 2010.

Relevanz: Das EFQM-Modell, das auch als Umsetzungsmodell des TQM-Ansatzes verstanden wird, findet sowohl in vielen Unternehmen der Privatwirtschaft als auch in Sozialunternehmen Anwendung. Es stellt eine international anerkannte Richtlinie für eine umfassende Bewertung der »Qualitätsreife« oder Excellence eines Unternehmens dar und bietet die Möglichkeit, Anerkennung der Qualitätsbemühungen über Qualitätspreise zu erwerben. Das Modell zeichnet sich durch seine explizit gewünschte Gestaltungsvielfalt aus, die der Unterschiedlichkeit von Qualitätsmerkmalen in verschiedenen Geschäfts- und Dienstleistungssphären Rechnung tragen soll. Unbeschadet dessen ermöglichen eine einheitliche Systematik und festgeschriebene Begrifflichkeiten und Hauptkriterien einen Vergleich zwischen Unternehmen. Durch die Orientierung an diesen »Standards« kann der Nachweis über die Einführung eines umfassenden Qualitätsmanagements nach außen gewährleistet werden. Aufgrund der großen Bedeutung der Selbstbewertung im Modell wird häufig der Verdacht geäußert, »blinde Flecken« zu produzieren. Eine externe Bewertung durch Assessoren, die in diesem Modell auch möglich ist, kann diese Skepsis ausräumen. Ein solches Bewertungsverfahren von außen ist allerdings sehr kostenintensiv. Eine andere Möglichkeit zur Sicherung von »Objektivität« besteht in der modellimmanenten Ermittlung von ergebnisrelevanten Kennzahlen, die z. B. im Rahmen von Benchmarking-Verfahren als Qualitätsnachweis verwendet werden. Der Nutzen des Konzepts für Sozialunternehmen wird vor allem in seinen praxisrelevanten Veränderungspotenzialen und in der Steuerbarkeit des Ressourceneinsatzes gesehen (Langnickel 2003).

Ziel: Anliegen des EFQM-Modells ist es, Unternehmen in dem Prozess einer kontinuierlichen Verbesserung zu unterstützen. Damit soll ihr Geschäftserfolg optimiert werden, was in der Sprache des Modells als Weg zur Excellence bezeichnet wird. Der Nachweis von Excellence richtet sich dabei nicht alleine auf unmittelbare Geschäftsergebnisse, sondern schließt auch solche Ergebnisse ein, die als sogenannte Frühindikatoren Aufschluss über zukünftigen möglichen Geschäftserfolg geben. Dies sind z. B. Kundenzufriedenheit, Motivation der Beschäftigten, aber auch gesellschaftsbezogene Komponenten wie Umwelt- und Beschäftigungspolitik des Unternehmens. Mit der Anwendung des EFQM-Modells unterziehen sich die Unternehmen einem systematischen und umfänglichen Selbstbewertungsprozess, durch den sie ihre Stärken wie auch ihre Verbesserungspotenziale ausfindig machen können. Unternehmen, die auf dem Weg zur Excellence bereits fortgeschritten sind und die bereits Anerkennungen erworben haben, können sich um eine Auszeichnung durch den European Excellence Award (EEA) oder durch den deutschen Ludwig-Erhard-Preis (LEP) bewerben.

Prinzipien und Aufbau: Das Modell beschreibt neun Kriterien für die Bewertung von Qualität, die in zwei Kriterienbündel aufgeteilt sind: die **Befähiger-** und die **Ergebniskriterien.** Während vier Ergebniskriterien abbilden sollen, »was« ein Unternehmen bezüglich ihrer Produkte (Schlüsselergebnisse) sowie im Hinblick auf Kunden, Mitarbeiter und die Gesellschaft erreicht hat, stellen fünf Befähigerkriterien dar, »wie« ein Unternehmen zu diesen Ergebnissen gelangt ist. Die beiden Kriterienbündel bilden wiederum ein direktes Bedingungsgefüge, d. h. sie sind eng miteinander verwoben (s. Abbildung 4.6).

Befähigung findet nach diesem Modell durch die Führung und – befördert von dieser – durch Politik und Strategien, Mitarbeiter, Partnerschaften und Ressourcen und Prozesse statt. Beiden dieser Kriterienbündel kommt eine Gewichtung von 50 Prozent bei der Qualitätsbeurteilung zu. Um eine Qualitätsbewertung zu

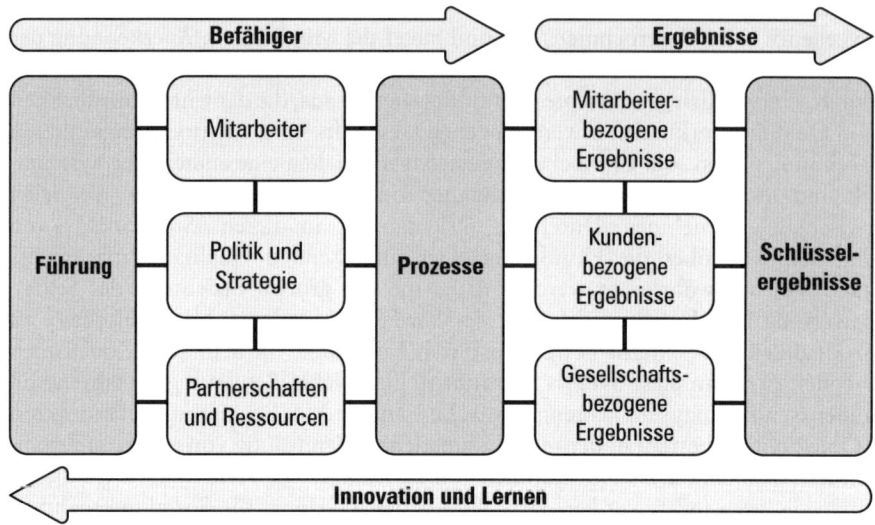

Abb. 4.6: Die EFMQ-Systematik
Quelle: Eigene Darstellung

unterstützen und zu ermöglichen, sind jedem dieser neun Hauptkriterien mehrere Teilkriterien zugeordnet. Diese insgesamt 32 Teilkriterien sind wiederum durch Ansatzpunkte konkretisiert, die aber Vorschlagscharakter haben und branchenspezifisch ausformuliert werden müssen. Die »Grundkonzepte« des EFQM-Modells aber sollen für alle Organisationen gleich welcher Branche, Organisationsform oder Größe gelten. Diese sind:

- Ausgewogene Ergebnisse erzielen
- Kundennutzen mehren
- Mit Vision, Inspiration und Integrität führen
- Mittels Prozessen lenken
- Durch Menschen erfolgreich sein
- Innovation und Kreativität fördern
- Partnerschaften aufbauen
- Verantwortung für eine nachhaltige Zukunft übernehmen.

Verfahren: In der Selbstbeurteilung des EFQM-Modelles werden Stärken und Verbesserungspotenziale in den aufgezeigten Kriterien beschrieben. Eine sogenannte »RADAR-Logik« stellt ein notwendiges Hilfsmittel für diesen Bewertungsprozess dar. RADAR bedeutet, dass Ergebnisse (Results) geplant, Vorgehensweisen (Approaches) erarbeitet, Umsetzungswege (Deployment) konzipiert und schließlich Bewertungen (Assessment) und Überprüfungen (Review) der gesamten Strategie vorgenommen werden müssen (DGQ 2001). Diese Elemente der RADAR-Logik sind mit Attributen versehen, die anzeigen, wie weit ein Unternehmen auf dem Weg zur Excellence ist. So wird etwa in der RADAR-Matrix für die

Befähigerkriterien danach gefragt, ob eine Umsetzung nachweisbar systematisch erfolgt ist. Bei den Ergebniskriterien interessieren z. B. Trends oder Vergleiche mit anderen Organisationen. Der Einsatz der RADAR-Bewertungsmatrix ist verbunden mit einer Vergabe von Realisierungsgraden, die wiederum in Punkte übersetzt werden. Insgesamt können 1000 Punkte erzielt werden: 500 Punkte bei den Befähiger- und 500 Punkte bei den Ergebniskriterien. Die in Addition aller Bewertungspunkte ermittelte Punktzahl gibt an, in welchem Ausmaß, in welchem Reifegrad sich das Unternehmen auf dem Weg zur Excellence befindet. Die Abstufung lautet: »Grundkonzept«, »Anfänge«, »Auf dem Weg« und schließlich »Reife Organisation« (EFMQ 2001).

Umsetzung: Der im EFQM-Modell empfohlene Selbstbewertungsprozess, der nicht nur Stärken und Verbesserungspotenziale zu Tage befördern soll, sondern auch und vor allem dazu dient, Maßnahmen für eine weitere Verbesserung zu formulieren, kann durch unterschiedliche Methoden und mit sehr unterschiedlichem Aufwand erfolgen: Ein Workshop beispielsweise ermöglicht eine Bewertung mit geringem Ressourceneinsatz und als explizit offenem und kommunikativem Prozess. Wenn das Unternehmen den Erwerb von Auszeichnungen anstrebt (Committed to Excellence, Recognizes for Excellence) wird dessen umfangreiche Selbstbewertung von Assessoren und Validatoren vor Ort überprüft. Solche Auszeichnungen erfordern einen Mitteleinsatz zwischen 4000 und 10 000 Euro und werden für zwei Jahre verliehen. Unternehmen, die einen hohen Reifegrad erlangt haben, können sich auch um die bereits oben genannten Preise bewerben.

Selbstevaluation

Evaluation meint eine systematische, kriteriengeleitete und wissenschaftlich fundierte »Bewertung« und kann sich auf nahezu alle Themen des gesellschaftlichen Lebens und Formen des gesellschaftlichen Handelns richten. Evaluation fokussiert Projekte, Strategien, einzelne Handlungen oder ganze Einrichtungen und fragt nach der Passung zwischen Zielen und Aufgabenstellungen auf der einen und Leistungen (Output) bzw. Wirkungen (Outcome) auf der anderen Seite (v. Spiegel 2008). Die unter diesem Fokus durchgeführte Bewertung kann selbst- oder fremdperspektivisch erfolgen: **Selbst**evaluation meint die Bewertung der Leistungen und Wirkungen durch Mitglieder der untersuchten Organisation oder Einheit bzw. durch die Akteure selbst, wohingegen bei der **Fremd**evaluation eine Bewertung von außen durch nicht zur Organisation gehörendes Fachpersonal erfolgt.

Das Konzept der Selbstevaluation als Instrument der Praxisforschung wurde für den Bereich der Sozialen Arbeit Ende der 1980er Jahre von Maja Heiner (1998) konzipiert und von verschiedenen Autoren (u. a. Hiltrud v. Spiegel 2002) weiterentwickelt (v. Spiegel 2008). Im Unterschied zu den oben genannten Konzepten stellt die Selbstevaluation kein umfassendes Qualitätsmanagementsystem dar, sondern kann vielmehr als Instrument der Bewertung professioneller Praxis verstanden werden, das mit (sozial-)wissenschaftlich fundierter Methodik und mit Instrumenten des strategischen Planens und Organisierens eine Weiterentwicklung sozialprofessionelles Handeln unterstützen soll.

Relevanz: Die Evaluation umfassender Projekte, Programme oder ganzer Unternehmen erfolgt im sozialen Bereich bisher vornehmlich in fremdperspektivischer Form (v. Spiegel 2008). Selbstevaluationen zielen eher darauf ab, Teilbereiche oder Teilaspekte im Leistungsspektrum einer Unternehmung sowie kleinere Projekte oder Vorhaben zu begutachten, um daraus Erkenntnisse über das eigene professionelle Handeln zu gewinnen. Beispiele für umfassende Selbstevaluationen finden sich vor allem im öffentlichen Sektor, insbesondere im schulischen Bereich. Als qualitätsorientierte Erhebungs- und Analysemethode spielt die Selbstevaluation in der Organisationsentwicklung eine wichtige Rolle und kann als Instrumentarium in den Phasen des »unfreezing« und »moving« genutzt werden. Auch als Bestandteil einzelner Qualitätsmanagementsysteme kann sie zum Einsatz kommen, so z. B. im EFQM-Verfahren, um die Beschaffenheit der Kundenzufriedenheit abzubilden.

Ziel: Mit einer Selbstevaluation ist das Interesse verbunden, empirisch belegbare Erkenntnisse über die Qualität und Beschaffenheit der eigenen – gemeint sind die organisationalen und sozialprofessionellen – Leistungen zu erlangen und dadurch Hinweise für die »Optimierung« (Spiegel 2008, 147) des eigenen (Alltags-)Handelns zu erhalten. So verknüpft Selbstevaluation das Anliegen der Erfolgskontrolle mit der Frage nach notwendigen Veränderungen und Innovationen. Neben dieser nach innen gerichteten Funktion kann Selbstevaluation auch dem Nachweis der Qualität einer Einrichtung nach außen und so der Legitimierung des eigenen sozialprofessionellen Handelns dienen, indem sie z. B. ein »dokumentierbares Mehr an Daseinsberechtigung im betriebs- und volkswirtschaftlichen Sinne« (König 2007, 54) nachweist. Schließlich vermag Selbstevaluation als spezifische Form der Praxisforschung einen Beitrag zu leisten für die Weiterentwicklung sozialprofessionellen Handelns.

Prinzipien und Aufbau: Der Bewertungsprozess einer Selbstevaluation, der die oben beschriebenen Funktionen erfüllen und valide Ergebnisse hervorbringen soll, weist zentrale Prinzipien der empirischen Sozialforschung auf, insbesondere die möglichst realistische Abbildung der sozialen Wirklichkeit und das systematische, zielgerichtete und kriteriengeleitete Vorgehen (König 2007). Ersteres realisiert sich u. a. durch das Charakteristikum der Selbstevaluation als **Praxisforschung:** die Beteiligung der Betroffenen, in Sozialunternehmen sind das Mitarbeiter, Adressaten und andere »Stakeholder«, und die Berücksichtigung der sozialpolitischen und gesellschaftlichen Rahmenbedingungen des zu betrachtenden Ausschnitts. Zweitgenanntes Prinzip zeichnet ein Verfahren vor, dass verschiedene **begründete** Entscheidungen erfordert: Gegenstand und Ziel(e), Umfang, Instrumente, Beteiligte, Zeit und Ort, Ressourcen und schließlich Verwertung der Ergebnisse müssen festgelegt und geplant werden. Das Verfahren der Operationalisierung des Untersuchungsgegenstands, also das »Herunterbrechen« des Untersuchungsgegenstands in seine »Wert«-Merkmale (Kriterien) und auf Hinweise über Art und Umfang einer Realisierung dieses Wertes (Indikatoren) ist dabei Dreh- und Angelpunkt.

Verfahren: Für das Vorgehen bei einer Selbstevaluation gibt es kein einheitliches Raster, es ist aber von einer sinnvollen und logischen Abfolge verschiedener Entscheidungsschritte auszugehen. Joachim König hat mit seiner »Einführung in die Selbstevaluation« einen »Leitfaden zur Bewertung der Praxis Sozialer

Arbeit« (2007) präsentiert, der die notwendigen Schritte des Planens, Begründens, Durchführens, Aus- und Verwertens einer Selbstevaluation entlang folgender Fragen expliziert:

»1. Warum will ich evaluieren? (Begründungsfrage)
2. Unter welchen Bedingungen kann ich evaluieren? (Bedingungsfrage)
3. Was will ich evaluieren (Gegenstandsfrage)
4. Was genau will ich evaluieren? (Indikatorenfrage)
5. Vor welchem Hintergrund will ich evaluieren? (Kriterienfrage)
6. Wen will ich evaluieren? (Stichprobenfrage)
7. Wie will ich evaluieren? (Methodenfrage)
8. Wie kann ich evaluieren? (Durchführungsfrage)
9. Wie gut kann ich evaluieren? (Qualitätsfrage)
10. Wozu will ich evaluieren? (Verwertungsfrage)« (ebd., eingelegte Karte).

Die Frageform der Schritte macht deutlich, dass eine Selbstevaluation mit Entscheidungen verbunden ist, die einerseits einen umfassenden Zielfindungs- und Nutzenkalkulationsprozess für diese Qualitätsmaßnahme und andererseits eine Auswahl verschiedener methodischer Möglichkeiten erfordern. Das bedeutet, dass das Selbstevaluationsverfahren sehr spezifisch auf die Situation und die Erfordernisse im Unternehmen zugeschnitten werden muss, dass aber auch ein umfangreiches Wissen über die Methoden und Verfahren der empirischen Sozialforschung inklusive deren Auswertungsverfahren in der Organisation vorliegen muss. Gerade weil es sich bei den generierten Daten häufig um qualitative, also einer statistischen Auswertung nicht zugängliche Daten handelt, müssen zulässige Verfahren einer kommunikativen Validierung bei der Interpretation dieses Materials eingesetzt werden. Strategische Planung, Operationalisierung, wissenschaftlich zulässige Erhebung, Aufbereitung und Interpretation der Ergebnisse werden in diesem Verfahren vervollständigt durch die zentrale Frage, die sich eine Praxisforschung stellen muss: Wie können die Ergebnisse für die weitergehende Praxis verwertet werden? Soll Selbstevaluation einen wirklichen Praxisertrag haben, muss diese Frage unweigerlich in eine Maßnahmenplanung zur Verbesserung von Strukturen, Prozessen und/oder professionellen Handlungsmustern münden.

Umsetzung: Selbstevaluation ist ein organisationsintern zu entwickelndes und durchzuführendes Verfahren, das drei Dinge dringend erfordert: zeitliche Ressourcen, fachliches Know-How und Einigkeit innerhalb der Unternehmung über die Notwendigkeit des Verfahrens. Je nach Umfang des Vorhabens ist es ggf. notwendig, eine Koordinierungs- oder Projektgruppe zur Steuerung dieses Prozesses einzusetzen. Dieser Gruppe obliegt es dann, den Konsens im Hinblick auf die Ziele und Zielbereiche der Evaluation herzustellen, die erforderlichen Entscheidungen vorzubereiten und herbeizuführen, Datenerhebungen durchzuführen und einen Auswertungs- und Interpretationsprozess zu gestalten. Ein solcher Prozess kann zeitlich stark variieren (zwischen einigen Monat und eineinhalb Jahren) und erfordert ein gutes Projekt- und Zeitmanagement. Wie bereits erwähnt, ist Selbstevaluation häufig eingebettet in eine umfassende Organisationsentwicklungsmaßnahme oder kann als integraler, Daten erzeugender Bestandteil des Qualitätsmanagements verstanden werden.

Qualitätsmanagementsysteme im Vergleich

Abschließend sollen in Abbildung 4.7 die Ähnlichkeiten und Unterschiede der dargestellten Qualitätsmanagementsysteme in einigen zentralen Komponenten und Bedingungen aufgezeigt werden. Diese Gegenüberstellung ist dabei keinesfalls als »Bewertung« der Modelle gedacht, sondern vielmehr als visuell eingängige Darstellung einiger ihrer Charakteristika. Ein direkter bewertender Vergleich ist schon deshalb nicht geboten, weil die drei Modelle unterschiedliche Ansätze und Zielsetzungen aufweisen.

		ISO	EFQM	SELBSTEVALUATION
Ziel	nach innen	Qualitätssicherung durch Erfüllung von Normen	Qualitätsverbesserung durch Erfüllung von Kundeninteressen	Qualitätsverbesserung durch Bewertung der Praxis
	nach außen	Qualitätsnachweis durch Zertifikat	Nachweis von Exzellenz durch Zertifikat oder Qualitätspreis	Legitimierung durch Nachweis von Wirkungen und Ergebnissen
Handlungsfokus		Verbesserung von Betriebsprozessen und -abläufen durch Normenerfüllung	Verbesserung von Ergebnissen durch Aufdeckung und Bearbeitung von Verbesserungspotenzialen	Verbesserung beruflichen Handelns durch Bewertung von Zielerreichung
Bewertungskriterien		vorgegeben	vorgegeben; Unterkriterien gestaltbar	variabel, selbstentwickelt
Bewertungsinstanz		externe Personen und Institutionen	externe und interne Personen; externe Institutionen	interne Personen
Steuerung des Prozesses		durch fremde Vorgaben	innerhalb des Modellrahmens durch selbstgestaltete Verfahren	vollständig selbstgestaltet
Reichweite und Kontinuität im Unternehmen		umfassend und permanent	umfassend und permanent	Ausschnitte/Teilbereiche; zyklisch
Wissenschaftlicher Hintergrund		Betriebswirtschaft	Betriebswirtschaft	Sozialwissenschaft

Abb. 4.7: Qualitätsmanagementsysteme im Vergleich
Quelle: Eigene Darstellung

4.5   Zwischenfazit

Die Ausführungen in diesem Kapitel folgten dem Anliegen, ein grundlegendes und überblicksartiges Verständnis von OE zu erzeugen. Ein kurzer Abriss über Ziele, theoretische Hintergründe und ideengeschichtliche Wurzeln sollte deutlich machen, dass OE mehr ist als Technologie, indem sie, je nach Ausrichtung, wissenschaftliche Erkenntnisse über Organisationen und deren Gestaltbarkeit transportiert und generiert. Es sollte auch gezeigt werden, dass OE eine Philosophie im Sinne einer Einstellung über die Veränderbarkeit von Organisationen im Allgemeinen und die Veränderungsparameter von Organisationen im Spezifischen darstellt. Entlang der verschiedenen Phasen eines organisatorischen Entwicklungsprozesses wurden dann einige wichtige Instrumentarien, die Technologie von OE, vorgestellt. Schließlich wurden zentrale Realisierungsbedingungen aufgezählt und Gründe dafür benannt, dass Organisationsentwicklungsmaßnahmen vielfach auf Widerstand stoßen. Insgesamt lag diesem Vorgehen die Absicht zugrunde, die »Dreidimensionalität« der OE zu verdeutlichen und zu zeigen, dass OE Veränderungsbereitschaft und -willen, wissenschaftliches und strategisches Vorgehen sowie methodisch-instrumentelles Know-How erfordert. Gleichzeitig sollte gezeigt werden, dass OE zweierlei Ansatzpunkte aufweist: Erstens das Verhalten und die Einstellungen der Organisationsmitglieder und alles, was diese(s) bedingt, und zweitens die Strukturen und Prozesse in Organisationen und alles, was durch diese bewirkt werden kann.

Mit der Aufnahme des Themas Qualitätsmanagement in das Kapitel OE wird die Auffassung transportiert, dass Managen von Qualität eine prominente Rolle unter den der OE zuzuordnenden Managementtechniken einnimmt. Qualitätsmanagement systematisiert und verstetigt Veränderungsprozesse und reduziert damit die Komplexität des Prozesses. In diesem Unterkapitel wurden grundlegende Fragen zum Thema Qualität in Unternehmen der Sozialwirtschaft angesprochen sowie drei mögliche Vorgehensweisen vorgestellt.

Abschließend soll, auch wenn an dieser Stelle keine vertiefte Darstellung der kritischen Auseinandersetzung geleistet werden kann (ausführlich dazu Merchel 2005), auf Grenzen und Herausforderungen der OE aufmerksam gemacht werden.

Erstens: OE als organisationales Lernen, Qualitäts- und Veränderungsmanagement gehört längst zum »normalen Geschäft« von Sozialunternehmen und verbirgt sich hinter einer Vielfalt an Methoden und Techniken, die zwischen strategischem Management und wissenschaftsfundierter Praxisforschung anzusiedeln sind und zum Teil auch unter der Überschrift »Change Management« geführt werden. Ein so verstandener Wandel erfolgt planvoll, stetig und unter Akzeptanz der grundlegenden Prinzipien und Ziele des Unternehmens. Radikale Veränderungen und Umorientierungen in Unternehmen dagegen stehen nicht im Fokus von OE sondern werden als »Organisationstransformationen« bezeichnet und mit revolutionären Prozessen im Lebenszyklus eines Unternehmens in Verbindung gebracht (Schreyögg 2008; Wöhrle 2005).

Zweitens: Die innere Gestaltbarkeit von Sozialunternehmen darf nicht darüber hinwegtäuschen, dass diese Teil der Gesellschaft sind, wie andere Unternehmen auch, und von den dort gültigen Regeln und Interessen prädisponiert werden. OE kann zentrale soziale und ökonomische Rahmenbedingungen nicht überwinden und ist so in ihren Gestaltungsmöglichkeiten begrenzt. Wissen um die Gesetzmäßigkeiten des sozialen und ökonomischen Systems kann helfen, falsche Ansprüche an eine OE zu vermeiden und Veränderungsargumente an der richtigen

Stelle zu platzieren. Gleichzeitig bedeutet dies, dass Anstrengungen, die die Qualität der Sozialen Arbeit verbessern sollen, »bei dem Gesamtsystem der Sozialen Arbeit und nicht bei der bloßen Optimierung organisationsimmanenter Strukturen, Prozesse und Kompetenzen ansetzen [müssen]« (Grunwald/Otto 2008, 253).

Drittens: Die von Becker und Langosch formulierte Zielsetzung der OE, nämlich »den Gegensatz zwischen Individuum und Organisation abzubauen [...] und zwar in der Form, die sowohl dem Individuum als auch der Organisation nützt« (2002, 16) stellt Sozialunternehmen vor die Aufgabe, nicht nur die Interessen der Mitarbeiterinnen, sondern auch die der Adressaten als Koproduzenten der Leistungen zu berücksichtigen. Die Kundenorientierung in den dargestellten Qualitätsmanagement-Systemen weist hier einen Weg. Dennoch gilt es, über weitere Beteiligungsformen nachzudenken.

Literaturverzeichnis

Argyris, Chris; Schön, Donald, A.: Die Lernende Organisation. Grundlagen, Methode und Praxis. 3. Auflage. Stuttgart: Klett-Kotta, 2006.

Becker, Horst; Langosch, Ingo: Produktivität und Menschlichkeit. Organisationsentwicklung und ihre Anwendung in der Praxis. 5. Auflage. Stuttgart: Ferdinand Enke Verlag, 2002.

Beckmann, Christof; Otto, Hans-Uwe; Richter, Martina, Schrödter, Mark (Hrsg.): Qualität in der Sozialen Arbeit. Zwischen Nutzerinteresse und Nutzerkontrolle. Wiesbaden: VS Verlag für Sozialwissenschaften, 2004.

Beckmann, Christof: Qualitätsmanagement und soziale Arbeit. Wiesbaden: VS Verlag für Sozialwissenschaften, 2009.

Bielefelder Arbeitsgruppe 8 (Hrsg.): Soziale Arbeit in Gesellschaft. Wiesbaden: VS Verlag für Sozialwissenschaften, 2008, S. 252–259.

Böllert, Karin: Qualität und Wettbewerb sozialer Dienste. In: Beckmann, Christof; Otto, Hans-Uwe; Richter, Martina, Schrödter, Mark (Hrsg.): Qualität in der Sozialen Arbeit. Zwischen Nutzerinteresse und Nutzerkontrolle. Wiesbaden: VS Verlag für Sozialwissenschaften, 2004, S. 121–132.

Bornewasser, Manfred: Organisationsdiagnostik und Organisationsentwicklung. Stuttgart: Kohlhammer Verlag, 2009.

Boeßenecker et al. (Hrsg.): Qualitätskonzepte in der Sozialen Arbeit. Eine Orientierung für Ausbildung, Studium und Praxis. Weinheim, Basel, Berlin: Beltz, 2003.

DGQ, Deutsches EFQM-Center: Assessorenmodule. Frankfurt/M.: EFQM Publications, 2001.

Engelhardt, Hans Dietrich; Graf, Pedro; Schwarz, Gotthart: Organisationsentwicklung. 2. Auflage. Augsburg: Ziel Verlag, 2000.

Fatzer, Gerhard (Hrsg.): Organisationsentwicklung für die Zukunft. 3. Auflage. Bergisch Gladbach: EHP, 2004.

Fatzer, Gerhard: Organisationsentwicklung und ihre Herausforderungen. In: Fatzer, G. (Hrsg.): Organisationsentwicklung für die Zukunft. 3. Auflage. Bergisch Gladbach: EHP, 2004, S. 13–34.

Gairing, Fritz: Organisationsentwicklung als Lernprozess von Menschen und Systemen. 4. Auflage. Weinheim und Basel: Beltz, 2008.

Grunwald, Klaus: Qualitätsmanagement. In: Maelicke, Bernd (Hrsg.): Lexikon der Sozialwirtschaft. Baden-Baden: Nomos, 2008, S. 819–823.

Grunwald, Klaus; Otto, Ulrich: Soziale Arbeit statt Sozialmanagement. In: Bielefelder Arbeitsgruppe 8 (Hrsg.): Soziale Arbeit in Gesellschaft. Wiesbaden: VS Verlag für Sozialwissenschaften, 2008, S. 252–259.

König, Joachim: Einführung in die Selbstevaluation. Ein Leitfaden zur Bewertung der Praxis Sozialer Arbeit. 2., neu überarbeitete Auflage. Freiburg im Breisgau: Lambertus, 2007.

Kück, Marlene (Hrsg.): Allgemeine Betriebswirtschaftslehre. Grundlagen. 3. Auflage. Berlin: Berlin-Verlag Spitz, 1998.

Langnickel, Hans: Das EFQM-Modell für Excellence – Der Europäische Qualitätspreis. In: Boeßenecker et al (Hrsg.): Qualitätskonzepte in der Sozialen Arbeit. Eine Orientierung für Ausbildung, Studium und Praxis. Weinheim, Basel, Berlin: Beltz, 2003, S. 38–47.

Maelicke, Bernd (Hrsg.): Lexikon der Sozialwirtschaft. Baden-Baden: Nomos, 2008.

Meinhold, Marianne; Matul, Christian: Qualitätsmanagement aus der Sicht von Sozialarbeit und Ökonomie. Baden-Baden: NOMOS, 2003.

Merchel, Joachim: Organisationsgestaltung in der Sozialen Arbeit. Grundlagen und Konzepte ur Reflexion, Gestaltung und Veränderung von Organisationen. Weinheim und München: Votum Verlag, 2005.

Merchel, Joachim: Qualitätsmanagement in der Sozialen Arbeit. Ein Lehr- und Arbeitsbuch. 2. Auflage. Weinheim und München: Votum Verlag, 2004.

Rugor, Regina; Studzinski, Gundula v.: Qualitätsmanagement nach der ISO-Norm. Eine Praxisanleitung für MitarbeiterInnen in Sozialen Einrichtungen. Weinheim, Basel, Berlin: Beltz, 2003.

Senge, Peter: Die fünfte Disziplin. Kunst und Praxis der lernenden Organisation. Stuttgart: Schäffer-Poeschel Verlag, 2008.

Schein, Edgar H.: Organisationsentwicklung – Wissenschaft, Technologie oder Philosophie? In: Trebesch, Karsten (Hrsg.), Organisationsentwicklung. Stuttgart: Klett-Cotta, 2000. S. 19–32.

Schiersmann, Christiane; Thiel, Heinz-Ulrich: Organisationsentwicklung. Prinzipien und Strategien von Veränderungsprozessen. 2. durchgesehene Auflage, Wiesbaden: VS Verlag für Sozialwissenschaften, 2010.

Schmitt, Robert; Pfeifer, Tilo: Qualitätsmanagement. Strategien – Methoden – Techniken. 4. vollständig überarbeitete Auflage. München, Wien: Carl Hanser Verlag, 2010.

Schreyögg, Georg: Organisation. Grundlagen moderner Organisationsgestaltung. 5. überarb. u. erw. Auflage. Wiesbaden: Gabler Fachverlag, 2008.

v. Spiegel, Hildtrud: Methodisches Handeln in der Sozialen Arbeit. 3. Auflage. München, Basel: Ernst Reinhardt Verlag, 2008.

Trebesch, Karsten (Hrsg.): Organisationsentwicklung. Stuttgart: Klett-Cotta, 2000.

Trebesch, Karsten: 50 Definitionen der Organisationsentwicklung – und kein Ende: Oder: Würde Einigkeit stark machen? In: Trebesch, Karsten (Hrsg.): Organisationsentwicklung. Stuttgart: Klett-Cotta, 2000, S. 50–62.

Vahs, Dietmar: Organisation: Einführung in die Organisationstheorie und –praxis. 6. Auflage. Stuttgart: Schäffer-Poeschel Verlag, 2007.

Vilain, Michael: DIN EN ISO 9000ff:2000. In: Boeßenecker et al. (Hrsg.): Qualitätskonzepte in der Sozialen Arbeit. Eine Orientierung für Ausbildung, Studium und Praxis. Weinheim, Basel, Berlin: Beltz, 2003, S. 59–74.

Wimmer, Rudolf: OE am Scheideweg. In: OrganisationsEntwicklung 1, 2004. S. 26–39.

Wöhrle, Armin: Management im Umbruch. In: SOZIALwirtschaft, 2/2008, S. 9–12.

Wöhrle, Armin: Den Wandel managen. Organisationen analysieren und entwickeln. Baden-Baden: Nomos Verlagsgesellschaft, 2005.

129

5 Personalwirtschaft

Arnd von Boehmer und Jürgen Holdenrieder

5.1 Grundlagen

In den Anfängen der Industrialisierung beschränkte sich die Rolle der Personalwirtschaft zumeist darauf, für die Grundfunktionen »Produktion« und »Absatz« eine ausreichende Zahl von Arbeitern zu beschaffen und diese möglichst geräuscharm zu verwalten. Das war die Aufgabe einer Personalabteilung, die sich häufig als verlängerter Arm eines patriarchalisch – im besseren Fall auch fürsorglich – agierenden Eigentümers verstand. Der frühe Begriff des Personalwesens atmet noch heute die statische Behäbigkeit eines vorrangig administrativen Verständnisses: Vor dem inneren Auge taucht mit dem »Personalchef« und seinen »Sachbearbeitern« eine Kultur auf, in der mit behördenähnlicher Akribie Personalakten angelegt und Lohnzettel ausgefüllt werden.

Dies hat sich inzwischen gründlich geändert. Der ehedem bloße Produktionsfaktor Personal, verstanden als Summe aller Menschen, die zu einem Unternehmen in einem bezahlten Arbeitsverhältnis stehen oder sich im gemeinnützigen Bereich bürgerschaftlich engagieren, ist zu einem entscheidenden Erfolgsfaktor geworden. Dies gilt besonders für die Soziale Arbeit, wo die Personalwirtschaft auf besondere und sich wandelnde Rahmenbedingungen trifft. Deutlich wird dies bereits daran, dass Soziale Arbeit traditionell durch eher unbedeutende bzw. bereits ausgereizte technische Innovationen und – von einzelnen Einrichtungen und Diensten abgesehen – einer tendenziell geringen Anlagen- und Sachausgabenintensität geprägt wird. Im Durchschnitt bilden die Personalkosten rund 80 Prozent der Gesamtkosten der Sozialen Arbeit ab (Kreft/Mielenz 2005). In einigen Arbeitsfeldern (z. B. Beratungsstellen) kann der Personalkostenanteil sogar bei rund 90 Prozent liegen, und selbst in den Bereichen mit vergleichsweise höherer Investitions- und Sachausgabenquote (z. B. Behinderten- und Pflegeeinrichtungen) liegt der Anteil noch bei rund 70 Prozent. Hinzu kommt, dass für die Mehrzahl der Sozialunternehmen die Aufgabe, im rauen Wind des Wettbewerbs und der Preisbildung nach Marktlogiken zu bestehen, eine recht neue Erfahrung ist (vgl. Kapitel 1). Dies zwingt viele Träger in eine beschleunigte, teilweise nachholende Modernisierung, wobei etliche Führungskräfte lange Zeit nicht über eine fundierte Qualifikation verfügten, um z. B. komplexe Sozialunternehmen mit einer bedarfsorientierten Personalwirtschaft zu durchweben. Es ergaben sich teilweise bizarre Gleichzeitigkeiten von spätabsolutistischen »Oberschwester-Hildegard-Kulturen« in stationären Einrichtungen und entschleunigten Sozialarbeiterwelten in mancher Beratungsstelle (v. Boehmer 2010), die erst sukzessive überwunden werden mussten.

Bei all diesen Entwicklungen ist zu beachten, dass die Mehrzahl der sozialwirtschaftlichen Akteure – sofern sie nicht der öffentlichen Verwaltung oder dem gewerblichen Bereich zuzurechnen sind – in ihren Gründungsdokumenten (z. B. Satzung oder Gesellschaftsvertrag) zumeist eine Orientierung an den §§ 51 ff. der Abgabenordnung (AO) festgelegt sowie eine Rechtsform gewählt haben, die sie als Non-Profit-Organisation ausweist. In der Regel wird damit auch eine Anerkennung als »gemeinnützig« durch das zuständige Finanzamt angestrebt. Damit überlagert im Handeln eines so verfassten Trägers eine spezifische Mission die ansonsten vorherrschende Gewinnorientierung (Badelt/Meyer/Simsa 2007), die auch auf die Personalwirtschaft ausstrahlt. Da die Mitarbeiter regelmäßig erwarten, dass die karitativen oder humanistischen Werte der Organisation auch für die Arbeitsbeziehungen im Inneren gelten, fordern sie eine mitarbeiterorientierte, demokratische und weitgehend sanktionsfreie Führung ein. Dies geht tendenziell mit einem hohen gewerkschaftlichen Organisationsgrad (Pongratz 2006) einher, der teilweise auch Führungskräfte einschließt und die Bereitschaft beinhaltet, Konflikte unter Nutzung der formellen Mitbestimmungsrechte zur Not konfrontativ zu lösen.

Eine weitere Folge der Gemeinnützigkeit ist die Möglichkeit, auf Personalressourcen zurückzugreifen, die nicht über den Anreiz motiviert sind, mit einer hauptamtlichen vergüteten Tätigkeit ihren Lebensunterhalt zu sichern. Es handelt sich dabei um Teilnehmer an Freiwilligendiensten sowie um Ehrenamtliche, die sich bürgerschaftlich engagieren. Für die Personalwirtschaft ist es wichtig zu erkennen, dass es sich hier um Menschen handelt, die eine ausgeprägte intrinsische Motivation aufweisen, die gegen die Belohnungs- und Sanktionsinstrumente immun ist, welche einem Unternehmen üblicherweise zur Verfügung stehen. In gewisser Hinsicht begründet die latente Drohung des Ehrenamtlichen, seine Leistung bei Nichtgefallen der Einsatzbedingungen einzustellen, eine gegenüber der hauptamtlichen Sphäre inverse Machtkonstellation. So gibt es mit den Freiwilligen innerhalb der Beschäftigten eine Gruppe, die behutsam integriert werden möchte (Nährlich/Zimmer 2000) und schon aufgrund ihrer anders gelagerten Motivationsstruktur die Führungskräfte auf Dauer vor besondere Anforderungen stellt.

Gleichzeitig sind heutzutage Knappheiten zu beobachten, die lange unbekannt waren. Der Mangel an Fachkräften, der sich insbesondere in der Kranken-/ Altenpflege und frühkindlichen Erziehung/Bildung als zeitstabiler Trend abzeichnet, versetzt die Anbieter in Konkurrenz um eine rare Ressource. Wer hier schläft, hat das Nachsehen.

Die hier aufgezeigten Entwicklungen spiegeln auch die Begriffe wider, die allesamt von einem rapiden Bedeutungsaufschwung der Personalfunktion im Unternehmen künden: Schon wer von **Personalwirtschaft** (Olfert 2010) spricht, lässt durchschimmern, dass sie aus seiner Sicht den anderen betriebswirtschaftlichen Funktionen auf Augenhöhe begegnet. Wo von **Personalmanagement** (Knorr/ Offer 1999) die Rede ist, liegt bereits der Verdacht nahe, es könne sich um eine allgemeine Führungsaufgabe handeln, die jenseits der engeren Unternehmensleitung auch anderen Akteuren zukommt und bestenfalls einem gemeinsamen Ziel, einer Personalpolitik, folgen sollte. Beim **Human Resources Management (HRM)** (Burke/Cooper 2007) schließlich weht gar der leicht unterkühlte Wind, der einer

Adaption anglo-amerikanischer Managementkonzepte schon immer auf dem Fuße folgte und heute den Sound der Globalisierung trägt.

Mit der Wahl des Begriffs »**Personalwirtschaft**« verfolgt dieses Kapitel eine klar umrissene Perspektive. Es blickt neben der Rolle einer ausführenden Personalabteilung (Personalverwaltung) vor allem durch die Brille des Managements eines Sozialunternehmens und der dort handelnden Führungskräfte (Eckardstein 2007), die eine – im optimalen Fall bewusst gewählte – **Personalpolitik** verfolgen, die sich von den Unternehmenszielen ableitet und in gleichgerichtete Maßnahmen sowie eine einheitliche Betriebskultur mündet. Dabei wird Personalwirtschaft nicht als eine eindimensionale Aufgabe, der sich exklusiv ein »Chef« und eine ausführende Personalabteilung annehmen, gesehen. Es wird vielmehr davon ausgegangen, dass jeder Führungskraft unabhängig von ihrer fachlichen Expertise und Spezialisierung zusätzlich Teilrollen in der Personalwirtschaft zukommen (Scholz 1994). Danach erscheint Personalwirtschaft als Gesamtheit aller Aufgaben und Maßnahmen, die im Unternehmen dem Ziel dienen, die Ressource menschliche Arbeit sozial und wirtschaftlich zu gestalten.

Bei der Verfolgung dieser Ziele hat die Personalwirtschaft vielfältige Aufgaben zu bewältigen. Diese werden in der Literatur in unterschiedlichsten Formen gegliedert. Häufig erfolgt dabei eine Trennung in prozessbezogene, einsatzbezogene, strukturbezogene und managementbezogene Funktionen (Rahn 2008). Dieses Lehrbuch wählt einen anderen Weg, indem es sich an der chronologischen Abfolge der Aufgaben orientiert, die mit der Beschäftigung eines Menschen in einem Unternehmen einhergehen.

Einige dieser Aufgaben treiben das Unternehmen bereits um, bevor der erste Kontakt zum künftigen Mitarbeiter besteht. Die **Personalplanung** beschreibt hierbei die Dimensionen, in denen einen Unternehmen daran arbeitet, den personalwirtschaftlichen Ist-Zustand in einen Soll-Zustand zu überführen. Besonders wichtig dabei ist die Ermittlung des quantitativen und qualitativen **Personalbedarfs**. Die **Personalbeschaffung** lässt die Unternehmensführung ihren Blick auf interne und externe Arbeitsmärkte richten, verlangt Entscheidungen über Rekrutierungswege und Auswahlinstrumente. Vor dem **Personaleinsatz** werden Arbeitsbedingungen abgeklärt, die sich in den Schranken des Individual- und Kollektivarbeitsrechts bewegen und u. a. Fragen der Entlohnung sowie der Bewirtschaftung der Arbeitszeit regeln. Mit seinem Stellenantritt wird der neue Mitarbeiter Teil einer bestehenden Unternehmensorganisation. Auf ihn wirken dabei Managementprinzipien und Elemente der **Personalführung** ein, die sich zu einer Betriebskultur verdichten. Im Rahmen der **Personalentwicklung** erfährt der Mitarbeiter eine Einarbeitung und Weiterbildung, evtl. auch Beurteilungen und Karriereplanungen sowie Förderungen und Sanktionen. Das Unternehmen sorgt während der Verweildauer des Mitarbeiters für eine ordnungsgemäße **Personalverwaltung** und am Ende dieses personenzentrierten Zyklus steht das Ausscheiden des Mitarbeiters aus dem Unternehmen im Rahmen der **Personalfreisetzung**.

5.2 Personalplanung

Mit der Personalplanung verfolgt das Unternehmen das Ansinnen, einen Blick in die Zukunft des personalwirtschaftlichen Geschehens zu werfen und dieses nach den eigenen Vorstellungen zu modellieren. Als Folge einer guten Personalplanung soll der Ist-Zustand beim Personal so beeinflusst werden, dass zu einem anvisierten Zeitpunkt im Idealfall sämtliche Anforderungen erfüllt werden, welche die übrigen betriebswirtschaftlichen Funktionen an die Personalwirtschaft richten (Haubrock/ Schär 2007), insbesondere die Bereitstellung des Faktors »Arbeit« in passenden Personalmengen und Qualifikationen. Innerhalb der Personalplanung erfolgt zumeist eine Zweiteilung in Personalbestandsplanung und Personalbedarfs-planung.

5.2.1 Personalbestandsplanung

Zu ermitteln, wie sich die Zahl und die Fähigkeiten der Beschäftigten zwischen dem Ausgangs- und einem Zielzeitpunkt entwickeln werden, ist Aufgabe der Personal-bestandsplanung. In **quantitativer** Hinsicht geht es darum, die Personalzugänge und -abgänge für diesen Zeitraum zu antizipieren. Diese können vom Unternehmen aktiv herbeigeführt werden oder sich als Folge autonomer, vom Unternehmen nicht beeinflussbarer Entwicklungen ergeben. Abbildung 5.1 gibt hierzu einen Über-blick:

	Personalzugänge (Nettozunahme der verfügbaren Arbeitszeit)	**Personalabgänge** (Nettoabnahme der verfügbaren Arbeitszeit)
vom Unternehmen herbeigeführt	• Besetzung freier Stellen • Entfristungen • Übernahme von Azubis • Versetzungen • Folgen früherer Vereinbarungen (Stellenantritte, Erhöhungen des Beschäftigungsumfangs)	• Beendigungskündigungen, Auflösungsverträge • Wirksamwerden von Befristungen • Änderungskündigungen • Abordnungen / Versetzungen • Weiterbildungsmaßnahmen
vom Unternehmen nicht beeinflussbar	• Rückkehr aus Langzeitkrankheit • Rückkehr aus Eltern- oder Pflegezeit • Entscheidungen von Arbeitsgerichten	• Eigenkündigung des Arbeitnehmers • Früh- oder Regelverrentung • Berufs- oder Erwerbsunfähigkeit • Reduzierung der Arbeitszeit infolge Teilzeitbegehren • Schwangerschaft / Elternzeit • Nichtbestehen von Prüfungen • Ausscheiden durch Tod

Abb. 5.1: Quantitative Personalzugänge und Personalabgänge
Quelle: Eigene Darstellung nach Olfert 2010, 71

Meist erfolgt die Bestandsplanung in der Einheit »Vollzeit-Kräfte«, die einer vollen Stelle unter Zugrundelegung der betriebsüblichen Wochenarbeitszeit entspricht.

133

Für Teilzeitbeschäftigte oder solche Mitarbeiter, die aufgrund externer Verpflichtungen dem Unternehmen nicht in Vollzeit zur Verfügung stehen (z. B. bei Auszubildenden, die eine Berufsschule besuchen), ist die Veranschlagung nach Stellenanteilen anzuraten, die dem tatsächlichen Beschäftigungsumfang gemäß Arbeitsvertrag oder einer pauschalierten Festlegung folgt, die sich an der durchschnittlichen Anwesenheit orientiert, beispielsweise 40 Prozent bei Auszubildenden. Die vom Unternehmen nicht beeinflussbaren Bestandsveränderungen lassen sich nur im Rahmen intuitiver oder statistikbasierter Hochrechnungen prognostizieren.

In **qualitativer** Hinsicht erscheint es unabdingbar, die Entwicklung der Qualifikation und Fähigkeiten vorherzusehen, die sich aus Personalentwicklungsmaßnahmen (z. B. Fort-/Weiterbildung, Zielvereinbarungen, Coaching), dem Abschluss von Ausbildungen sowie dem Qualifikationssaldo der Zu- und Abgänge (z. B. Qualifikationsverlust durch Abgänge von Hochqualifizierten, für die kein Ersatz zu finden ist) ergeben kann.

5.2.2 Personalbedarfsplanung

Als Folge der Geschäftsentwicklung des Unternehmens sowie seinen strategischen Entscheidungen ergibt sich ein Personalbedarf, der sich

- hinsichtlich seiner Menge an der zu leistenden Arbeit (»workload«) orientiert (**quantitativer Personalbedarf**)
- bezüglich seiner Mischung von unterschiedlichen Qualifikationen aus den Anforderungen der zu leistenden Aufgaben ergibt (**qualitativer Personalbedarf**).

In der Theorie bestehen zahlreiche Verfahren, um zur Ermittlung des **quantitativen** Personalbedarfs eine mathematische Beziehung zwischen anfallender Arbeit und den dazu notwendigen Personalkapazitäten herzustellen. Dazu werden häufig Kennzahlen (z. B. Arbeitszeit pro Bestellung) oder Bemessungsverfahren benutzt, die akribisch die Zeittakte addieren, welche für mechanische Verrichtungen nötig sind (z. B. Handgriffe pro Montageeinheit). In der Sozialen Arbeit spielen diese eine eher untergeordnete Rolle. An ihrer Stelle wird die notwendige quantitative Personalausstattung häufig durch rechtliche Vorgaben oder vertragliche Regelungen mit den Kostenträgern oder öffentlichen Zuschussgebern normiert. Dies geschieht beispielsweise durch (rahmen-)vertraglich vereinbarte Personalschlüssel (etwa § 75 Abs. 3 SGB XI), Vorgabe einer personellen Mindestausstattung, die für eine Zulassung zur Abrechnung (Versorgungsvertrag) vorzuhalten ist, sowie durch Auflagen in Zuwendungsbescheiden oder Regelungsinhalte von Zuwendungsverträgen.

Die in solchen Vorgaben dargestellten Quantitäten beziehen sich in der Regel auf Vollzeitstellen, die sich auch als nicht-natürliche Zahl darstellen lassen (z. B. 2,3 Vollzeitstellen). Einer solchen Betrachtung wohnt eine **Brutto**perspektive inne, was bedeutet, dass es auf den gemäß Arbeitsvertrag vereinbarten Beschäftigungsumfang ankommt (z. B. 70 Prozent, entsprechend 27,3 Wochenstunden; 100 Prozent entsprechen hier 39 Wochenstunden), nicht jedoch auf die tatsächlich zur Erbringung der eigentlichen Dienstleistung verfügbare Netto-Arbeitszeit. Dennoch wird sich auch für manche Sozialunternehmen, deren Geschäftsfeld nicht durch externe Personalvorgaben strukturiert wird, die Notwendigkeit ergeben, von einem gegebenen Arbeitsanfall auf die dazu notwendige Personalmenge schließen zu können – und damit von einer **Netto**perspektive auszugehen. Hierbei ist in der Personalplanung zu empfehlen, zunächst das Verhältnis zwischen der Nettoarbeitszeit, die für tatsächliche Arbeit verwendet werden kann, und der bezahlten, dem vereinbarten Beschäftigungsumfang entsprechenden Bruttoarbeitszeit zu ermitteln. Die folgende Abbildung erläutert das Berechnungsmodell.

Ausgangssituation: Mitarbeiter in Vollzeit, 39 Wochenstunden, 5-Tage-Woche	
Ermittlung der vergüteten Bruttoarbeitszeit:	
Wochenstunden	39,00
damit Arbeitsstunden pro Tag	7,80
Wochen pro Jahr	52,14
Arbeitsstunden brutto /Jahr (39,00 x 52,14)	2.033,57
Ermittlung der Nettoarbeitszeit:	
Arbeitstage brutto (5/7 von 365, gerundet)	261,00
./. gesetzliche Feiertage, nicht Sonntag	11,00
./. Jahresurlaub	30,00
./. Krankheit (z.B. 4% der Bruttoarbeitstage)	10,00
./. Fortbildung	5,00
Arbeitstage netto	205,00
Arbeitsstunden netto / Jahr (205 Tage x 7,80 Stunden)	1.599,00
Brutto-Netto-Relation	**1,27**

Abb. 5.2: Ermittlung Brutto-Netto-Relation bei der Personalbedarfsplanung
Quelle: Eigene Darstellung

Beispielsweise könnte eine Beratungsstelle für Migranten davon ausgehen, in einem Jahr 1800 Beratungsgespräche mit Klienten zu führen. Jede dieser Beratungen dauert (nach Erfahrungswerten) durchschnittlich 45 Minuten. Zusätzlich werden für jede Beratung Zeiten für Vor- und Nachbereitung sowie die Verwaltung der Beratungsstelle von pauschal 80 Prozent der reinen Beratungszeit veranschlagt. Hieraus ergibt sich auf Basis des dargestellten Brutto-Netto-Modells (Basis: 39-Stunden-Woche) folgendes Berechnungsschema bzgl. des pädagogischen Stellenumfangs für die Beratungsgespräche:

- **Nettoarbeitsstunden:** $(1800 \times 0{,}75\,h) \times 1{,}80 = 2430\,h$
- **Bruttoarbeitsstunden:** $2430 \times 1{,}27 = 3086\,h$
- **Vollzeitkräfte:** $3086/2033 = 1{,}52$ VK.

135

Bei der Ermittlung des Personalbedarfs ist es allerdings nicht ausreichend, lediglich die Personalmenge zu betrachten. Zusätzlich muss die Personalplanung auch sicherstellen, dass die zu einem künftigen Zeitpunkt vorhandenen Mitarbeiter die ihnen übertragenen Aufgaben fachlich bewältigen können. Personalbedarfsplanung hat somit auch eine **qualitative** Dimension. Ihr obliegt es dafür zu sorgen, dass der zum richtigen Zeitpunkt am richtigen Ort verfügbare Beschäftigte über eine hinreichende Qualifikation und die nötige Erfahrung verfügt, um den Anforderungen gerecht zu werden, die mit seiner Aufgabe verbunden sind. Ein zentrales Instrument der qualitativen Planung ist die **Stellenbeschreibung**, die idealtypisch personenunabhängig und meist in standardisierter Form die Aufgaben und Ziele der Stelle, die Anforderungen an Qualifikation, Fertigkeiten, Erfahrungen und persönliche Eigenschaften, die mit der Stelle verbundenen Befugnisse, Vollmachten und Verantwortung sowie die Position der Stelle im hierarchischen Gefüge des Unternehmens beschreibt.

Insbesondere bei Tätigkeiten, die sich durch eine hohe Standardisierung abzeichnen und die auf den unteren bis mittleren Hierarchieebenen angesiedelt sind, kann es hinreichend sein, den konkreten Menschen mit seinen Eigenschaften hinter der Bezeichnung des **Berufsbildes** zurücktreten zu lassen und daher bei der qualitativen Planung z. B. lediglich auf eine »Hilfskraft in der Krankenpflege« oder einen »Haustechniker mit Schreinerausbildung« abzustellen. Spätestens bei Führungskräften tritt jedoch neben die Frage »Was muss ein Mitarbeiter können?« das viel entscheidendere Kriterium des »Wie soll der Mitarbeiter sein?«. Hier hilft eine rein qualifikations- und berufsbildbezogene Betrachtung nicht mehr weiter. Es ist nach aller Lebenserfahrung nicht zulässig, aus dem akademischen Hintergrund (»Betriebswirt«) eines Bewerbers für eine Einrichtungsleitung in der Behindertenhilfe auf seine Teamfähigkeit, seinen Führungsstil und seine Fähigkeiten als Motivator zu schließen. Daher tritt für solche Stellen häufig ein **Anforderungsprofil** hinzu, das neben den formalen Aspekten der Qualifikation die Methoden-, Sozial- und Selbstkompetenz beschreibt (Vahs/Schäfer-Kunz 2005).

Besteht im Unternehmen ein Betriebsrat, kann dieser nach § 92 BetrVG verlangen, über eine bestehende Personalplanung unterrichtet zu werden. Außerdem kann er selbst Vorschläge für die Einführung und Durchführung machen, die der Arbeitgeber erörtern, jedoch nicht umsetzen muss.

Gerade in der Sozialwirtschaft ist es nicht selten, dass zusätzliche Verpflichtungen des Trägers im Außenverhältnis wie auch die normative Personalpolitik des Unternehmens selbst in die qualitative Personalplanung hineinwirken. Dies sind beispielsweise

- gesetzlich, vertraglich oder zuwendungsrechtlich basierte qualitative Mindestausstattungen (Fachkraftquote von 50 Prozent; Beratung durch Sozialpädagogen oder Sozialarbeiter als Voraussetzung für die Förderung einer Schwangerschaftskonfliktberatungsstelle)
- die Selbstverpflichtung des Unternehmens zur Förderung von Frauen oder Schwerbehinderten
- das Ziel des Unternehmens, eine ausgewogene Altersstruktur zu erreichen oder aufrechtzuerhalten.

Oben wurde bereits ausgeführt, dass die Personalbestandsplanung erkennen lässt, wie sich der Personalbestand während des Prognosezeitraums durch autonome Entwicklungen verändern wird und welche steuernden Einflussmöglichkeiten das Unternehmen zusätzlich hat. Die Personalbedarfsplanung liefert nun dazu, basierend auf der strategischen Planung, eine exakte Beschreibung der Soll-Situation zum Zielzeitpunkt: Wie viele Mitarbeiter mit welchen Fähigkeiten werden gebraucht? Am Ende des Planungsprozesses gilt es, beide Ergebnisse miteinander in einen Bezug zu setzen. Hieraus wird erkennbar, ob ein Personalüberhang besteht, der abgebaut werden sollte, ob evtl. ein Entwicklungsbedarf für vorhandene Beschäftigte besteht, dessen Realisierung zum Zielzeitpunkt bereits ausreichend wäre, oder ob es gar einen zusätzlichen Personalbedarf gibt, der durch Personalbeschaffung bedient werden muss.

5.3 Personalbeschaffung

5.3.1 Interner und externer Arbeitsmarkt

Bei der Beschaffung von zusätzlicher Arbeitsleistung stehen dem Unternehmen mehrere Wege offen, die sich durch eine unterschiedliche Eingriffstiefe in den Status Quo auszeichnen. Grundsätzlich ist es wirtschaftlich naheliegend, einen künftigen Bedarf aus eigenem Personalbestand heraus zu decken, wodurch externe Beschaffungskosten sowie das zeit- und kostenintensive Heranführen neueingestellter Mitarbeiter an ihre Tätigkeit vermieden werden. Hier spricht man von **interner Beschaffung**.

Zudem hat das Management die Möglichkeit – ohne bestehende Arbeitsverträge anzutasten oder neue Mitarbeiter einzustellen – mit seinen Planungsinstrumenten zu reagieren und z.B. Mehrarbeit/Überstunden anzuordnen. Ist der Bedarf hingegen vorrangig qualitativer Natur, kann das benötigte Qualifikationsniveau im Rahmen der Personalentwicklung mit Fort- und Weiterbildungsmaßnahmen angestrebt werden. Beiden Maßnahmen wohnen natürliche Grenzen inne. Beispielsweise ist das Ausweichen in Mehrarbeit mit dem Zwang verbunden, die Arbeitszeitguthaben wieder abzubauen. Somit kann dieses Instrument nur zur kurzfristigen und zeitlich limitierten Erhöhung der verfügbaren Arbeit eingesetzt werden. Jede intensivere Nutzung kollidiert zudem mit den individuellen Belastungsgrenzen der Arbeitnehmer. Personalentwicklung hingegen gründet sich auf den individuellen Ressourcen der Mitarbeiter. Diese können zwar graduell verbessert, jedoch nicht per Quantensprung neuen Anforderungen angepasst werden. Wo das Ziel der Beschaffung mit deutlich höheren oder anderen Qualifikationen umschrieben ist, kommt Personalentwicklung an das Ende ihrer Möglichkeiten.

Jenseits dieser Restriktionen kann das Unternehmen seine Planungsziele beispielsweise auch mit folgenden Methoden, die allesamt in bestehende Arbeitsbedingungen individueller Arbeitsverhältnisse eingreifen, verfolgen: Versetzungen,

Veränderung betriebsüblicher Arbeitszeiten per Tarifvertrag, sowie die Erhöhung persönlicher Arbeitszeiten bei Teilzeitbeschäftigten.

Aus Transparenzgründen ist der Arbeitgeber dabei angehalten, im Unternehmen zu besetzende Stellen intern bekanntzumachen, damit sich Beschäftigte, die sich dazu motiviert und qualifiziert fühlen, aktiv darum bemühen können. Falls ein Betriebsrat besteht, kann dieser nach § 93 BetrVG eine solche interne Ausschreibung verlangen und durchsetzen.

Im Gegensatz zur internen Personalbeschaffung wendet sich das Unternehmen bei der **externen Beschaffung** an Arbeitnehmer, die ihm bislang nicht angehört hatten. Die Möglichkeiten der hierbei erforderlichen Personalrekrutierung werden im nachfolgenden Abschnitt (s. 5.3.2) thematisiert.

Ein Sonderfall im Arbeitsmarkt ist das **Personalleasing**, auch »**Leiharbeit**« oder »**Zeitarbeit**« genannt. Hierbei werden Arbeitnehmer, die bei einem Verleihunternehmen beschäftigt sind, zeitlich befristet verliehen und beispielsweise in einem Sozialunternehmen für dessen Zwecke eingesetzt. Da diese Überlassung von Arbeitskraft dem privat-gewerblichen Gewinninteresse des Verleihers und der Umsatzsteuerpflicht unterliegt, ist ein solcher Einsatz aus Sicht des Entleihers oftmals kostenintensiver als ein eigener Mitarbeiter. Personalleasing wird daher zumeist zur Abdeckung von anfallenden Arbeitsspitzen oder zur Kompensation von Krankheitsausfällen genutzt und geschieht in der Sozialen Arbeit häufig dort, wo Zwänge zur Sicherstellung betrieblicher Abläufe herrschen, etwa bei der Besetzung von Schichten in der stationären Behinderten- oder Altenhilfe.

Häufig allerdings wird der Einsatz von Zeitarbeit in der Sozialwirtschaft mit **ethischen Argumenten** kritisiert. Dies liegt vorrangig daran, dass das entleihende Unternehmen keinen direkten Einfluss auf die Entlohnungsbedingungen beim Verleiher hat und Leiharbeitnehmer häufig niedriger entlohnt werden als die Stammbelegschaft des Entleihers. Der rechtliche Rahmen, insbesondere das Arbeitnehmerüberlassungsgesetz, haben ein Unterlaufen des Equal-pay-Gedankens in der Praxis durch den Abschluss von Tarifverträgen mit Scheingewerkschaften nicht verhindern können (IG Metall 2011). Teilweise haben auch namhafte sozialwirtschaftliche Akteure mit Ausgliederungen eigener Tochterfirmen, die als Verleihunternehmen ihre Beschäftigten an ihre Mutter zurückverleihen, Rechtskonstruktionen gewählt, die erkennbar auf das Ziel Lohndumping angelegt sind (Spiegel Online 2011).

5.3.2 Personalrekrutierung

Soll ein Personalbedarf extern gedeckt werden, muss das suchende Unternehmen zunächst entscheiden, ob die Personalrekrutierung in **Eigenregie** ablaufen oder aber die Beauftragung einer gewerblichen **Personalberatung** erfolgen soll. Der letztgenannte Weg wird meist nur dann gewählt, wenn sehr ausdifferenzierte, höher qualifizierte Anforderungen an die zu besetzende Funktion bestehen oder aber die Anbahnung besondere Diskretion verlangt.

Optiert das suchende Management für eine Rekrutierung in Eigenregie, muss es ein **Signal senden**, das auf einem Arbeitsmarkt gehört und verstanden wird. Zur Verbreitung seiner Botschaft stehen ihm klassische Instrumente, wie beispielsweise

Stellenanzeigen in Print-Produkten, kostenlose Vermittlungsaufträge an die Bundesagentur für Arbeit sowie die Direktansprache von Potenzialträgern zur Verfügung. Zusätzlich nutzen viele Sozialunternehmen auch modernere Instrumente wie beispielsweise Stellenanzeigen im Internet (u. a. Jobbörsen, lokale Märkte, Suchmaschinen), das Sichten von Stellengesuchen im Internet (u. a. Soziale Netzwerke), Radiospots, Kontakte zu Hochschulen und Berufsschulen (u. a. Campus Recruiting), Messepräsenzen (u. a. Fach- und Ausbildungsmessen) sowie die Abwerbung durch sogenannte »Headhunter«. Alle Aktivitäten des Unternehmens bei der Personalsuche müssen infolge des Allgemeinen Gleichbehandlungsgesetzes (AGG) diskriminierungsfrei sein, dürfen also keine Benachteiligungen aufgrund des Geschlechtes, Alters, einer Schwerbehinderung oder sexuellen Orientierung enthalten, die sich nicht zwingend aus dem Tätigkeitinhalt ergeben.

Die Arbeitsmärkte, auf welche die Rekrutierungsbemühungen sozialwirtschaftlicher Akteure abzielen, sind zudem durch eine besonders intensive **informelle Vernetzung** potenzieller Bewerber gekennzeichnet. Erzieher, Pädagogen oder Pflegende bilden – teilweise auch über ihre Berufsverbände organisiert – szeneartige Netzwerke, in denen sich Informationen über freie Stellen – aber auch schlechte Erfahrungen mit einzelnen Arbeitgebern – schnell verbreiten.

Die Erfolgsaussichten der Rekrutierung hängen somit vor allem davon ab, dass das Unternehmen unter den Nachfragern von Arbeit bereits ein positives Image als Arbeitgeber aufgebaut hat, das zum Beispiel genährt wird

- aus der Strahlkraft einer etablierten oder der Coolness einer innovativen Marke
- aus einer politischen oder sozialen Mission (und deren Glaubwürdigkeit)
- aus attraktiven »harten« Arbeitsbedingungen (Gehalt, Urlaub, Vergünstigungen)
- aus attraktiven »weichen« Faktoren (Betriebsklima, Führungskultur).

Viele Arbeitgeber der Sozialwirtschaft, die auf heute ausgedünnte Arbeitsmärkte zugreifen möchten, haben sich hierfür bereits mit einem eigenen Personalmarketing, das ihre Attraktivität und Alleinstellungsmerkmale herausarbeitet, in Position gebracht.

5.3.3 Personalauswahl

Am Anfang eines in die Anbahnung einer Beschäftigung mündenden Kontakts steht die Bewerbung. Diese kann mündlich erfolgen, wird jedoch in aller Regel spätestens infolge einer Aufforderung des potenziellen Arbeitgebers schriftlich eingereicht. Die **Bewerbungsunterlagen** sollten ihrem Adressaten ermöglichen, sich ein umfassendes Bild zur Persönlichkeit, Qualifikation und den Erfahrungen des Bewerbers zu machen. Sie beinhalten zumindest

- ein Anschreiben, das die angestrebte Stelle und Beweggründe der Bewerbung benennt

- einen Lebenslauf, der neben biografischen Daten die Stationen der Aus- und Weiterbildung sowie bisherige Beschäftigungsverhältnisse enthält
- Qualifikationsnachweise (Abschlusszeugnis von Schule und Hochschule, Berufsurkunden)
- Arbeitszeugnisse
- ggf. Arbeitsproben.

Das früher obligatorische **Lichtbild** wird neuerdings immer stärker hinterfragt, da es zu Beurteilungsfehlern verleiten und einer diskriminierungsfreien Auswahl entgegenstehen kann. In Deutschland ist es noch üblich, aber beispielsweise in den USA bereits unzulässig.

In einem ersten Schritt werden die für die Auswahl Verantwortlichen die Bewerbungsunterlagen einer **Analyse** unterziehen. Dabei wird die formale Übereinstimmung mit den Anforderungen (Stellenbeschreibung, Anforderungsprofil) geprüft, aber auch häufig eine – intuitiv geleitete – kategorisierende Gesamteinschätzung der Person getroffen, die sich in Attributen wie »leistungsorientiert«, »langweilig«, »Überflieger«, »Blender« niederschlagen.

Den **Arbeitszeugnissen**, die ein Bewerber einreicht, kommt bei der Auswahl eine besondere Bedeutung zu, da sie in komprimierter Form erkennen lassen, wie frühere Arbeitgeber die Arbeitsqualität sowie das Leistungs- und soziale Verhalten bewertet haben. Daher hat sich die **Zeugnisanalyse** zu einer eigenen Disziplin entwickelt, der häufig das Image einer Geheimwissenschaft anhängt, weil es darum gehe, die Codes der Verfasser zu knacken (s. 5.8.5). Bei Zweifeln am Aussagehalt eines Arbeitszeugnisses ist es durchaus möglich, persönlichen Kontakt mit dem alten Arbeitgeber aufzunehmen und so eine Referenz einzuholen. Dieser muss sich jedoch nicht äußern, wenn er nicht möchte. Macht er es dennoch, müssen seine Äußerungen wahr und berufsfördernd sein; sie dürfen die Aussagen im Arbeitszeugnis nicht relativieren oder ihnen gänzlich zuwiderlaufen.

Nach eingehender Prüfung der Bewerbungen wird der Personalverantwortliche – ggf. in mehreren Schritten – eine **engere Auswahl** treffen und damit den Kreis derjenigen Bewerber umreißen, die zu einem Orientierungs- und Kennenlerngespräch (**Bewerbungsgespräch**) eingeladen werden. Hierbei kommt es darauf an, den aus den schriftlichen Unterlagen gewonnenen Eindruck zu überprüfen und um Eindrücke vom Ausdrucks- und Sozialverhalten des Bewerbers zu ergänzen (Moos/Peters 2008).

In Abhängigkeit von den Anforderungen der zu besetzenden Stelle kann es sinnvoll sein, zusätzliche Testverfahren einzubeziehen, die Aufschluss über die kognitiven Leistungen, das rhetorische Ausdrucksvermögen, die Stressresistenz oder andere bestimmte Persönlichkeitsmerkmale geben können. Ein mit dieser Zielsetzung elaboriertes und seit den 1990er-Jahren weit verbreitetes Instrument ist das **Assessment-Center**, das zahlreiche Methoden der Eignungsdiagnostik, z. B. auch Präsentationen, Rollenspiele und Gruppendiskussionen enthält. Da dieses von den meisten Unternehmen kaum methodensicher beherrscht wird, bietet sich hier eine Kooperation mit einer Personalberatung oder spezialisierten Unternehmensberatung an.

Aus der Sozialpsychologie ist bekannt, dass die Beurteilung von Personen bestimmten systematischen **Beurteilungsfehlern** unterliegen kann (Bisani 1995), etwa

- dem Primacy-Effekt (nach dem zuerst wahrgenommene Eindrücke die nachfolgenden überstrahlen)
- dem Recency-Effekt (nach dem zuletzt wahrgenommene Eindrücke die früheren überstrahlen)
- dem Halo-Effekt (nach dem eine überstrahlende Primäreigenschaft zu Schlüssen auf andere Eigenschaften verleitet)
- einer impliziten Persönlichkeitstheorie (die dazu führt, dass eigene Annahmen des Beurteilers über Zusammenhänge von Persönlichkeitsmerkmalen zu Fehlschlüssen und Kategorisierungen in »Schubladen« führt)
- einer Beurteilung nach Ähnlichkeit zur eigenen Person (ähnliche Eigenschaften des zu Beurteilenden werden als »sympathisch« beurteilt).

Eine Personalauswahl, die sich gegen Beurteilungsfehler nicht immunisiert, kann zu dysfunktionalen Entscheidungen führen. Zur Neutralisierung ihres Einflusses ist es zunächst notwendig, dass der mit der Auswahl betraute Personalverantwortliche sich dieser Fehlerquellen bewusst ist und daher seine sich in Bezug auf einzelne Bewerber herausbildende Beurteilung ständig reflektiert, etwa mit der Frage »Würde ich seine Qualifikation ebenso hoch einschätzen, wenn er nicht – wie ich auch – aus Köln stammte?« Ferner sollte bei wichtigen Auswahlentscheidungen mindestens ein Vier-Augen-Prinzip gelten, da die Gefahr, dass zwei oder mehr Auswählende in Bezug auf dieselbe Person für denselben Beurteilungsfehler disponiert sind, eher gering ist. Schließlich kann es hilfreich sein, die Auswahl in mehreren, zeitversetzten Schritten durchzuführen und dabei die Reihenfolge der Bewerber gezielt zu variieren.

5.3.4 Anbahnung eines Arbeitsverhältnisses

Wenn das Ergebnis der Personalauswahl feststeht, wird es dem Bewerber in der Regel zunächst mündlich mitgeteilt – auch um zu eruieren, ob das Interesse an einer Anstellung von dessen Seite unverändert besteht. Soweit es noch nicht Gegenstand der Bewerbungsgespräche war, wird spätestens zu diesem Zeitpunkt eine Absprache über **wesentliche Inhalte** des Arbeitsverhältnisses getroffen, die in einen späteren Arbeitsvertrag einfließen sollen, etwa über

- die genaue Aufgabe und den Einsatzort
- den Beginn der Tätigkeit, eine Probezeit und eine eventuelle Befristung
- eine eventuelle Einbeziehung des Arbeitsverhältnisses in einen Tarifvertrag
- die materielle Ausstattung, d.h. Gehalt, Firmenwagen, betriebliche Altersversorgung
- die immateriellen Bedingungen, d.h. Wochenarbeitszeit, Überstundenregelungen, Urlaubsansprüche

- Fortbildungsansprüche
- Kündigungsfristen.

Eine in diesem Zusammenhang gegebene mündliche Zusage des Arbeitgebers im Sinne der Aussage »wir haben uns für Sie entschieden« entfaltet noch keine arbeitsrechtliche Verbindlichkeit. Anders sieht es jedoch aus, wenn dem Bewerber eine schriftliche Einstellungszusage gegeben wurde. Diese wird der Bewerber üblicherweise dann erbitten, wenn er vor Stellenantritt ein bestehendes Arbeitsverhältnis beim vorherigen Arbeitgeber lösen muss. Anhand einer schriftlichen Einstellungszusage kann der Bewerber, falls sich der Zusagende daran später nicht mehr halten möchte, auf Abschluss eines Arbeitsvertrages klagen.

Der **Arbeitsvertrag** ist das wichtigste Instrument des Individualarbeitsrechts und dient der schriftlichen Fixierung der verabredeten Arbeitsbedingungen. In der Regel wird ein solcher daher mit einem deutlichen zeitlichen Vorlauf vor der Aufnahme der neuen Tätigkeit geschlossen. Gleichwohl ist die Schriftform keine Wirksamkeitsvoraussetzung für das Zustandekommen eines Arbeitsverhältnisses: Auch wer einem Arbeitnehmer die Aufnahme einer Tätigkeit ohne Arbeitsvertrag gestattet, begründet damit ein Arbeitsverhältnis. Er hat dann als Arbeitgeber lediglich gemäß § 2 des Nachweisgesetzes (NachwG) eine schriftliche Niederlegung der Arbeitsbedingungen nachzuholen.

Von Bedeutung ist die Schriftform besonders für die Frage, ob ein Arbeitsverhältnis wirksam befristet werden kann. Nach dem **Teilzeit- und Befristungsgesetz (TzBfG)** ist es Arbeitgebern möglich, neue Arbeitsverhältnisse befristet abzuschließen. Falls der neueingestellte Mitarbeiter nie zuvor im Unternehmen beschäftigt war, ist dies auch ohne Vorliegen eines Sachgrundes für bis zu 2 Jahre möglich; in diesem Zeitraum sind bis zu drei Verlängerungen zulässig (§ 14 Abs. 2 TzBfG). Lag eine Vorbeschäftigung vor oder sind die 2 Jahre einer sachgrundlosen Befristung ausgeschöpft, kann unter Bezugnahme auf den Katalog der Befristungsgründe in § 14 Abs. 1 TzBfG eine Befristung mit Sachgrund erfolgen. Erleichterte Befristungsmöglichkeiten gelten zudem für ältere und zuvor arbeitslose Beschäftigte (§ 14 Abs. 3 TzBfG). Eine Befristung ist jedoch nur wirksam, wenn diese schriftlich vereinbart wurde (§ 14 Abs. 4 TzBfG). Falls die Schriftform fehlt oder fehlerhaft ausgestaltet wurde, liegt nach ständiger Rechtsprechung ein unbefristetes Arbeitsverhältnis vor.

5.4 Personaleinsatz

5.4.1 Arbeitsrecht als Ordnungsrahmen

Die Gestaltungsmöglichkeiten und Grenzen der Personalwirtschaft werden maßgeblich von den Normen des Arbeitsrechts vorgegeben. Nicht alle Maßnahmen, die aus Sicht des Unternehmens beispielsweise als Ergebnis seiner strategischen Planung oder ökonomischer Zwänge als wünschenswert erscheinen (z. B. Lohnsummen-senkung um 5 Prozent zur Erreichung von Sanierungszielen), sind ohne weiteres auch zu erreichen, weil etwa vertragliche Bindungen oder Mitbestimmungsrechte der Beschäftigten dagegenstehen. Gesetzt werden die Normen des Arbeitsrechts

- als **formelles** Recht in **Gesetzen** der Legislative (im Fall von Bundesrecht durch den Deutschen Bundestag)
- als **materielles** Recht in **Verordnungen** seitens ermächtigter Akteure der Exe-kutive (z. B. Bundesministerium für Arbeit und Soziales)
- durch **Entscheidungen der Arbeitsgerichte** (Arbeitsgericht, Landesarbeits-gericht, Bundesarbeitsgericht).

Da die Regelungsdichte des formellen und materiellen Arbeitsrechts zwar hoch ist, jedoch noch längst nicht für jeden Streitfall zwischen Arbeitgebern und Arbeit-nehmern eine Antwort bereithält, spielt das sogenannte »Richterrecht«, also die Konkretisierung von formellen und materiellen Normen durch die Rechtsprechung der Arbeitsgerichte, eine große Rolle. Besondere Bedeutung haben hierbei regel-mäßig die Leitsätze der Entscheidungen des Bundesarbeitsgerichts (BAG). Der üblicherweise als letzter Akt der erfolgreichen Anbahnung eines neuen Arbeits-verhältnisses geschlossene schriftliche Arbeitsvertrag ist also eine wichtige, aber nicht die einzige Rechtsquelle, welche die Arbeitsbedingungen der Beschäftigten eines Unternehmens definiert.

Das Arbeitsrecht lässt sich gliedern in ein **Individualarbeitsrecht**, das den Arbeitnehmer als Einzelperson und sein Rechtsverhältnis zum Arbeitgeber in den Fokus nimmt, sowie ein **Kollektivarbeitsrecht**, welches die rechtlichen Bezie-hungen zwischen den Sozialpartnern regelt. Abbildung 5.3 veranschaulicht diese Systematisierung.

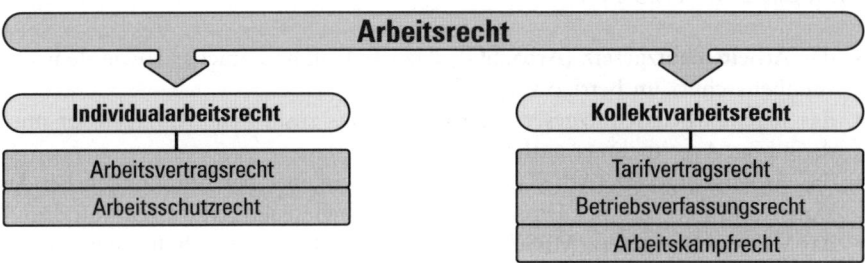

Abb. 5.3: Gliederung zum Arbeitsrecht
Quelle: Eigene Darstellung

Individualarbeitsrecht

Das **Recht der Arbeitsverträge**, also die Frage, welche Regelungen in einem Arbeitsvertrag wirksam vereinbart werden können, ergibt sich aus dem Zusam-menwirken zahlreicher Normen. Diese sind insbesondere

143

- die §§ 611–630 des **Bürgerlichen Gesetzbuches (BGB)**, welche die Rechte und Pflichten des sogenannten Dienstvertrages, u. a. auch die gesetzlichen Kündigungsfristen beschreiben
- der Titel VII der **Gewerbeordnung (GewO)**, die in § 106 das sogenannte Direktionsrecht definiert, nach dem der Arbeitgeber nach »billigem Ermessen« (also nicht willkürlich) Weisungen erteilen darf
- das **Handelsgesetzbuch (HGB)**, das in den §§ 59–83 das Vertragsrecht für »Handlungsgehilfen« und »Handlungslehrlinge« umreißt, darunter die Fürsorgepflicht des Arbeitsgebers
- das **Kündigungsschutzgesetz (KSchG)**, das vorrangig formale und inhaltliche Anforderungen an eine zulässige Kündigung des Arbeitgebers umreißt
- das **Bundesurlaubsgesetz (BurlG)**, das Vorgaben zum Urlaubsanspruch und zur Urlausgewährung enthält
- das **Entgeltfortzahlungsgesetz (EntgFG)**, das die Fortzahlung der Bezüge im Krankheitsfall regelt
- das **Teilzeit- und Befristungsgesetz (TzBfG)**, das in den §§ 8, 9 subjektive Ansprüche von Arbeitnehmern zur Veränderung ihres Beschäftigungsumfangs und in § 14 die Möglichkeit zur Befristung von Arbeitsverhältnissen vorsieht
- das **Pflegezeitgesetz (PflegeZG)**, das Arbeitnehmern seit 2008 zur Pflege naher Angehöriger eine kurzfristige Verhinderung (mit Entgeltfortzahlung) und/oder eine bis zu 6-monatige unbezahlte Pflegezeit zugesteht
- das auf die Vermeidung von Diskriminierung abzielende **Allgemeine Gleichbehandlungsgesetz (AGG)**.

Beim **Arbeitsschutzrecht** geht es darum, den Arbeitnehmer vor gesundheitlichen Gefahren zu schützen, die sich aus seiner Tätigkeit ergeben können. Zusätzlich werden für besondere Lebenslagen Schutz- und Leistungsansprüche definiert. Die wichtigsten Normen sind hier

- das **Arbeitsschutzgesetz (ArbSchG)**, das der Gefahrenabwehr sowie dem Gesundheitsschutz im Betrieb verpflichtet ist
- das **Jugendarbeitsschutzgesetz (JArbSchG)**, das zusätzliche Auflagen für minderjährige Arbeitnehmer enthält
- das **Arbeitszeitgesetz (ArbZG)**, das dem Arbeitgeber Beschränkungen bei der Dauer und Lage der per Direktionsrecht angewiesenen Arbeitszeit auferlegt
- das **Mutterschutzgesetz (MuSchG)**, das Schutzrechte und Beschäftigungsverbote für werdende Mütter verfügt
- die **Reichsversicherungsordnung (RVO)**, die in den §§ 195 ff. Leistungen bei Schwangerschaft und Mutterschaft definiert
- das **Bundeselterngeld- und Elternzeitgesetz (BEEG)**, seit 2007 Anspruchsgrundlage für eine berufliche Babypause und gleichzeitigen Bezug von einkommensabhängigem Elterngeld
- das **Bundesdatenschutzgesetz (BDSG)**, das den Arbeitgeber bei der Verwendung personenbezogener Daten des Arbeitnehmers beschränkt.

Regelungen im Arbeitsvertrag, die für den Arbeitnehmer ungünstiger sind als die aus Gesetz oder Verordnung resultierenden Vorgaben, sind unwirksam. Dies hat zur Folge, dass sie den Arbeitnehmer dann nicht binden.

Manche Normen lassen jedoch eine abweichende – auch ungünstigere – Vereinbarung ausdrücklich zu. So muss etwa der Arbeitgeber nach § 12 Abs. 2 des Teilzeit- und Befristungsgesetzes (TzBfG) einem »auf Abruf« arbeitenden Mitarbeiter einen solchen Abruf mindestens 4 Tage vorher mitteilen, andernfalls ist der Mitarbeiter nicht zur Arbeitsaufnahme verpflichtet. Von dieser Ankündigungsfrist kann der Arbeitgeber nach § 12 Abs. 3 TzBfG auch zuungunsten des Arbeitnehmers abweichen (also eine kürzere Abruffrist setzen), wenn dies in einem anzuwendenden Tarifvertrag so vereinbart ist.

Häufig kommt es auch vor, dass mehrere auf ein Arbeitsverhältnis einwirkende Rechtsquellen zu derselben Frage eine voneinander abweichende Antwort geben. Hierfür hat die Rechtsprechung mit dem sogenannten **Günstigkeitsprinzip** eine Kollisionsregel geschaffen, die dazu führt, dass sich der Arbeitnehmer in diesem Fall auf die für ihn vorteilhafteste Regelung berufen kann. Beispielsweise möchte ein im Bereich der Suchthilfe eines Wohlfahrtsverbandes angestellter Sozialpädagoge herausfinden, wie hoch sein jährlicher Urlaubsanspruch ist. Dazu lassen sich folgende Regelungen finden:

- Aus § 3 des Bundesurlaubsgesetzes ergibt sich für eine Tätigkeit in der 5-Tage-Woche ein Urlaubsanspruch von 20 Tagen
- Der für den Wohlfahrtsverband gültige und auf das Arbeitsverhältnis anwendbare Tarifvertrag sieht einen Urlaubsanspruch von 27 Tagen vor
- Im Arbeitsvertrag des Sozialpädagogen steht, dass der Urlaubsanspruch 30 Tage beträgt.

Auf Grundlage des Günstigkeitsprinzips ergibt sich hier ein tatsächlicher Anspruch von 30 Tagen.

Kollektivarbeitsrecht

Im Unterschied zum Individualarbeitsrecht, das die rechtlichen Beziehungen zwischen dem einzelnen Beschäftigten und seinem Arbeitgeber regelt, betrachtet das Kollektivarbeitsrecht die Beziehungen zwischen den sogenannten **Sozialpartnern**, also in Betriebsräten oder Gewerkschaften verfassten Gruppen von Arbeitnehmern und ihrem Gegenüber in Gestalt des Unternehmens oder eines Arbeitgeberverbands. Ziel der kollektivrechtlichen Normen ist es, notwendigen Aushandlungsprozessen zwischen den gegensätzlich angelegten Interessen (z.B. bei Entlohnungsfragen) einen geordneten Rahmen zu geben. Die Akteure beider Seiten können sich dabei auf die in Art. 9 Abs. 3 des Grundgesetzes (GG) verbriefte Koalitionsfreiheit berufen, die es ermöglicht, zur Durchsetzung der jeweiligen Interessen Zusammenschlüsse zu bilden.

Das zentrale Instrument zur vertraglichen Fixierung von Mindeststandards für Arbeitsbedingungen zwischen einem Unternehmen und seinen Beschäftigten ist der

Tarifvertrag (TV), dessen Zustandekommen und Wirkung im **Tarifvertragsgesetz** (TVG) beschrieben ist. Danach können Tarifverträge geschlossen werden zwischen

- einem einzelnen Unternehmen oder einem Arbeitgeberverband und
- einer bzw. mehreren Gewerkschaften.

Tritt die Tarifbindung infolge der Mitgliedschaft des Unternehmens in einem Arbeitgeberverband ein, der Vertragspartner der Gewerkschaft(en) beim Abschluss des Tarifvertrags ist, handelt es sich um einen **Verbandstarifvertrag**. Er gilt in der Regel für mehrere Unternehmen, die im gleichen Geschäftsfeld tätig sind. Davon zu unterscheiden ist ein **Haustarifvertrag** (synonym: Firmentarifvertrag), der nur für das vertragschließende Unternehmen gilt und meist direkt mit der/den Gewerkschaft(en) vereinbart wird. Der Abschluss eines Tarifvertrages ist für beide Seiten – da keine gesetzliche Verpflichtung besteht – grundsätzlich freiwillig, kann jedoch von der gewerkschaftlich organisierten Arbeitnehmerschaft mit Mitteln des Arbeitskampfes (z. B. Warnstreik, Streik), erzwungen werden. Zur oft strittigen Zulässigkeit der wechselseitigen Kampfmaßnahmen, insbesondere der »Aussperrung« als Kampfmaßnahme des Arbeitgebers, hat sich auf Grundlage des Art. 9 Abs. 3 GG (Koalitionsfreiheit) durch die Rechtsprechung, ein enges Korsett von Vorgaben als »**Recht des Arbeitskampfes**« herausgebildet. Formelle Gesetze, die etwa dem Streikrecht oder legitimen Abwehrmaßnahmen eine detaillierte Kontur geben, sucht man daher vergeblich.

Der Tarifvertrag entfaltet seine Bindungswirkung zunächst nur für das Unternehmen und diejenigen seiner Beschäftigten, die einer vertragsschließenden Gewerkschaft als Mitglied angehören. Es ist jedoch möglich – und in Unternehmen der Sozialwirtschaft aufgrund ethisch motivierter **Gleichbehandlungsziele** de facto üblich – alle Beschäftigten im Rahmen einer arbeitsvertraglichen Verweisung auf den Tarifvertrag unabhängig von ihrer Mitgliedschaft in der Gewerkschaft gleichzubehandeln. Damit wird die Gültigkeit des Tarifvertrags auch für nicht originär tarifgebundene Arbeitsverhältnisse vereinbart, so dass die Mitgliedschaft in der Gewerkschaft für die gewährten Arbeitsbedingungen keine Rolle mehr spielt. Für die Gewerkschaften selbst hat dies die Folge, dass der Anreiz zur gewerkschaftlichen Bindung aus Sicht des Arbeitnehmers geringer wird.

Grundsätzlich waren die Arbeitsbedingungen bei den öffentlichen und freigemeinnützigen Trägern der Sozialwirtschaft über Jahrzehnte vom Tarifvertrag des öffentlichen Dienstes, dem **Bundes-Angestelltentarifvertrag (BAT)** geprägt. Diejenigen Träger der Sozialen Arbeit, welche der öffentlichen Verwaltung zuzurechnen sind, lagen automatisch im Geltungsbereich des BAT, wodurch dieser dort eine jahrzehntelange verbindliche Prägung entfalten konnte. Infolge des Besserstellungsverbots, das sich aus den Landeshaushaltsordnungen (LHO) ableitet und den Empfängern öffentlicher Zuwendungen untersagt, eigenen Mitarbeitern bessere Arbeitsbedingungen zu gewähren als vergleichbaren Beschäftigen des öffentlichen Dienstes, hatten die meisten frei-gemeinnützigen Träger für sich selbst entweder die Anwendung des BAT vereinbart oder eigene Tarifverträge abgeschlossen, die sich am BAT orientieren. Dies gilt materiell-inhaltlich auch für die **Arbeitsvertragsrichtlinien (AVR)** der kirchlichen Träger, die allerdings keine Tarifverträge im Sinne des Tarifvertragsgesetzes sind, sondern, ohne Beteiligung von Gewerkschaften, in paritätisch besetzten »Arbeitsrechtlichen Kommissionen« ausgehandelt werden (Feldhoff 2000).

Der BAT wurde ab dem Jahr 2005 durch den **Tarifvertrag für den öffentlichen Dienst (TVöD)** abgelöst. Parallel dazu haben viele Sozialunternehmen, die zuvor vereinsrechtlich organisiert waren, ihre Unternehmen als Tochterunternehmen in der Rechtsform einer (ggf. gemeinnützigen) GmbH ausgegliedert (v. Holt/Koch 2009). Häufig war dabei eines der Motive, die Tarifbindung für Bestandsmitarbeiter über einen Betriebsübergang nach § 613 a BGB einzufrieren und neue Mitarbeiter tariflos einzustellen. In der Folge ist die Zahl der in der Sozialwirtschaft Beschäftigten, für die ein Tarifvertrag gilt, in den letzten Jahren kontinuierlich gesunken (Kühnlein/Wohlfahrt 2006).

Die Beteiligungsrechte der Arbeitnehmer im Unternehmen werden durch das **Betriebsverfassungsgesetz (BetrVG)** geregelt, das in seinem Kern die Bildung und Befugnisse eines Betriebsrats normiert, der als Vertretungsorgan der Belegschaft agiert. Das BetrVG gilt jedoch nur in Betrieben mit mindestens fünf ständigen Beschäftigten, wobei leitende Angestellte nicht berücksichtigt werden. In kirchlichen Unternehmen, die karitativ oder erzieherisch tätig sind, kommt das BetrVG nicht zur Anwendung; es gibt dort jedoch mit eher schwachen Rechten ausgestattete Mitarbeitervertretungen (MAV). In Betrieben der Freien Wohlfahrtspflege, die als Tendenzbetrieb im Sinne des § 118 Abs. 1 BetrVG gelten, gilt das BetrVG nur eingeschränkt. In Dienststellen und Unternehmen der öffentlichen Hand eröffnet das Personalvertretungsgesetz (PersVG) im Landesrecht die Möglichkeit zur Bildung von Personalräten.

Im Geltungsbereich des BetrVG kann auf Initiative der Mitarbeiterschaft auf der betrieblichen Ebene ein **Betriebsrat** errichtet werden, dessen Größe sich an der Zahl der dort beschäftigten Arbeitnehmer orientiert. Sobald ein Betriebsrat konstituiert ist, kommen ihm die im BetrVG ausführlich definierten Rechte und Pflichten zu. Zu seinen wichtigsten Befugnissen zählen Informationsrechte gegenüber dem Arbeitgeber (im Tendenzbetrieb nicht zu wirtschaftlichen Fragen), Vorschlags- und Antragsrechte sowie Beratungs- und Anhörungsrechte. Hierbei behält der Arbeitgeber jedoch – nach erfolgter obligatorischer Konsultation des Betriebsrats – das Letztentscheidungsrecht.

Darüber hinaus verfügt der Betriebsrat jedoch in klar umrissenen Angelegenheiten über durchsetzungsfähige Mitbestimmungsrechte, mit denen er eine Maßnahme des Arbeitgebers aufschieben, auf dem Verhandlungswege abändern oder verhindern kann. Das erzwingbare Mitbestimmungsrecht des Betriebsrats erstreckt sich auf soziale Angelegenheiten nach § 87 BetrVG (z. B. Arbeitszeitgestaltung), die Gestaltung von Arbeitsplatz, -ablauf und -umgebung nach §§ 90 – 91 BetrVG sowie personelle Angelegenheiten nach §§ 92 – 105 BetrVG (z. B. bei Einstellungen und Entlassungen). Der Arbeitgeber kann zu diesen Angelegenheiten nicht gegen den Willen bzw. ohne Zustimmung des Betriebsrats entscheiden.

Bei Konflikten ist es beiden Betriebsparteien nach § 76 BetrVG grundsätzlich möglich, eine Einigungsstelle einzurichten, die unter dem Vorsitz eines neutralen Sachverständigen (häufig eines Arbeitsrichters) einen schlichtenden Beschluss fasst. Arbeitgeber und Betriebsrat können zudem freiwillig bestimmte Sachverhalte im

Rahmen einer **Betriebsvereinbarung** regeln, die die Arbeitsbedingungen aller im Betrieb Beschäftigten (mit Ausnahme der leitenden Angestellten) verbindlich gestalten kann. Auf diesem Weg können z. B. Rahmendienstpläne für stationäre Einrichtungen, ein Alkoholverbot während des Dienstes oder Maßnahmen zur Arbeitssicherheit vereinbart werden. Die Befugnis zur Regelung betrieblicher Fragen per Betriebsvereinbarung endet jedoch an der sogenannten Tarifsperre des § 77 Abs. 3 BetrVG, die eine Abmachung von Arbeitsentgelten und -bedingungen, die üblicherweise durch einen Tarifvertrag geregelt werden, untersagt.

5.4.2 Entlohnung

Eine den persönlichen Lebensunterhalt sichernde Entlohnung ist eines der stärksten Motive für die Aufnahme einer bezahlten Beschäftigung. Sie kann dabei grundsätzlich die Erscheinungsform eines **Stücklohns** (Geld pro Leistungseinheit) oder eines heute deutlich häufiger anzutreffenden **Zeitlohns** (Geld pro Dauer der Arbeitsleistung) haben und mit variablen Elementen (z. B. Zulagen, Prämien, Boni) ergänzt werden.

Die Geldzahlung als Gegenwert der geleisteten Arbeit sollte – aus Sicht des Mitarbeiters – jedoch nicht nur auskömmlich, sondern auch im Verhältnis zur eigenen Qualifikation und Leistung angemessen sowie nicht niedriger als die der vergleichbar Tätigen, sprich gerecht sein. Wo die subjektive, »gefühlte« Gerechtigkeit verletzt wird, führt dies, entsprechend der auch in der Arbeitswelt wirkenden Marktlogik, oftmals zur »Abwanderung« von Mitarbeitern. Unternehmen waren daher traditionell bestrebt, ihre Arbeitnehmer vergleichbar zu entlohnen, und die einzelnen Lohnbestandteile durchschaubar bzw. auf eine sachliche Begründung gestützt (z. B. Überstundenzuschlag, Nachtarbeit) zu gestalten.

Jenseits der freien Verhandlung des Lohns, die als Folge der Vertragsfreiheit grundsätzlich möglich ist, hat sich der Tarifvertrag als das wirksamste Instrument zur Herstellung eines allgemein gültigen Entlohnungsrahmens erwiesen. Mit seiner starken Bindungs- und Ausstrahlungswirkung auf die Träger der Sozialen Arbeit hatte der **Bundes-Angestelltentarifvertrag** (**BAT**) auch sein **Alimentationsprinzip** dort verankern können. Prägend für die Höhe der monatlichen Bruttovergütung waren hier neben der Grundvergütung additiv gewährte Zuschläge, die sich am Familienstand und der Kinderzahl orientierten. Damit wurde das Ziel verfolgt, die Bezüge am Umfang der Unterhaltsverpflichtungen und einer normativ erwünschten Gerechtigkeit des möglichen Lebensstandards zwischen Klein- und Großfamilien auszurichten. Ferner sah der BAT einen nur durch das Lebensalter (Zeitablauf) ermöglichten »Bewährungsaufstieg« in höhere Vergütungsgruppen vor, dem keinerlei Leistungsbeurteilung vorausging. Insbesondere die Unmöglichkeit, innerhalb des Tarifsystems gute und schlechte Arbeitsleistungen finanziell differenziert zu honorieren, hatte am Ende der Laufzeit des BAT bei vielen Anwendern zu massiver Unzufriedenheit geführt.

Der den BAT mit Beginn des Jahres 2005 ablösende **Tarifvertrag des öffentlichen Dienstes** (**TVöD**), der auf Landesebene als **Tarifvertrag der Länder** (**TVL**) bezeichnet wird und im Detail gewisse Abweichungen zum TVöD aufweist, hat mit dem Alimentationsprinzip des BAT gebrochen. Weder das Lebensalter noch der Familienstand sind in den **fünfzehn Entgeltgruppen** des TVöD hinterlegt. Die Entgeltgruppe 1 ist die Gruppe mit der niedrigsten- und die Gruppe 15 jene mit der höchsten Vergütung im TVöD, wobei sozialpädagogische Tätigkeiten in der Praxis oftmals durch die Entgeltgruppen 9 und 10 vergütet werden. Zudem umfassen die Entgeltgruppen 9 bis 15 fünf **Stufen** und die Entgeltgruppen 2 bis 8 sechs Stufen. Im TVöD wurde diesbezüglich in § 17 die Möglichkeit eingeführt, den Stufenaufstieg innerhalb einer Entgeltgruppe leistungsabhängig zu beschleunigen bzw. zu bremsen.

Zusätzlich zum Tabellenentgelt ist in § 18 des TVöD ein variables und **leistungsorientiertes Entgelt** vorgesehen. Hierzu zeichnet sich allerdings in der Praxis ab, dass der Anteil des tatsächlichen Leistungsbezugs an der Gesamtvergütung, welcher sich beispielsweise auf Basis von **Zielvereinbarungen** zwischen Arbeitgeber und Mitarbeiter ergeben kann, zumeist gering bleibt. Häufig werden Leistungsentgelte nicht individuell und variabel ermittelt, sondern auf pauschalierter Basis für alle Mitarbeiter zur monatlichen Grundvergütung gemäß Entgeltgruppe-/Stufe addiert. Die Berechnung dieser pauschalen Leistungsentgelte, durch die ein möglicher Leistungsbezug dann als abgegolten gilt, erfolgt häufig in einem Korridor zwischen 1 bis 8 Prozent der Grundvergütung.

Die meisten frei-gemeinnützigen Sozialunternehmen haben die Umstellung auf den TVöD durch eine **Anwendungsvereinbarung** oder durch **eigene Tarifverträge**, die sich am TVöD orientieren, zwischenzeitlich nachvollzogen. Anders als noch zu Zeiten des BAT zeichnen sich die neueren Tarifverträge etwa des Deutschen Roten Kreuzes (DRK) oder der Arbeiterwohlfahrt (AWO) – unter Beachtung des **Besserstellungsverbots** – durch eine höhere Eigenständigkeit und zahlreiche gegenüber dem TVöD **abweichende Regelungen** aus. Darüber hinaus ist festzustellen, dass Tarifvertragsabschlüsse bei frei-gemeinnützigen Trägern zwischenzeitlich weniger auf Landes- oder Bundesebene erfolgen, sondern zunehmend für lokal begrenzt agierende Sozialunternehmen. Das ehedem verfolgte Ziel, Tarifbedingungen für große Flächen einheitlich zu regeln, wurde damit zugunsten einer Individualisierung aufgegeben. Zusätzlich zur insgesamt individuelleren Gestaltung von Tarifverträgen bei frei-gemeinnützigen Trägern wurde im Jahr 2009 ein **TVöD Sozial- und Erziehungsdienst** implementiert, der für entsprechende Fachkräfte angewandt wird, die beim Bund und den Kommunen arbeiten – teilweise gibt es auch frei-gemeinnützige Träger, die diese Entwicklung nachvollziehen. Der TVöD Sozial- und Erziehungsdienst unterscheidet sich vom TVöD darin, dass für fachlich qualifizierte Berufsgruppen in den ersten Tätigkeitsjahren etwas höhere Entgelte vorgesehen sind. Ein vermeintlicher Vorteil gegenüber dem TVöD, der aber bereits nach einer relativ geringen Tätigkeitsdauer wieder ausgeglichen wird. Betrachtet man die Berechnungsmodelle zu unterschiedlichsten Arbeitsbiografien, so ergibt sich, dass das Tarifniveau der neuen Verträge insgesamt unter jenem des BAT liegt.

Immer mehr Sozialunternehmen aber sind aktuell **nicht** mehr **tarifgebunden**. Dies gilt insbesondere für privat-gewerbliche Trägerstrukturen, sowie für die ausgegliederten Tochterunternehmen der frei-gemeinnützigen Sozialunternehmen. Selbst die kirchlich geprägten Wohlfahrtsverbände (Diakonie und Caritas) haben

unternehmerische Ausgründungen geschaffen, in denen ihre eigenen Arbeitsvertragsrichtlinien (AVR) nicht gelten (Kühnlein/Wohlfahrt 2006), und auch bei
einigen öffentlichen Trägerstrukturen sind solche Tendenzen erkennbar (vgl.
beispielsweise die Entlohnung von hauswirtschaftlichen Tätigkeiten durch die
Universitätskliniken in Baden-Württemberg).

Die Folge dieser Entwicklungen ist ein deutlicher Zuwachs eigener **Gestaltungsmöglichkeiten** bei der Entlohnung, die von den Trägern vor dem Hintergrund eines
steigenden Kostendrucks bei den Personalkosten aktiv genutzt werden, beispielsweise durch

- Absenkung der Grundgehälter, insbesondere für niedrigqualifizierte Tätigkeiten
- Reduzierung der Höhe garantierter Ansprüche auf eine Jahressonderzahlung
  (»Weihnachtsgeld«) oder Zuschläge für besondere Erschwernisse (z. B. Arbeit in
  Schicht, in Pflege, am Feiertag und in der Nacht)
- freihändige Gestaltung allgemeiner Gehaltserhöhungen, bevorzugt unter Rück-
  griff auf das Element der Einmalzahlung, die aus Sicht der Arbeitgeber den
  Vorteil hat, das Grundgehalt nicht zu erhöhen
- Leistungsmessung und leistungsabhängige oder auf den Unternehmenserfolg
  bezogene Gewährung von Jahressonderzahlungen
- Einführung von Bonussystemen, welche die Höhe des Bonus entlang eindimen-
  sionaler (z. B. Jahresgewinn) oder mehrdimensionaler Kennzahlen (z. B. Kun-
  den- und/oder Mitarbeiterzufriedenheit) ermitteln.

Ein Ausdruck des Bedeutungsaufwuchses der Ressource »Personal« sind die
Bemühungen vieler Träger der Sozialwirtschaft, jenseits der reinen Entlohnung,
die als Äquivalent zur geleisteten Arbeit erscheint, mit zusätzlichen, teilweise nicht-
monetären Vergütungselementen eine Bindung des Mitarbeiters an das Unternehmen herzustellen oder aufrechtzuerhalten. Zu den gängigen Elementen zählen
hierbei

- freiwillige (übertarifliche) Zulagen und Zusatzurlaube
- privat nutzbare Firmenwagen
- Arbeitgeberbeiträge zum Aufbau einer betrieblichen Altersversorgung
- Zusatzversicherungen zugunsten des Mitarbeiters
- zinsvergünstigte Darlehen für besondere Lebenslagen oder Investitionen (z. B.
  Hausbau)
- Gutscheine und Eintrittskarten
- Übernahme oder Vermittlung von Kinderbetreuung (z. B. Betriebskitas)
- Kostenübernahme von Maßnahmen der Gesundheitsförderung (z. B. Rahmen-
  vereinbarungen mit Krankenkassen oder Sportstudios)
- Weitergabe von Einkaufsvorteilen zur persönlichen Nutzung durch den Mit-
  arbeiter (z. B. Rabatte bei PKW-Herstellern, Versicherungen)
- Ansparmöglichkeiten von Zeitguthaben und deren Ausgleich über längere
  »Sabbaticals« oder vorzeitigen Eintritt in den Ruhestand.

Um zu vermeiden, dass die Mitarbeiter einen solchen Katalog von Möglichkeiten entlang einer Handlungslogik der persönlichen Nutzenmaximierung folgend nutzen, beschränken viele Unternehmen die Inanspruchnahme mit einem sogenannten **Cafeteria-System**. Dabei werden die angebotenen Zusatzleistungen z. B. mit einem differenzierten Punktwert hinterlegt, der den ökonomischen Wert der jeweiligen Leistung abbildet. Der Mitarbeiter kann durch Betriebstreue, Erfüllung von Zielvorgaben oder andere messbare Variablen ein Punktguthaben erwerben und dieses – ähnlich wie in einer Cafeteria – für ein individuell zusammengestelltes »Wahlmenu« einsetzen (Vahs/Schäfer-Kunz 2005).

Empirische Studien münden in die Prognose, dass es in Deutschland in den nächsten Jahrzehnten zu wenige Fachkräfte geben wird. Für die Sozialwirtschaft ist dies bereits Realität (Behr 2010), vor allem in jenen Arbeitsfeldern, in denen pflegerische und erzieherische Qualifikationen benötigt werden. Zur Vermeidung von Personalengpässen, die etwa den Betrieb stationärer Einrichtungen gefährden, sehen sich deren Träger angesichts eines von den Nachfragern dominierten Arbeitsmarkts häufig gezwungen, Konzessionen bei der Lohngestaltung zu machen und kreative Anreize zu schaffen, beispielsweise durch übertarifliche Zulagen, Erhöhung der Vergütungen zugunsten besonders qualifizierter Mitarbeiter, Antrittsprämien und Vermittlungsprämien für die Anwerbung im persönlichen Netzwerk.

5.4.3 Arbeitszeit

Gemäß § 2 Abs. 1 des **Arbeitszeitgesetzes (ArbZG)** ergibt sich die Arbeitszeit aus der Spanne zwischen Aufnahme und Beendigung der Arbeit, abzüglich der Pausen. Die Dauer der reinen **Nettoarbeitszeit** im Sinne der betriebsüblichen Zeit eines Vollzeitbeschäftigten wird häufig durch **Tarifverträge** geregelt und lag in den meisten Sozialunternehmen, infolge der Ausstrahlung des BAT, lange bei 38,5 Stunden pro Woche. Die Einführung des TVöD und seine Adaptionen bei vielen freigemeinnützigen Trägern haben dem gewerkschaftlichen Bestreben nach einer weiteren Absenkung der Wochenarbeitszeit eine Absage erteilt, erstmals seit Jahrzehnten sogar einen Trend zur Verlängerung sowie mehr Individualität eingeläutet. Heute findet sich in der Sozialwirtschaft eine Spanne in der wöchentlichen Arbeitszeit für Vollzeitkräfte zwischen 37 und 42 Stunden.

In jedem Fall wird die individuelle Dauer der Arbeitszeit im **Arbeitsvertrag** vereinbart. Dabei folgen die Vertragspartner entweder einer tariflichen Vorgabe oder aber einer freien Vereinbarung, die sich dann jedoch zur Vermeidung von ungleichen Arbeitsbedingungen im Betrieb an einer **betriebsüblichen Wochenarbeitszeit** orientieren wird. Dabei ist es möglich, sich auf einen Arbeitszeitumfang zu verständigen, der unter der betriebsüblichen Wochenarbeitszeit eines Vollzeitbeschäftigten liegt. Hierdurch entsteht ein Teilzeitarbeitsverhältnis, für das sich eine zur Verkürzung proportional reduzierte Entlohnung ergibt.

Unter Berufung auf das **Teilzeit- und Befristungsgesetz (TzBfG)** kann ein Beschäftigter verlangen, dass sein Arbeitszeitumfang

- verkürzt wird, wenn er mindestens 6 Monate beschäftigt war und die Verkürzung betrieblich möglich ist (§ 8 TzBfG)
- verlängert wird, wenn ein freier Arbeitsplatz zur Verfügung steht und der Verlängerungswunsch nicht mit betrieblichen Gründen oder gleichen Ansprüchen anderer Mitarbeiter kollidiert (§ 9 TzBfG).

Die Lage und Verteilung der vereinbarten Arbeitszeit kann der Arbeitgeber unter Ausübung des in § 106 GewO verbrieften Direktionsrechtes anordnen. Er ist dabei jedoch vielfältigen gesetzlichen Beschränkungen, insbesondere dem Arbeitszeitgesetz (ArbZG) und seinen Vorgaben zu Pausen und Ruhezeiten sowie dem aus § 87 BetrVG entspringendem Mitbestimmungsrecht des Betriebsrats unterworfen.

In Bezug auf Arbeitszeitmodelle ist die Sozialwirtschaft von zwei Varianten geprägt, dem Schichtmodell und der Vertrauensarbeitszeit. In Arbeitsfeldern, in denen auf Grund der Fürsorgepflicht eine kontinuierliche Dienstleistung (teilweise rund um die Uhr) erforderlich ist, erfolgt dies nach **Schichtmodellen**, die über einen Dienstplan gesteuert werden. Die persönlichen Arbeitszeiten des Mitarbeiters sind dabei den betrieblichen Sicherstellungspflichten unterworfen und können sehr unregelmäßig sein, also z. B. eine 6-Tage-Woche, einen Wechsel zwischen Früh-, Spät- und Nachdiensten oder Einsatzphasen von mehr als einer Woche Dauer beinhalten. Für diese Erschwernisse, die mit der diskontinuierlichen Lage der Arbeitszeit einhergehen, werden oft Zuschläge und Zulagen bezahlt. Die geleisteten Dienste werden meist mit einem elektronischen Buchungssystem erfasst und abgerechnet. Neuere Ansätze und Modellversuche, die dem Ziel der Erleichterung der Arbeit verpflichtet sind (u. a. in stationären Einrichtungen der Behinderten-, Jugend- oder Altenhilfe), gehen beispielsweise einher mit der Abschaffung geteilter Dienste (zwei zeitlich getrennte Kurzschichten pro Tag), Vermeidung von verkürzten Diensten und Langphasen (10–12 Tage am Stück) und gezielter Gesundheitsförderung. In den Verwaltungen sowie in vielen nicht-stationären Handlungsfeldern der Sozialen Arbeit gilt in der Regel eine 5-Tage Woche, die von den Mitarbeitern häufig **gleitend**, d. h. durch eine selbstbestimmte Lage der täglichen Arbeitszeit innerhalb definierter Korridore, bewirtschaftet und teilweise selbst erfasst (**Vertrauensarbeitszeit**) werden kann.

Bis vor wenigen Jahren waren die Arbeitgeber aller Branchen bei der Bewirtschaftung der Arbeitszeit mit der »Woche« und dem »Monat« auf sehr kurze Betrachtungs- und Ausgleichszeiträume fixiert. Viele Tarifwerke postulierten schon bei der Überschreitung der Wochenarbeitszeit das Entstehen von (zuschlagspflichtigen) »Überstunden« und wollten diese innerhalb eines Monats abgebaut sehen. Neuere Arbeitszeitmodelle haben dieses enge Korsett – auch auf Wunsch vieler Beschäftigter – aufgeweicht und eröffnen mit Vorteilen für beide Seiten die Möglichkeit, im Rahmen eines **Jahresarbeitskontos** die verfügbare Arbeitsmenge durch gezielte Plus- und Minusstunden besser dem (ggf. saisonal schwankenden) Arbeitsanfall anzupassen sowie Stundenguthaben anzuhäufen, die Auszeiten jenseits des limitierten Jahresurlaubs ermöglichen (»Sabbaticals«). Weiterhin ermöglichen sogenannte **Lebensarbeitszeitmodelle** dem Arbeitnehmer eine Dispositionsmöglichkeit über seinen (vorzeitigen) Übergang in den Ruhestand.

5.5   Personalführung

Jedes Unternehmen, das seine Ziele arbeitsteilig verfolgt und dabei auf die Mitwirkung von abhängig Beschäftigten angewiesen ist, muss deren Verhalten durch **Führung** beeinflussen können. Beispielsweise sollten neue Mitarbeiter zunächst erfahren, welche Tätigkeiten zu welcher Zeit an welchem Ort von ihnen erwartet werden. Es dürfte zudem von Interesse sein, mit wem diese Arbeit gemeinsam verrichtet (sprich mit/in welchem Team) und welches Arbeitspensum erwartet wird.

Die zuständigen Führungskräfte (Management) werden dabei in die Arbeit einführen, die Mitarbeiter, wo nötig, anleiten und die Arbeitsergebnisse kontrollieren sowie bewerten. Dabei kann sich der Arbeitgeber (vertreten durch das Management) auf das Direktionsrecht berufen, das aus § 106 GewO erwächst und ihn mit einer erheblichen legitimierten Gestaltungsmacht ausstattet. Diese ist aus pragmatischen Gründen jedoch von ständiger Erosion bedroht. Da es Führungskräften nicht möglich sein wird, jeden Mitarbeiter tagtäglich kleinteilig anzuweisen und zu überwachen, müssen in Gestalt von **Führungsprinzipen** (Golla 2007) allgemeine und abstrakte Regeln formuliert werden, die sich an eine Vielzahl von Mitarbeitern richten und als Verhaltensvorschriften wirken. Der Arbeitgeber kann dabei beispielsweise

- Entscheidungsregeln vorgeben, die den Mitarbeitern ermöglichen, an sie delegierte Aufgaben nach »Wenn-Dann«-Funktionen abzuarbeiten. Eine solche Regel kann z.B. dem Leiter eines Pflegeheims vorgeben, nur dann neue Bewohner aufzunehmen, wenn die Fachkraftquote im Haus mindestens 50 Prozent beträgt. In der Managementlehre hat sich dieses Führungsprinzip als »**Management by Decision-Rules**« eingebürgert (Pracht 2002)
- Mitarbeitern bestimmte Aufgaben zur selbständigen Erledigung delegieren und gleichzeitig vorgeben, dass nur beim Auftreten einer Ausnahmeerscheinung oder bei Abweichungen von feststehenden Toleranzwerten zu informieren ist und erst dann von Führungskräften mit eigenen Entscheidungen eingegriffen wird (**Management-by-Exception**)
- lediglich die zu erreichenden (messbaren) Ergebnisse verbindlich vorgeben, sich der Einmischung in den Arbeitsprozess der Mitarbeiter enthalten und lediglich deren Ergebnisse einer kontrollierenden Bewertung unterziehen (**Management-by-Results**)
- zu erreichende Ziele, die ehrgeizig, aber realistisch sein sollen, gemeinsam mit den Mitarbeitern festlegen und deren Erreichung während sowie nach dem Arbeitsprozess gemeinsam mit ihnen evaluieren, um einen Erfüllungsgrad (»12 Prozent Umsatzsteigerung«) zu erkennen, der ggf. auch in die Berechnung von Gehalt oder Boni einfließen kann (**Management-by-Objectives**)
- im Rahmen eines partizipativen Führungsprinzips Aufgaben ohne Vorbehalte – und häufig ohne Gewähr einer Rückmeldung über auftretende Probleme – auf untergeordnete Mitarbeiter übertragen (**Management-by-Delegation**).

153

Ein interessanter Ansatz ist zudem das Führungsprinzip des »**Management-by-Walking-around**«, bei dem Führungskräfte gezielt auf ritualisierten Streifzügen durch das eigene Unternehmen das unstrukturierte und situative Gespräch mit Mitarbeitern suchen, um in einer (im Idealfall) hierarchiefreien Kommunikation von Problemen zu erfahren und ad hoc Lösungen zu entwickeln. Allerdings ist dieser Ansatz zeitintensiv und dürfte aufgrund der oft zufälligen und stark subjektiv gefärbten Befunde nur selten zu einem vollständigen und objektiven Überblick des Vorgesetzten zur Lage der Dinge führen. Wenig rühmlich hingegen erscheint das vielen Führungskräften scherzhaft attestierte »**Management-by-Helicopter**« Modell: Über den Wolken schweben, hin und wieder mitten im Geschehen landen, mächtig Staub aufwirbeln und wieder abfliegen.

Jenseits der beschriebenen Führungsprinzipien, die abstrakte Vorschriften und allgemein verbindliche Organisationsentscheidungen beschreiben, weisen handelnde Führungskräfte fast immer ein zeitstabiles Verhalten in Führungssituationen auf, das als **Führungsstil** bezeichnet wird. Dieses Verhalten ist in der individuellen Persönlichkeit der Führungskraft angelegt, kann jedoch durch Lernerfahrungen oder bestehende Verhaltenserwartungen beeinflusst werden.

In der wissenschaftlichen Diskussion zu Führungsstilen haben sich zuletzt zunehmend mehr Modelle entwickelt, die allerdings bereits anderweitig hinreichend erläutert wurden (vgl. beispielsweise Simsa/Patak 2008; Lotmar/Tondeur 2004) und nicht Gegenstand dieses Kapitels sind.

Wirken die Führungsstile mehrerer Führungskräfte zusammen, entfaltet sich dies im Unternehmen als **Führungskultur**, welche im Idealfall ähnlicher Stile als homogen wahrgenommen wird. Insbesondere Sozialunternehmen legen sich hinsichtlich einer erwünschten Führungskultur sogar entlang der eigenen Werte normativ fest und schreiben diese häufig in **Führungsgrundsätzen** nieder (z. B. Diakonisches Werk 2010), was wiederum Rückwirkungen auf die Auswahl des Führungspersonals hat. Führungsstile und Führungskultur haben – im Zusammenwirken mit den beschriebenen Führungsprinzipien – einen großen Einfluss auf den Erfolg eines Unternehmens und können auch, wenn sie bei den Mitarbeitern zu Entfremdung und »Dienst nach Vorschrift« führen, für sein Scheitern ursächlich sein.

Noch die Anfänge der Industrialisierung waren durch ein pessimistisches Menschenbild geprägt: der Mensch neige zur Vermeidung von Arbeit und sei folglich nur durch äußere Stimulierung (mit Belohnung oder Strafe) zu motivieren. Ließen die Überwachung und Kontrolle nach, verfalle er quasi naturgesetzlich zurück in einen Zustand leistungsfeindlicher Bequemlichkeit. Die Arbeiten von Maslow (1943) und McGregor (1960) haben diese Annahmen verworfen und postuliert, dass der Mensch nach Befriedigung seiner Grundbedürfnisse zur Selbstverwirklichung strebe und sehr wohl zu **intrinsischer** (aus sich selbst heraus kommender) **Motivation** fähig sei. Den heutigen Konzepten ist gemein, dass sie einen lediglich auf Macht und Autorität basierenden Führungsstil, wie er beispielsweise von Lewin (zit. n. Lück 1996) als eine der drei »reinen Formen der Herrschaft« beschrieben wird, für unvereinbar mit optimalen Arbeitsergebnissen im Unternehmen erachten. Insbesondere in der Sozialwirtschaft hat sich – noch verstärkt durch die emanzipativen Impulse des studentischen Aufbruchs 1968 –

eine starke Orientierung an **demokratisch-partizipativem** Führungsverhalten etablieren können. Mit der Einbindung der Mitarbeiter in die Entscheidungen ist seither flächendeckend die Erwartung verbunden, deren Identifikation, Motivation und Leistung positiv beeinflussen zu können. Dies kann grundsätzlich auch gelingen, wo es Vorgesetze kraft ihrer Ausstrahlung ermöglichen, Mitarbeiter zu binden und förmlich mitzureißen. Weber (zit. n. Stippler u. a. 2010) hat dies als »charismatische Herrschaft« früh beschrieben. Aufgrund der Seltenheit dieser Gabe – und der Möglichkeit ihres Missbrauchs – ist »Charisma« einer Führungskraft jedoch in der täglichen Praxis eher die Zugabe denn ein routinemäßig gefordertes Rekrutierungskriterium.

Neuere Ansätze kritisieren häufig die »Eindimensionalität« des Führungsstil-Konzepts und schlagen vor, im Sinne einer Demokratisierung der Führungsbeziehung die »oben-unten«-Perspektive (Führender-Geführter) zu verlassen und die Rolle der Führenden – auf Grundlage von eher im Hintergrund wirkenden Regeln – auf die Stimulation und Förderung ihrer Mitarbeiter, weniger auf Vorgaben und Kontrolle zu lenken. Die Vorgesetzten werden so zu Katalysatoren oder »Enzymen« (Boysen 2009) eines von ihnen angestoßenen, aber kaum beeinflussten Arbeitsprozesses. Weiterhin findet sich in neueren Ansätzen die Empfehlung, Führungsverhalten nicht statisch mit stets demselben »Stil« auszuüben, sondern **flexibel** auf die Anforderungen der Situation oder der jeweiligen geführten Gruppe anzupassen (Rahn 2010). Dabei sollte auf diejenigen Rollen, die sich in einer Gruppe informell ergeben können (z. B. Überflieger, Spaßmacher, Schüchterne, Outlaws, Verweigerer) mit jeweils speziellen kompensierenden Maßnahmen reagiert werden (z. B. fordern, bremsen, ermutigen, integrieren, aktivieren).

Letztendlich gibt es zahlreiche **Indikatoren**, die den Erfolg von Führung erkennen lassen. Dazu zählen

- Erreichung von wirtschaftlichen oder strategischen Zielen
- Fluktuation, soweit nicht durch Verrentung oder befristete Arbeitsverträge bedingt
- Krankenstand/Fehlzeiten
- Arbeitszufriedenheit und Betriebsklima
- Zahl von Meldungen/Verfahren wegen Mobbings
- Zahl der vor den Arbeitsgerichten anhängigen Streitsachen.

5.6 Personalentwicklung

Ziel der Personalentwicklung aus Sicht des Unternehmens ist es,

- die eigenen Mitarbeiter zu halten – und nicht etwa durch Abwanderung mitsamt ihres Wissens und Könnens an Wettbewerber zu verlieren

- die Kompetenzen der eigenen Mitarbeiter für die betrieblichen Ziele in fachlicher, methodischer und sozialer Hinsicht zu erhalten und entsprechend aktueller Anforderungen weiterzuentwickeln und damit
- die subjektiven Bedürfnisse der Mitarbeiter nach Selbstentfaltung, Erwerb von Zusatzqualifikationen, Karriere und Beurteilung zu vereinbaren.

Hieraus wird deutlich, dass sich bei der Personalentwicklung die **unternehmerischen Ziele**, auch künftig über eine ausreichende Menge von qualifizierten Mitarbeitern zu verfügen, mit deren **subjektiven Interessenslagen** kreuzen. Kernanliegen der Personalentwicklung ist also das **zielgenaue Zusammenführen** beider Bedürfnisse. Das wird nicht immer gelingen: Der aufstiegsorientierte Mitarbeiter, dem im Betrieb die Perspektive fehlt, wird diese außerhalb suchen. Auf der anderen Seite wird das Unternehmen, das die qualitativen und quantitativen Anforderungen, die sich aus seiner Personalplanung ergeben, aus der eigenen Belegschaft auch mit Fortbildungsmaßnahmen nicht befriedigen kann, auf den externen Arbeitsmarkt zurückgreifen.

Die Bedeutung der Personalentwicklung ist für die Sozialwirtschaft zuletzt stetig gestiegen. Ein expandierender Sektor, der sich gleichzeitig professionalisiert (Wöhrle 2008), trifft dabei auf ein stagnierendes und mittelfristig zurückgehendes Arbeitskräfteangebot (Bundesministerium für Arbeit und Soziales 2009), das sich – beispielsweise in den pflegenden Berufen – durch eine eher unterdurchschnittliche Weiterbildungs- und Aufstiegsbereitschaft auszeichnet. Schon seit einigen Jahren zwingt ein sich zunehmend abzeichnender Fachkräftemangel in der Kranken-/Altenpflege und in der frühkindlichen Erziehung/Bildung die Träger der einschlägigen Einrichtungen und Dienste zu forcierten Anstrengungen bei der Gewinnung und Bindung von Mitarbeitern.

5.6.1 Maßnahmen und Motive der Mitarbeiterbindung

Der Versuch eines Unternehmens, seine Mitarbeiter an sich zu binden, wird nur dann erfolgreich sein, wenn seine Angebote in einem subjektiven Günstigkeitsvergleich des Mitarbeiters gegenüber denen der Konkurrenz bestehen können. Diese Angebote haben eine materielle Komponente in Gestalt **messbarer Arbeitsbedingungen** (z. B. Gehalt einschließlich Zulagen, Zuschläge, betrieblicher Alterssicherung, Urlaubsanspruch, Wochenarbeitszeit) sowie **nicht objektiv messbarer Faktoren** (z. B. Betriebsklima, Arbeitszufriedenheit, Zusammenarbeit im Team, Führungskultur) und führen im besten Fall zu einer Identifikation mit dem Unternehmen und seinen Zielen. Interessanterweise haben aus Sicht der Mitarbeiter häufig die nicht-entgeltlichen Faktoren, insbesondere die Zusammenarbeit im Team sowie das Betriebsklima, in der Gesamtwirkung einen stärkeren Einfluss auf die Bindung zum Unternehmen als entgeltliche Komponenten (v. Boehmer 2011).

Viele Sozialunternehmen haben sich in den letzten Jahren bemüht, ihre Angebote im obigen Sinne aufzuwerten (vgl. 5.4.2), dies sowohl mit materiellen- (z. B. Mobilitätszuschüsse, Subventionen von Essensangeboten, geldwerte Vorteile in

Form von Dienstwagen oder Mobilfunktelefon) als auch immateriellen Maßnahmen (z. B. wertschätzender Symbolik, Anpassung von Arbeitszeiten an Bedürfnisse von Familien, Schaffung von Kinderbetreuungskapazitäten, Flexibilisierung der Zeitbewirtschaftung, betriebliche Gesundheitsförderung).

5.6.2 Aus- und Fortbildung

Der ermittelte quantitative und qualitative Personalbedarf eines Unternehmens kann dazu führen, dass dieses als **Ausbildungsbetrieb** fungiert und jungen Menschen im eigenen Betrieb eine **berufliche Erstausbildung** ermöglicht. Künftige Fachkraftbedarfe können aber auch durch die **berufsbegleitende, qualifizierende Weiterbildung** von Bestandsmitarbeitern gedeckt werden. Weiterhin ermöglichen Unternehmen eigenen Mitarbeitern den Erwerb von zusätzlichen Kenntnissen oder Fertigkeiten und bieten selbst entsprechende **Fortbildungen** an oder ermöglichen sie durch Freistellung von der Arbeit und (ggf. teilweise) Kostenübernahme. Häufig geben Unternehmen als Motiv für ihre Bereitschaft, in Aus-, Fort- und Weiterbildung zu investieren, auch ihre soziale Verantwortung gegenüber der Gesellschaft oder ihren Beschäftigten an.

Die berufliche Ausbildung erfolgt in Deutschland üblicherweise im **dualen System,** das nach Theorie und Praxis getrennte Lernstätten (Berufsschule und Betrieb) vorsieht. Die Fort- und Weiterbildung hingegen kennt viele unterschiedliche Gestaltungsvarianten. So kann der Betrieb die gewünschten Kenntnisse durch **geeignete Betriebsangehörige** selbst vermitteln, durch externe Fortbildungsträger im eigenen Betrieb vermitteln lassen (**Inhouse-Schulung**) oder durch eine Entsendung des Mitarbeiters zu einer **externen Maßnahme** an einen anderen Schulungsort gewährleisten. Die Bereitschaft des Mitarbeiters zur Teilnahme an einer Fort-/Weiterbildung kann im Rahmen von Mitarbeiterjahresgesprächen oder Personalentwicklungsgesprächen erhoben oder auch durch Zielvereinbarungen stimuliert werden.

Über das Aufbringen und das Tragen der mit einer Fort-/Weiterbildung anfallenden Kosten wird üblicherweise zwischen dem Beschäftigten und seinen Vorgesetzen ein Einvernehmen erzielt, das die Beteiligung des Unternehmens und etwaige Eigenanteile regelt. Dieses wird meist in einer schriftlichen **Fort- und Weiterbildungsvereinbarung** niedergelegt, die auch Rückzahlungspflichten des Arbeitnehmers für den Fall enthalten kann, dass dieser vor Ablauf einer Bindungsfrist das Unternehmen auf eigene Initiative verlässt – und dabei die frisch erworbenen Kenntnisse mit zum neuen Arbeitgeber nimmt. Das Bundesarbeitsgericht hat solche Rückzahlungsvereinbarungen ausdrücklich für zulässig erklärt (z. B. BAG 14. 01. 2009; 3 AZR 900/07).

5.6.3 Mitarbeiterentwicklung und -förderung

Unabhängig von den oben beschriebenen Fortbildungsmaßnahmen hat sich seit den 1990er-Jahren in vielen Unternehmen – auch der Sozialwirtschaft (Rossol

2008) – die Praxis regelmäßiger **Mitarbeitergespräche** etabliert. Diese können einen bestimmten Anlass haben, etwa das Ende der Probezeit, den Wechsel in eine andere Abteilung oder die Übernahme einer neuen Aufgabe, werden jedoch oftmals routinemäßig nach definierten Intervallen – etwa als Jahresgespräch – durchgeführt. Die Gespräche werden in der Regel nach einem **standardisierten Ablauf** oder **Leitfaden** von den direkten Vorgesetzen geleitet. Sie enthalten zumeist folgende Elemente:

- Erörterung des Gesprächsanlasses und der Gesprächsziele
- Rückblick auf die vergangene Arbeitsperiode (z. B. seit Jahresbeginn oder dem letzten Gespräch)
- Nennung von Erwartungen und ggf. Kritik durch den Vorgesetzen sowie den Mitarbeiter
- Erörterung künftiger Aufgaben und Ziele, ggf. anhand von messbaren Größen
- Zusammenfassung des Gesprächsinhalts
- Vereinbarung weiterer Schritte, ggf. Fortsetzung des Gesprächs.

Im Rahmen des Mitarbeitergesprächs sind zusätzlich eine standardisierte **Leistungsbewertung** und eine **formelle Zielvereinbarung** denkbar, welche durch die Verknüpfung von einer ermittelten Gesamtleistung (etwa einer Punktezahl) oder eines Zielerreichungsgrads (z. B. 70 Prozent) mit Gehaltsanteilen auch eine Vergütungsrelevanz erhalten können (vgl. Leistungsentgelte in den neueren Tarifwerken, wie z. B. TVöD). Die Erkenntnisse aus dem Mitarbeitergespräch können zudem – insbesondere falls parallel eine Fortbildung absolviert wird – nahelegen, dem Mitarbeiter auch zusätzliche Aufgaben auf dem gleichen Anforderungsniveau (»**Jobenlargement**«) oder zusätzliche Aufgaben auf höherem Anforderungsniveau (»**Jobenrichment**«) zu übertragen, wenn damit seine Potenziale besser genutzt werden können. Falls das Unternehmen mutig genug ist, auch die Führungskräfte einer Bewertung durch die eigenen Mitarbeiter auszusetzen, eignet sich dafür das Instrument der **Vorgesetztenbeurteilung** (Hofmann/Köhler/Steinhoff 1995) bzw. des 360°-Feedbacks (Bahners 2003).

Über das Mitarbeitergespräch hinaus können vielfach weitere Maßnahmen der Entwicklung der Persönlichkeit der Mitarbeiter angezeigt sein. Beispielsweise bieten immer mehr Unternehmen durch eigene, geschulte oder beauftragte Fachkräfte eine **Supervision**, ein persönliches **Coaching**, ein **Mentoring** oder eine **persönliche Karriereplanung** an. Die gezielte Förderung kann sich jedoch auch an Gruppen von Mitarbeitern richten, die ein gemeinsames Merkmal haben, das ihnen aus Sicht der Unternehmensführung aufgrund von strukturellen Barrieren die optimale Entfaltung ihrer Fähigkeiten erschwert. Dabei kann es insbesondere gehen um Mitarbeiter mit Migrationshintergrund, Mitarbeiter mit Schwerbehinderung oder weibliche Mitarbeiter, die auf den Leitungsebenen unterrepräsentiert sind. Das **Allgemeine Gleichbehandlungsgesetz** (AGG) von 2006, das auf die Beseitigung von Nachteilen abzielt, hat vor dem Hintergrund eines öffentlichen antidiskriminierenden Mainstreams die Zahl solcher Förderpläne signifikant erhöht.

5.6.4 Eingliederung

Eine erfolgreiche Personalentwicklung hat auch die Eingliederung von Mitarbeitern im Auge, die aufgrund von Elternzeit, Pflegezeit, Freistellungsphasen (z. B. bei Sabbaticals), Langzeiterkrankung oder häufigen Kurzzeiterkrankungen nach längerer Abwesenheit wieder in den Arbeitsprozess eingegliedert werden müssen.

Grundsätzlich erscheint es für das Unternehmen zumeist empfehlenswert, auch während der Abwesenheit den persönlichen Kontakt zum Mitarbeiter aufrecht zu erhalten und ihn z. B. zum Betriebsausflug oder zur Jahresfeier einzuladen. Steht dann die Wiederaufnahme der Arbeit an, hat der Arbeitnehmer häufig ein Informationsdefizit, beispielsweise hinsichtlich Änderungen in den Abläufen, im Team und bei Kunden. Ein probates Mittel an dieser Stelle ist ein **Rückkehrgespräch**, das dem Mitarbeiter erleichtern soll, in den veränderten Umständen möglichst schnell wieder seinen Platz zu finden. Steht eine Rückkehr nach längerer Krankheit an, ist zumeist auch die Frage von Bedeutung, mit welchen eventuellen Leistungseinschränkungen zu rechnen ist. Kann zum Beispiel ein Pflegemitarbeiter nach einem Bandscheibenvorfall nicht mehr heben, wird eine alternative Verwendung abzuklären zu sein. Die Frage, mit welchen zumutbaren Anpassungen der Tätigkeit ein Arbeitgeber die Heilung fördern oder einen Rückfall vermeiden kann, steht dabei im Mittelpunkt. Bei Langzeiterkrankungen oder wiederholter Arbeitsunfähigkeit kann es gemäß § 84 SGB IX zudem erforderlich sein, ein sogenanntes **betriebliches Eingliederungsmanagement** durchzuführen. Dabei muss geprüft werden, mit welchen Maßnahmen weiterer Arbeitsunfähigkeiten vorgebeugt und wie der Arbeitsplatz erhalten werden kann. Als Folge der Rechtsprechung muss der Arbeitgeber ein betriebliches Eingliederungsmanagement auch deshalb durchführen, damit ihn bei einer evtl. späteren personenbedingten Kündigung des Mitarbeiters keine erhöhten Beweislasten treffen (BAG 10. 12. 2009; 2 AZR 400/08).

5.7 Personalverwaltung

Die routinemäßige Verwaltung der Personalangelegenheiten liegt vor allem bei komplexeren Trägern der Sozialen Arbeit in der Verantwortung der **Personalabteilung**, welcher oftmals ein Personalleiter vorsteht. Die Personalverwaltung muss in der Lage sein, das Management und die anderen Unternehmensbereiche jederzeit mit aktuellen **Informationen** zur Personalwirtschaft zu versorgen (z. B. über Zusammensetzung des Personals, Krankheitstage, Personalkosten) sowie die subjektiven **Rechte** zu **bedienen**, die dem einzelnen Mitarbeiter oder einem Betriebsrat zustehen. Weiterhin umfasst das Aufgabenspektrum die Gewährleistung sämtlicher **personalwirtschaftlicher Abläufe** (z. B. Einstellungsmeldungen, Höhergruppierungen) sowie die korrekte Durchführung der Lohn- und Gehaltsabrechnungen auf Basis der Arbeitsverträge oder gemeldeter Einsatzstunden, inkl. der Ermittlung des Bruttogehalts, der Abzüge für Steuern und Sozialversicherung und abschließend des Nettogehalts, welches dem Mitarbeiter angewiesen wird.

Die Personalabteilung ist nach Olfert (2010) involviert und u. U. verantwortlich für die Prozesse Personalplanung und -beschaffung, Personaleinsatz, Entlohnung, Betreuung, Personalentwicklung, Personalfreistellung und steht dabei mit zahlreichen gesetzlichen Meldepflichten im Zentrum eines eng verflochtenen Netzwerks. Zu den wichtigsten Akteuren dieses Netzwerks zählen das Management und andere Unternehmensbereiche, die Mitarbeiter, der Betriebsrat sowie die Schwerbehindertenvertretung, die Agentur für Arbeit, ggf. externe Dienstleister zur Personalbeschaffung, für die Rekrutierung bedeutsame Verlage und Publikationen, Zeitarbeitsfirmen, die Sozialversicherungsträger, das Finanzamt und seine Außenprüfer, sowie Fortbildungsträger.

War die Personalabteilung noch vor wenigen Jahrzehnten eine Domäne des geräuscharmen Verwaltens von Papierbergen, so hat sich dies gründlich geändert: Geräuscharm ist sie schon deswegen nicht mehr, weil sie nicht mehr der bloße Erfüllungsgehilfe des Managements ist, sondern im Zuge der neuen Bedeutung als Bestandteil einer modernen Personalwirtschaft vielerorts zum eigenständigen Strategiecenter aufgewertet wurde. Seit das Computerzeitalter seinen Siegeszug auch in der Personalverwaltung angetreten hat, gibt es auch hier kaum noch Papierberge. Einzig die **Personalakte**, die alle relevanten und zulässigen Dokumente zur Person, zur Ausbildung sowie zum beruflichen Werdegang innerhalb und außerhalb des Unternehmens enthält, wird meist noch in Papierform geführt und vor unberechtigtem Zugriff gesichert aufbewahrt. Zur Verwaltung der übrigen Daten gibt es auf dem Markt zahlreiche integrierte Softwarelösungen, welche beispielsweise die Funktionen der Erfassung und Aktualisierung der Stammdaten von Mitarbeitern, die Dienstplanung, die Arbeitszeiterfassung (vgl. e-Terminals), die Gehaltsabrechnung mit Schnittstelle zur Finanzbuchhaltung sowie zahlreiche Auswertungsfunktionen für das Management (z. B. Vergleichsrechnungen, Lohnstückkostenermittlung) beinhalten können. In Unternehmen, in denen ein Qualitätsmanagementsystem (vgl. Kapitel 4) besteht, sind die Verwaltungsabläufe der Personalabteilung zumeist hierin eingebunden. Oft wird in diesem Kontext ein **Personalhandbuch** erstellt, das die wesentlichen Regeln, Vollmachten, und Abläufe idealtypisch beschreibt.

5.8   Personalfreistellung

Jedes Unternehmen kann in die Situation geraten, aktiv auf eine Reduzierung der Beschäftigung seiner Mitarbeiter hinwirken zu müssen. Als **struktureller Grund** dafür wird ein Personalüberhang wirken, der sich aus der Differenz zwischen dem tatsächlichen oder voraussichtlichen Ist-Personal und dem für dieselbe Periode ermittelten Personalbedarf ergibt. Eine solche Personalüberdeckung kann Folge von Markttendenzen (z. B. Auftragsrückgang, Konjunkturkrise) oder Entwicklungen im Unternehmen (z. B. Automatisierung, Stilllegung von Betriebsteilen) sein. **Individuelle Gründe** für eine mögliche Personalfreisetzung liegen in den Eigenschaften (z. B. Langzeiterkrankung, gesundheitsbedingte Leistungsminderungen) oder im Verhalten (z. B. Disziplinprobleme, Diebstahl von Betriebseigentum) der betroffenen Mitarbeiter.

Liegt ein kurzfristiger und geringfügiger Personalüberhang vor, kann das Unternehmen zunächst mit rasch wirkenden und **sozialverträglichen Maßnahmen** reagieren. Beispielsweise umfasst dies die Nutzung der natürlichen Fluktuation, d. h. keine Wiederbesetzung von Stellen, die durch Verrentungen oder Eigenkündigungen von Mitarbeitern frei werden. Weiterhin ist denkbar, befristete Arbeitsverträge ohne Verlängerung auslaufen zu lassen sowie vorhandene Zeitguthaben aus Überstunden/Mehrarbeit durch Freiphasen abzubauen. Schließlich ist auch die Absenkung des faktischen Beschäftigungsumfangs der Belegschaft durch Kurzarbeit (Arbeitsverhältnisse bleiben erhalten und die Bundesagentur für Arbeit kompensiert große Teile der individuellen Lohnverluste) eine in Erwägung zu ziehende Option.

Sofern kurzfristig wirkende Maßnahmen zum Abbau des Personalüberhangs nicht ausreichen – und die Beendigung von Arbeitsverhältnissen dennoch vermieden werden soll – kann das Unternehmen auf eine Absenkung des persönlichen Beschäftigungsumfangs seiner Mitarbeiter hinwirken und zum Beispiel (ggf. zeitlich befristet) Vollzeitstellen in Teilzeitstellen umwandeln. Dies ist jedoch nur über eine **einvernehmliche Vereinbarung** mit dem Mitarbeiter möglich. Fehlt diese, kann dieses Ziel nur über eine **Änderungskündigung** erreicht werden. Eine weitere Möglichkeit besteht darin, die betriebsübliche **Wochenarbeitszeit abzusenken** und dies tarifvertraglich zu vereinbaren. Sofern es dabei jedoch nicht gelingt, proportionale Lohnkürzungen zu vereinbaren, weil die Gewerkschaftsseite einen vollen oder teilweisen Lohnausgleich durchsetzt, wird aus Sicht des Unternehmens keine analoge Senkung der Lohnsumme erreicht. Schließlich kann es für ein Unternehmen in Krisenzeiten auch angezeigt sein, als ultima ratio aktiv auf eine **Beendigung** bestehender Arbeitsverhältnisse hinzuwirken. Grundsätzlich kann die Initiative für die Beendigung eines aktiven Arbeitsverhältnisses beim Mitarbeiter oder beim Arbeitgeber liegen.

5.8.1 Individualrechtliche Perspektive – Beendigung durch Arbeitnehmer

Möchte der Mitarbeiter selbst aus dem Unternehmen ausscheiden, so kann er eine **Eigenkündigung** aussprechen, die unter Wahrung der **Frist**, die sich aus dem Zusammenwirken von Arbeitsvertrag, Tarifvertag oder dem § 622 BGB ergibt, zu ermitteln ist. Einer vom Mitarbeiter angestrebten kürzeren Frist (die er selbst möchte, z. B. weil er bereits eine Anschlussbeschäftigung hat) kann der Arbeitgeber zustimmen, muss dies jedoch nicht tun.

Für den Fall, dass der Arbeitnehmer keine Eigenkündigung aussprechen möchte, kann er dem Arbeitgeber vorschlagen, eine **Aufhebungsvereinbarung** zu schließen.

Da diese keine einseitige Erklärung, sondern eine Vereinbarung zwischen beiden Parteien des Arbeitsverhältnisses ist, muss über die Inhalte in Verhandlungen ein Einvernehmen erzielt werden. Regelmäßig wird in einer Aufhebungsvereinbarung auch festgehalten, welche gegenseitigen Ansprüche (etwa aus Überstunden oder Urlaub) noch bestehen und wie diese abgegolten werden sollen. Außerdem wird geregelt, ob dem ausscheidenden Mitarbeiter eine **Abfindung** bezahlt wird. Hat auch der Arbeitgeber ein Interesse am Ende des Arbeitsverhältnisses, kann er über eine solche Abfindung die Bereitschaft des Mitarbeiters erhöhen, seine Stelle aufzugeben.

Falls ein Arbeitnehmer im Anschluss an eine Beschäftigung arbeitslos wird, prüft die Bundesagentur für Arbeit regelmäßig, ob der Arbeitnehmer dies eventuell fahrlässig oder schuldhaft herbeigeführt hat. Kann er seine Motive für eine Eigenkündigung oder Aufhebungsvereinbarung nicht schlüssig darlegen, kann die Arbeitsagentur gemäß § 144 SGB III eine **Sperrzeit** beim Bezug von Arbeitslosengeld festlegen.

5.8.2 Individualrechtliche Perspektive – Beendigung durch Arbeitgeber

Wenn der Arbeitgeber das Arbeitsverhältnis eines Mitarbeiters beenden möchte, trifft er auf eine komplizierte Rechtslage, die zunächst die bisherige Dauer des Arbeitsverhältnisses und die Größe des Unternehmens in Bezug nimmt.

Wenn der Mitarbeiter noch nicht 6 Monate dem Unternehmen angehört hat, braucht der Arbeitgeber das **Kündigungsschutzgesetz (KSchG)** mit seinen Kündigungsvoraussetzungen nicht anzuwenden. Er kann dann mit einer kurzen Frist (zwei Wochen zum Monatsende) und ohne eine »soziale Rechtfertigung« im Sinne des § 1 KSchG kündigen.

Ist im Arbeitsvertrag eine noch laufende **Probezeit** vereinbart, was häufig, aber nicht immer der Fall ist, kann der Arbeitgeber nach § 622 Abs. 3 BGB mit einer Frist von zwei Wochen das Arbeitsverhältnis ohne Angaben von Gründen per Kündigung beenden.

Wenn der Arbeitgeber mehr als 10 Beschäftigte hat, gilt für sein Unternehmen das KSchG. Soll hier ein Arbeitsverhältnis beendet werden, das **länger als 6 Monate** besteht, liegt die Hürde für eine wirksame Kündigung durch den Arbeitgeber deutlich höher als außerhalb des KSchG. Es muss dann gemäß § 1 KSchG eine sogenannte »**soziale Rechtfertigung**« nachgewiesen werden. Diese liegt vor, wenn der Arbeitgeber Gründe nachweisen kann, die

- in der Person des Arbeitnehmers liegen, z.B. Langzeiterkrankung oder häufige kurze Krankheiten, die die betrieblichen Abläufe erschweren (**personenbedingte Kündigung**)
- im Verhalten des Arbeitnehmer liegen und dieser dafür mindestens eine wirksame Abmahnung erhalten hat, z.B. für Zuspätkommen, unentschuldigtes Fehlen, mangelhafte Leistungen (**verhaltensbedingte Kündigung**)

- betrieblichen Erfordernissen entspringen, also etwa bei Auftragsrückgang oder der Stilllegung von Betriebsteilen (**betriebsbedingte Kündigung**).

In der Regel wird der Arbeitgeber eine sogenannte **ordentliche Kündigung** aussprechen. Das bedeutet vor allem, dass er die für das jeweilige Arbeitsverhältnis geltende **Kündigungsfrist** beachten muss. Gemäß § 622 BGB ergibt sich die Länge der gesetzlichen Kündigungsfrist aus der Dauer des Arbeitsverhältnisses. Sie reicht bis zu 7 Monaten bei Arbeitsverhältnissen, die 20 Jahre bestanden haben. Häufig greifen für den Arbeitnehmer zusätzlich tarifliche und/oder arbeitsvertraglich vereinbarte Fristen, die meist für den Arbeitnehmer günstiger sind, indem sie bei kürzerer Beschäftigungsdauer längere Fristen vorsehen oder die Kündigung nur zum Ende eines Quartals erlauben.

Falls dies im Arbeitsvertrag vereinbart ist, kann der Arbeitgeber seinen Mitarbeiter nach Ausspruch der Kündigung für die restliche Zeit bis zum Beendigungstermin unter Fortzahlung der Bezüge (ggf. unter Anrechnung von Zeit- und Urlaubsguthaben) von der Arbeit **freistellen**. Liegt infolge des Verhaltens des Arbeitnehmers ein besonders wichtiger Grund vor (z. B. bei Diebstahl von Betriebseigentum), kann der Arbeitgeber auch **fristlos** kündigen.

5.8.3 Kollektivrechtliche Perspektive – Mitwirkung des Betriebsrates

Der Arbeitgeber muss einen für den betroffenen Betrieb gewählten **Betriebsrat** grundsätzlich über Veränderungen des Personalbestandes **informieren**. Plant er die Entlassung eines Mitarbeiters, muss er den Betriebsrat vor Ausspruch der Kündigung unter Darlegung sämtlicher Gründe **anhören** (§ 102 BetrVG). Unterbleibt diese Anhörung, scheitert die Kündigung im Klagefall vor dem Arbeitsgericht. Der Betriebsrat kann einer beabsichtigten Kündigung des Arbeitgebers zustimmen, sich enthalten oder ihr widersprechen. Auch ein Widerspruch des Betriebsrates kann die Kündigungserklärung des Arbeitgebers jedoch nicht aufhalten; dieser muss den Arbeitnehmer dann lediglich bis zum Abschluss eines eventuellen Klageverfahrens vor dem Arbeitsgericht weiterbeschäftigen – auch wenn dieser Zeitpunkt hinter dem eigentlich erklärten Beendigungstermin liegt.

In der Sozialwirtschaft kann es beispielsweise vorkommen, dass sich ein Unternehmen in Folge des Rückzugs aus einem Arbeitsfeld oder wegen der Beendigung einer öffentlichen Zuwendung von einer Vielzahl an Mitarbeitern trennen muss. In einem solchen Fall ist zu klären, ob es sich bei der Maßnahme um eine Betriebsänderung im Sinne des § 111 BetrVG handelt. Falls ja, muss das Unternehmen mit dem Betriebsrat über einen **Interessenausgleich** und einen **Sozialplan** verhandeln, der die durch die Betriebsänderung für die Mitarbeiter entstehenden Nachteile mindern soll. Der Interessenausgleich (nicht jedoch der Sozialplan) kann entfallen, sofern es sich um ein sogenanntes Tendenzunternehmen im Sinne des § 118 BetrVG handelt. Dieser regelt, dass das Betriebsverfassungsgesetz für kirchliche Einrichtungen gar nicht und für sonstige karitative Träger nur eingeschränkt gilt.

5.8.4 »Wertschätzende Entlassungen« und Outplacement

Lange Zeit war es in der deutschen Unternehmenskultur häufig so, dass ein gekündigter Mitarbeiter für die restliche Zeit, die ihm in seinem Betrieb noch blieb, in Bann und Acht geschlagen war: Der Vorgesetze war nicht mehr zu sprechen, und die Kollegen mieden seinen Blick. Von der Erkenntnis ausgehend, dass der gekündigte Mitarbeiter dies oftmals nicht mit eigenen Fehlverhalten zu verantworten hatte, sondern er im tragischsten Fall nur das »Zufallsopfer« einer wiederholten Restrukturierungswelle war, hat sich in den letzten Jahren eine Praxis entwickelt, die mit den Begriffen der »**wertschätzenden Entlassung**« oder der »**Trennungskultur**« (Andrzejewski 2008) beschrieben wird.

Viele Unternehmen sind zur Erkenntnis gelangt, dass es ihnen nicht egal sein kann, wie ein ehemaliger Mitarbeiter außerhalb des Betriebs über das Erlebte spricht. Manchmal möchte sich das Unternehmen sogar ausdrücklich die Möglichkeit offenhalten, den Gekündigten in besseren Zeiten wiedereinzustellen. Ein erster Kulturwandel zeichnet sich darin ab, dass **Trennungsgespräche**, die vom Vorgesetzen ohne jegliche Form von Wertschätzung geführt werden und nach denen eine kurze Zeit zum Räumen des eigenen Schreibtisches bleibt, (außer bei Gefahr im Verzug) zunehmend der Vergangenheit angehören. Stattdessen werden in ruhiger und sachlicher Atmosphäre die Gründe erörtert, die zur Trennungsentscheidung geführt haben – auch wenn diese in der Person oder im Verhalten des Mitarbeiters liegen. Wird es diesem ermöglicht, das Trennungsgespräch gesichtswahrend zu überstehen, bleiben diejenigen Rachegefühle und narzisstischen Kränkungen aus, die oftmals den Gang zum Arbeitsgericht erst richtig befeuern.

Inzwischen haben vor allem Unternehmens- und Personalberatungen ein umfangreiches Angebot an Dienstleistungen entwickelt, die (auch) Sozialunternehmen zur Gestaltung des Trennungsprozesses anwenden. Dies gilt insbesondere für Leistungen, die seither unter den Begriffen des »**Outplacement**« (Lohaus 2010; Berg-Peer 2003) bzw. der »**Trennungsberatung**« (Mayrhofer 1995) kursieren. Dabei bieten Unternehmen ihren scheidenden Mitarbeitern eine – interne oder externe – Beratung an, die der Bewältigung der Kündigung und der beruflichen Neuorientierung dienen soll und durchaus zeitlich über das Ende der Beschäftigung hinausreichen kann. Sie kann dabei Elemente der psychologischen Beratung zur Verarbeitung/Bewältigung haben und bis zu handfesten Tipps zur Existenzgründung reichen.

5.8.5 Arbeitszeugnis und Ausscheiden

Der scheidende Mitarbeiter hat einen **Rechtsanspruch** auf die Ausstellung eines Arbeitszeugnisses und ist auf dieses bei seiner beruflichen Neuorientierung angewiesen. Das **Schlusszeugnis** (ggf. wurden während des laufenden Arbeitsverhältnisses **Zwischenzeugnisse** ausgestellt) wird heutzutage fast immer ein von einem personalverantwortlichen Vorgesetzten unterschriebenes, **qualifiziertes Zeugnis** sein, das sich von sogenannten einfachen Zeugnissen durch die zusätzlich enthaltene Leistungs- und Verhaltensbewertung unterscheidet. Das Zeugnis muss wahr und berufsfördernd sein, sollte also weder Aufgaben listen, die der Mitarbeiter gar nicht innehatte, noch abwertende Beurteilungen enthalten.

Um innerhalb dieser Vorgaben dennoch ein differenziertes Bild des Arbeitnehmers und seiner Leistungen zeichnen zu können, hat sich in den letzten Jahrzehnten ein informelles, jedoch auch von den Arbeitsgerichten akzeptiertes **Codierungssystem** entwickelt. Dieses beinhaltet – knapp gesagt – eine Verschiebung der eigentlichen sprachlichen Bedeutung. So deutet die Aussage, Herr XY habe »zu unserer Zufriedenheit« gearbeitet auf eine deutliche unterdurchschnittliche Leistung hin. Sollen gute oder sehr gute Bewertungen abgegeben werden, wird regelmäßig der Superlativ verwendet, auch wenn dieser sprachlich sogar falsch sein kann: wer »stets zur vollsten Zufriedenheit« tätig war, kann sich über die Bestnote freuen. Der Arbeitnehmer kann vor dem Arbeitsgericht auf Erstellung eines Arbeitszeugnisses klagen oder sich Aussagen und Bewertungen im Zeugnisstreit korrigieren lassen.

Naht das tatsächliche Ende der Beschäftigung, hat der scheidende Mitarbeiter Firmeneigentum, z. B. Schlüssel oder ein Diensthandy, zurückzugeben. Mit seinem Ausscheiden werden ihm auch die Arbeitspapiere, darunter etwa sein Sozialversicherungsausweis, ausgehändigt.

5.9 Zwischenfazit

Die betriebswirtschaftliche Funktion der Personalwirtschaft hat in den letzten Jahren zunehmend an Bedeutung gewonnen: Die Menschen, die in einem Unternehmen arbeiten, sind nicht länger eine beliebig verfügbare Dispositionsgröße, sondern eine kostbare Ressource. Die personalwirtschaftliche Unprofessionalität, durch die manche Sozialunternehmen, welche hier nach Gutsherrenart und nebenan von Gutmenschen geführt wurden, lange Zeit geprägt waren, gehört größtenteils der Vergangenheit an. Wie so häufig bedurfte es hierfür einer multiplen Bedrohungslage: Nicht mehr länger konnten die Träger der Sozialen Arbeit davon ausgehen, dass es die eigenen Beschäftigten – ihrer oft hohen Identifikation zum Trotz – länger hinnehmen würden, einer leistungsschwachen Personalverwaltung und einer steinzeitlichen Führungskultur ausgesetzt zu sein. Wer wochenlang auf seine Stempelkarte wartet und jahrelang vergeblich auf ein Mitarbeitergespräch, weiß heutzutage, dass es auch anders gehen kann.

Qualifizierte und motivierte Mitarbeiter sind heute in den meisten Arbeitsfeldern der Sozialen Arbeit die zentrale Basis für zufriedene Kunden. In Zeiten von Wettbewerb und (häufig) bedarfsdeckendem Angebot erwächst dem Kunden die neue Souveränität, den Anbieter sozialer Einrichtungen und Dienste mit Abwanderung abzustrafen. Nicht-auskömmliche Inanspruchnahme-/Belegungsquoten wiederum bedrohen den Anbieter heute wirtschaftlich existenziell, da infolge der Umstellung auf prospektive Entgelte nicht mehr mit einer automatischen Deckung der Selbstkosten gerechnet werden kann.

Die Gegebenheit, dass Fachkräfte in etlichen Arbeitsfeldern knapp werden, hat das Tempo der Veränderung nochmals verschärft. Selbst Träger, die eben noch durch das Image des »Ausbeuters« gekennzeichnet waren, präsentieren sich heute beispielsweise auf Messen multimedial als attraktive Arbeitgeber, bei denen der firmeneigene Fitnesscoach am Nachmittag zu den Mitarbeitern auf den Wohnbereich kommt. So gibt es viele Indizien dafür, dass eine Zeit bevorsteht, in der Teile des sektoralen Arbeitsmarkts der Sozialwirtschaft ein Nachfragemarkt sein werden, in dem die Arbeitnehmer die Bedingungen formulieren können, zu denen sie tätig werden möchten. Den Sozialunternehmen wird dies abverlangen, die gegebenen Bedingungen mit einer modernen und professionellen Personalwirtschaft zu gestalten sowie die in diesem Kapitel aufgezeigten Teilfunktionen passgenau anzuwenden.

Literaturverzeichnis

Andrzejewski, Laurenz: Trennungskultur und Mitarbeiterbindung. Köln: Luchterhand, 2008.

Badelt, Christoph; Meyer, Michael; Simsa, Ruth: Handbuch der Nonprofit-Organisation. 4., überarbeitete Auflage. Stuttgart: Schäffer-Poeschel Verlag, 2007.

Bahners, Christian: Vorgesetztenbeurteilung mittels 360°-Feedback. München: Rainer Hampp Verlag, 2003.

Behr, Michael: Für eine gute soziale Infrastruktur. In: Akteure, Zeitschrift des Thüringer Ministeriums für Wissenschaft, Arbeit, Technologie. Erfurt: 2010.

Berg-Peer, Janine: Outplacement in der Praxis. Wiesbaden: Gabler Verlag, 2003.

Bisani, Fritz: Personalwesen und Personalführung. Wiesbaden: Gabler Verlag, 1995.

Boehmer, Arnd v.: Skript zur LV »Ausgewählte Einrichtungsstrukturen« im WS 2010/2011 an der HS Esslingen. Esslingen: 2010.

Boehmer, Arnd v.: Einflussfaktoren auf Mitarbeiterzufriedenheit in Pflegeeinrichtungen der AWO Württemberg (unveröff. Studie). Stuttgart: 2011.

Boysen, Werner: Management Turnaround – Wie Manager durch Enzymatisches Management wieder wirksam werden. Wiesbaden: Gabler Verlag, 2009.

Brinkmann, Volker (Hrsg.): Personalentwicklung und Personalmanagement in der Sozialwirtschaft. Wiesbaden: VS Verlag für Sozialwissenschaften, 2008.

Bundesministerium für Arbeit und Soziales: Bekanntmachung der Richtlinie zur Personalentwicklung in der Sozialwirtschaft. Berlin: 2009.

Burke, Ronald J.; Cooper, Cary L.: Building More Effective Organizations: HR Management and Performance in Practice. Cambridge: Cambridge University Press, 2007.

Eckardstein, Dudo v.: Personalmanagement in NPOs. In: Badelt, Christoph; Meyer, Michael; Simsa, Ruth: Handbuch der Nonprofit-Organisation. 4. Auflage. Stuttgart: Schäffer-Poeschel Verlag, 2007, S. 273–298.

Feldhoff, Norbert: Kirchlicher Weg – Dritter Weg – BAT. Vortrag bei der Katholischen Erziehergemeinschaft Rheinland-Pfalz am 27. 05. 2000. Saarbrücken: 2000.

Golla, Guido: Entstehung und Entwicklung unternehmerischer Führungsprinzipen. Aachen: Shaker Verlag, 2007.

Haubrock, Manfred; Schär, Walter: Betriebswirtschaft und Management im Krankenhaus. 4. Auflage. Bern: Verlag Hans Huber 2007.

Hofmann, Karsten; Köhler, Friedhelm; Steinhoff, Viktoria: Vorgesetztenbeurteilung in der Praxis. Weinheim: Beltz PVU, 1995.

Holt, Thomas v.; Koch, Christian: Gemeinnützige GmbH. 2. Auflage. München: C. H. Beck Verlag, 2009.

IG Metall-Vorstand: Leiharbeit und Equal Pay: Wie ist die Rechtlage wirklich? In: Pressemeldung vom 14. 01. 2011. Frankfurt: 2011.

Knorr, Friedhelm; Offer, Hans: Betriebswirtschaftslehre – Grundlagen für die soziale Arbeit. Neuwied: Hermann Luchterhand Verlag GmbH, 1999.

Kreft, Dieter; Mielenz, Ingrid: Wörterbuch Soziale Arbeit: Aufgaben, Praxisfelder, Begriffe und Methoden der Sozialarbeit und Sozialpädagogik. Weinheim und München: Juventa Verlag, 2005.

Kühnlein, Gertrud; Wohlfahrt, Norbert: Lohn und Profession: Zu aktuellen Tarifentwicklungen in der Sozialen Arbeit. In: WSI-Nachrichten 7/2006. Düsseldorf: 2006.

Lohaus, Daniela: Outplacement: Praxis der Personalpsychologie. Göttingen: Hogrefe Verlag, 2010.

Lotmar, Paula; Tondeur, Edmond: Führen in sozialen Organisationen. Ein Buch zum Nachdenken und Handeln. 7. durchges. Aufl. Bern/Stuttgart/Wien: Haupt Verlag, 2004.

Lück, Helmut E.: Kurt Lewin – Eine Einführung in sein Werk. Weinheim: Psychologie Verlags Union, 1996.

Maslow, Abraham H.: A Theory of Human Motivation. In: Psychological Review. Heft 50. Washington D. C.: 1943, S. 370–396.

Mayrhofer, Wolfgang: Trennung von der Organisation – Vom Outplacement zur Trennungsberatung. Wiesbaden: Deutscher Universitäts-Verlag, 1995.

McGregor, Douglas: The Human Side of Enterprise. New York: McGraw Hill, 1960.

Moos, Gabriele; Peters, André: BWL für soziale Berufe. Eine Einführung. München: UTB, 2008.

Nährlich, Stefan; Zimmer, Annette (Hrsg.): Management in Noprofit-Organisationen. Opladen: VS Verlag, 2000.

Olfert, Klaus: Personalwirtschaft. 14., verb. und aktualisierte Auflage. Herne: Kiehl Verlag, 2010.

Pongratz, Hans J.: Betriebe als Nachfrager der Ware Arbeitskraft. Skript zur LV »Institutionen des Arbeitsmarktes« im WS 2006/2007 an der LMU München. München: 2006.

Pracht, Arnold: Betriebswirtschaftslehre für das Sozialwesen. Weinheim, München: Juventa-Verlag, 2002.

Rahn, Horst-Joachim: Erfolgreiche Teamführung. 6. Auflage. Hamburg: Windmühle, 2010.

Rahn, Horst-Joachim: Unternehmensführung. 7. Auflage. Ludwigshafen: Kiehl Verlag, 2008.

Rossol, Martin: Das kooperative Mitarbeitergespräch in Organisationen der Sozialwirtschaft. München: Ernst Reinhard Verlag, 2008.

Scholz, Christian: Personalmanagement – Informationsorientierte und verhaltenstheoretische Grundlagen. 4. Auflage. München: Vahlen, 1994.

Simsa, Ruth; Patak, Michael: Leadership in Nonprofit-Organisationen. Die Kunst der Führung ohne Profitdenken. Wien: Linde Verlag, 2008.

Spiegel Online: Diakonie-Heime betreiben Lohndumping à la Schlecker (vom 12. 01. 2011). Hamburg: 2011.

Stippler, Maria; Moore, Sadie; Rosenthal, Seth; Dörffer, Tina: Führung: Ansätze – Entwicklungen – Trends. Teil 3: Führung als Beziehungsphänomen, Transformationale Führung, Werte und Ethik. Gütersloh: Bertelsmann Stiftung Leadership Series, 2010.

Vahs, Dietmar; Schäfer-Kunz, Jan: Einführung in die Betriebswirtschaftslehre. 4. Auflage. Stuttgart: Schäffer-Poeschel Verlag, 2005.

Wöhrle, Armin: Der zweite Professionalisierungsschub durch Sozialmanagement. In: Brinkmann, Volker (Hrsg.): Personalentwicklung und Personalmanagement in der Sozialwirtschaft. Wiesbaden: 2008, S. 13–40.

6 Finanzwirtschaft

Reinhold Wolke und Jürgen Holdenrieder

6.1 Grundlagen

In der Sozialwirtschaft ist die Beschaffung finanzieller Mittel, die für die Erstellung von Dienstleistungen benötigt werden, ein zentrales Thema. Da die Träger der Sozialen Arbeit wegen der ökonomischen und sozialen Bedürftigkeit der Adressaten ihre Dienstleistungen meist nicht zu kostendeckenden Nutzungsentgelten abgeben können, benötigen sie für ihre erbrachten Leistungen in der Regel – zumindest eine ergänzende – öffentliche Finanzierung (Halfar 1999). Die Ausstattung einer Branche mit dem Input Geld, respektive mit finanziellen Ressourcen, wird mit dem Begriff Finanzierung beschrieben (Köchling 2004). Finanzielle Ressourcen sind knapp und stehen für Sozialunternehmen regelmäßig nur in begrenztem Umfang zur Verfügung. Finanzknappheit, also der Mangel an finanziellen Ressourcen, ist kein spezifisches Problem der Sozialen Arbeit, sondern trifft auch andere Systeme, wie z. B. das Gesundheitswesen und die Landwirtschaft. Die jüngeren Wirtschaftskrisen zeigen deutlich, dass selbst der Bankensektor und sogar Staaten von der Knappheit an finanziellen Ressourcen betroffen sind.

Anliegen dieses Kapitels ist es zunächst, zentrale Grundbegriffe und Aufgaben der betrieblichen Finanzierungsfunktion in Abhängigkeit vom Leistungskontext zu erläutern. Darauf aufbauend sollen die Finanzierung, die Finanzierungsströme und die Finanzierungsstrukturen der Sozialwirtschaft durchleuchtet werden. Im nächsten Schritt werden die Aufgaben des betrieblichen Finanzmanagements thematisiert und es wird der Schlüsselfrage nachgegangen, welche Gestaltungsmöglichkeiten bei der Finanzierungsfrage für soziale Dienste und Einrichtungen in Betracht zu ziehen sind. Hierbei werden sowohl Ansatzpunkte des Finanzmanagements im Bereich der Außenfinanzierung als auch Formen der Innenfinanzierung berücksichtigt und zudem finanz- und leistungswirtschaftliche Prozesse der Sozialen Arbeit analysiert. Ein kritisches Fazit zum aktuellen Stand des Finanzmanagements in Sozialunternehmen und zu Entwicklungstendenzen rundet das vorliegende Kapitel ab.

6.2 Begrifflichkeiten und Aufgaben der Finanzierungsfunktion

Übertragen auf das Einzelunternehmen kann **Finanzierung** als die Beschaffung von finanziellen Ressourcen verstanden werden. In seiner betriebswirtschaftlichen Auslegung umfasst der Begriff Finanzierung sämtliche Maßnahmen zur Beschaffung von Geldmitteln, um unternehmerische Vorhaben realisieren zu können (Gabler Wirtschaftslexikon 2005). In systemtheoretischer Sichtweise ist es also Aufgabe des betriebswirtschaftlichen Finanzmanagements, den Input »Geld« für ein Unternehmen bereitzustellen. Betrachtet wird folglich die finanzielle Sphäre eines Unternehmens. Bei allen Betrieben – und dies gilt auch für Sozialunternehmen – kann zwischen einem leistungswirtschaftlichen und einem finanzwirtschaftlichen Bereich unterschieden werden (Schierenbeck/Wöhle 2008). Im leistungswirtschaftlichen Bereich, hierzu zählen die Beschaffung, die Leistungserstellung und -verwertung, spiegelt sich die Versorgungsaufgabe von sozialen Einrichtungen und Diensten wider. Mit den Leistungsströmen gehen Einnahmen- und Ausgabenströme einher. Zusammen mit den nicht in unmittelbarer Beziehung zu leistungswirtschaftlichen Vorgängen stehenden autonomen Dispositionen innerhalb der Finanzsphäre bilden diese Einnahmen- und Ausgabenströme den Bereich der betrieblichen Finanzwirtschaft (Wöhe 2010). Schwerpunkt der nachfolgenden Betrachtung ist die betriebswirtschaftliche **Finanzierungsfunktion** (Schierenbeck/ Wöhle 2008). Die Beziehungen zur Investitionsfunktion, also zur Frage der zweckgerichteten Verwendung der zur Verfügung stehenden Mittel, beispielsweise vollzogen durch den Kauf eines Fahrzeuges für einen mobilen Betreuungsdienst, werden nur am Rande erörtert.

Finanzmanagement kann als die zielgerichtete Gestaltung und Steuerung sämtlicher Aktivitäten verstanden werden, die eine kurz-, mittel- und langfristige Sicherung des finanziellen Gleichgewichts von sozialen Einrichtungen oder Diensten beabsichtigen (funktionale Definition). Institutionell findet Finanzmanagement als Oberbegriff für diejenigen Instanzen Verwendung, denen diese Aufgaben in einem Sozialunternehmen obliegen. Dabei ist das Finanzmanagement als Teil eines Unternehmens zu verstehen, dessen Aufbaustruktur und Prozessabläufe wesentlich durch externe Vorgaben determiniert werden (Eilenberger 2003). Finanzielle Ressourcen werden für die Leistungserstellung (z. B. Entlohnung der Mitarbeiter, Beschaffung von Ressourcen und Investitionen) und für die Gewinnverwendung (z. B. Bildung von Rücklagen) benötigt. Es lassen sich also folgende **Finanzierungsanlässe** identifizieren (Schellberg 2001a):

*   Investitionen (z. B. für Fahrzeuge oder Maschinen)
*   laufender Betrieb (z. B. Entlohnung der Mitarbeiter oder Sachaufwand) und
*   Ausgleich von Defiziten.

Das Finanzierungsgeschehen lässt sich, wie in Abbildung 6.1 aufgezeigt, in **vier Phasen** unterteilen.

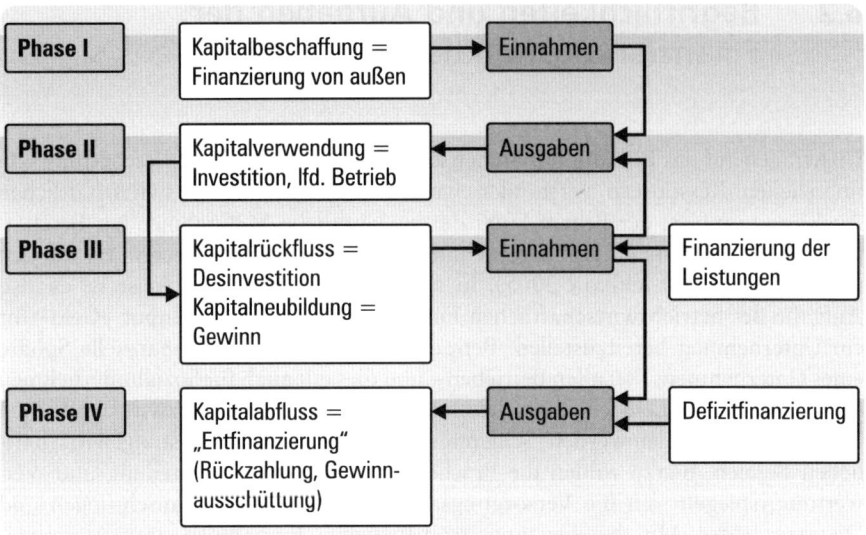

Abb. 6.1: Finanzierungsanlässe im Phasenschema
Quelle: Eigene Darstellung nach Wöhe 2010, 519 f.

Die Beschaffung der finanziellen Ressourcen kann allgemein im Wege der Außenfinanzierung und/oder der Innenfinanzierung erfolgen. Diese Trennung orientiert sich nach der Herkunft der finanziellen Ressourcen. Bei der **Außenfinanzierung** fließen die Ressourcen dem Sozialunternehmen von außen zu, z. B. als Eigenmittel des Trägers (Beteiligungsfinanzierung) oder als Kredite von Banken (Fremdfinanzierung). Bei der **Innenfinanzierung** kommen die finanziellen Mittel aus dem Unternehmen selbst, z. B. aus erwirtschafteten Gewinnen (Selbstfinanzierung) oder aus dem Rückfluss von Abschreibungsgegenwerten (Wöhe 2010). Die strukturelle Ausstattung (Mittelherkunft) eines Unternehmens mit finanziellen Ressourcen spiegelt sich im kaufmännischen Rechnungswesen auf der Passivseite der Bilanz wider. Dagegen zeigt die Aktivseite der Bilanz die Kapitalverwendung – Ergebnis der Phase II (Thiele 2002).

Das klassisch betriebswirtschaftliche Verständnis von Finanzierung bezieht sich auf die Frage der Kapitalbeschaffung (Phase I). Die Frage der Vergütung der Leistungen entspringt dem Marktprozess und ist Bestandteil der Absatz- bzw. Marketingfunktion (vgl. Kapitel 9). Im Rahmen der Finanzierung stellen sich dann folgende Finanzierungsprobleme (Bea/Friedl/Schweizer 2004):

- Eigentum und Verfügungsrechte: Wem gehört der Betrieb, wer hat Einfluss?
- Fristigkeit: Wie kann der Zeitraum von der kapitalbindenden Investition bis zum Zeitpunkt des Kapitalrückflusses, bis also die getätigten Investitionsausgaben über realisierte Erträge aus der Investition kompensiert worden sind, wirtschaftlich überbrückt werden?
- Risikoabwägung: Wie hoch ist das Risiko, dass kein Kapitalrückfluss stattfindet? Wer haftet?

Die Frage nach dem **Kapitalrückfluss** stellt die Finanzierungsfunktion im betriebswirtschaftlichen Sinne nur in formaler Hinsicht: Fließen ausreichend Mittel zu, um die Investitionen abzuschreiben und ggf. Gewinne auszuschütten? Die inhaltlichen Fragen, die sich auf Kunden/Adressaten beziehen, die Preisgestaltung oder den Angebotspreis für eine bestimmte Leistung betreffen, werden im Rahmen der betriebswirtschaftlichen Marketingfunktion entschieden (Eilenberger 2003). Der Fokus des betriebswirtschaftlichen Finanzierungsverständnisses ist in der nachfolgenden Abbildung 6.2 dargestellt (gepunktete Linie).

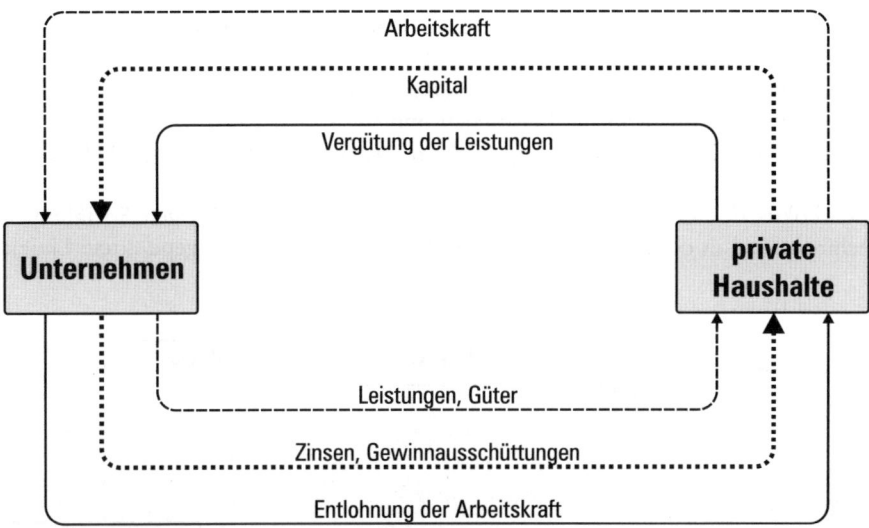

Abb. 6.2: Fokus des betriebswirtschaftlichen Finanzierungsverständnisses
Quelle: Schellberg 2001 a, 11

Für soziale Einrichtungen und Dienste tritt ein zweites Finanzierungsproblem hinzu. Da die Nutzer der Leistungen regelmäßig nicht oder nur bedingt in der Lage sind, die Kosten der Dienstleistung zu tragen (Auseinanderfallen der Nachfragefunktionen), stellt sich zumeist die Frage nach der Finanzierung und damit nach dem Kostenträger für eine soziale Dienstleistung. Es ist demzufolge nicht nur die Investition als Voraussetzung für eine Leistungserstellung zu finanzieren, sondern auch der laufende Betrieb. In Sozialunternehmen wird die Finanzierungsfunktion daher in einem weiteren Sinne verstanden: Es geht nicht ausschließlich um die Kapitalbeschaffung – wie in der klassisch betriebswirtschaftlichen Sichtweise – sondern gerade auch um die Beschaffung von Geldmitteln für den laufenden Betrieb von Einrichtungen/Diensten. Die Finanzierungsfunktion widmet sich also insbesondere den Fragen:

• nach dem Kostenträger und der gesetzlichen Leistungsgrundlage
• nach der Form der Vergütung und
• nach der Höhe der Vergütung.

Noch weiter entfernt vom betriebswirtschaftlichen Finanzierungsverständnis ist das diesbezüglich festzustellende Verständnis bei frei-gemeinnützigen Trägern. Hier hat häufig der Staat eine hohe Verantwortung für die erforderlichen Finanzmittel übernommen (Schellberg 2001 a). Daher steht die Frage der Finanzierung durch die zuständigen Kostenträger im Mittelpunkt der Finanzierungsfunktion. Das betriebswirtschaftliche Finanzierungsverständnis beschränkt sich auf den Anteil an Eigenmitteln. Die Finanzierungsprobleme der frei-gemeinnützigen Sozialunternehmen lassen sich durch folgende Fragen charakterisieren:

• Zuständigkeit und Verantwortlichkeit öffentlicher Kostenträger und der gesetzlichen Grundlagen
• Struktur und Umfang der Investitionsförderungen
• Vergütungsformen für die Leistungen und
• Höhe der Investitionsförderung und Vergütungsform (Schellberg 2001 a).

Der Fokus des Finanzierungsverständnisses in frei-gemeinnützigen Sozialunternehmen wird in der nachfolgenden Abbildung 6.3 dargestellt (gepunktete Linie).

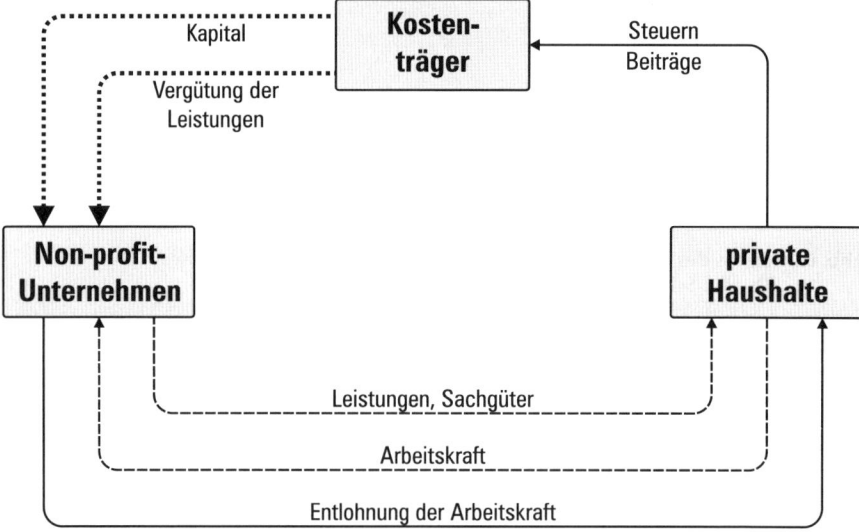

Abb. 6.3: Fokus des Finanzierungsverständnisses bei frei-gemeinnützigen Trägern
Quelle: Schellberg 2001 a, 14

6.3 Grundzüge der Finanzierung

6.3.1 Finanzierungsströme in der Sozialwirtschaft

Die Arbeit der sozialen Einrichtungen und Dienste wird im großen Umfang aus **öffentlichen Haushalten** und den **Budgets der Sozialversicherung** finanziert (Köchling 2004). Aus gesellschaftspolitischer Perspektive stellt sich zunächst die Frage, welcher Anteil des Sozialprodukts einer Volkswirtschaft für öffentliche Aufgaben, also z. B. für das System der Sozialen Arbeit, für die Soziale Sicherung, für Bildung und für das Gesundheitswesen verwendet werden sollen. Über die Höhe der Ausgaben in einem Jahr für Konsumzwecke wird durch Marktentscheidungen autonomer Nachfrager und Anbieter entschieden. Die Ausgaben für öffentliche Zwecke, auch für soziale Dienstleistungen, werden jedoch in großem Umfang durch politische Entscheidungen bestimmt bzw. zwischen Nicht-Markt-Institutionen ausgehandelt, da der Markt als Steuerungsinstanz hier keine zufriedenstellenden Allokationsergebnisse liefert (Herder-Dorneich 1994). Mit dem Begriff **Allokation** wird die Verteilung von knappen Mitteln auf verschiedene Verwendungsmöglichkeiten (z. B. Jugendhilfe oder Bankensektor) umschrieben. Dabei gilt, dass zugeteilte Güter nicht gleichzeitig woanders verwendet werden können. Die Ausstattung eines Sektors mit finanziellen Ressourcen spiegelt die gesellschaftliche Anfrage an dessen Funktion und Bedeutung wider. Finanzknappheit ist, so gesehen, nicht ausschließlich ein administratives Phänomen (Baßeler/Heinrich/Utecht 2002).

Im Anschluss an die Entscheidung auf der obersten **Allokationsebene,** also darüber, welcher Anteil am Sozialprodukt auf die öffentlichen Aufgabenfelder entfallen soll respektive welcher Anteil der Primärverteilung entzogen werden kann oder soll, stellt sich auf der nächsten Allokationsebene die Frage, wie viele Mittel für soziale Zwecke ausgegeben werden sollen. Innerhalb eines Sozialsystems konkurrieren dann unterschiedliche Zwecke, wie Gesundheit, Alterssicherung, Soziale Arbeit oder Arbeitsmarktpolitik um die Ressourcen. Innerhalb des Systems der Sozialen Arbeit können wiederum verschiedene Arbeitsfelder differenziert werden, z. B. Jugendhilfe, Behindertenhilfe, Altenhilfe oder Familienhilfe (vgl. Kapitel 1). Innerhalb der einzelnen Arbeitsfelder stellen sich dann die nächsten Allokationsfragen: Nach welchen Kriterien sollen die finanziellen Mittel zwischen den einzelnen Funktionsbereichen verteilt werden? Welche Anteile erhalten zum Beispiel die einzelnen Behinderungsarten? Soll eher der präventive Bereich oder eher der rehabilitative Bereich gefördert werden? Wie sollen die finanziellen Mittel zwischen Frühförderung, integrativer und kooperativer Erziehung, Werkstätten für behinderte Menschen, Wohnmodellen für behinderte Menschen und Fahrdiensten aufgeteilt werden? Unter der prinzipiellen Bedingung von Ressourcenknappheit muss das sozialpolitische System somit ständig Entscheidungen über die Ressourcenallokation treffen und entsprechende Finanzierungsströme organisieren (Halfar 1999).

Ein erster knapper Überblick über die Finanzierungssituation in der Sozialwirtschaft erfolgte bereits in Kapitel 1 dieses Lehrbuchs. Demnach betrug die Gesamtsumme aller Sozialleistungen im Jahr 2010 rund 761 Milliarden Euro. Die **Sozialleistungsquote** – hierbei handelt es sich um den relativen Anteil der Sozialleistungen, wie sie im Sozialbudget abgegrenzt sind, am Bruttoinlandsprodukt – betrug 31,7 Prozent (Bundesministerium für Arbeit und Soziales 2011 a). Ein Vergleich auf europäischer Ebene für das Jahr 2007 verdeutlicht, dass Deutschland nach Frankreich, Schweden, Belgien, Dänemark, den Niederlanden und Österreich einen vergleichsweise hohen Anteil von Sozialleistungen am Bruttoinlandsprodukt verzeichnete – rund 1,5 Prozentpunkte über dem Durchschnitt der Europäischen Union (Europäische Kommission/Eurostat 2010). Das heterogene Feld der sozialen Sicherung verdeutlicht die Abbildung 6.4. Hier wird das Sozialbudget nach Sicherungszweigen im Jahr 2010 in Anteilen an den Gesamtausgaben beschrieben.

Anteile an den Gesamtausgaben einschließlich der Beiträge des Staates

Krankenversicherung[1] 24,1%
Arbeitslosenversicherung 4,6%
Pflegeversicherung[1] 2,8%
Unfallversicherung 1,5%
Systeme des öffentlichen Dienstes[2] 7,3%
Arbeitgebersysteme[3] 5,2%
Betriebliche Altersversorgung 2,8%
Sondersysteme Alterssicherung[4] 0,8%
Kindergeld und Familienleistungsausgleich 5,2%
Erziehungs-/Elterngeld 0,6%
Grundsicherung für Arbeitsuchende[5] 5,9%
Sozialhilfe 3,1%
Kinder- und Jugendhilfe 3,2%
Sonstige Systeme[6] 0,9%
Rentenversicherung 31,9%

1) Gesetzlich und privat
2) Pensionen, Familienzuschläge, Beihilfen
3) Entgeltfortzahlung, Zusatzversorgung des öffentl. Dienstes u.a.m.
4) Alterssicherung der Landwirte, Versorgungswerke
5) einschließlich sonstige Arbeitsförderung
6) Ausbildungs- und Aufstiegsförderung, Wohngeld und Entschädigungssysteme

Abb. 6.4: Das Sozialbudget nach Sicherungszweigen im Jahr 2010
Quelle: Bundesministerium für Arbeit und Soziales 2011 b, 5

Die Ausstattung des Sektors mit finanziellen Ressourcen fällt, wie oben dargelegt, ebenfalls unter den Begriff Finanzierung. Dies sind die tatsächlichen und die kalkulatorischen Einnahmen der jeweiligen Institutionen. In der Regel handelt es sich um Zahlungsströme (z. B. aus Beiträgen und Staatszuschüssen), die wegen der Sollrechnung des Sozialbudgets zeitgerecht zugeordnet werden. Teilweise sind aber auch unterstellte Beträge eingesetzt, welche die Finanzierung direkter Leistungen der Arbeitgeber und der Gebietskörperschaften widerspiegeln, z. B. die Entgeltfortzahlung. Bei den indirekten Leistungen (steuerliche Maßnahmen) gelten Einnahmenausfälle des Staates als Finanzierung. Hinsichtlich der bedeutsamsten

Quelle der Finanzierung von öffentlichen Sozialleistungen kann wie folgt differenziert werden (Bundesministerium für Arbeit und Soziales 2011 b):

- Sozialbeiträge der Arbeitgeber   33,4 %
- Sozialbeiträge der Versicherten   28,4 %
- Zuschüsse des Staates   36,4 %.

Die wichtigste Finanzierungsquelle des Sozialstaates sind Bund, Länder und Gemeinden, die insgesamt 36,4 Prozent der Mittel zur Verfügung stellen. Unternehmen und private Haushalte tragen über Sozialbeiträge 33,4 Prozent beziehungsweise 28,4 Prozent (ebd.).

6.3.2 Grundstrukturen der öffentlichen Finanzierung

Sozialrechtliches Dreiecksverhältnis

Die Leistungen von sozialen Einrichtungen und Diensten (Leistungsträger) sind nur in Ausnahmefällen marktfähig in dem Sinne, dass die Adressaten der Leistung (Leistungsempfänger) in der Lage sind, kostendeckende Nutzerentgelte zu bezahlen. Die Finanzierung der Leistungen wird daher in der Regel von öffentlichen Trägern teilweise oder vollständig übernommen (Kostenträger). Das sind entweder die Sozialversicherungsträger (z. B. Rentenversicherung, Arbeitslosenversicherung) oder aber die sogenannten überörtlichen Kostenträger (Landkreise oder Kommunen, z. B. Kinder- und Jugendämter). Die Vergütung der Leistungen erfolgt in der Regel nicht direkt durch den Kostenträger (direkte Bezuschussung), da aufgrund sozialrechtlicher Bestimmungen üblicherweise nicht der Leistungserbringer, sondern der Leistungsempfänger anspruchsberechtigt ist (indirekte Vollfinanzierung). Hier entsteht ein **Dreiecksverhältnis** zwischen **Leistungserbringer** (Einrichtung/Dienst), **Leistungsempfänger** (z. B. Heimbewohner) und **Kostenträger** (z. B. Rentenversicherung). Der Leistungsempfänger ist der Bedürfnisträger, der eine bestimmte soziale Dienstleistung benötigt (z. B. Heimunterbringung aufgrund von Behinderung). Der Leistungsträger gewährt aufgrund einer gesetzlichen Verfügung die Leistung und finanziert sie. Die soziale Einrichtung bzw. der soziale Dienst erbringt die Leistung. Dies verdeutlicht die Abbildung 6.5.

Es handelt sich um eine öffentlich-rechtliche Vertragsbeziehung zwischen Leistungsempfänger, Leistungserbringer und dem Kostenträger sowie um ein privatrechtliches Verhältnis zwischen dem Leistungsempfänger (Nutzer) und dem Leistungserbringer (soziale Einrichtung/Dienst). So schließen beispielsweise Pflegeeinrichtungen **Versorgungsverträge** mit den zuständigen Leistungsträgern ab, aus denen sich eine Verpflichtung zur Übernahme der Kosten ableitet (z. B. nach SGB XI). Unter Umständen können die Leistungsempfänger aber auch einen Anspruch auf Kostenerstattung aufgrund gesetzlicher Regelungen haben (z. B. nach SGB XI) oder Versicherungsleistungen gegenüber einem Kostenträger geltend machen (z. B. nach SGB IX). Ist dies nicht der Fall, müssen die Leistungsempfänger die Kosten

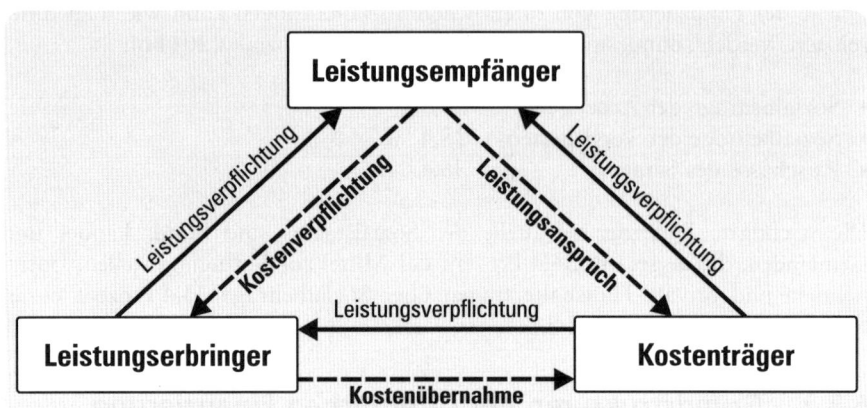

Abb. 6.5: Das sozialrechtliche Dreiecksverhältnis
Quelle: Kolhoff 2002, 19

selbst tragen. Dem Leistungserbringer obliegt gegenüber den Leistungsempfängern eine Leistungsverpflichtung (Kolhoff 2002).

Finanzierungsformen

Die Frage, welche Finanzierungsquellen für die unterschiedlichen Arbeitsfelder der Sozialen Arbeit in Frage kommen, hängt zumeist von den Regelungen der jeweiligen **Leistungsgesetze** ab und wurde bereits in anderen Publikationen ausführlich bearbeitet (vgl. Köchling 2004). Der Schwerpunkt der nachfolgenden Ausführungen abstrahiert vom konkreten Arbeitsfeld der Sozialen Arbeit und stellt die Formen und Instrumente der diesbezüglichen Finanzierung überblicksartig dar. Exemplarisch wird das System der stationären pflegerischen Versorgung erläutert. Die unterschiedlichen Quellen, aus denen Sozialunternehmen finanziert werden, sind in Abbildung 6.6 zusammengefasst.

Neuere Finanzierungsformen, wie etwa Sozio-Sponsoring, Fundraising oder EU-Förderungen wurden zwischenzeitlich ausführlich beschrieben. Die Faszination solcher Finanzierungsmöglichkeiten übersteigt allerdings noch deutlich deren praktische Bedeutung (Halfar 1999). Tatsächlich finanzieren die meisten sozialen Einrichtungen und Dienste den überwiegenden Teil ihrer Ausgaben durch die Inanspruchnahme von öffentlichen Mitteln. Dabei kann zwischen einer institutionellen Förderung und der Projektfinanzierung unterschieden werden. Bei der **institutionellen Förderung** werden sämtliche Aufgaben von sozialen Einrichtungen und Diensten finanziert bzw. aufgrund eines öffentlichen Interesses die Institution als Ganzes gefördert. Obgleich die institutionelle Förderung lediglich für ein Haushaltsjahr bewilligt wird und kein Rechtsanspruch auf eine Anschlussbewilligung besteht, bedeutet sie in der Regel eine Dauerverpflichtung. Die **Projektfinanzierung** zielt hingegen auf einzelne, abgegrenzte Vorhaben ab. Projekte sind

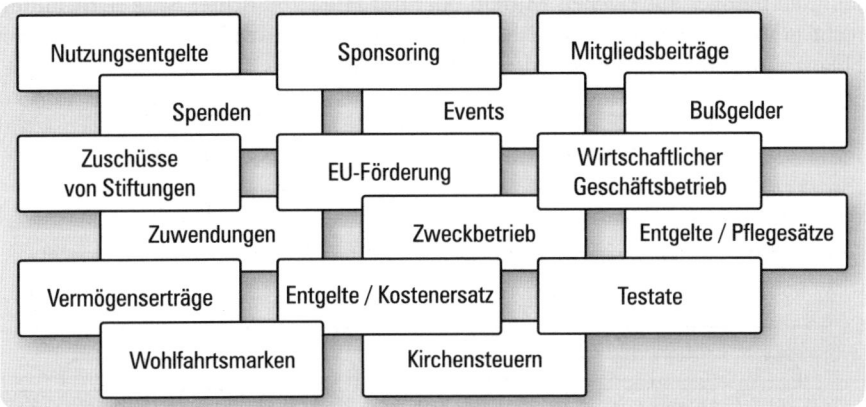

Abb. 6.6: Finanzierungsquellen der Sozialen Arbeit
Quelle: Halfar 1999, 370

durch fixe Anfangs- und Endzeitpunkte gekennzeichnet sowie sachlich (Ziel) und finanziell (Budget) klar abgegrenzt (Kolhoff 2002).

Sowohl die institutionelle Förderung als auch die Projektfinanzierung kann als (indirekte) Vollfinanzierung oder als Teilfinanzierung erfolgen. Bei der **Vollfinanzierung** werden die anfallenden Kosten im gesamten Umfang gedeckt. Bei der indirekten Form sind nicht die sozialen Einrichtungen und Dienste anspruchsberechtigt, sondern deren Klienten (Leistungsempfänger). Die indirekte Vollfinanzierung kann beispielsweise auf der Grundlage von Pflegesätzen – diese sind das Ergebnis von **Verhandlungen** zwischen Kostenträger und Leistungsträger – oder auf Basis ökonomisch kalkulierter **Leistungsentgelte** erfolgen. Bei der **Teilfinanzierung** erhalten die sozialen Einrichtungen und Dienste zumeist einen Anteil der Gesamtkosten aus öffentlichen Mitteln als **Zuwendungen** von Bund und Ländern oder als Subventionen durch Gemeinden und Landkreise bzw. auch auf der Basis privatrechtlicher Leistungsverträge (ebd.).

Bei der Teilfinanzierung kann hinsichtlich des Umfangs weiter nach Anteilsfinanzierung, Festbetragsfinanzierung und Fehlbedarfsfinanzierung unterschieden werden. Die **Anteilsfinanzierung** ist eine Teilfinanzierung und deckt nur einen bestimmten Prozentsatz der zuschussfähigen Gesamtausgaben ab. Der Gesetzgeber fordert, den Zuschuss auf einen Höchstbetrag zu begrenzen. In der Regel ist aber eine Nachfinanzierung möglich, wenn Ausgabenerhöhungen nicht vom Zuwendungsempfänger zu verantworten sind. Falls der Zuwendungsbetrag nicht ausgeschöpft wurde, ist der Restbetrag zurückzuzahlen. Die **Festbetragsfinanzierung** wird gewählt, wenn der Zuwendungsgeber ein Interesse an der Erfüllung eines bestimmten Zwecks durch eine Maßnahme hat. Der Festbetrag ist nicht veränderbar, auch wenn die zuwendungsfähigen Ausgaben tatsächlich höher oder niedriger ausfallen als der bewilligte Zuwendungsbetrag. Hat der Zuwendungsgeber ein erhebliches Interesse an der Durchführung aller Teile einer Maßnahme, kann die **Fehlbedarfsfinanzierung** gewählt werden. Hiermit wird der Fehlbedarf der zuwendungsfähigen Gesamtkosten abgedeckt, zu deren Finanzierung der Zuwendungsempfänger aus eigenen Mitteln oder mit Hilfe von dritter Seite (Drittmittel) nicht in der Lage ist (Kolhoff 2002). Abbildung 6.7 fasst die bisher aufgezeigten Finanzierungsformen der Sozialen Arbeit zusammen.

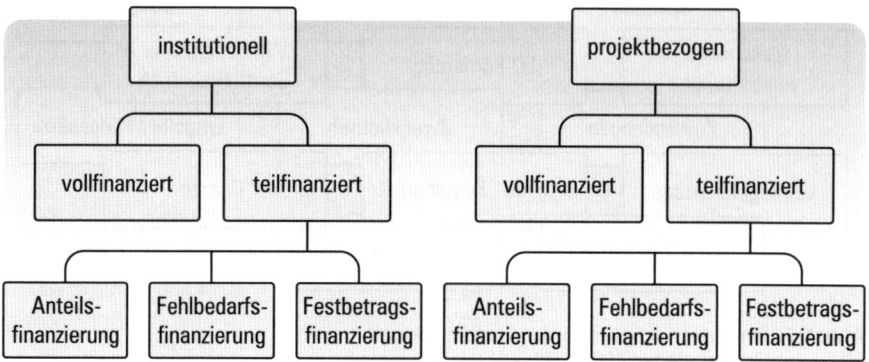

Abb. 6.7: Finanzierungsformen der Sozialen Arbeit
Quelle: Halfar 1999, 374

Eine weitere Kategorisierung bei den Finanzierungsformen differenziert zwischen Pflichtleistungen und freiwilligen Leistungen. **Pflichtleistungen** liegen dann vor, wenn ein Anspruch dem Grunde nach und teilweise auch der Höhe nach besteht. Sie können als indirekte Finanzierung an den Bedürfnisträger erfolgen, wenn ein Rechtsanspruch des Hilfeempfängers gegeben ist (z. B. bei Pflegebedarf nach dem SGB XI). Deutlich wird dies an Gesetzesformulierungen wie »muss« oder »ist«. Pflichtleistungen können aber auch als direkte Finanzierung erfolgen, wenn sie gesetzlich festgelegt sind. Beispiele sind Förderquoten für den Bau, die Ausstattung und den Betrieb von Pflegeeinrichtungen oder Tageseinrichtungen für Kinder. **Freiwillige Leistungen** sind so genannte Kann-Leistungen (z. B. auf der Grundlage des SGB VIII oder SGB XII), d. h. Leistungen, bei denen ein Ermessensspielraum besteht. Ermessen liegt vor, wenn der Träger zwischen Verhaltensweisen wählen kann, also keine eindeutige »Wenn-dann«-Beziehung besteht (Formulierung: »kann« oder »darf«). Freiwillige Leistungen sind weiterhin Leistungen, an deren Erbringung ein erhebliches öffentliches Interesse besteht und für die deshalb öffentliche Zuschüsse oder Subventionen (z. B. Förderung einer Altenbegegnungsstätte) bereitgestellt werden. In § 23 der Haushaltsordnungen von Bund und Ländern (BHO/LHO) ist geregelt, dass Zuschüsse nur dann gewährt werden, wenn die jeweilige Aufgabe ohne öffentliche Mittel nicht oder nicht befriedigend ausgeführt werden kann. Folglich sind freiwillige Leistungen ein unmittelbarer Ausdruck des politischen Willens der Gebietskörperschaften. Bei der Gewährung von Zuschüssen ist der Gleichheitsgrundsatz zu beachten.

Kennzeichnend für die Bundesrepublik ist ein klar geregeltes System sozialer Sicherung, das sich an Anspruchsberechtigung und Verwendungsnachweis orientiert. Eine Übersicht über die wichtigsten Kategorien im **Sozialrecht** gibt die Abbildung 6.8.

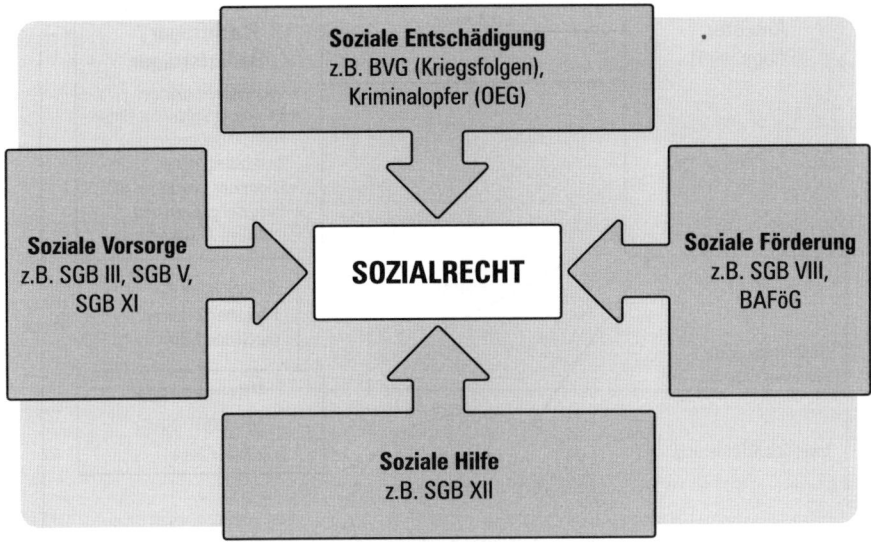

Abb. 6.8: Kategorien sozialrechtlicher Vorschriften
Quelle: Eigene Darstellung nach Kolhoff 2002, 23

Im Gegensatz zum deutschen Sozialrecht dominieren bei der Finanzierung sozialer Projekte auf EU-Ebene sogenannte **Strukturfonds**. Zentrales Anliegen der Strukturfonds ist der Ausgleich wirtschaftlicher und sozialer Unterschiede zwischen den einzelnen Mitgliedstaaten und Regionen der Europäischen Union. Die Strukturfonds besitzen daher Ziele, wie zum Beispiel die Förderung von »Regionen mit Entwicklungsrückstand« und die »Bekämpfung der Langzeitarbeitslosigkeit«. Zudem werden durch die EU-Ebene Aktionsprogramme über den Gemeinschaftshaushalt finanziert. Hier sind Programme für Bildung und Jugend (z. B. Sokrates) von besonderer Bedeutung (Europabüro der baden-württembergischen Kommunen 2012).

Die relativ unübersichtliche Finanzierungslandschaft, die durch die europäischen Förderprogramme noch komplexer wird, führt bei vielen Sozialunternehmen dazu, dass Vorhaben aus verschiedensten Finanzierungsquellen gespeist werden können oder müssen. Bei der Kombination der verschiedensten Förderprogramme, Stiftungsgelder, Eigenmittel, Zuwendungen, Leistungsentgelte und Verkaufserlöse ist der Grundsatz zu beachten, dass für Empfänger öffentlicher Zuwendungen das Verbot der Doppelfinanzierung gilt. Dies bedeutet, dass das Zusammenwirken verschiedener Finanzierungsquellen für alle Finanzierungsgeber klar erkennbar sein muss (Halfar 1999). Die Vielfalt an möglichen Finanzierungsbeziehungen lässt sich gut am Beispiel der stationären Pflege darstellen (s. Abbildung 6.9).

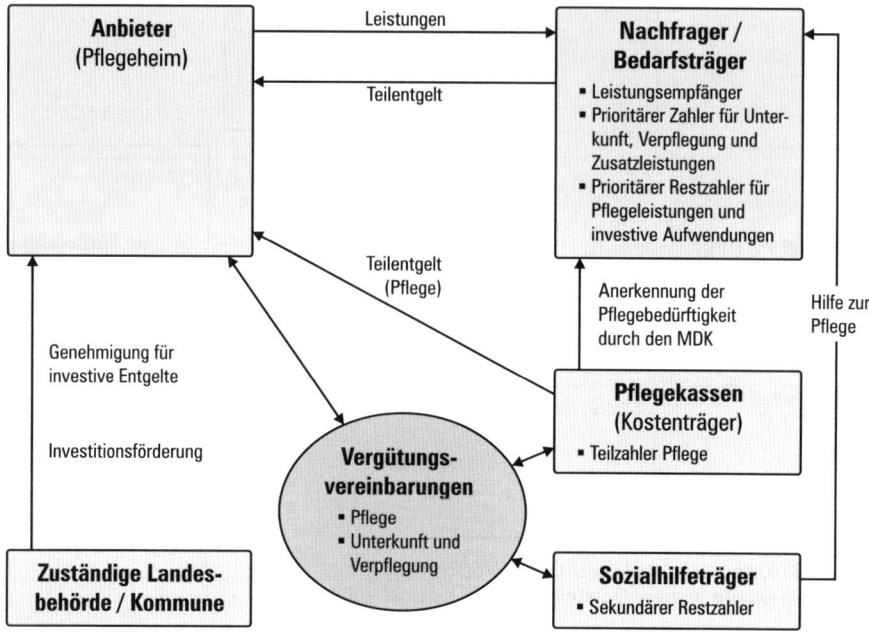

Abb. 6.9: Finanzierungsschema in der stationären Pflege
Quelle: Wolke 2001, 44

Bei Finanzierungsbeziehungen für die stationäre pflegerische Versorgung nach SGB XI ist zwischen den Finanzierungsanlässen »Investition« (z. B. Fahrzeug) und »laufender Betrieb« (z. B. Personal und Energieversorgung) zu unterscheiden. Die Investitionsförderung ist grundsätzlich Sache der zuständigen Landesbehörde/Kommune. Die Vergütung der Kosten des laufenden Betriebes erfolgt über differenzierte Entgelte für Pflege und Hotelleistungen. Diese sind vom Nutzer der Leistungen zu tragen. Die Versicherten als Anspruchsberechtigte erhalten die Leistungen der Pflegeversicherung von der zuständigen Pflegekasse auf Antrag. Die Pflegekassen haben daraufhin durch den Medizinischen Dienst der Krankenkassen (MDK) die Voraussetzungen und die Stufe der Pflegebedürftigkeit prüfen zu lassen. Prinzipiell gilt, dass die Leistungen wirksam und wirtschaftlich sein müssen, das Maß des Notwendigen nicht übersteigen dürfen und eine Basisversorgung sichern sollen (Wolke 2001).

Grundsätzlich kann festgestellt werden, dass die Ausgestaltung des Finanzierungssystems von wesentlicher Bedeutung für leistungs- sowie finanzwirtschaftliche Steuerungsprozesse und damit für den Grad der Erreichung der Versorgungsziele im jeweiligen Arbeitsfeld der Sozialen Arbeit ist. Ein Finanzierungssystem sollte idealtypisch Anreize so setzen, dass die Einzelwirtschaften, hier die einzelnen sozialen Einrichtungen und Dienste, zur Erreichung der Ziele des Versorgungssystems optimal beitragen können. Aus ökonomischer Perspektive bestehen tatsächlich aber theoretisch gestützte Verdachtsmomente, dass die Ressourcenallokation in der Sozialwirtschaft nur suboptimal organisiert ist. Dies begründet sich in der absoluten Höhe der Ausgaben und der Größe des Sektors, vor allem aber auch in der Tatsache, dass einerseits erhebliche staatliche Regulierungen zu konstatieren sind und andererseits auch deutliche Unschärfen in der Beschreibung und Eingrenzung sozialer Bedürfnisse bestehen (Breyer/Zweifel 1999). Folglich ist die eigentliche Ausgangsfrage also nicht, ob die Ausgaben für die Soziale Arbeit »zu hoch« oder »zu niedrig« sind, sondern welches Rationalitätsniveau der Ressourcenallokation zugrunde liegt. Wie kommen in der Sozialen Arbeit die Preise und Mengen zustande? Nach welchen Leistungs- und Produktivitätsnormen werden öffentliche, frei-gemeinnützige oder privat-gewerbliche Träger beim Betrieb sozialer Einrichtungen und Dienste finanziert? Gibt es zwischen den unterschiedlichen Finanzierungsformen, der Leistungsqualität und Leistungsquantität systematische Zusammenhänge? Wie lässt sich das Finanzierungssystem in einer »Nicht-Markt-Ökonomie« optimieren (Halfar 1999)?

6.4 Betriebliches Finanzmanagement

6.4.1 Aufgaben und Inhalte

Knappheit an finanziellen Mitteln in Betrieben kann sich in der Ausstattung einer Branche – hier der Sozialwirtschaft – begründen. Knappheit an finanziellen Mitteln in Sozialunternehmen kann aber auch durch fehlerhaftes **betriebliches Finanzmanagement** generiert werden. Hierauf soll im Folgenden der Fokus liegen. Ausgehend von den Aufgaben der Finanzwirtschaft lassen sich die zentralen Zielvariablen eines betrieblichen Finanzmanagements differenzieren in

*   Beschaffung und Disposition von Finanzmitteln sowie
*   Sicherung der Liquidität und Optimierung der Liquiditätsreserve (Eilenberger 2003).

Bei der **Beschaffung** und **Disposition** von Finanzmitteln sind zentrale Unterschiede zwischen Unternehmen der Erwerbswirtschaft und der Sozialwirtschaft zu berücksichtigen. Finanzwirtschaftliches Denken in erwerbswirtschaftlich orientierten Unternehmen ist in der Regel kapitalorientiert: Das Streben nach Maximierung der Rentabilität von eingesetzten Finanzmitteln – im engeren Sinne des Eigenkapitals – ist ein primäres Ziel. Quantifiziert wird dieses Ziel durch die Eigenkapitalrendite. So wird idealtypisch eine Investition dann durchgeführt, wenn sie zur Steigerung der Rendite beiträgt (Wöhe 2010). Im Vordergrund der Finanzwirtschaft von Sozialunternehmen steht zumeist primär kein originär finanzwirtschaftliches Ziel, sondern vielmehr die Erhaltung und Verbesserung der Leistungsbereitschaft der Einrichtungen und Dienste (Schellberg 2001 a). Mit wachsender Finanzmittelknappheit stellt sich hier die Frage, woher die für Investitionen und den laufenden Betrieb erforderlichen Finanzmittel beschafft werden können. Aus dieser durch die Dominanz von leistungswirtschaftlichen Zielen geprägten Situation leiten sich beispielsweise folgende finanzwirtschaftliche Unterziele ab:

- Ausschöpfung aller zur Verfügung stehenden Finanzierungsmöglichkeiten
- Aktivierung potenzieller Finanzierungsquellen
- Minimierung der Finanzmittelkosten
- Ausschöpfung von Rationalisierungspotenzialen.

Bei der Sicherung der **Liquidität** ist zu konstatieren, dass dieses finanzwirtschaftliche Ziel, analog zur Privatwirtschaft, auch für Sozialunternehmen gilt. Grundsätzlich gefährdet eine fehlende Zahlungsfähigkeit auch den Fortbestand von sozialen Einrichtungen und Diensten (Koss 2006). Die Wahrung des Liquiditätspostulats ist für Sozialunternehmen allerdings weniger bedeutsam, da für den größten Teil der Ausgaben im sozialwirtschaftlichen Finanzierungssystem eine mittel- und langfristige Deckung sichergestellt ist und nicht erwirtschaftet werden muss. Zudem sind insbesondere öffentliche sowie frei-gemeinnützige Einrichtungen und Dienste faktisch oder formal in die Finanzwirtschaft oder Finanzhoheit des Trägers eingebunden, was bei Liquiditätsengpässen einen Rückgriff auf dessen Vermögen ermöglicht, falls dieser hierzu willens und fähig ist (Wolke 2005).

Kurzfristiger ist im Rahmen der Liquiditätsplanung die Vermeidung von – wenn auch nur vorübergehender – Zahlungsunfähigkeit sicherzustellen (Koss 2006). Ein Sozialunternehmen sollte daher möglichst über hinreichende Zahlungsmittelreserven (Rücklagen) verfügen, die unvorhergesehene Belastungen des Liquiditätsstatus auffangen können. Bei der Disposition dieser Reserve sind neben dem Deckungsziel auch Optimierungsüberlegungen relevant. Liquiditätsreserven müssen bereitgestellt werden und verursachen Kosten. Konkurrierend zum finanzwirtschaftlichen Ziel der Liquiditätssicherung tritt hier das erfolgswirtschaftliche Ziel, die Kosten der **Liquiditätsreserve** zu minimieren. Die Kosten der Reservehaltung können umso geringer gestaltet werden, je präziser verfügbare Finanzmittel und Finanzmittelbedarf im Rahmen der Liquiditätsplanung aufeinander abgestimmt werden können (Preitz/Dahmen/Detering 2001). Auch die Sicherheitspräferenz des (Finanz-)Managements spielt dabei eine Rolle. Ansatzpunkte für das Finanzmanagement in Sozialunternehmen finden sich einerseits im Bereich der Finanzierungsquellen, wo grundsätzlich zwischen der Außenfinanzierung und der Innenfinanzierung zu unterscheiden ist. Andererseits finden sich aber auch Ansatzpunkte im Bereich leistungs- und finanzwirtschaftlicher Prozesse. Auf diese Ansatzpunkte soll im Folgenden eingegangen werden.

6.4.2 Ansatzpunkte des Finanzmanagements

Welche Optionen hält das betriebliche Finanzmanagement überhaupt offen? Entscheidungsspielräume ergeben sich zunächst in der Frage der potenziellen Herkunft der Mittel oder auch der »**Finanzierungsquellen**«. Zusätzlich könnte man bei der Finanzierung noch andere Optionen in Betracht ziehen, die beispielsweise mit der Gestaltung der Zeitpunkte und Zeiträume von Zahlungsmittelströmen zu tun haben, sich jedoch nicht nur darauf beschränken. Diese werden hier als »**Ansatzpunkte für finanz- und leistungswirtschaftliche Prozesse**« bezeichnet.

Ansatzpunkte bei Finanzierungsquellen

Bei den Finanzierungsquellen kann grundsätzlich zwischen der **Außenfinanzierung** – insbesondere Finanzierung aus Fördermitteln sowie Kredit-, Leasing- und Beteiligungsfinanzierung – und **Innenfinanzierung** – Finanzierung aus Erlösen umgesetzter Leistungen – differenziert werden (Wöhe 2010). Einen Überblick gibt Abbildung 6.10.

Außenfinanzierung				Innenfinanzierung		
Beteiligungs-finanzierung	Kreditfinanzierung		Subventions-finanzierung	Überschussfinanzierung		Finanzierung aus Vermögens-umschichtung
	Kurzfristige Kredit-finanzierung	Langfristige Kredit-finanzierung		Selbst-finanzierung	Finanzierung aus Abschreibungen u. Rückstellungen	
Zuführung haftenden Kapitals z.B. durch Aufnahme neuer Gesellschafter, Aktien-emission	z.B. Lieferantenkredit, Wechselkredit, Kontokorrentkredit, Lombardkredit, Avalkredit, Rembourskredit, Kundenanzahlungen	z.B. langfristiger Bankkredit, Schuldscheindarlehen, Obligationskredit (Anleihe)	z.B. Investitionszulagen, Spenden, Zinszuschüsse	Temporäre oder dauernde Zurückbehaltung erwirtschafteter Gewinne; offen oder verdeckt	Temporäre oder dauernde Zurückbehaltung erwirtschafteter Abschreibungs- und Rückstellungsgegenwerte	z.B. Veräußerung von Teilen des Anlagevermögens, Kapitalfreisetzung durch Lagerabbau, Factoring, „Sale-and lease-back"

Abb. 6.10: Überblick Finanzierungsformen
Quelle: Schierenbeck 2000, 410

Zunächst soll auf Ansatzpunkte des Finanzmanagements im Bereich der **Außenfinanzierung** eingegangen werden, beginnend mit der **Finanzierung aus Fördermitteln (Subventionen)**. Grundsätzlich ist festzuhalten, dass bereitgestellte Fördermittel den Bedarf an Finanzierungsmitteln verringern. Allerdings ist zu konstatieren, dass die Finanzierung aus öffentlichen Mitteln rückläufig ist. Aus finanzwirtschaftlicher Perspektive verengen zudem die Zweckbindung der Mittel und die dem Instrument der Subventionsfinanzierung immanente Abhängigkeit von haushaltspolitischen Erwägungen die Handlungsfreiräume der Finanzierung. Die Aufwendungen zur Akquirierung dieser Mittel beschränken sich im Wesentlichen auf das (zumeist allerdings sehr aufwendige) **Antragsverfahren**, welches in Abbildung 6.11 veranschaulicht ist.

Als **Eigenfinanzierung** wird die Zuführung von zusätzlichem Kapital durch am Unternehmen Beteiligte, hier durch den Träger von sozialen Diensten/Einrichtungen verstanden. Von **Beteiligungsfinanzierung** wird bei Einlagen neuer Beteiligter gesprochen (Wöhe 2010). Obwohl eine Beteiligungsfinanzierung insbesondere bei

183

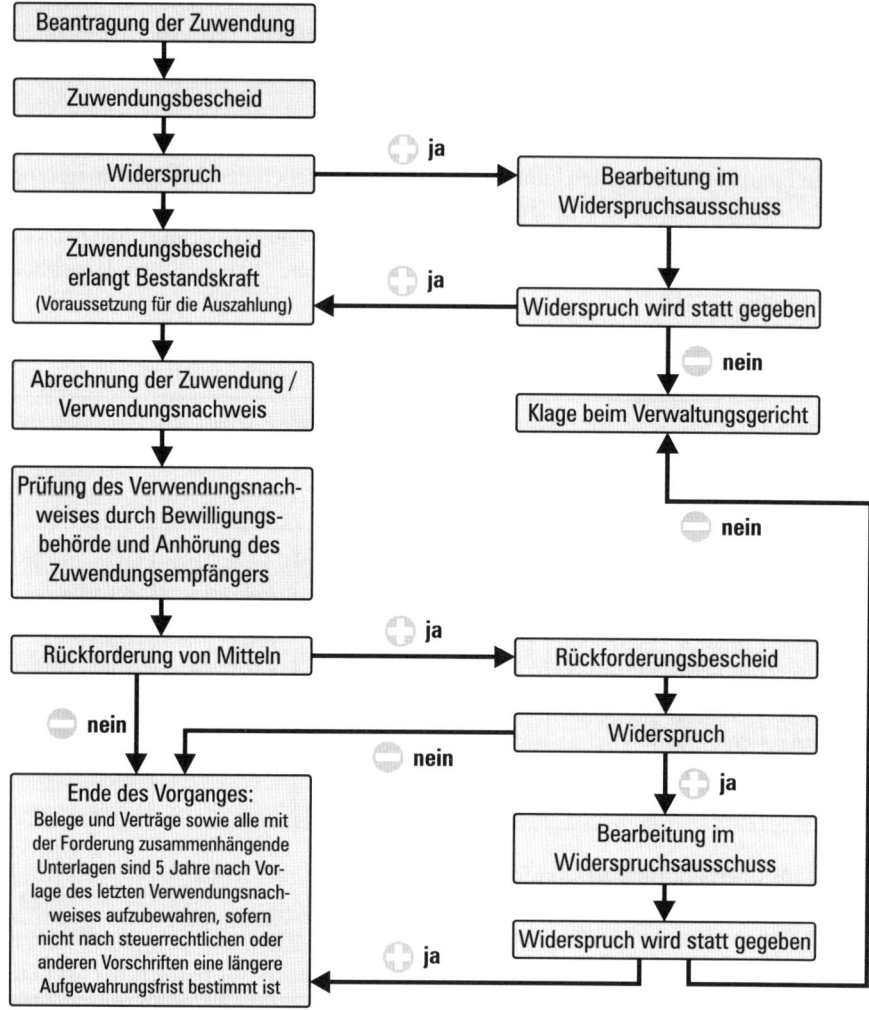

Abb. 6.11: Verfahrensablauf der Zuwendungsfinanzierung
Quelle: Eigene Darstellung nach Wieneke 1993, 173–238

privatrechtlichen Rechtsformen – wie der Gesellschaft mit beschränkter Haftung – grundsätzlich möglich wäre, kommt dieses Finanzierungsinstrument in der Sozialwirtschaft – anders als im gewerblichen Bereich – nur in Ausnahmefällen zur Anwendung. Eine Eigenkapitalzuführung mit dem damit verbundenen Haftungsrisiko auf das eingesetzte Kapital ist bei frei-gemeinnützigen Organisationen prinzipiell mit dem »non-distribution constraint« verbunden. Dieses Wesensmerkmal bedeutet, dass es zwar möglich ist, Gewinne zu erwirtschaften, diese jedoch nicht an diejenigen ausgeschüttet werden können, welche eine Gesellschaft kontrollieren. Die Folge ist, dass frei-gemeinnützige Träger grundsätzlich Probleme bei der Akquisition von Eigenkapital haben. Die Höhe der Eigenkapitalausstattung ist aber auch wesentlich für die Zuführung von Fremdkapital. Grundsätzlich gilt, dass mit dem vom Träger bereitgestellten Kapital den sozialen Einrichtungen und Diensten ein betriebsindividuelles Finanzierungspotenzial bereitgestellt wird. Stehen temporär Finanzreserven zur Verfügung, stellt sich die Frage nach einer zwischenzeitlichen Anlage. Hier gilt es, einerseits die ertragreichste Anlagealternative zu wählen, andererseits muss jedoch auch die vorzeitige Liquidierbarkeit der Mittel gewährleistet sein. Grundsätzlich stehen sozialen Einrichtung und Diensten die gleichen Anlageformen offen wie der Erwerbswirtschaft, beispielsweise Termineinlagen und festverzinsliche Wertpapiere (Eilenberger 2003).

Das Ausmaß der Beteiligungsfinanzierung ist in der Sozialen Arbeit eher limitiert, die Finanzierung aus Fördermitteln (Subventionen) durch die öffentliche Hand in zahlreichen Arbeitsfeldern tendenziell rückläufig und Sponsoring sowie Spendenwesen sind in Deutschland vergleichsweise wenig entwickelt. »Fremdkapital« (Kreditfinanzierung) heißt deshalb das Zauberwort für viele Sozialunternehmen, die dringend investieren müssen, aber nicht mehr auf die bislang bereitgestellten Fördermittel zurückgreifen können. Ein Kreditgeber stellt Fremdkapital als eine nicht-unternehmerische Beteiligung zur Verfügung, beispielsweise durch ein Darlehen. Mit der Kreditfinanzierung bleibt der Eigentümer »Herr im eigenen Haus«. Bei den dafür anfallenden Kosten handelt es sich vor allem um die Fremdkapitalzinsen, welche erfolgsunabhängig zu entrichten sind. Die Kreditfinanzierung ist differenziert nach den Verwendungszwecken zu beurteilen. Unterscheiden lassen sich Kredite nach folgenden Merkmalen (Wöhe 2010):

- Herkunft des Kapitals, also nach Art der Kreditgeber (z. B. Geschäftspartner oder Bank)
- Dauer der Kapitalüberlassung (z. B. kurz- oder langfristig)
- Absicherung des Kredits (z. B. dringliche Sicherheiten oder Ausfallbürgschaften)
- Rechtskonstruktion (z. B. sofortige Vollstreckungsmöglichkeit oder Zessionsmöglichkeit).

Werden längerfristige Darlehen zur Deckung geförderter Investitionsvorhaben eingesetzt, dann können die Bewilligungsbehörden den Schuldendienst übernehmen. Hierbei handelt es sich dann um eine Variante der oben diskutierten **Subventionsfinanzierung**. Im Falle von Krediten zur Deckung von Eigenanteilen oder laufenden Kosten sind die fälligen Fremdkapitalzinsen aus dem laufenden Betrieb zu erwirtschaften.

Zu den kurzfristigen Instrumenten der Kreditfinanzierung zählt primär der **Kontokorrentkredit**. Im Rahmen des hierbei von einer Geschäftsbank eingeräumten Kreditlimits kann die Inanspruchnahme von Fremdmitteln situativ erfolgen und sich am kurzfristigen Spitzenbedarf orientieren (z. B. dem monatlichen Termin zur Auszahlung der Löhne- und Gehälter), ohne dass es zu einer Dauerbelastung mit Zinskosten und Tilgungsbeträgen kommt. Zur Sicherung des Kontokorrents wird im Allgemeinen das hinter der sozialen Einrichtung/dem sozialen Dienst stehende Trägervermögen ausreichend sein. Die Höhe des Kreditlimits dürfte maßgeblich vom Gesamtumsatz des Sozialunternehmens mitbestimmt werden (Eilenberger 2003).

Zunehmend werden bei der Kreditfinanzierung in der Sozialwirtschaft auch langfristige Instrumente (z. B. Darlehen und Hypothekenkredite) in Betracht gezogen. Neben der bereits benannten Problematik der Finanzierung von Fremd-kapitalzinsen aus dem laufenden Betrieb sind hier zudem Fragen der **Kreditfähig-keit** von Sozialunternehmen zu beachten. Seit einigen Jahren praktizieren die Banken, auf Grundlage der sogenannten »Basel«-Auflagen für die Hinterlegung von risikoreichen Kreditvergaben, eine tendenziell restriktive Kreditvergabepraxis. Grundsätzlich erscheint wünschenswert, dass über die Kontokorrentlinie hinaus die Inanspruchnahme von Krediten für soziale Einrichtungen/Dienste nur bei Kreditkosten erfolgen sollte, die von den Erträgen einer Investition kompensiert werden. Kriterien für die Bewertung eines Kredits sind (Schellberg 2001 b):

- Kosten des Kredits (Zinshöhe): Je höher die Sicherheit eines Kredits, desto niedriger wird der Zins sein. Eine längere Laufzeit wird häufig zu höheren Zinsen führen.
- Aufwand der Kreditbeschaffung: Hohe Kreditsummen und Kredite, die umfäng-liche Sicherungsübereignungen oder Eintragungen ins Grundbuch erfordern, benötigen Zeit und verursachen höhere Kosten.
- Kreditgeber: Kann man vom Kreditgeber eine gute Zusammenarbeit, insbeson-dere bei möglichen Krisen, erwarten? Nimmt der Kreditgeber Einfluss auf das Unternehmen?
- Erforderliche Sicherheiten: Eine hohe Absicherung der Kredite ist für den Kreditnehmer per se nicht negativ zu bewerten, allerdings mit weiterem Auf-wand und dem Verlust von Kreditwürdigkeit bei ggf. weiteren Kreditaufnahmen verbunden.
- Kreditbindung: Kredite, die mit bestimmten Auflagen versehen sind (insbeson-dere Förderkredite), schränken unter Umständen die Gestaltungsmöglichkeiten und die Flexibilität ein.
- Tilgungsmöglichkeiten, d. h. welche Tilgungsoptionen bietet die Kreditform?
- Laufzeit: Welche zeitliche Kreditstruktur wird benötigt?
- Höhe des Kapitalbedarfs, d. h. wie viel Kapital wird benötigt? Stehen der Aufwand für die Kreditbeschaffung und der Kapitalbedarf in einer sinnvollen Relation?

Der Kreditfinanzierung wirtschaftlich ähnlich ist das **Leasing**. Leasing bedeutet, Vermögensgegenstände nicht zu kaufen, sondern zu mieten. Die Besonderheit des Leasing-Vertrages gegenüber dem normalen Mietvertrag besteht darin, dass ein Vermieter (Leasing-Geber) sehr spezifische Anlagegüter oft im Auftrag des Mieters (Leasing-Nehmer) kauft und dann an den Mieter (Leasing-Nehmer) vermietet. Der Leasing-Geber bleibt Eigentümer des Vermögensgegenstandes und übernimmt auch die Finanzierung. Der Leasing-Nehmer kann den Vermögensgegenstand gegen eine regelmäßige Zahlung (Miete) nutzen. Bei der Entscheidung für Lea-singmodelle müssen verschiedene Überlegungen angestellt werden. Insbesondere sind folgende Fragen berührt (Schellberg 2001 b):

- Möglichkeit der Aufgabenspezialisierung im Bereich der Anlagenverwaltung durch den Leasing-Geber
- Übergabe bestimmter Risiken (z. B. Investitionsrisiko und Immobilienrisiko) vom Leasing-Nehmer auf den Leasing-Geber
- rechtliche Aufspaltung von Sozialunternehmen in »Besitz und Betriebsgesellschaften«, wobei die Besitzgesellschaft (Leasing-Geber) gewerblich betrieben werden kann
- fehlende Zuschussberechtigung und die rechtlichen Privilegien, aber auch die Verringerung der rechtlichen Bindungen (z. B. VOB) bei einem gewerblichen Leasing-Geber
- steuerliche Zuordnung des Leasing-Gegenstands beim Leasing-Geber oder beim Leasing-Nehmer
- Generierung neuer, privatwirtschaftlicher Finanzierungsquellen durch den Leasing-Geber.

Aus wirtschaftlicher Perspektive sind hier die Vorteile des Leasings (vor allem die reduzierte Kapitalbindung) mit den Nachteilen – den in der Regel höheren Betriebskosten – gegenüberzustellen (Halfar 1999).

Ansatzpunkte des Finanzmanagements im Bereich Finanzierung lassen sich auch für die Innenfinanzierung erkennen. Bei den verschiedenen Formen der **Innenfinanzierung** werden finanzielle Mittel durch den Umsatzprozess beschafft. Infolge des Umsatzprozesses entstehen Einzahlungen. Diese Einzahlungen decken idealtypisch die Kosten des laufenden Betriebs ab, beinhalten Ansätze für Abschreibungen auf Investitionen sowie für Rückstellungen und Gewinne bzw. Rücklagen. Die temporäre oder dauerhafte Zurückbehaltung erwirtschafteter Werte von **Abschreibungen** kann vor allem bei privat-gewerblichen Trägern für Finanzierungszwecke verwendet werden (Finanzierung aus Abschreibungsgegenwerten). **Rückstellungen** müssen von Sozialunternehmen für bestimmte Verbindlichkeiten gebildet werden, wenn hierzu ein gewisser, meist rechtlich verpflichtender Grund vorliegt (z. B. Pensions-, Urlaubs-, Überstunden- und Haftungsansprüche) (Eilenberger 2003). Aus der Perspektive des Finanzmanagements ergeben sich Spielräume, da im Zeitraum zwischen der Bildung der Rückstellung und der Auflösung der Rückstellung diese Mittel für anderweitige Finanzierungszwecke genutzt werden können. Auch im Unternehmen verbliebene Gewinne/Überschüsse und gebildete Rücklagen können zur Finanzierung verwendet werden (Selbstfinanzierung). Die **Selbstfinanzierung** ist gewissermaßen die »natürlichste« aller Finanzierungsformen: Das Unternehmen finanziert sich aus eigenen Gewinnen/Überschüssen und Rücklagen (Wöhe 2010). Wesentlichste Voraussetzung ist dabei, dass überhaupt Gewinne/Überschüsse sowie Rücklagen generiert werden. Dies dürfte bei Sozialunternehmen, die üblicherweise von öffentlichen Kostenträgern abhängen, erschwert sein. Aus kaufmännischer Sicht bietet vor allem die Bildung von Rücklagen (vgl. Kapitel 7) folgende Vorteile:

- »Finanzpolster« für wirtschaftlich schlechtere Zeiten, in denen Defizite erzielt werden

187

- Basis für künftige Investitionen und Wachstum sowie für steigende Kreditwürdigkeit
- Abbau von Krediten oder Aufbau von Finanzanlagen und dadurch langfristige Kostenersparnis bzw. Ertragssicherung.

Als Nachteil von Rücklagen steht dem gegenüber, dass Begehrlichkeiten geweckt werden, beispielsweise bei öffentlichen Kostenträgern (Schellberg 2001 b).

Ansatzpunkte bei finanz- und leistungswirtschaftlichen Prozessen

Neben den Quellen der Finanzierung sind im Rahmen des Finanzmanagements von Sozialunternehmen auch die finanz- und leistungswirtschaftlichen Prozesse von Relevanz. Bei den finanzwirtschaftlichen Prozessen kann grundsätzlich zwischen der zeitlichen Vorverlagerung von Einnahmen und dem zeitlichen Hinausschieben von Ausgaben unterschieden werden (Eilenberger 2003).

Die **zeitliche Vorverlagerung** von Einnahmen zählt zu den liquiditätspolitischen Anpassungsmaßnahmen. Grundsätzlich gilt, dass die Zinskosten – respektive die entgangenen Zinserträge – für die Vorfinanzierung der Ausgaben umso höher sind, je länger der Zeitraum zwischen der Auszahlung und der Einzahlung ist. Dieses Problem hat in der Sozialwirtschaft eine größere Bedeutung bei den Einnahmen aus dem laufenden Betrieb, beispielsweise bei Abrechnungen mit Kostenträgern. So betragen die Zahlungsfristen zwischen der Entstehung einer Forderung und dem Ausgleich durch die Kostenträger nicht selten zwischen zwei bis sechs Wochen oder länger. Etwaige Anpassungsstrategien des Finanzmanagements greifen hier in die Modalitäten der Abrechnung mit den Kostenträgern ein, um den Einnahmezufluss zu beschleunigen (z. B. durch zeitnahes Fakturieren).

Das zweite Maßnahmenbündel im Handlungsfeld der finanzwirtschaftlichen Prozesse ist das **Hinauszögern von Ausgaben**. Analog zu oben gilt, dass die Zinserträge – respektive die verhinderten Zinsaufwendungen – umso höher sind, je länger eine Auszahlung hinausgezögert werden kann. Da aber der größte Teil der Ausgaben vertraglich fixiert sein dürfte, ist der zeitliche Spielraum des Finanzmanagements auch hier gering.

Auf der Seite der leistungswirtschaftlichen Prozesse kann grundsätzlich zwischen der Anpassung des Leistungsangebots und dem Hinausschieben von Beschaffungsmaßnahmen unterschieden werden. Insbesondere bei Defiziten erlangt das angebotene **Leistungsprogramm** finanzwirtschaftliche Bedeutung. Für den Fall, dass die erwirtschafteten Erträge die entstandenen Kosten nicht decken können, müssen geeignete Anregungen zur Beeinflussung des Leistungsprogramms und der -kapazitäten ergriffen werden. Typische Anpassungsstrategien sind der Abbau von Kapazitäten, die Ausgliederung von Leistungsbereichen und die Erhöhung der Produktivität.

Das **Hinauszögern** von **Ersatzinvestitionen** im Anlagevermögen und bei **Beschaffungsmaßnahmen** ist ein weiterer Ansatzpunkt des Finanzmanagements bei leistungswirtschaftlichen Prozessen. So können Anlagegüter – unter Inkaufnahme höherer Betriebskosten – weiter genutzt werden, solange sie risikolos noch verwendbar sind. Die Verzögerung des Reinvestitionszeitpunktes über den investitionsstrategisch optimalen Zeitpunkt hinaus wirkt sich positiv auf die Liquidität eines Sozialunternehmens aus, verschlechtert allerdings häufig dessen Wirtschaftlichkeit. Liquiditätseinbußen und Zinsverluste entstehen Sozialunternehmen aber auch durch das in den Vorräten gebundene Kapital. Die Optimierung von Bestell- und Lagerbestandsmengen, mit der Konsequenz höherer Wirtschaftlichkeit und besserer Liquidität, sind insofern ein Ziel, das sowohl die Materialwirtschaft als auch das Finanzmanagement betrifft.

6.5 Zwischenfazit

Innerhalb den Finanzierungsbedingungen für soziale Einrichtungen und Dienste kann zunächst, infolge des gescheiterten Selbstkostendeckungsprinzips in der Vergangenheit, eine deutliche Hinwendung zur leistungsorientierten Entgeltvergütung der Sozialen Arbeit konstatiert werden. Allerdings bleibt festzuhalten, dass die Frage wer welche Leistungen definiert, die als refinanzierbar eingestuft werden könnten, noch nicht endgültig geklärt wurde. Darüber hinaus bleibt unklar, wie die Leistungen zu messen und zu vergüten sein könnten. Schließlich kommt es nicht nur darauf an, dass bestimmte Leistungen »mengenmäßig« erbracht werden, sondern auch die Qualität berücksichtigt wird.

Bei der Vergütung anhand leistungsorientierter Entgelte wird immer noch das Dreiecksverhältnis aufrecht erhalten bleiben. Es besteht nach wie vor eine Trennung zwischen den Bedarfsträgern auf der einen Seite (Leistungsempfänger) und Kaufkraftträgern auf der anderen Seite (Kostenträger). Bei der Finanzierung von »persönlichen Budgets« (vgl. Kapitel 1) – auch bezeichnet als nächste Stufe innerhalb der Tendenzen zur Ökonomisierung Sozialer Arbeit – wird Kaufkraft vom Kostenträger direkt in die Hände der Bedürftigen geleitet, die sich dann die benötigten Hilfeleistungen einkaufen können. Aus ökonomischer Perspektive argumentiert entspricht diese Konstellation, d.h. ein mit Kaufkraft ausgestattetes Bedürfnis, welches damit zum individuellen »Bedarf« wird, einer idealeren Form des Marktes auf Seiten der Nachfrage. Jedes bedürftige Individuum wird hier zum »kaufkräftigen Kunden«, um den sich verschiedene Sozialunternehmen in einer »echten« Wettbewerbssituation bemühen. Hinzu kommt, dass mit der zunehmenden Regionalisierung der Finanzierung von Sozialer Arbeit eine Situation geschaffen wird, innerhalb derer mehrere standortspezifische Rahmenbedingen einfließen, wodurch auch die Höhe der persönlichen Budgets für die Bedürftigen beeinflusst werden kann.

Trotz dieser Tendenzen zur Ökonomisierung erweisen sich die betrieblichen Funktionsbereiche der Finanzwirtschaft bzw. die im vorliegenden Kapitel aufgezeigten Ansätze in Sozialunternehmen als vergleichsweise wenig entwickelt. Zwar werden die Diskussionen um die Bereitstellung von finanziellen Ressourcen für die Soziale Arbeit und die Vergütung von Leistungen seit vielen Jahren sehr intensiv geführt, die Probleme der Steuerung der Geld- und Zahlungsmittelvorgänge in den Einrichtungen/Diensten finden jedoch eine vergleichsweise geringe Aufmerksamkeit. Eine wesentliche Ursache hierfür dürfte sein, dass der größte Teil der Sozialunternehmen in ihrer Finanzierungs- und Investitionspolitik immer noch weitgehend von Entscheidungen Dritter beeinflusst oder gar abhängig ist. Dies gilt einerseits für die Einzahlungen, beispielsweise eingehende Fördermittel – hier von dem Bewilligungsspielraum der Förderbehörden – oder Einzahlungen durch Verwertung von Leistungen – hier beispielsweise der Ausgabenpolitik der Sozialleistungsträger. Andererseits gilt dies aber ebenso für die Auszahlungen der Sozialunternehmen, die wesentlich den Vorgaben von Bedarfsplanungen unterliegen, denn schließlich sind diese nicht völlig frei in der Gestaltung ihrer Leistungsangebote.

In ihrer Abhängigkeit von Entscheidungen Dritter unterscheidet sich der Bereich der Sozialwirtschaft deutlich von rein marktorganisierten Systemen. In marktorganisierten Systemen bildet sich die Menge an Sachgütern und Dienstleistungen durch die Koordination von Angebot und Nachfrage über Preise heraus. Nichtmarktförmig organisierte Systeme, wie das Sozialsystem, sind in ihrem Fortbestand darauf angewiesen, dass sie durch politische Entscheidungen und/oder durch institutionelle Verhandlungen finanzielle Ressourcen erhalten. Die Wahrscheinlichkeit, bei der gesellschaftlichen Ressourcenverteilung in einem für die Aufgabenerfüllung »ausreichendem« Maße bedient zu werden, korrespondiert nicht unerheblich mit der akzeptierten Exklusivität der Aufgabenbearbeitung (Halfar 1999). Wegen der geringen Handlungsspielräume einerseits und der bislang festzustellenden Nachrangigkeit von Formalzielen andererseits bestand in der Vergangenheit gar keine Notwendigkeit, die aus der betrieblichen Finanzierungs- und Investitionstheorie bekannten Lösungsansätze für finanzwirtschaftliche Probleme (Günther/Schittenhelm 2003) auf Sozialunternehmen zu übertragen. Folglich stellt das Finanzmanagement in vielen sozialen Einrichtungen und Diensten eine rudimentär entwickelte betriebswirtschaftliche Funktion dar. Wie dargelegt nimmt seit einigen Jahren die Notwendigkeit einer zielbezogenen Finanzmittelsteuerung rapide zu. Die Abhängigkeit der Sozialen Arbeit von den öffentlichen Haushalten und der Zwang zur Kostendämpfung bedingen zunehmend eine stärkere finanzwirtschaftliche Orientierung bzw. eine spezifische Anwendung der im vorliegenden Kapitel aufgezeigten betriebswirtschaftlichen Finanzwirtschaftsfunktion beim Betrieb sozialer Einrichtungen und Dienste.

Literaturverzeichnis

Baßeler, Ulrich; Heinrich, Jürgen; Utecht, Burkhard: Grundlagen und Probleme der Volkswirtschaft. Stuttgart: Schäffer-Poeschel-Verlag, 2002.
Bea, Xaver Franz; Friedl, Birgit; Schweizer, Marcell: Allgemeine Betriebswirtschaftslehre. Band 1: Grundfragen. 9., überarbeitete Auflage. Stuttgart: Lucius&Lucius Verlag, 2004.

Bundesministerium für Arbeit und Soziales (Hrsg.): Sozialleistungsquote 1960–2010. Berlin: 2011a.

Bundesministerium für Arbeit und Soziales (Hrsg.): Sozialbudget 2010. Berlin: 2011b.

Breyer, Friedrich; Zweifel, Peter: Gesundheitsökonomie. 3. Auflage. Berlin: Springer Verlag, 1999.

Diakonisches Werk der EKD (Hrsg.): Leitfaden zur wirtschaftlichen Führung diakonischer Einrichtungen und Werke. Stuttgart: 1993.

Eilenberger, Guido: Betriebliche Finanzwirtschaft: Einführung in Investition und Finanzierung, Finanzpolitik und Finanzmanagement von Unternehmungen. 7. Auflage. München: Oldenbourg Wissenschaftsverlag, 2003.

Europabüro der baden-württembergischen Kommunen (Hrsg.): EU-Fördermöglichkeiten für Städte, Gemeinden und Landkreise in Baden-Württemberg. Brüssel: 2012.

Europäische Kommission/Eurostat (Hrsg.): Sozialschutzquoten in den Ländern der EU 2007 in % des BIP. Luxemburg: 2010.

Gabler Wirtschaftslexikon F-H: Finanzierung. 16., vollständig überarbeitete und aktualisierte Auflage. Wiesbaden: Betriebswirtschaftlicher Verlag Dr. Th. Gabler, 2004, S. 1056.

Grössl, Lothar: Betriebliche Finanzwirtschaft. Renningen: Linde, 1999.

Günther, Peter; Schittenhelm, Frank Andreas: Investition und Finanzierung. Eine Einführung in das Finanz- und Risikomanagement. Stuttgart: Schäffer-Poeschel-Verlag, 2003.

Halfar, Bernd: Finanzierung sozialer Dienste und Einrichtungen. Baden-Baden: Nomos Verlagsgesellschaft, 1999.

Herder-Dorneich, Philipp: Sozialökonomik – Angewandte Ökonomik sozialer Systeme. Baden-Baden: Nomos Verlagsgesellschaft, 1994.

Köchling, Egbert: Finanzierung und Recht sozialer Einrichtungen. Hannover: Vincentz, 2004.

Kolhoff, Ludger: Finanzierung sozialer Einrichtungen und Dienste. Augsburg: Ziel, 2002.

Koss, Claus: Basiswissen Finanzierung: Eine praxisorientierte Einführung. Wiesbaden: Gabler Verlag 2006.

Preitz, Otto; Dahmen, Wolfgang; Detering, Karl-Ernst: Allgemeine Betriebswirtschaftslehre. 3. Auflage. Bad Homburg: Gehlen Verlag, 2001.

Schellberg, Klaus: Grundlagen der Profit- und Non-Profit-Finanzierung in sozialen Dienstleistungsorganisationen. Studienbrief 2–020–0901. Berlin: FVL, 2001a.

Schellberg, Klaus: Innenfinanzierung und Selbstfinanzierung in Non-Profit-Organisationen und sozialen Dienstleistungsorganisationen. Studienbrief 2–020–0904. Berlin: FVL, 2001b.

Schierenbeck, Henner: Grundzüge der Betriebswirtschaftslehre. 15. Auflage. München: Oldenbourg Wissenschaftsverlag, 2000.

Schierenbeck, Henner; Wöhle, Claudia B.: Grundzüge der Betriebswirtschaftslehre. 17. Auflage. München: Oldenbourg Wissenschaftsverlag, 2008.

Thiele, Günter: Pflegewirtschaftslehre für das Krankenhaus. Heidelberg: Hüthig, 2002.

Wieneke, W.: Finanzierung diakonischer Einrichtungen und Werke. In: Diakonisches Werk der EKD (Hrsg.): Leitfaden zur wirtschaftlichen Führung diakonischer Einrichtungen und Werke. Stuttgart: 1993, S. 173–238.

Wöhe, Günter: Einführung in die Allgemeine Betriebswirtschaftslehre. 24. überarbeitete und aktualisierte Auflage. München: Vahlen Verlag, 2010.

Wolke, Reinhold: Grundlagen der Krankenhausfinanzierung. In: Bechtel, Peter (Hrsg.): Klinikmanager Pflege. Starnberg: R. S. Schulz, 2005.

Wolke, Reinhold: Controlling in Pflegeeinrichtungen – Operativen Controllings für Pflegeleistungen in stationären Pflegeeinrichtungen. Lage: Lippe Verlag, 2001.

7 Rechnungswesen

Nina Maier, Rainer Burk und Jürgen Holdenrieder

7.1 Grundlagen

Der Ruf nach mehr Wirtschaftlichkeit in der Sozialen Arbeit führt dazu, dass die betriebswirtschaftliche Funktion des Rechnungswesens und eine damit verbundene Widerspiegelung der betrieblichen Tätigkeit in Geldeinheiten eine immer größere Rolle einnehmen. Da Sozialunternehmen in der Regel am geschäftlichen Verkehr teilnehmen, sind sie häufig nicht nur aufgrund handels- und steuerrechtlicher Vorschriften, sondern auch aus praktischen Gründen dazu verpflichtet bzw. angehalten, ein den jeweiligen Anforderungen entsprechendes Rechnungswesen vorzuhalten.

Die Frage, was unter Rechnungswesen zu verstehen ist und welche Aufgaben damit in Sozialunternehmen verbunden sind, soll in einem einführenden Abschnitt aufgezeigt werden. Anschließend werden die für die Soziale Arbeit relevanten Formen des Rechnungswesens thematisiert. Hierauf basierend folgt eine Diskussion zu den rechtlichen Rahmenbedingungen bzw. der Frage, inwiefern soziale Einrichtungen und Dienste durch externe (gesetzliche) Vorgaben dazu verpflichtet sind, eine bestimmte Form des Rechnungswesens anzuwenden.

Die weiteren Abschnitte des Kapitels zielen spezifisch auf die kaufmännische Form des Rechnungswesens ab, die zwischenzeitlich auch in der Sozialwirtschaft eine prägende Rolle einnimmt. Im kaufmännischen Rechnungswesen wird grundsätzlich zwischen dem externen Rechnungswesen bzw. der Finanzbuchhaltung und dem internen Rechnungswesen bzw. der Kosten- und Leistungsrechnung unterschieden. Beginnend mit einer systematischen Aufbereitung der Kernelemente des externen Rechnungswesens soll aufgezeigt werden, was sich hinter den Grundsätzen ordnungsgemäßer Buchführung (GoB), den Begriffen Konto und Kontenplan, Inventur und Inventar sowie der Erstellung des Jahresabschlusses verbirgt. Anschließend werden die Grundprinzipien des Jahresabschlusses, dessen beiden Kernelemente (Bilanz sowie Gewinn- und Verlustrechnung) und deren Aufbau, sowie daraus ableitbare Erkenntnisse praxisnah aufgezeigt. Einen Schwerpunkt in der Darstellung bilden die Vorschriften des Handelsgesetzbuchs und deren Anwendung für Kapitalgesellschaften, insbesondere die Gesellschaft mit beschränkter Haftung (GmbH); daneben werden die Spezifika für andere Rechtsformen aufgegriffen, insbesondere für den eingetragenen Verein (e. V.).

Die nachfolgenden Ausführungen widmen sich dann dem internen kaufmännischen Rechnungswesen, welches sich in erster Linie an Kostenverantwortliche und das Management von Sozialunternehmen, aber auch an öffentliche Sozialleistungsträger richtet. Dabei erfolgen praxisnahe Einblicke in die zentralen Grundbegriffe und Methoden, in die Teilgebiete der Kostenrechnung (Kostenartenrechnung, Kostenstellenrechnung und Kostenträgerrechnung) sowie in exemplarische Anwendungsgebiete des Kostenmanagements.

7.2 Begriff und Aufgaben des Rechnungswesens

Das Rechnungswesen ist zentraler Bestandteil der betriebswirtschaftlichen Gestaltungs- und Steuerungsfunktionen. Es stellt ein Dokumentations-, Informations- und Überwachungsinstrument dar, das sämtliche Mengen- und Wertbewegungen im Unternehmensbereich erfasst bzw. überwacht und nach deren Aufbereitung sowie Auswertung die Daten und Steuerungsgrößen für unternehmerische Planungen und Entscheidungen liefert (Zimmermann/Hoch 2003). Dabei beinhaltet die **Dokumentationsfunktion** die zeitlich und sachlich geordnete Aufzeichnung aller Geschäftsvorgänge auf Basis von Belegen. Die **Informationsfunktion** zielt auf die Bereitstellung von planungs- und entscheidungsrelevanten Informationen zu Vermögen, Kapital, Erträgen, Aufwendungen etc. für interne Adressaten (z. B. das Management) sowie externe Empfänger (z. B. Anteilseigner, Finanzbehörden und Zuwendungsgeber) ab. Die **Überwachungsfunktion** des Rechnungswesens erfüllt sich schließlich durch den Aufbau eines aussagefähigen Systems zur Ergebniskontrolle.

7.3 Formen des Rechnungswesens

Im Rechnungswesen wird grundsätzlich zwischen dem **externen Rechnungswesen** bzw. der **Finanzbuchhaltung** und dem **internen Rechnungswesen** bzw. der **Kosten- und Leistungsrechnung** unterschieden. Das externe Rechnungswesen richtet sich vorwiegend nach außen, insbesondere an Kapitalgeber, Steuerbehörden, Lieferanten und Kunden. Es orientiert sich an der Vergangenheit und ist in großen Teilen gesetzlich und/oder durch Statut (z. B. Satzung oder Gesellschaftsvertrag) vorgeschrieben (Heister 2008). Das externe Rechnungswesen dient als Datengrundlage für das interne Rechnungswesen, das sich im Gegensatz dazu in erster Linie nach innen richtet, insbesondere an Kostenverantwortliche und das Management, aber auch an öffentliche Sozialleistungsträger.

An das interne Rechnungswesen schließen zentrale Bereiche der betriebswirtschaftlichen Funktion »Controlling« an (vgl. Kapitel 8), das zum Zwecke einer entscheidungsorientierten Aufbereitung von Informationen sowie Unterstützung des Managements auf die Daten des Rechnungswesens zugreift (Schellberg 2007). In Grundzügen ergibt sich daraus folgende Gesamtsystematik, die im Verlauf des Kapitels näher erläutert wird:

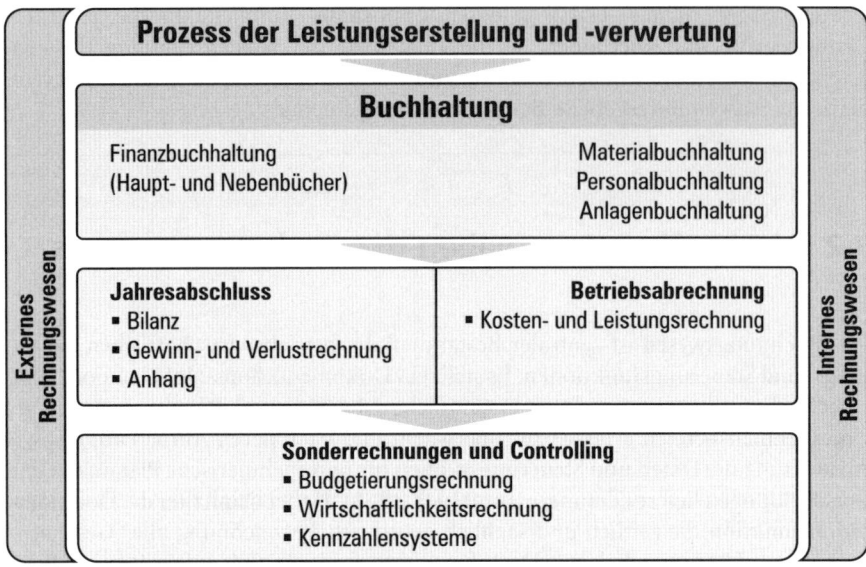

Abb. 7.1: Prozess der Leistungserstellung und -verwertung
Quelle: Eigene Darstellung nach Schellberg 2002, 24

7.4   Rechengrößen des Rechnungswesens

Zum besseren Verständnis der Ausführungen in den folgenden Abschnitten sind in Abbildung 7.2 ausgewählte Begrifflichkeiten definiert und eingeordnet.

Rechengröße	Erläuterung
Auszahlungen / Einzahlungen	Tatsächliche Zahlungen in Geld, die den Bestand an flüssigen Mitteln im Unternehmen verändern.
Ausgaben / Einnahmen	Begriffe für Vorgänge, die rechtlich den Anspruch auf Finanzmittel herbeiführen, z.B. bei Kauf auf Kredit.
Aufwendungen / Erträge	Begriffe für den Wertverzehr bzw. Wertzuwachs im Unternehmen, z.B. Abschreibungen.
Kosten / Leistungen	Teil des Wertverbrauchs und -zuwachses, der durch die Erfüllung der spezifischen Aufgaben des Betriebs verursacht wird, z.B. kalkulatorische Kosten.

Abb. 7.2: Begriffsabgrenzungen
Quelle: Eigene Darstellung nach Coenenberg u. a. 2012, 12 f.

7.5 Externes Rechnungswesen

7.5.1 Allgemeiner Teil

Formen des externen Rechnungswesens

Grundsätzliche Formen des externen Rechnungswesens für Sozialunternehmen sind:

- Die **einfache Buchführung**, bei der Einnahmen und Ausgaben im Rahmen einer **Einnahmen-Ausgaben-Rechnung** chronologisch erfasst und gegenübergestellt werden. Diese vereinfachte Form der Gewinnermittlung ist als Mindestform der Rechnungslegung vom Steuerrecht vorgeschrieben (§ 4 Abs. 3 EStG). Der steuerlich relevante Gewinn bzw. Verlust ermittelt sich als Saldo aus Einnahmen und Ausgaben; dabei regelt das Steuerrecht, was als Einnahme oder Ausgabe geltend gemacht werden darf. Typische Einnahmen sozialer Einrichtungen und Dienste sind Spenden, Mitgliedsbeiträge, öffentliche Zuschüsse und Leistungsentgelte. Prägende Ausgabenbereiche sind Personal- und Sachausgaben. In der Regel gilt hier das Zu- bzw. Abflussprinzip, nach dem Einnahmen und Ausgaben dem Kalenderjahr zugeordnet werden, in dem sie zugeflossen sind bzw. geleistet werden. Bei der einfachen Buchhaltung erfolgt kein buchmäßiger Ausweis des Inventars und die Bilanzierung und Bewertung von Vermögen und Kapital entfällt (Eschenbach/Horak, 2003).
- In Behörden und öffentlichen Unternehmen findet in der Regel die sogenannte **Kameralistik** Anwendung, die in Grundzügen der einfachen Buchführung entspricht. Im Mittelpunkt steht die Erfüllung des vom Träger bzw. von politischen Gremien verabschiedeten Haushaltsplans, der die Ausgaben und Einnahmen eines Jahres gegenüberstellt. Dabei wird zwischen der Verwaltungskameralistik und der Betriebskameralistik unterschieden. Die **Verwaltungskameralistik** kommt in solchen Institutionen der öffentlichen Verwaltung zum Einsatz, die ihre Leistungen weitgehend unentgeltlich abgeben und somit in erster Linie durch Zuschüsse finanziert werden. Dagegen gilt die **Betriebskameralistik** für Institutionen, die mit ihrer Haushaltsführung nicht mehr an einen Haushaltsplan gebunden sind und neben Ein- und Ausgaben auch mit Aufwendungen und Erträgen rechnen (vgl. Decker/Decker, 2008).
- Das **kaufmännische Rechnungswesen**, die so genannte **doppelte Buchführung**, ist die typische Form des Rechnungswesens wirtschaftlicher Betriebe und orientiert sich als Gesamtvermögensrechnung am Jahresabschluss, bestehend aus der Bilanz, der Gewinn- und Verlustrechnung sowie einem Anhang. Sämtliche Geschäftsvorfälle werden während des Jahres gebucht und am Ende im Jahresabschluss zusammengefasst. Dabei werden die Ergebnisentwicklung sowie die Entwicklung von Vermögen und Schulden im Rahmen der doppelten Buchführung systematisch erfasst (Schellberg 2007). Anders als bei der Einnahmen-Ausgaben-Rechnung, bei der das Zu- und Abflussprinzip gilt, geht das kaufmännische Rechnungswesen stets vom Grundsatz der Perioden-

abgrenzung aus, d. h. insbesondere, dass Aufwendungen und Erträge unabhängig vom Termin der Zahlung im Zeitpunkt der wirtschaftlichen Verursachung erfasst werden.

- In öffentlichen Einrichtungen und Diensten wird zunehmend auf das **Neue Öffentliche Haushalts- und Rechnungswesen (NÖHR)** bzw. die »Doppik« umgestellt, die auf der doppelten Buchführung basiert. Das Konzept zielt vor allem darauf ab, Haushaltsplanung, Steuerung, Buchführung und Rechnungswesen öffentlicher Gebietskörperschaften zu modernisieren, wobei sich die genaue Ausgestaltung zwischen den Bundesländern und innerhalb der kommunalen Ebenen unterscheidet.

Rechtliche Grundlagen des externen Rechnungswesens

Die gesetzlichen Grundlagen zur Anwendung bestimmter Formen des Rechnungswesens finden sich insbesondere im Handelsrecht, dem Steuerrecht, der Pflegebuchführungsverordnung sowie dem Vereinsrecht. Darüber hinaus bedingt die Darstellung der Kreditwürdigkeit verstärkt zusätzliche Rechnungslegungserfordernisse.

Die **kaufmännische Buchführung** ist für Kaufleute im Sinne des Handelsgesetzbuches (§ 242 Abs. 1 HGB) verpflichtend, d. h. für jeden, der ein Handelsgewerbe betreibt, das »nach Art oder Umfang einen in kaufmännischer Weise eingerichteten Geschäftsbetrieb« erfordert, insbesondere die **Gesellschaft mit beschränkter Haftung (GmbH)**, die **gemeinnützige Gesellschaft mit beschränkter Haftung (gGmbH)** und die **Genossenschaft**. Je nach Rechtsform (vgl. Kapitel 1.4) sind dabei unterschiedliche Gliederungs- und Formvorschriften zu beachten. Die Kapitalgesellschaften werden folgendermaßen unterteilt:

Größenklassen für Kapitalgesellschaften	Bilanzsumme in Mio. Euro	Umsatz in Mio. Euro	Zahl der Arbeitnehmer
Kleine	≤ 4,84	≤ 9,68	≤ 50
Mittlere	≤ 19,25	≤ 38,50	≤ 250
Große	> 19,25	> 38,50	> 250
Zuordnung, wenn zwei Merkmale an zwei Abschlussstichtagen in Folge erfüllt sind.			

Abb. 7.3: Größenklassen für Kapitalgesellschaften
Quelle: Eigene Darstellung nach Kück 1998, 512

Für frei-gemeinnützig tätige Sozialunternehmen mit bürgerlich-rechtlicher oder kirchlicher Rechtsform, die nicht kraft Kaufmannseigenschaft dem Handelsrecht unterliegen, z. B. der **eingetragene Verein (e. V.)** sowie die private oder kirchliche **Stiftung**, ergibt sich eine Buchführungspflicht dagegen in der Regel nur aus dem **Steuerrecht**. Dabei sieht die **Abgabenordnung (§§ 140 ff. AO)** eine Buchführungspflicht für steuerbegünstigte Organisationen nach handelsrechtlichen Vorschriften vor. Im Gegensatz zu größeren gewerblichen Betrieben (Umsatz > 500 000 Euro oder Gewinn > 50 000 Euro), beschränkt sich diese für frei-gemeinnützige Organisationen allerdings auf die **vereinfachte Buchführungspflicht** (Bea/Friedl/Schweitzer 2004).

Unabhängig von den handelsrechtlichen Vorschriften zur Kaufmannseigenschaft und von der Rechtsform unterliegen seit Einführung der **Pflegebuchführungsverordnung (PBV)** (§§ 1, 9 PBV) sämtliche **Pflegeeinrichtungen** grundsätzlich den Rechnungs- und Buchführungspflichten. Die kaufmännische Buchführung gilt dabei bindend für die in der Abbildung 7.4 aufgezeigten Größenklassen.

Ambulante Pflegedienste	über 6 Vollzeitstellen oder jährl. Umsätze ab 250.000 Euro
Teilstationäre Pflegeeinrichtungen	ab 9 Pflegeplätzen
Vollstationäre Pflegeeinrichtungen	ab 21 Pflegeplätzen oder jährl. Umsätzen ab 500.000 Euro

Abb. 7.4: Größenklassen gemäß Pflegebuchführungsverordnung
Quelle: Eigene Darstellung nach §§ 1, 9 PBV

Träger der Sozialen Arbeit, deren Tätigkeitsbereich sich auch auf die internationale Zusammenarbeit erstreckt, haben neben den oben aufgezeigten Vorschriften verstärkt internationale Rechnungslegungsnormen und -systeme zu berücksichtigen (Furtmüller 2007).

Praktische Relevanz der unterschiedlichen Formen des Rechnungswesens

Ein zunehmend verbreitetes Motiv zur »freiwilligen« Anwendung handelsrechtlicher Vorschriften durch frei-gemeinnützig tätige Sozialunternehmen (z. B. in der Rechtsform des eingetragenen Vereins oder der Stiftung) begründet sich in den steigenden **Anforderungen** der **Kostenträger** bzw. der **öffentlichen Hand** für die Vergabe von Zuwendungen. Um diesen Anforderungen zu genügen, müssen von Sozialunternehmen zunehmend Informationen bereitgestellt werden (beispielsweise Auskünfte zum vorhandenen Vermögen), welche über die Informationen hinausgehen, die bei einer Anwendung der gesetzlich verpflichtenden Mindestvorschriften zur Rechnungslegung bzw. der Einnahmen-Ausgaben-Rechnung bereitgestellt werden können (Busse 2010).

Darüber hinaus setzt sich in der sozialwirtschaftlichen Praxis, oftmals unabhängig von rechtlichen Voraussetzungen und etwaigen Auflagen der Zuwendungsgeber, insgesamt die kaufmännische Buchführung durch. Dies begründet sich häufig in der Erkenntnis, dass diese eine Reihe von Vorteilen gegenüber der einfachen Buchführung aufweist. Abbildung 7.5 gibt hierzu einen Überblick.

197

Einfache Buchführung	Kaufmännische Buchführung
➕ **Vorteile:**	➕ **Vorteile:**
▪ Einfaches Instrument ▪ I.d.R. gut geeignet für Unternehmen mit begrenzter Anzahl von Bereichen, insbesondere in der Rechtsform des Vereins und für Freiberufler	▪ Verbindung von Gewinnermittlung mit Darstellung der Vermögenssituation ▪ Darstellung der tatsächlichen Wertschöpfung bzw. des tatsächlichen Werteverzehrs ▪ Berücksichtigung des Wertzuwachses und -verbrauchs, z.B. Abschreibungen
➖ **Nachteile:**	▪ Möglichkeit der entscheidungsorientierten Auswertung
▪ Eingeschränkte Betrachtung, da keine Angaben zur Ertrags-, Vermögens- und Finanzlage des Unternehmens ▪ Ungenau und wenig praktikabel für komplexere Unternehmen	➖ **Nachteile:** ▪ Bindung an gesetzliche Vorschriften ▪ Weitere Auswertungen erfordern eine Kosten- und Leistungsrechnung

Abb. 7.5: Vergleich zwischen einfacher und kaufmännischer Buchführung
Quelle: Eigene Darstellung nach Schellberg 2007, 72; Eschenbach/Horak 2003, 216 ff.

Ähnlich wie bei frei-gemeinnützigen Trägern zeichnet sich in den jüngeren kommunalen Reformansätzen eine Hinwendung zum kaufmännischen Rechnungswesen bzw. der Doppik und somit eine Abkehr von der kameralistischen Rechnungslegung ab. Dies erfolgt oftmals mit dem Ziel, die Wirtschaftlichkeit zu verbessern und die Steuerungsmöglichkeiten in öffentlichen Körperschaften zu erhöhen. Dabei wird das kaufmännische Rechnungswesen in politisch gesteuerten Institutionen und Organisationen, die öffentliche Gelder verwalten, häufig durch ein finanzielles Planungs- und Steuerungsinstrument ergänzt, z.B. in Form eines Budgetierungssystems bzw. eines Haushaltsplans, das jedoch nicht den strengen kameralistischen Regelungen folgt (Schellberg 2007).

Aufgrund der zwischenzeitlich prägenden Bedeutung für die Sozialwirtschaft wird der Fokus in den nachfolgenden Abschnitten auf das kaufmännische Rechnungswesen gelegt.

7.5.2 Kaufmännisches Rechnungswesen

Grundsätze ordnungsgemäßer Buchführung

Die **Grundsätze** bzw. **Grundlagen ordnungsgemäßer Buchführung (GoB)** wurden von Praxis und Wissenschaft entwickelt und sind heute in wichtigen Punkten gesetzlich verankert, insbesondere im Steuerrecht (§§ 140–148, 154 und 158 AO; §§ 4 ff. EStG) sowie im Handelsrecht (§§ 238, 239, 241, 243 und 256 HGB). Sie bieten einen Orientierungsrahmen und Verhaltenskodex für die Buchführung sowie die gesamte Rechnungslegung, insbesondere für die Inventur und den Jahresabschluss. Zentrales Anliegen der GoB ist, Inhaber und Gläubiger eines Unternehmens sowie die Finanzbehörden vor fehlleitenden Informationen und Verlusten zu schützen (Eschenbach/Horak/Furtmüller 2007). Die Kernbereiche der GoB sind in Abbildung 7.6 zusammengefasst:

Fortführung der Unternehmenstätigkeit	Ermittlung der Wertansätze erfolgt unter dem Gesichtspunkt der Weiterführung des Unternehmens, nicht der Liquidation.
Periodenabgrenzung	Aufwendungen und Erträge sind unabhängig von den Zeitpunkten der entsprechenden Zahlungen im Jahresabschluss des Geschäftsjahres der wirtschaftlichen Verursachung zu berücksichtigen.
Klarheit und Übersichtlichkeit	Die Buchführung sollte leicht nachvollziehbar sein, z.B. durch Nutzung eines Kontenrahmens sowie eine hinreichende Gliederung von Bilanz und Gewinn- und Verlustrechnung.
Nachprüfbarkeit	Die Buchführung sollte für einen sachverständigen Dritten nachvollziehbar sein. Dabei müssen sich die Geschäftsvorfälle in ihrer Entstehung und in ihrer Abwicklung verfolgen lassen.
Vollständigkeit	Jeder in Geld bewertbare Geschäftsvorfall ist zu erfassen. Hierauf basiert auch das so genannte Saldierungsverbot, das eine Verrechnung einzelner Positionen miteinander untersagt.
Vorsichtige Bewertung von Vermögensgegenständen und Schulden	Vermögen sollen nicht über- und Schulden nicht unterbewertet werden. Es gibt zwei Ausprägungen des Vorsichtsprinzips: ■ Imparitätsprinzip: Verluste müssen bereits dann gebucht werden, wenn sie zwar noch nicht realisiert, jedoch bereits wahrscheinlich sind, z.B. durch Bildung einer Rückstellung ■ Realisationsprinzip: Gewinne sind erst dann auszuweisen, wenn sie schon realisiert sind, z.B. sind Bestände an Fertigartikeln nicht mit den Verkaufspreisen, sondern mit den Herstellungskosten zu bewerten.
Bilanzkontinuität	Gliederungsform von Bilanz sowie Gewinn- und Verlustrechnung (GuV) sind üblicherweise fortlaufend beizubehalten. Außerdem muss die Schlussbilanz des vorangegangenen Jahres und die Eröffnungsbilanz des aktuellen Jahres identisch sein.
Weitere Mindestanforderungen	■ Lebendige Sprache. ■ Nachträgliche Veränderungen müssen erkennbar bleiben. ■ Aufbewahrung der für die Buchhaltung relevanten Unterlagen über bestimmte Fristen.

Abb. 7.6: Wesentliche Grundsätze ordnungsgemäßer Buchführung
Quelle: Eigene Darstellung

Buchhaltung

Die kaufmännische Buchführung wird auch als **doppelte Buchführung** bezeichnet, weil es sich einerseits um eine doppelte Form der Gewinnermittlung handelt – mittels Gewinn- und Verlustrechnung sowie der Bilanz – und weil andererseits bei allen Buchungen zumindest zwei Konten betroffen sind (Schellberg 2007).

In einem ersten Schritt wird bei der doppelten Buchführung durch Gegenüberstellung der Vermögenswerte des Unternehmens (= Aktiva) und der Kapitalherkunft (= Passiva) eine **Eröffnungsbilanz** erstellt (ebd.). Ziel dieser Eröffnungsbilanz ist die erstmalige Bestandsaufnahme sowie Bewertung der Vermögensgegenstände und Schulden. Abbildung 7.7 erläutert beispielhaft die Grundzüge einer Eröffnungsbilanz.

Aktiva (Vermögenswerte)		**Passiva** (Kapitalherkunft)	
Immobilien	200.000	Eigenkapital	100.000
Fuhrpark	50.000	Fremdkapital	200.000
Bank	50.000		
Summe	**300.000**	**Summe**	**300.000**

Abb. 7.7: Exemplarische Grundzüge einer Eröffnungsbilanz
Quelle: Eigene Darstellung

In einem nächsten Schritt werden die **Konten** gebildet. Dies erfolgt entsprechend einem vorher festgelegten **Kontenrahmen** (Kontenplan), welcher ein Verzeichnis aller Konten der Buchhaltung beinhaltet. Die Gliederungsstruktur eines Kontenrahmens basiert zumeist auf Empfehlungen, beispielsweise durch Verbände und Steuerberater. Prägende Beispiele sind der Industriekontenrahmen (IKR), Gemeinschaftskontenrahmen (GKR), Standardkontenrahmen (SKR) und DATEV-Kontenrahmen. Für Sozialunternehmen gibt es u. a. Musterkontenrahmen der einzelnen Wohlfahrtsverbände (z. B. DRK-Kontenrahmen) sowie Empfehlungen bzw. Verordnungen durch Kostenträger (z. B. Kontenrahmen der Pflege-Buchführungsverordnung).

Ein Kontenrahmen besteht üblicherweise aus **zehn Kontenklassen** (0 bis 9), die auf Basis unterschiedlicher Merkmale zusammengesetzt sind. Der Kontenrahmen nach der Pflege-Buchführungsverordnung (PBV) hat beispielsweise folgende Kontenklassenstruktur (s. Abbildung 7.8):

Kontenklasse	Bedeutung
0	Ausstehende Einlagen, Anlagevermögen
1	Umlaufvermögen, Rechnungsabgrenzung
2	Eigenkapital, Sonderposten, Rückstellungen
3	Verbindlichkeiten, Rechnungsabgrenzung
4	Betriebliche Erträge
5	Andere Erträge
6	Aufwendungen
7	Weitere Aufwendungen
8	Eröffnungs- und Abschlusskonten
9	Kostenstellenrahmen für die Kosten- und Leistungsrechnung

Abb. 7.8: Kontenklassenstruktur gemäß Pflege-Buchführungsverordnung (PBV)
Quelle: Eigene Darstellung nach Anlagen 4, 5 PBV

Die Kontenklassen sind zumeist in **vier Ebenen** untergliedert. Dabei spricht man von **Kontenklassen, Kontengruppen, Kontenarten** und **Konten**. Beispielsweise könnte die Kontenklasse 4 (Betriebliche Erträge) u. a. die Kontengruppen 40 (Erträge aus ambulanten Pflegeleistungen), 41 (Erträge aus teilstationären Pflegeleistungen) und 42 (Erträge aus vollstationären Pflegeleistungen) umfassen. Die Kontengruppen wiederum beinhalten unterschiedliche Kontenarten. Die Kontengruppe 40 zum Beispiel die Kontenart 400 (Erträge aus Pflegeleistungen, Pflegestufe I), 401 (Erträge aus Pflegeleistungen, Pflegestufe II) und 402 (Erträge aus Pflegeleistungen, Pflegestufe III). Die Kontenart 400 ihrerseits könnte sich beispielsweise aus dem Konto 4000 (Pflegekasse), 4001 (Sozialhilfeträger) und 4002 (Selbstzahler) zusammensetzen (Schellberg 2002).

Ein **Konto** ist somit die kleinste Einheit der Buchhaltung und dient letztendlich der Zuordnung der Geschäftsvorfälle in einem sachlichen Zusammenhang. Jedes Konto besteht aus zwei Seiten (vgl. Abbildung 7.9). Die linke Seite eines Kontos wird als **Soll**, die rechte Seite als **Haben** bezeichnet.

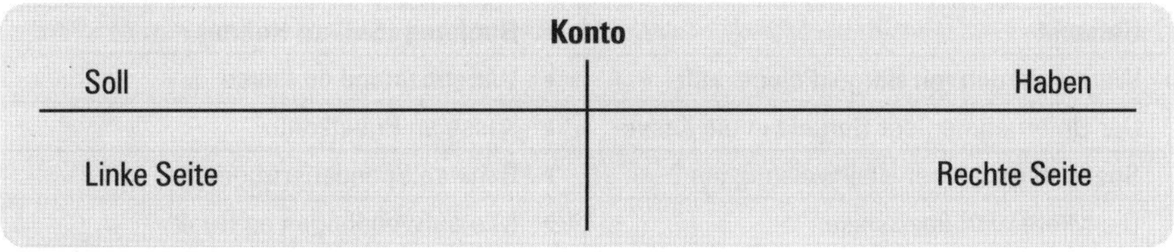

Konto

Soll	Haben
Linke Seite	Rechte Seite

Abb. 7.9: Aufbau eines Kontos
Quelle: Bachert 2005, 69

Bei den Konten wird zwischen Bestandskonten und Erfolgskonten unterschieden. **Bestandskonten** nehmen Größen auf, die dem Unternehmen dauerhaft verbleiben und in die Bilanz münden. Innerhalb der Bestandskonten kann zwischen Aktivkonten (Kontenklassen 0–1) und Passivkonten (Kontenklassen 2–3) differenziert

201

werden. **Aktive Bestandskonten** stehen für die **Vermögenspositionen** (= linke Seite einer Bilanz) und geben Auskunft über die Mittelverwendung. Beispiele sind Immobilien, Fahrzeuge, Forderungen, Bank und Kasse. **Passive Bestandskonten** sind die **Kapitalpositionen** (= rechte Seite einer Bilanz) und informieren über die Mittelherkunft. Beispiele sind das Eigenkapital, Rückstellungen und Verbindlichkeiten (ebd.). **Erfolgskonten** erfassen dagegen laufende **Erträge** (Kontenklassen 4–5) und **Aufwendungen** (Kontenklassen 6–7) eines Geschäftsjahres. Beispiele für Ertragsposition sind Spenden und Leistungsentgelte. Der laufende Personal- und Materialaufwand eines Unternehmens sowie die Abschreibungen sind beispielhafte Aufwandspositionen. Bei Abschreibungen handelt es sich um planmäßige oder außerplanmäßige Wertminderungen von Vermögensgegenständen, die mit dem Wertverlust des Unternehmensvermögens innerhalb eines Zeitraums korrespondieren (Schellberg 2007).

Während eines Geschäftsjahres erfolgt die Bebuchung der einzelnen Konten, wobei mit jeder **Buchung** zumindest zwei Konten angesprochen werden. Beispielsweise werden die Löhne und Gehälter einerseits als Personalaufwand erfasst und andererseits vom Bankkonto abgebucht, so dass beide Konten angesprochen werden. Bei der Art und Weise, wie die einzelnen Konten nach dem Prinzip »**Soll an Haben**« bebucht werden, gelten folgende vier **Regeln** (Schaufelbühl/Hugentobler/Blattner 2007):

- Aktivkonten (Kontenklassen 0–1): Zunahmen werden im Soll gebucht, Abnahmen im Haben
- Passivkonten (Kontenklassen 2–3): Zunahmen werden im Haben gebucht, Abnahmen im Soll
- Ertragskonten (Kontenklasse 4–5): Zunahmen werden im Haben gebucht, Abnahmen im Soll
- Aufwandskonten (Kontenklasse 6–7): Zunahmen werden im Soll gebucht, Abnahmen im Haben.

In der folgenden Abbildung (7.10) sind entsprechende Buchungsbeispiele zusammengestellt.

Beispiel	▶ Buchung (Soll an Haben)
Waren werden mit Bargeld eingekauft	▶ Warenbestand an Kasse
Der Unternehmer legt Bargeld in die Kasse	▶ Kasse an Privatkonto
Spenden gehen per Überweisung ein	▶ Bank an Spendenerträge
Die Miete wird überwiesen	▶ Mietaufwendungen an Bank

Abb. 7.10: Buchungsbeispiele im kaufmännischen Rechnungswesen
Quelle: Eigene Darstellung

Die Bilanz bleibt bei allen buchhalterischen Vorgängen immer ausgeglichen, d. h. dass die Summe der Aktivposten stets der Summe der Passivposten entspricht. In Abbildung 7.11 werden unterschiedliche Buchungstypen aufgezeigt bzw. die systembedingte Gegebenheit einer ausgeglichenen Bilanz verdeutlicht.

| Buchungstyp | Auswirkung in der Bilanz | | Beispiel |
	Aktiva	Passiva	
Aktivtausch (ein Aktivposten steigt, ein anderer sinkt)	Konto 1 + Konto 2 –		Wareneinkauf gegen Barzahlung (Kasse)
Passivtausch (ein Passivposten steigt, ein anderer sinkt)		Konto 1 + Konto 2 –	Verbindlichkeit erlischt durch den Verzicht eines Lieferanten
Aktiv-Passiv-Mehrung (je ein Aktiv- und ein Passivposten steigen)	Konto 1 +	Konto 2 +	Spenden werden auf das Bankkonto überwiesen
Aktiv-Passiv-Minderung (je ein Aktiv- und ein Passivposten sinken)	Konto 1 –	Konto 2 –	Miete wird vom Bankkonto überwiesen

Abb. 7.11: Buchungstypen im kaufmännischen Rechnungswesen
Quelle: Eigene Darstellung nach Kaspers 2000, 84 f.

Ein weiterer Aspekt der kaufmännischen Buchführung ist die Berücksichtigung der Aufwendungen und Erträge nach dem Grundsatz der **Periodenabgrenzung** – anders als bei der einfachen Buchführung – unabhängig vom Zeitpunkt entsprechender Zahlungen im Geschäftsjahr der Verursachung. Hieraus resultiert, dass ein unternehmerischer Vorgang im kaufmännischen Rechnungswesen mehrere buchhalterische Geschäftsvorfälle auslösen kann, wie die Beispiele in Abbildung 7.12 aufzeigen.

| Beispiele | Buchungen | | |
	Zeitpunkt Kauf / Rechnungsstellung	Bezahlung der Rechnung	Nutzung
Kindergarten kauft Computer auf Rechnung. Rechnung wird nach drei Wochen durch Banküberweisung beglichen.	Büroausstattung an Verbindlichkeiten	Verbindlichkeiten an Bank	Abschreibung an Büroausstattung
Sozialstation stellt Rechnung (medizinische Behandlungspflege) an Krankenversicherung. Rechnung wird nach vier Wochen bezahlt.	Forderungen an medizinische Behandlungspflege	Bank an Forderungen	

Abb. 7.12: Exemplarische Periodenabgrenzung
Quelle: Eigene Darstellung

Am Jahresende erfolgen die Zusammenstellung der **Ertrags- und Aufwandskonten** (Erfolgskonten) in der **Gewinn- und Verlustrechnung** (GuV) sowie die Ermittlung des Jahresergebnisses. Die aktiven und passiven **Bestandskonten** werden in der **Schlussbilanz** eines Unternehmens zusammengefasst. Aus der Veränderung der Schlussbilanz gegenüber der Eröffnungsbilanz ergibt sich ein Saldo, der dem Jahresergebnis entspricht. Die Schlussbilanz des Vorjahres bildet dann wiederum die Grundlage für die Eröffnungsbilanz des nächsten Jahres, d. h. dass die Bilanz-positionen zum Jahresbeginn in die einzelnen Bestandskonten übernommen bzw. eingebucht werden. Während Bestandskonten über die gesamte Lebensdauer von Unternehmen fortgeschrieben werden, beginnen Erfolgskonten zum Jahresbeginn immer wieder bei »Null« (Bachert 2005). Der buchhalterische Gesamtkreislauf ist in Abbildung 7.13 veranschaulicht.

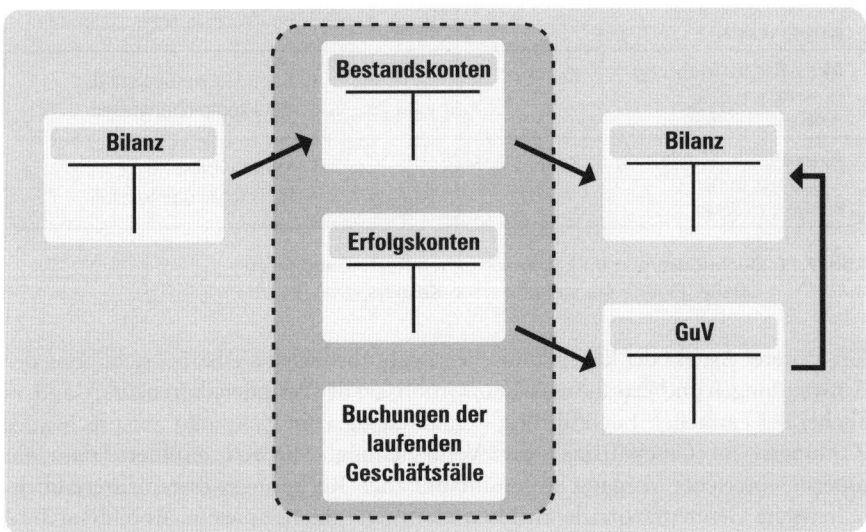

Abb. 7.13: Der Buchungskreislauf
Quelle: Schellberg 2007, 74

Die in der obigen Abbildung angeführten Buchungen der laufenden Geschäfts-vorfälle erfolgen aus Gründen der Übersichtlichkeit häufig in unterschiedlichen Buchhaltungskreisläufen. Dabei kann die Finanzbuchhaltung (= **Hauptbuchhaltung**) unterteilt werden in verschiedene **Nebenbuchhaltungen**. Beispiele für Neben-buchhaltungen in Sozialunternehmen sind die Personalbuchhaltung, Anlagenbuch-haltung, Kreditorenbuchhaltung (Kreditoren = Lieferanten) und Debitorenbuchhaltung (Debitoren = Leistungsabnehmer/Kunden) (Pracht 2002).

Jahresabschluss

Der Jahresabschluss, bestehend aus der Bilanz, der Gewinn- und Verlustrechnung (GuV) sowie dem Anhang, bildet den Kern des kaufmännischen Rechnungswesens. Wie im Zusammenhang mit dem Buchungskreislauf aufgezeigt, werden die Konten der Buchhaltung in der Bilanz sowie in der GuV verdichtet. Damit ein korrekter Jahresabschluss erstellt werden kann, müssen alle – buchungstechnisch ermittelten – Positionen der Bilanz und der GuV noch einmal kritisch geprüft werden. Dabei ist zu klären, welche Gegenstände mit welchem Wert und auf welcher Position der Bilanz auszuweisen sind (Kück 1998). Insbesondere sind dabei die sich aus den gesetzlichen Vorschriften sowie den Grundsätzen ordnungsgemäßer Buchführung (GoB) ergebenden Ansatz- und Bewertungsgrundsätze zu beachten. Im Folgenden werden die Inventur, die Bilanz, die GuV sowie der Anhang, mit Bezug auf diese Rahmenbedingungen, thematisiert.

Durch die GoB ist jeder Kaumann am Beginn seines Handelsgewerbes bzw. zum Schluss jeden Geschäftsjahres verpflichtet, ein Verzeichnis über die einzelnen Vermögens- und Kapitalgegenstände nach Art, Menge und Wert, das so genannte **Inventar**, vorzulegen (§ 240 HGB; §§ 140, 141 AO). Das Inventar besteht aus drei Komponenten: den Vermögensgegenständen, allen Schulden und deren Saldo, sowie dem Reinvermögen, das dem Eigenkapital entspricht. Zur Erstellung des Inventars bedarf es vorab einer Bestandsaufnahme, der **Inventur**. Bei der Inventur werden die Vermögenswerte und Schulden eines Unternehmens zu einem bestimmten Stichtag erfasst. Ergeben sich dabei Differenzen zu den Buchbeständen, sind diese an die tatsächlichen Verhältnisse anzupassen (Coenenberg u. a. 2012). Abbildung 7.14 gibt einen Überblick zu den unterschiedlichen Inventurverfahren.

Körperliche Bestandsaufnahme	Buchmäßige Bestandsaufnahme
▪ Vermögensgegenstände werden durch Zählen, Wiegen, Schätzen physisch aufgenommen. ▪ Bei Erfassung sämtlicher Vermögensgegenstände spricht man von lückenloser Inventur. ▪ Bei stichprobenartiger Ermittlung aufgrund anerkannter mathematisch-statistischer Methoden spricht man von einer Stichprobeninventur. ▪ Vereinfachungsregelung: Bestimmte Vermögensgegenstände können mit einem gleich bleibenden Wert bzw. gemeinsam in einer Gruppe bewertet werden.	▪ Erfassung von Beständen anhand von Büchern (Belegen) ▪ Anwendung bei solchen Vermögensgegenständen, bei denen körperliche Aufnahme nicht möglich (z.B. Schulden und Forderungen) bzw. nicht erforderlich ist (z.B. Anlagevermögen mit Anlagenkarte).

Abb. 7.14: Inventurverfahren
Quelle: Eigene Darstellung

Die **Bilanz** stellt, im Vergleich zum Inventar, eine kürzere und übersichtlichere Form der Aufzeichnung aller Vermögensgegenstände und des Kapitals dar. Die Aufstellung der Bilanz erfolgt in der Regel zum Ende eines Geschäftsjahres. Sie hat die Form eines Kontos, auf deren **Aktivseite** das **Vermögen** und auf deren **Passivseite** das **Kapital** – die Mittel, durch die alle Vermögensteile finanziert wurden – ausgewiesen sind. Dabei müssen die Aktiv- sowie die Passivseite zur Erfüllung des **Bilanzgleichgewichts** stets die gleiche Summe ausweisen. Für Kapitalgesellschaften sieht das Handelsrecht (§ 266 HGB) eine als **Mindestgliederung** anzusehende Pflichtdifferenzierung für den Ausweis und die Reihenfolge der Bilanzposten vor, wobei für kleine Kapitalgesellschaften (vgl. Abbildung 7.3) eine gekürzte

Untergliederung möglich ist (Coenenberg u. a. 2012). Unter Einhaltung gebotener Klarheit und Übersichtlichkeit ist es aber möglich, differenzierter zu gliedern, zusätzliche Positionen einzufügen, Positionen unter bestimmten Voraussetzungen zusammenzufassen und Leerposten nicht anzuführen (Kück 1998).

Für andere Rechtsformen als Kapitalgesellschaften (z. B. eingetragene Vereine) finden sich im Handelsrecht weniger deutliche Vorschriften, wodurch diese bei der Gestaltung ihres Jahresabschlusses vor allem auf die Grundlagen ordnungsgemäßer Buchführung (GoB) verwiesen werden (ebd.). Eine Orientierung bietet hier das Gliederungsschema für kleine Kapitalgesellschaften. In Abbildung 7.15 werden die Grundzüge der diesbezüglichen Aktivposten einer Bilanz erläutert.

Ein wesentlicher Nachteil durch die Aktivseite einer Bilanz kann für Sozialunternehmen darin liegen, dass primär materielle Investitionen abgebildet sind, nicht aber selbst geschaffene Investitionen in Humanressourcen, z. B. Fort- und Weiterbildung, Organisationsentwicklung oder ein guter Mitarbeiterstamm (Schellberg 2007). Die zentralen Passivposten der Bilanz sind in Abbildung 7.16 veranschaulicht.

Insbesondere die Bildung von Rücklagen ist für frei-gemeinnützige Sozialunternehmen oftmals eine Herausforderung mit eng ausgelegten Grenzen. Im Gegensatz zu gewinnorientierten Kapitalgesellschaften dürfen beispielsweise keine Kapital- und Gewinnrücklagen gebildet werden. Grundsätzlich gilt der Zwang, dass alle Gelder, die in ein frei-gemeinnütziges Unternehmen fließen, zeitnah zu verwenden sind. Falls dies nicht gewährleistet ist, wird die Gemeinnützigkeit gefährdet und steuerliche Konsequenzen drohen. Folgende drei **Formen** der **Rücklagenbildung** sind möglich:

- **Betriebsmittelrücklagen/Allgemeine Rücklagen** für periodisch wiederkehrende Ausgaben (z. B. Löhne/Gehälter, Mieten, allgemeine Verwaltungskosten) in Höhe des Mittelbedarfs für eine angemessene Zeitperiode. Hinsichtlich der Bewertung eines angemessenen Zeitraums gibt es breite Beurteilungsspielräume zwischen den zuständigen Finanzbehörden der einzelnen Bundesländer. Beispielsweise gilt in Berlin und Sachsen ein Zeitraum von drei Monaten als angemessen. In Bayern und Baden-Württemberg hingegen ist die Bildung einer Betriebsmittelrücklage bis zur Höhe des entsprechenden Mittelbedarfs für zwölf Monate möglich (§ 58 Nr. 6 AO).
- **Zweckgebundene Rücklagen** zur Abdeckung künftiger Investitionen oder Zahlungsverpflichtungen. Dabei erscheint empfehlenswert, ein schriftliches Protokoll über den Beschluss des Vorstandes oder der Mitgliederversammlung bezüglich des Zwecks, der Rücklagenhöhe und der voraussichtlichen Dauer der Rücklagenbildung anzufertigen. Grundsätzlich sollte ein Zeitraum von bis zu fünf Jahren nicht überschritten werden. Ein entsprechender Vermerk sollte in die Jahresabschlüsse einfließen (§ 58 Nr. 6 AO).
- **Freie Rücklagen** bis zur Höhe eines Drittels der jährlichen Vermögenserträge sowie zusätzlich bis zu 10 Prozent der zeitnah zu verwendenden Mittel (Jahresüberschüsse) (§ 58 Nr. 7 a AO).

Aktivseite der Bilanz			
Nr.	**Position**	**Erläuterung / Beispiele**	**Ansatz / Bewertung**
A.	Anlagevermögen	Vermögensgegenstände, die dem Geschäftsbetrieb auf Dauer dienen.	Grundsätzlich gelten Vermögensgegenstände, die dem Unternehmen zuzurechnen sind, als bilanzierungsfähig; soweit kein Aktivierungsverbot oder -wahlrecht besteht, gilt für diese Vermögensgegenstände auch eine Bilanzierungspflicht. Ein Aktivierungsverbot gilt z.B. für selbst geschaffene immaterielle Vermögensgegenstände. Die Bewertung erfolgt im Grundsatz mit den Anschaffungskosten (Kaufpreis zzgl. Erwerbsnebenkosten) bzw. den Herstellungskosten (selbst erstellte Gegenstände), ggf. vermindert um die Höhe der zulässigen Abschreibung je Periode (fortgeführte Anschaffungs- oder Herstellungskosten). Wertminderungen sind entsprechend dem aus dem Vorsichts- und Imparitätsprinzip folgenden (strengen bzw. gemilderten) Niederstwertprinzip zu berücksichtigen.
A. I.	Immaterielle Vermögensgegenstände	Vermögensgegenstände, die keine physische Substanz haben, z.B. Konzessionen, EDV-Lizenzen und Patente.	
A. II.	Sachanlagen	Vermögensgegenstände mit physischer Substanz, die dauerhaft im Unternehmen verbleiben, z.B. Grundstücke, Immobilien, technische Anlagen, Maschinen und Fuhrpark.	
A. III.	Finanzanlagen	Vermögensgegenstände, die durch dauerhafte Kapitalüberlassung an andere Unternehmen entstanden sind, z.B. Beteiligungen, Wertpapiere des Anlagevermögens.	
B.	Umlaufvermögen	Vermögensgegenstände, die dem Geschäftsbetrieb nicht dauernd dienen, sondern in kürzerer Zeit weiterverarbeitet oder verkauft werden.	
B. I.	Vorräte	Roh-, Hilfs- und Betriebsstoffe sowie unfertige Erzeugnisse (Halbfabrikate) und fertige Erzeugnisse (Fertigprodukte), z.B. Lagerbestände im Einkauf (Schrauben) und im Verkauf (Wohlfahrtsmarken).	
B. II.	Forderungen und sonstige Vermögensgegenstände	Ansprüche gegenüber einem Schuldner, z.B. Krankenkassen, Pflegekassen, Sozialbehörden und Privatzahlern.	
B. III.	Wertpapiere	Anteile an verbundenen Unternehmen und sonstige Wertpapiere.	
B. IV.	Kasse, Guthaben bei Banken	Barkassen, Girokonten, kurzfristige Anlagen.	
C.	Rechnungsabgrenzungsposten	Dienen der periodengerechten Zuordnung von Aufwendungen für das neue Jahr, die bereits im abzuschließenden Geschäftsjahr bezahlt wurden, z.B. Mietvorauszahlungen oder Versicherungsprämien für das folgende Jahr.	

Abb. 7.15: Aktivposten der Bilanz
Quelle: Eigene Darstellung nach § 266 Abs. 2 HGB; Coenenberg u. a. 2012, 357 ff.; Schellberg 2002, 55

Passivseite der Bilanz			
Nr.	**Position**	**Erläuterung / Beispiele**	**Ansatz / Bewertung**
A.	Eigenkapital	Von den Eigentümern ohne zeitliche Begrenzung zur Verfügung gestellte Mittel, die durch Zuführung von außen zufließen oder im Laufe der Zeit erwirtschaftet werden, d.h. Anteile der Eigenmittel an der Gesamtfinanzierung.	Die Regeln für Ansatz und Bewertung sind nur indirekt anzuwenden, da sich das Eigenkapital in Form des Nettovermögens rechnerisch als Residuum zwischen Aktiva und dem Fremdkapital ergibt. Somit beeinflusst die Bewertung von Aktiva und Fremdkapital indirekt die Höhe des Eigenkapitals.
A. I.	Gezeichnetes Kapital	Stammkapital einer (g)GmbH, Grundkapital einer Stiftung, emittierte Aktien, usw.	
A. II.	Rücklagen	Rücklagen sind Bestandteile des Eigenkapitals (nicht ausgeschütteter Gewinn aus Vorjahren), die auf gesonderten Rücklagekonten und unter Beachtung bestimmter Regelungen (s. oben) ausgewiesen werden.	
A. III.	Jahresüberschuss / -fehlbetrag	Jahresüberschuss bzw. -fehlbetrag (ermittelt aus GuV).	
B.	Sonderposten für Investitionszuschüsse	Zuschüsse für Investitionen (z.B. Gebäude und Anlagen), die an eine bestimmte Betriebsdauer gebunden sind und jährlich anteilig als Eigenkapital vereinnahmt werden.	Grundsätzlich gelten Schulden, die dem Unternehmen zuzurechnen sind, als bilanzierungsfähig; soweit kein Passivierungsverbot bzw. -wahlrecht besteht, gilt auch eine Bilanzierungspflicht. Ein Passivierungsverbot gilt z.B. bzgl. der Bildung anderer als der im Gesetz genannten Rückstellungen.
C.	Rückstellungen	Verbindlichkeiten, die durch künftige Handlungen bedingt werden und bezüglich ihres Eintretens oder ihrer Höhe nicht völlig, aber hinreichend sicher sind; z.B. Rückstellungen für Pensionen, nicht genommener Urlaub, nicht abgebaute Mehrarbeitszeiten, Schadenersatzansprüche, künftige Steuerlasten.	
D.	Verbindlichkeiten	Verpflichtungen, die am Bilanzstichtag der Höhe und Fälligkeit nach feststehen, z.B. Schulden des Unternehmens gegenüber Lieferanten, Verbindlichkeiten aus Zuschüssen des Landes.	Die Bewertung von Schulden erfolgt im Grundsatz mit dem Erfüllungsbetrag. Bei Erhöhung des Erfüllungsbetrags ist das aus dem Vorsichts- und dem Imparitätsprinzip folgende Höchstwertprinzip zu berücksichtigen.
E.	Rechnungsabgrenzungsposten	Dienen zur periodengerechten Zuordnung von Erträgen des neuen Jahres, die bereits im abzuschließenden Geschäftsjahr gezahlt wurden, z.B. Mieteinnahmen für Januar und erhaltene Zuwendungen für mehrere Jahre.	

Abb. 7.16: Passivposten der Bilanz
Quelle: Eigene Darstellung nach § 266 Abs. 3 HGB; Coenenberg u. a. 2012, 357 ff.; Schellberg 2002, 58

Nr.	Gliederung mit Beispielen
1.	Umsatzerlöse (z.B. Erträge aus Beratungs-/Betreuungsleistungen, öffentliche Zuwendungen, Erträge aus der Auflösung von Sonderposten aus Investitionszuschüssen)
2.	Erhöhung (+) oder Verminderung (−) des Bestands an fertigen und unfertigen Erzeugnissen (z.B. kann eine Bestandserhöhung/Ertragserhöhung dann entstehen, wenn in einem Monat mehr produziert als verkauft wird. Eine Bestandsminderung/ Aufwandserhöhung tritt dann ein, wenn mehr verkauft als produziert wurde)
3.	Andere aktivierte Eigenleistungen (z.B. Gegenposition für selbst hergestellte und aktivierte Anlagegüter)
4.	Sonstige betriebliche Erträge (z.B. Spendenerträge, Zahlungseingänge auf als uneinbringlich ausgebuchte Forderungen)
5.	Materialaufwand (z.B. Aufwendungen für Roh-, Hilfs- und Betriebsstoffe und für bezogene Waren/Leistungen)
6.	**Rohertrag ((1. + 4.) − (5.))**
7.	Personalaufwand (z.B. Löhne und Gehälter, soziale Abgaben und Aufwendungen für Altersversorgung sowie Unterstützung)
8.	Abschreibungen (z.B. Abschreibungen auf immaterielle Vermögensgegenstände des Anlagevermögens und Sachanlagen)
9.	**Betriebsergebnis ((6.) − (7. + 8.))**
10.	Zinsen und ähnliche Erträge (z.B. Festgeldzinsen)
11.	Zinsen und ähnliche Aufwendungen (z.B. Bankkredite)
12.	**Finanzergebnis ((10.) − (11.))**
13.	**Ergebnis der gewöhnlichen Geschäftstätigkeit ((9.) + (12.))**
14.	Außerordentliche Erträge (z.B. Immobilienverkauf)
15.	Außerordentliche Aufwendungen (z.B. Abfindungen)
16.	**Außerordentliches Ergebnis ((14.) − (15.))**
17.	**Jahresüberschuss / Jahresfehlbetrag ((13.) + (16.))**
18.	Gewinn- (+) oder Verlustvortrag (−) aus Vorjahr
19.	Einstellung (−) oder Entnahme/Auflösung (+) aus Rücklagen
20.	**Bilanzgewinn/-verlust ((17.) +/− (18. −/+ 19.))**

Abb. 7.17: Exemplarische Gewinn- und Verlustrechnung (GuV) für Sozialunternehmen
Quelle: Eigene Darstellung nach § 275 Abs. 2 HGB; Schellberg 2007, 81

209

Darüber hinaus wird die Steuervergünstigung von frei-gemeinnützigen Sozial-unternehmen nicht dadurch gefährdet, wenn folgende Mittel dem **Vermögen zugeführt** werden (§ 58 Nr. 11 AO):

- Zuwendungen von Todes wegen, wenn der Erblasser keinen bestimmten Verwendungszweck festgelegt hat
- Sachzuwendungen, die ihrer Natur nach zum Vermögen gehören (z. B. Immobilien)
- Zuwendungen, die auf einen Spendenaufruf hin und ausdrücklich zum Zwecke der Vermögensbildung erfolgen.

Auch die **Gewinn- und Verlustrechnung (GuV)** ist Teil des Jahresabschlusses und muss gemäß § 242 Abs. 2 HGB von allen Kaufleuten aufgestellt werden. Sie stellt die Aufwendungen und Erträge eines Geschäftsjahres gegenüber und gibt Auskunft über die Zusammensetzung des Erfolgs in der Berichtsperiode. Aus diesem Grunde wird die GuV auch als **Unterkonto** des **Eigenkapitalkontos** bezeichnet. Die beiden Seiten des GuV-Kontos sind am Ende des Geschäftsjahres stets ausgeglichen. Die Differenz ist der **Jahresüberschuss** oder der **Jahresfehlbetrag**, der sich dann wiederum in der Bilanz wiederfindet.

In der Regel wird die GuV im **Gesamtkostenverfahren** (d. h. Abbildung der gesamten Erträge und Aufwendungen) und nicht in Form eines Kontos, sondern in **Staffelform** dargestellt. Für Kapitalgesellschaften schreibt § 275 HGB die Staffelform sogar bindend vor, ebenso wie die Pflegebuchführungsverordnung (PBV) für Pflegeeinrichtungen (Anlage 2 PBV). Der Vorteil dabei ist, dass sachlich zusammen-

Pflichtangaben	Interpretationsfunktion	Erläuterungen zu den einzelnen Positionen von Bilanz und GuV, z.B. bzgl. Abschreibungsprinzipien, Bewertungsansätzen.
	Korrekturfunktion	Ergänzende Informationen, die sich in Bilanz und GuV nicht niederschlagen, z.B. zu sonstigen finanziellen Verpflichtungen, Haftungsverhältnissen, Beteiligungsverhältnissen.
Wahlpflichtangaben	Entlastungsfunktion	Entlastung von Bilanz und GuV durch Wiedergabe des Anlagen- und Verbindlichkeitenspiegels.
Freiwillige Angaben	Ergänzungsfunktion	Über den gesetzlichen Umfang hinausgehende Angaben, die zusätzliche Informationen zum Jahresabschluss liefern sollen, z.B. Nachweise über die Verwendung erhaltener Zuschüsse.

Abb. 7.18: Inhalte und Funktionen des Anhangs
Quelle: Eigene Darstellung nach Coenenberg u. a. 2012, 472; Schellberg 2002, 69 f.

gehörige Aufwands- und Ertragsposten zu Zwischenergebnissen zusammengefasst werden können und dadurch ein getrennter Ausweis einzelner Ergebniskomponenten möglich wird. Die GuV lässt sich für Sozialunternehmen, auf Grundlage der Mindestgliederung für Kapitalgesellschaften (§ 275 Abs. 2 HGB), beispielhaft wie in Abbildung 7.17 (s. S. 209) strukturieren.

Der **Anhang** ist gleichwertiger Bestandteil des Jahresabschlusses und hat im Wesentlichen die Aufgabe der Informationsvermittlung an externe Adressaten. Zu diesem Zweck enthält er die in Abbildung 7.18 (s. S. 210) aufgezeigten Inhalte und Funktionen.

Der **Lagebericht** stellt ein eigenständiges Berichtsinstrument dar, durch welches die Informationsfunktion des Jahresabschlusses unterstützt werden soll. Dabei wird ein umfassenderes Bild der tatsächlichen Verhältnisse der wirtschaftlichen Lage des Unternehmens gezeichnet (§ 289 Abs. 1 HGB). Im Vordergrund stehen die wirtschaftliche Gesamtbeurteilung im Hinblick auf das vergangene Berichtsjahr, die aktuelle Situation sowie die Entwicklungsperspektive. Der Lagebericht ist bindend nur von mittleren und großen Kapitalgesellschaften zu erstellen.

7.6 Internes Kaufmännisches Rechnungswesen

7.6.1 Grundbegriffe und Methoden

Für das interne Rechnungswesen, auch **Betriebsbuchhaltung** oder **Kosten- und Leistungsrechnung** genannt, gibt es nur wenige gesetzliche Vorgaben und die Adressaten in Sozialunternehmen sind vor allem interne Verantwortliche, teilweise auch öffentliche Sozialleistungsträger. Folglich ist die Gestaltung zumeist nach den individuellen Bedürfnissen von Sozialunternehmen möglich. Allerdings sollte bei allen Freiräumen vermieden werden, dass das Zahlenwerk des internen Rechnungswesens zu einem unübersichtlichen Zahlenwirrwarr ausartet, da zu viele Detaillierungen nicht selten keinen zusätzlichen Erkenntnisgewinn bringen.

Die wesentlichen **Aufgaben** des internen Rechnungswesens bestehen in der regelmäßigen (meist monatlichen) Ermittlung von Ergebnissen für die sozialen Einrichtungen und Dienste, in der Kontrolle ihrer Wirtschaftlichkeit sowie in der Unterstützung von betrieblichen Entscheidungen. Darüber hinaus ist die zahlenmäßige Vorbereitung von Verhandlungen mit Kostenträgern (z. B. Entgeltverhandlungen), die zumeist in Form einer transparenten Darstellung der Kosten- und Leistungen erfolgt, ein zentraler Zuständigkeitsbereich.

Für den Fall, dass öffentliche Sozialleistungsträger in einzelnen Tätigkeitsbereichen von Sozialunternehmen eine Kostenrechnung verbindlich vorschreiben (ein prägendes Beispiel ist die Pflegebuchführungsverordnung – PBV), dient die Kostenrechnung auch zur Beurteilung der wirtschaftlichen Leistungsfähigkeit, zur Abgrenzung und Ermittlung der Kosten der jeweiligen Einrichtungszweige und zur Erstellung von Leistungsnachweisen.

Eine wesentliche Grundlage für das interne Rechnungswesen stellt die Einteilung von Kosten in unterschiedliche Kategorien dar. In Abbildung 7.19 wird hierzu differenziert aufgezeigt, was unter Einzel- und Gemeinkosten, primären und sekundären Kosten, fixen und variablen Kosten, sowie der Ist- und Plankostenrechnung zu verstehen ist.

Begriff	Fragestellung
Kosten	Wie bewerte ich den Verzehr von Gütern und Dienstleistungen, z.B. die jährlichen Abschreibungen für ein Transportfahrzeug?
Einzelkosten / Gemeinkosten	Kann ich die Kosten direkt einem Produkt oder Dienstleistung zurechnen (= Einzelkosten) oder nicht (= Gemeinkosten)?
Primäre Kosten / Sekundäre Kosten	Gibt es für die Kosten eine Rechnung von außen bzw. Verträge (= primäre Kosten) oder werden die Kosten innerbetrieblich verrechnet (= sekundäre Kosten)?
Fixe Kosten / Variable Kosten	Verändern sich die Kosten mit der Anzahl erbrachter Leistungen (= variable Kosten) oder bleiben die Kosten konstant, unabhängig von der Menge der Leistungen (= fixe Kosten)? So ist die Miete für ein Gebäude fix und die Kosten für Lebensmittel sind variabel.
Ist- / Plankostenrechnung	Beziehen sich die Kosten auf die geplanten Größen oder handelt es sich um tatsächlich entstandene Größen?

Abb. 7.19: Ausgewählte Kostenbegriffe
Quelle: Eigene Darstellung

Voll- und Teilkostenrechnungssysteme

Erfolgt eine Unterscheidung zwischen fixen und variablen Kosten im internen Rechnungswesen, so ermöglicht dies, eine **Teilkostenrechnung** durchzuführen. Dabei werden den einzelnen Leistungen gezielt nur die variablen Kosten zugeordnet und ein so genannter **Deckungsbeitrag** ermittelt. Das nachfolgende Beispiel einer Pflegeeinrichtung verdeutlicht dies:

	Pflegestufe 1	Pflegestufe 2	Pflegestufe 3	Gesamt
Erlöse	100.000	200.000	300.000	600.000
– variable Kosten	50.000	100.000	160.000	310.000
= Deckungsbeitrag	50.000	100.000	140.000	290.000
– Fixkosten				270.000
= Ergebnis				20.000

Abb. 7.20: Ermittlung des Deckungsbeitrags
Quelle: Eigene Darstellung

Der in der Abbildung exemplarisch ermittelte Deckungsbeitrag in Höhe von
290 000 Euro kann dann zur Deckung der fixen Kosten (auch Bereitschaftskosten
oder »eh da Kosten« genannt) und zur Gewinnerzielung verwendet werden. Die
Vollkostenrechnung würde in dem entsprechenden Beispiel wie folgt aussehen:

	Pflegestufe 1	Pflegestufe 2	Pflegestufe 3	Gesamt
Erlöse	100.000	200.000	300.000	600.000
– variable Kosten	50.000	100.000	160.000	310.000
– Fixkosten	45.000	90.000	135.000	270.000
= Ergebnis	5.000	10.000	5.000	**20.000**

Abb. 7.21: Vollkostenrechnung
Quelle: Eigene Darstellung

Insbesondere für kurzfristige Entscheidungen bietet die Deckungsbeitragsrechnung
eine geeignete Grundlage. So kann es für eine stationäre Pflegeeinrichtung mit
eigener Küche sinnvoll sein, zusätzliche Mittagessen für einen benachbarten
Kindergarten zu einem Preis von beispielsweise 4 Euro anzubieten, wenn die
variablen Kosten (insbesondere für Lebensmittel) 2,50 Euro pro Essen betragen.
Dies begründet sich durch den hierdurch erwirtschafteten Deckungsbeitrag in
Höhe von 1,50 Euro pro Essen, der zur Abdeckung der Fixkosten verwendet
werden kann. Allerdings setzt solch eine Herangehensweise voraus, dass die
vorhandenen Personalkapazitäten in der Küche ausreichen, um die zusätzlichen
Essen herzustellen. Trifft dies zu, dann kann sich die wirtschaftliche Situation
beispielhaft wie folgt verbessern:

	vorher	nachher	Veränderung
Erlöse ohne Zusatzessen	100.000	100.000	0
Erlöse für 10.000 Zusatzessen	0	40.000	+ 40.000
Kosten ohne Zusatzessen	100.000	100.000	0
Kosten für Zusatzessen	0	25.000	+ 25.000
Ergebnis	0	15.000	+ 15.000

Abb. 7.22: Vorher-Nachher-Veränderung
Quelle: Eigene Darstellung

Dadurch, dass die Fixkosten in der vorherigen Situation bereits vollständig abgedeckt waren und folglich ein ausgeglichenes Ergebnis vorlag, konnten die zusätzlichen Deckungsbeiträge in Höhe von 15 000 Euro (10 000 Essen × 1,50 Euro) zur
Ergebnisverbesserung verwendet werden.

Allgemein betrachtet stellt die Teilkostenrechnung (Deckungsbeitragsrechnung)
eine sinnvolle Ergänzung zur Vollkostenrechnung dar, wobei folgende Einschränkungen zu beachten sind:

- die Teilkostenrechnung ist nur so gut, wie es gelingt, jede einzelne Kostenposition exakt in fixe und variable Bestandteile aufzuspalten und im Kostenrechnungssystem festzuhalten. Hier können in der Praxis Schwierigkeiten auftreten, z.B. bei Stromkosten mit Grundgebühren (fix) und kilowattabhängigen Kosten (variabel)
- die Teilkostenrechnung bringt einen Mehraufwand für die Verwaltung mit sich
- die Teilkostenrechnung ist nur für kurzfristige Entscheidungen geeignet, d.h. langfristig sollten auch die anteiligen Fixkosten durch den Preis abgedeckt werden
- werden die Preise pro Essen im obigen Beispiel auf 3 Euro und somit unter die Vollkosten gesenkt, wird es zukünftig evtl. schwer durchsetzbar sein, das Preisniveau wieder zu erhöhen.

Innerbetriebliche Leistungen

Werden Leistungen betriebsintern angeboten, erscheint es sinnig, diese auch mit den damit verbundenen Kosten weiter zu belasten, also intern zu verrechnen. Leistungen mit einem eindeutigen Bezug können direkt auf die jeweilige Kostenstelle verrechnet werden, z.B. Mitarbeiter, die zeitweise in nur einer bestimmten Kostenstelle betriebsintern beschäftigt werden. Gemeinkosten ohne direkten Bezug zu einer Kostenstelle sind dagegen umzulegen. Das folgende Beispiel eines Sozialunternehmens mit unterschiedlichen Einrichtungen zeigt auf, wie eine Verrechnung für die Hilfskostenstelle »Küche« erfolgen kann:

	Frühstück	Mittagessen	Abendessen
Gewichtung	0,2	0,5	0,3
Essen Jugendhilfeeinrichtung	5.600	11.300	3.800
Essen Behinderteneinrichtung	6.570	6.570	6.570
Essen Altenhilfeeinrichtung	16.000	18.000	15.500
Summe	**28.170**	**35.870**	**25.870**

Abb. 7.23: Innerbetriebliche Verrechnung von Essenskosten
Quelle: Eigene Darstellung

Die Gesamtkosten für die Speisenversorgung betragen 300 000 Euro pro Jahr. Wird die aus der Abbildung 7.23 ersichtliche Gesamtanzahl an Leistungen pro Jahr mit den jeweiligen Gewichtungen für die einzelnen Essensarten multipliziert (0,2 × 28 170 + 0,5 × 35 870 + 0,3 × 25 870 = 31 330), lassen sich die Kosten für einen Beköstigungstag wie folgt berechnen: 300 000 Euro ÷ 31 330 = 9,58 Euro pro Tag (gerundet). Auf das Frühstück entfallen davon 1,92 Euro pro Tag (20 Prozent), auf das Mittagessen 4,79 Euro pro Tag (50 Prozent) und auf das Abendessen 2,87 Euro pro Tag (30 Prozent).

In einem weiteren Schritt lassen sich die erbrachten Leistungen entsprechend der Inanspruchnahme auf die verschiedenen Einrichtungen des Sozialunternehmens verrechnen. Beispielsweise betragen die Jahreskosten für die Jugendhilfeeinrich-

tung 10 752 Euro für das Frühstück (5600 × 1,92 Euro pro Tag), 54 127 Euro für
das Mittagessen (11 300 × 4,79 Euro pro Tag) und 10 906 Euro für das Abendessen
(3800 × 2,87 Euro pro Tag). Die verrechnete Gesamtbelastung für die Jugend-
hilfeeinrichtung beläuft sich auf 75 785 Euro.

Die internen Leistungen eines Unternehmens mit unterschiedlichen Einrich-
tungsbereichen und einer gemeinsamen Küche können mit einem Verrechnungs-
beleg auf die Empfänger der einzelnen Leistungen verrechnet werden. Weiterhin
kann die **innerbetriebliche Leistungsverrechnung** auch dazu genutzt werden, die
eigenen Preise mit den Angeboten von externen Anbietern (z. B. Caterer) zu
vergleichen. Allerdings sollte dies nicht zwangsläufig dazu führen, dass leichtfertig
ein externer Anbieter verpflichtet wird, weil dessen Preise unterhalb den eigenen
Kosten liegen. Zusätzlich ist vielmehr zu berücksichtigen, dass neben den externen
Kosten für eine Fremdvergabe (Outsourcing) verbleibende Fixkosten ein Unternehmen zusätzlich belasten können. Solche verbleibenden Fixkosten sind zu den
(externen) Preisen hinzurechnen. Zudem sind neben dem Preisvergleich auch
Qualitäts- und Beschäftigungsaspekte zu berücksichtigen.

7.6.2 Teilgebiete der Kostenrechnung

Die verschiedenen Gebiete der Kostenrechnung lassen sich mit entsprechenden
Fragestellungen verbinden:

- **Kostenartenrechnung:** Welche Kosten sind angefallen?
- **Kostenstellenrechnung:** Wo sind die Kosten angefallen?
- **Kostenträgerrechnung:** Wofür sind die Kosten angefallen?

Diese Fragestellungen können im Zusammenhang mit dem Aufbau der Kostenrechnung wie folgt dargestellt werden:

Aufbau der Kostenrechnung			
Fragestellung	Welche Kosten sind angefallen?	Wo sind die Kosten angefallen?	Wofür sind die Kosten angefallen?
Bereiche	Kostenartenrechnung	Kostenstellenrechnung	Kostenträgerrechnung
Inhalte	Einzelne Kostenarten, z.B. Personalkosten	Einzelne Kostenstellen, z.B. Pflegestation 1	Einzelne Kostenträger, z.B. Pflegestufe 1
Aufgaben	Ergebnisermittlung, Kostenstruktur	Kostenkontrolle, innerbetriebliche Leistungsverrechnung	Kalkulation, Erfolgsrechnung für die einzelnen Leistungen

Abb. 7.24: Aufbau der Kostenrechnung
Quelle: Eigene Darstellung

Kostenartenrechnung

Die **Kostenartenrechnung** basiert auf den Buchungen im externen Rechnungswesen und ergänzt bzw. eliminiert diejenigen Buchungen, die außerhalb des Betriebsgeschehens liegen, z. B. Erbschaften oder die (fiktive, kalkulatorische) Miete für ein eigenes Gebäude. Abbildung 7.25 gibt einen Überblick.

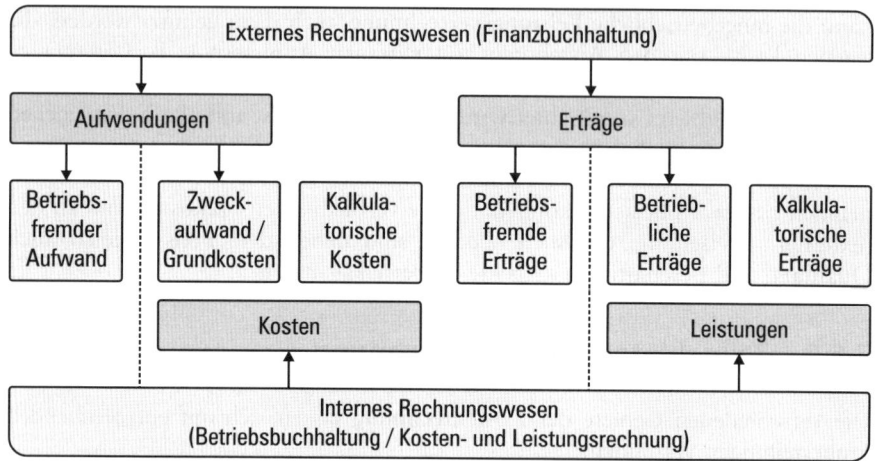

Abb. 7.25: Kosten und Leistungen im internen Rechnungswesen
Quelle: Eigene Darstellung

Durch die Kostenartenrechnung lassen sich z. B. monatlich die Betriebsergebnisse durch eine Gegenüberstellung von Kosten und Leistungen ermitteln oder die Kostenstrukturen (u. a. Verhältnis der Personalkosten zu den gesamten Kosten) darstellen. Weiterhin können die geplanten Kosten mit den tatsächlichen Kosten verglichen und mögliche Abweichungen analysiert werden.

Kostenstellenrechnung

Kostenstellen können nach verschiedenen Kriterien gebildet werden, beispielsweise nach

- örtlich abgegrenzten Bereichen (z. B. unterschiedliche Standorte der sozialen Einrichtungen und Dienste)
- Arbeitsfeldern (z. B. Familienhilfe, Behindertenhilfe, Kinderhilfe)
- Verantwortlichkeiten (z. B. verantwortliche Kostenstellenleitungen), sowie
- Abrechnungsaspekten (z. B. Kostenstelle für Zusatzleistungen).

In den **Kostenstellenplänen** von Sozialunternehmen sind die verschiedenen Kostenstellen mit einem **Nummernsystem** verbunden. Sämtliche buchhalterische Vorgänge können somit den betroffenen Kostenstellen zugeordnet werden. Teilweise kann die Zuordnung klar erfolgen, beispielsweise dann, wenn ein Mitarbeiter fest einer bestimmten Kostenstelle zugeordnet ist und sein Gehalt entsprechend verbucht werden kann. In anderen Fällen gibt es keine direkte Zuordnung zu nur einer Kostenstelle, wie zum Beispiel bei den Heizkosten für ein Verwaltungsgebäude oder den Personalausgaben für die Verwaltung. Hier spricht man von Gemeinkosten, die auf Basis von **verursachungsgerechten Umlageschlüsseln** auf die einzelnen Kostenstellen (z. B. für die bestehenden Einrichtungen und Dienste) verteilt werden müssen. Die folgende Abbildung zeigt exemplarisch auf, nach welchen Schlüsseln Kosten umgelegt werden können:

Kostenart	Mögliche Umlageschlüssel
Gebäudeabschreibung	Nach qm Fläche oder Kubikmeter umbauter Raum
Leitung, Verwaltung	Dauer der Vorgänge, Beschäftigte, Vollkräfte, Bettenzahl, Belegungstage
Hausmeister	Materialverbrauch, Anzahl Stunden (Arbeitszettel)
Energie	Fläche in qm, Zählerangaben
Strom, Wasser	Zählerangaben, verursachungsgerechte Schätzung

Abb. 7.26: Verursachungsgerechte Umlageschlüssel
Quelle: Eigene Darstellung

Mit der Zuordnung der Kostenarten zu den Kostenstellen besteht letztendlich die Möglichkeit, Kosten und Leistungen verursachungsgerecht zuzuordnen, eine Kontrolle für die einzelnen Kostenstellen sicherzustellen sowie mögliche Abweichungen zu analysieren und zu diskutieren.

Kostenträgerrechnung

Mit der Fragestellung: »Wofür sind die Kosten angefallen?«, erfolgt die Zuordnung zu den Kostenträgern. Hierbei sind unterschiedliche Strukturen möglich, was am Beispiel einer stationären Pflegeeinrichtung aufgezeigt werden soll. Die Einrichtung verfügt über nachfolgend aufgelistete **Kostenträger:**

- SGB XI Leistungen (nach Pflegeklassen)
- Unterkunft/Verpflegung
- Investitionskosten
- Zusatzleistungen
- SGB V Leistungen
- Sonstige Leistungen.

Im Beispiel ist die Struktur der Kostenträger durch die Finanzierungsquellen geprägt. Werden die Kosten den einzelnen Kostenträgern zugeordnet, ermöglicht die sich daran anschliessende Gegenüberstellung von Kosten und Erlösen Aussagen zum Erfolg der einzelnen Kostenträger. Zudem wird erkennbar, welchen Beitrag die einzelnen Kostenträger (Dienstleistungen) zum Gesamterfolg leisten.

Der Nutzen der Kostenträgerrechnung liegt darüber hinaus in der Möglichkeit, die Kosten einer Dienstleistung zu kalkulieren. In der einfachsten Form der Kalkulation werden die Kosten auf Basis einer Bezugsgröße berechnet. Beispielsweise lässt sich aus den Gesamtkosten einer stationären Pflegeeinrichtung in Höhe von 846 200 Euro und 11 283 Pflegetagen, ein Tagespflegesatz von 74,73 Euro kalkulieren.

Die Nachteile dieser **Divisionskalkulation** liegen auf der Hand: Es mangelt an einer Gewichtung der Kosten, um im ausgewählten Beispiel die Unterschiede beim Pflegeaufwand in den verschiedenen Pflegestufen zu berücksichtigen. Hierzu eignet sich die so genannte **Äquivalenzziffernrechnung**. Abbildung 7.27 veranschaulicht diese Kalkulationsform am Beispiel der Verteilung des Pflegeaufwandes auf drei Pflegestufen mit Hilfe von Personalschlüsseln:

▶ **Kosten des Pflegedienstes = 1.756.832**

Personalschlüssel	Stufe 1 = 1 : 3,0	Stufe 2 = 1 : 2,2	Stufe 3 = 1 : 1,9
Kalkulierte Plätze	Stufe 1 = 43	Stufe 2 — 11	Stufe 3 = 24

▶ **Fragestellung:** Wie werden die Kosten auf die einzelnen Pflegestufen verteilt, wenn die Personalschlüssel bei der Verteilung mit berücksichtigt werden?

▶ Berechnet man das notwendige / refinanzierte Personal, ergeben sich die entsprechenden Vollkräfte:

Stufe 1	= 14,33 Vollkräfte	(43 ÷ 3,0)
Stufe 2	= 20,00 Vollkräfte	(44 ÷ 2,2)
Stufe 3	= 12,63 Vollkräfte	(24 ÷ 1,9)
Gesamt	= **46,96 Vollkräfte**	pro Vollkraft also 37.411,24 (1.756.832 ÷ 46,96)

▶ Damit verteilt sich der Pflegeaufwand auf die verschiedenen Pflegestufen wie folgt:

Stufe 1	= 536.103,07	(14,33 * 37.411,24)
Stufe 2	= 748.224,80	(20,00 * 37.411,24)
Stufe 3	= 472.503,96	(12,63 * 37.411,24)
Gesamt	= **1.756.831**	(gerundet)

Abb. 7.27: Exemplarische Äquivalenzziffernrechnung
Quelle: Eigene Darstellung

Als weitere Methode zur Preiskalkulation kann für soziale Dienste und Einrichtungen auch die sogenannte **Zuschlagskalkulation** in Betracht kommen. Die nachfolgende Abbildung zeigt am Beispiel eines »Beköstigungstages« auf, wie sich die Methode anwenden lässt.

Kommt zu diesen Kosten noch ein Aufwand für den Vertrieb und ein Gewinnaufschlagssatz hinzu, kann mit der Methode der Zuschlagskalkulation ein Angebotspreis kalkuliert werden. Die Aufschläge (Zuschlagssätze) sind dabei in einer gesonderten Kalkulation im Rahmen der Kostenstellenrechnung zu ermitteln.

- Kosten Lebensmittel (Materialaufwand) pro Beköstigungstag............... = 3,50
- Aufschlag für Materialgemeinkosten
  (Einkauf, Lager), z.B. 10 % der Lebensmittelkosten......................... = 0,35
- Kosten für die Essensfertigung / Personalkosten .... = 3,50
- Aufschlag für Gemeinkosten der Essensfertigung
  (Geräteabschreibungen etc.) z.B. 50 %..................................... = 1,75

Zwischensumme (Herstellkosten)... **= 9,10**

- Aufschlag Verwaltungskosten 10 % der Zwischensumme (Herstellkosten) = 0,91

Gesamtkosten pro Beköstigungstag .... **= 10,01**

Abb. 7.28: Exemplarische Zuschlagskalkulation
Quelle: Eigene Darstellung

7.6.3 Kostenmanagement

Kernanliegen des Kostenmanagements in Sozialunternehmen ist es, die Wirtschaftlichkeit systematisch zu optimieren. Hierzu können beispielsweise die allgemeine Reduzierung des Kostenniveaus, eine Steigerung des Kostenbewusstseins bei allen Mitarbeitern, eine geringere Anfälligkeit im Falle von Schwankungen bei der Inanspruchnahme der sozialen Dienste und Einrichtungen sowie eine Vermeidung von Folgekosten beitragen (Schellberg 2007). Die dabei zur Verfügung stehenden Instrumente greifen, ähnlich wie das (operative) Controlling (vgl. Kapitel 8), üblicherweise Fragestellungen auf, die mit den Zahlen der Kostenrechnung eines Sozialunternehmens verbunden werden. Prägende Instrumente des Kostenmanagements sind u. a.

- systematisches Benchmarking
- die Prozessanalyse
- veränderte Organisationsformen sowie
- die Break-Even-Analyse (ebd.).

Nachfolgend wird exemplarisch für die **Break-Even-Analyse** und am Beispiel einer Pflegeeinrichtung mit 69 Betten aufgezeigt, wie Erkenntnisse aus der Kostenrechnung im Kostenmanagement von Sozialunternehmen angewandt werden können. Die Auslastung dieser Einrichtung im Mehrjahresvergleich wird in der Abbildung 7.29 aufgezeigt.
   Die Fragen zur Wirtschaftlichkeit können lauten:

- Welche Auslastung wird unter Wirtschaftlichkeitsaspekten angestrebt?
- Welche Auslastung ist erforderlich, um ein ausgeglichenes oder positives Ergebnis zu erreichen?
- Wie verbessert eine höhere Auslastung das wirtschaftliche Ergebnis?

	2008	2009	2010
Berechnungstage	23.463	24.130	23.201
Kapazität (69 Betten * 365 Tage)	25.185	25.185	25.185
Auslastung	93,16 %	95,81 %	92,12 %

Abb. 7.29: Auslastung einer stationären Altenhilfeeinrichtung im Mehrjahresvergleich
Quelle: Eigene Darstellung

Die Beantwortung der ersten Frage ist von den regionalen Marktmöglichkeiten und der Wettbewerbssituation abhängig. So kann das Ziel einer Auslastung von 95 Prozent erreichbar sein oder auch das Optimum von 100 Prozent. Die zweite Frage kann mit der Break-Even-Analyse beantwortet werden. Hier wird zunächst derjenige Auslastungsgrad gesucht, ab dem die Einrichtung die Gewinnzone erreicht. Dazu werden die Erlöse den fixen und variablen Kosten gegenübergestellt und die entsprechende Abhängigkeit vom Auslastungsgrad berücksichtigt. Die nachfolgende Abbildung zeigt dies beispielhaft auf:

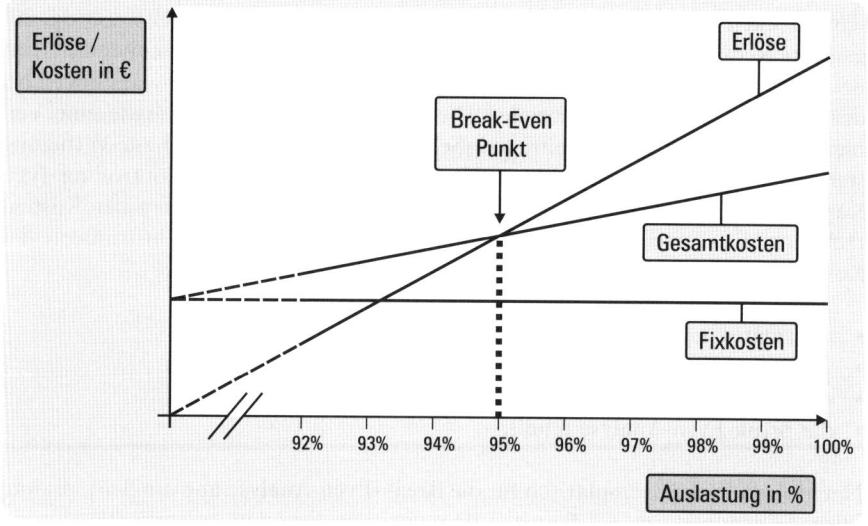

Abb. 7.30: Break-Even-Analyse
Quelle: Eigene Darstellung

Aus der Abbildung ist ersichtlich, dass es der Einrichtung ab einer Auslastung von 95 Prozent gelingt, von der Verlustzone in den Gewinnbereich zu gelangen. Gezielte Maßnahmen, die im Beispiel zur Erreichung der Gewinnzone beitragen könnten, sind u. a. eine Verkürzung der Renovierungsdauer bei Auszug eines Bewohners, die Aktualisierung der Vormerklisten oder die dauerhafte Netzwerkpflege zu umliegenden Krankenhäusern.

Die Frage, inwiefern sich eine verbesserte Auslastung auf das Ergebnis der Einrichtung auswirkt, lässt sich beantworten, indem den zusätzlichen Erlösen durch die Auslastungssteigerung die zusätzlichen Kosten gegenübergestellt werden. Kann beispielsweise, bei einer Kapazität von 25 185 Tagen pro Jahr, eine dreiprozentige Auslastungssteigerung von 92,12 Prozent (23 201 Tage) auf 95,12 Prozent realisiert werden, so lassen sich die Erlöse um ca. 755 Tageseinheiten steigern. Nimmt man einen durchschnittlichen täglichen Erlös von 80 Euro an (Entgelte für pflegebedingten Aufwand, Unterkunft und Verpflegung sowie Investitionskosten), könnten folglich 60 400 Euro generiert werden. Betragen die variablen Kosten 60 Prozent der Erlöse (= 36 240 Euro), so ergeben sich Deckungsbeiträge von 24 160 Euro, die ein entsprechend verbessertes Betriebsergebnis bewirken.

Das obige Beispiel zeigt, dass es sich bei dem Auslastungsgrad um eine Schlüsselkennzahl im Kostenmanagement von Sozialunternehmen handelt, deren Wirkungen und Beeinflussungsmöglichkeiten mit den Kenntnissen des internen Rechnungswesens transparent gemacht werden können.

7.7 Zwischenfazit

Der zunehmende Wettbewerbsdruck sowie der Ruf nach mehr Wirtschaftlichkeit haben zur Folge, dass die Bedeutung des Rechnungswesens in Sozialunternehmen steigt. Dies gilt sowohl für das externe als auch das interne Rechnungswesen. Im Rahmen des externen Rechnungswesens sind Sozialunternehmen dabei je nach Rechtsform dazu verpflichtet ein kameralistisches, einfaches bzw. ein kaufmännisches Rechnungswesen einzurichten. In der Praxis entscheiden sich aber zunehmend auch Betriebe, die nicht aufgrund gesetzlicher Vorschriften dazu verpflichtet sind, zur Einführung einer kaufmännischen Buchführung, da diese eine Reihe von Vorteilen gegenüber der einfachen bzw. der kameralistischen Buchführung aufweist. Insbesondere eröffnet das kaufmännische Rechnungswesen im Hinblick auf das Streben nach mehr Wirtschaftlichkeit eine Reihe von Möglichkeiten, die im vorliegenden Kapitel aufgezeigt wurden.

Literaturverzeichnis

Bachert, Robert: Buchführung und Bilanzierung. Weinheim, München: Juventa Verlag, 2005.
Bea, Xaver Franz, Friedl, Birgit; Schweizer, Marcell: Allgemeine Betriebswirtschaftslehre. Band 1: Grundfragen. 9., überarbeitete Auflage. Stuttgart: Lucius & Lucius Verlag, 2004.
Busse, Jan Simon: Rechnungslegung spendensammelnder Organisationen in Deutschland. Göttingen: Cuvillier Verlag, 2010.
Coenenberg, Adol G.; Haller, Axel; Mattner, Gerhard; Schultze, Wolfgang: Einführung in das Rechnungswesen. Grundzüge der Buchführung und Bilanzierung. 4. Auflage. Stuttgart: Schäffer-Poeschel Verlag, 2012.

Decker, Franz; Decker, Albert: Management in Gesundheits- und Sozialbetrieben. Betriebs-wirtschaftliche Grundlagen für Führungskräfte und Nachwuchs. Baden-Baden: Nomos Verlagsgesellschaft, 2008.

Eschenbach, Rolf; Horak, Christian; Furtmüller, Stefan: Rechnungswesen und Controlling in NPOs, in: Badelt, Christoph, Meyer, Michael, Simsa, Ruth: Handbuch der Nonprofit Organisation. 4., überarbeitete Auflage. Stuttgart: Schäffer-Poeschel Verlag, 2007.

Eschenbach, Rolf; Horak, Christian: Führung der Nonprofit Organisation. 2. Auflage. Stuttgart: Schäffer-Poeschel Verlag, 2003.

Furtmüller: Rechnungswesen und Controlling in NPOs, in Badelt, Christoph, Meyer, Michael, Simsa, Ruth: Handbuch der Nonprofit Organisation. 4., überarbeitete Auflage. Stuttgart: Schäffer-Poeschel Verlag, 2007.

Heister, Werner: Rechnungswesen in Nonprofit-Organisationen. Stuttgart: Schäffer-Poeschel Verlag, 2008.

Kaspers, Uwe: Betriebswirtschaft für Sozialarbeiter und Sozialpädagogen. Regensburg: Walhalla Verlag, 2000

Kück, Marlene (Hrsg.): Allgemeine Betriebswirtschaftslehre – Grundlagen. 3. Auflage. Berlin: Verlag Arno Spitz, 1998.

Pracht, Arnold: Betriebswirtschaftlehre für das Sozialwesen. Eine Einführung in betriebs-wirtschaftliches Denken im Sozial- und Gesundheitsbereich. Weinheim, München: Juventa Verlag, 2002.

Schaufelbühl, Karl; Hugentobler, Walter; Blattner, Matthias (Hrsg.): Betriebswirtschaftslehre für Bachelor. Züroch: Orell Füssli Verlag, 2007.

Schellberg, Klaus: Betriebswirtschaftslehre für Sozialunternehmen. 2., überarbeitete Auflage. Augsburg: Ziel-Verlag, 2007.

Schellberg, Klaus: Kostenmanagement in Sozialunternehmen. Augsburg: Ziel-Verlag, 2002.

Zimmermann, Werner; Fries, Hans-Peter; Hoch, Gero: Betriebliches Rechnungswesen. 8., überarbeitete und erweiterte Fassung. München: Oldenbourg Verlag, 2003.

8 Controlling

Arnold Pracht

8.1 Grundlagen

Mit zunehmendem Spardruck auf die Träger der Sozialen Arbeit gewinnt die Controllingfunktion an Bedeutung. Die Frage, was Controlling ist und für Sozialunternehmen sein kann sowie auf welchen historischen Wurzeln Controlling basiert, soll im Rahmen eines einführenden Abschnittes aufgezeigt werden. Darüber hinaus stehen in diesem Rahmen Überlegungen an, das Controlling in einen strategischen und operativen Teil zu gliedern.

Die folgenden Abschnitte beschäftigen sich dann spezifisch mit dem Aufgaben- und Funktionsspektrum des strategischen Controllings. Dabei wird auf die zentralen Bausteine des strategischen Controllings eingegangen und den Ansätzen der strategischen Kontrolle sowie des strategischen Frühwarnsystems eine besondere Aufmerksamkeit geschenkt. Darauf basierend werden prägende Instrumente und Methoden des strategischen Controllings (SOFT-Analyse, Strategische Bilanz und Produkt-Markt-Portfolio-Analyse) aufgezeigt und diskutiert.

Daran schließt sich ein Unterkapitel zum operativen Controlling an. Hier stehen, noch stärker als beim strategischen Controlling, einzelne Instrumente/Methoden im Vordergrund. In Anbetracht der Höhe der Gemeinkosten in zahlreichen Sozialunternehmen konzentrieren sich die Ausführungen vor allem auf Ansätze zur Optimierung des sogenannten indirekten Bereichs. Zunächst wird das Verfahren der Budgetierung in einem traditionellen Sinne erläutert. Anschließend stehen zwei neuere, aber auch potenziell aufwändigere Verfahren im Fokus: Zero-Base-Budgeting, welches auf die Ausschöpfung von Leistungsreserven bei gegebenem Ressourcenverbrauch abzielt, sowie die Gemeinkostenwertanalyse, die auf eine Reduktion von Gemeinkosten ausgerichtet ist. Ferner kommt mit dem Cafeteria-Prinzip ein eher auf das Unternehmenskonstrukt abzielendes Verfahren zur Anwendung. Im nächsten Schritt wird die Bildung von geeigneten Kennzahlen durchleuchtet.

Der abschließende Abschnitt thematisiert eine traditionelle Schwachstelle des Controllings, die Verbindung zwischen strategischer und operativer Sichtweise. Hierzu wurden in den letzten Jahren Instrumente entwickelt, die als Performance-Measurement-Systeme bezeichnet werden. Durch das prominenteste hierbei, die Balanced-Scorecard, sollen langfristige und wenig konkret gefasste Richtungsentscheidungen eher als bisher in die Bahnen ihrer konkreten Realisierung gebracht werden. Mit diesen Überlegungen schließt das vorliegende Kapitel den Kreis zwischen strategischem und operativem Controlling.

8.2 Geschichtlicher Abriss, Definitionsansätze und Reichweite

Controlling kann mit als die älteste betriebswirtschaftliche Funktion schlechthin gelten. Mit der Bezeichnung »Countroller« wurde eine entsprechende Stelle im englischen Königshof des 15. Jahrhunderts eingerichtet. Galt es doch, hiermit den rechtmäßigen Einsatz, aber auch die Wirkung staatlicher Mittel in den Provinzen zu kontrollieren bzw. zu untersuchen (Jackson 1950). Zur Überwachung der Staatshaushalte wurden in den USA, unmittelbar nach ihrer Unabhängigkeit, sogenannte »Comptroller«-Stellen eingerichtet. Diese Controllingauffassung war im Grunde ähnlich der Funktion, wie sie beispielsweise von Nikolai Gogol in seiner im alten Russland handelnden Komödie »Der Revisor« beschrieben wurde. Im Ergebnis handelte es sich also in allen überlieferten Varianten um einen sehr revisionsnahen Controllingbegriff. Demgegenüber erlaubt das englische Verb »to control« übersetzt ins Deutsche einen Bedeutungsspielraum von »to check« (kontrollieren) bis hin zu »to manage« (führen, organisieren) (Rathe 1963). Nach einhelliger Auffassung wird dieses Verb aber meist im Sinne von »regeln« oder »steuern« verwendet.

Die inter- und intrakulturelle babylonische Sprachverwirrung in Bezug auf den Controllingbegriff spiegelt sich auch im **Controllingverständnis** unterschiedlicher Vertreter von Wissenschaft und Praxis wider:

- Von sehr einfachen, werkzeugorientierten Betrachtungsweisen (Controlling als Soll-Ist-Vergleich) (Rathe 1963) bis hin zu sehr komplexen, systemorientierten Vorstellungen (Controlling als ein aufeinander abgestimmtes System von Zielen, Maßnahmen, Prinzipien, Methoden und Techniken, um erfolgszielorientiertes Steuern und Kontrollieren zu ermöglichen) (Krüger 1979)
- Von sehr bildhaften Auffassungen (»Controlling als Navigation zu wirtschaftlichen Zielen mit Fahrplan und Planverfolgung, als Steuerung, als Ortsbestimmung [...]«) (Deyle 1986, VII) bis hin zu sehr abstrakten Betrachtungsweisen (»Subsystem der Führung, das Planung und Kontrolle sowie Informationsversorgung systembildend und systemkoppelnd koordiniert und auf diese Weise die Adaption und Koordination des Gesamtsystems unterstützt [...]«) (Horvath 2009, 125)
- Von sehr umfassenden Vorstellungen, wie einer Anlehnung am Managementbegriff schlechthin (beispielsweise im vorhergehenden Punkt genannt) bis hin zu sehr eingeschränkten Auffassungen (Controlling als Zusammenfassung des herkömmlichen Rechnungswesens mit den analytischen Abteilungen) (Dworak 1973).

Blickt man auf die geschichtliche Entwicklung in Deutschland, so ist zu konstatieren, dass es bis vor dem zweiten Weltkrieg so gut wie kein Controlling gab. Ausschließlich bei US-amerikanischen Tochterfirmen wurden mehr und mehr Controllerstellen eingerichtet. Ein Aufschwung trat dann seit den 70-er Jahren des letzten Jahrhunderts ein. Die Akzente verschoben sich seitdem von einer stark auf das Rechnungswesen bezogenen Sichtweise, über die Themen Berichtswesen und Budgetierung bis hin zur Einbeziehung in die strategische Planung sowie Mitgestaltung bei wesentlichen Unternehmenszielen.

Aktuell unterscheidet sich das Controllingverständnis im deutschsprachigen Raum vom US-amerikanischen immer noch in hohem Maße. Ist das US-amerikanische stark fixiert auf die finanzwirtschaftliche Seite, und hier vor allem aus der Perspektive der Geldanleger, so umfasst das am weitesten ausgelegte Verständnis des Controllings im deutschsprachigen Raum das betriebliche Informationsmanagement, die Koordination von Unternehmensteilen sowie die Aufgaben der Planung, Steuerung und Kontrolle.

Abschließend lässt sich konstatieren, dass die betriebswirtschaftliche Controllingfunktion sehr unterschiedlich definiert werden kann und es keinen allgemeinverbindlichen Konsens dazu gibt, was Controlling ist oder sein soll. Der Funktionsumfang wird häufig im Spannungsfeld zwischen »aufgebohrtem Rechnungswesen« und »Management« definiert. In der Tat widmet beispielsweise Horvath (2009) mehrere Seiten seines prägenden Werkes »Controlling« dem Versuch, seinen Controllingbegriff von dem des Managements und explizit auch gegenüber der Planungsfunktion abzugrenzen.

Der für die Zwecke dieses Lehrbuches und in Bezug auf Sozialunternehmen passend erscheinende **Controllingbegriff** wird folgende Elemente beinhalten:

- Controlling soll nicht Führung ersetzen, sondern die Managementfunktionen unterstützen. Die Unterstützungsfunktion ist fokussiert auf die Beschaffung und Verdichtung spezifischer, für die Zielerreichung unabdingbarer, Informationen. Bei komplexen Vorgängen kann die Unterstützungsfunktion bis hin zur entscheidungsreifen Aufarbeitung solcher Informationen gehen und dabei auch die Bewertungsvorgänge im Vorfeld umfassen.
- Die Aktivitäten des Controllings orientieren sich primär an der kybernetischen Phasenstruktur des Managementprozesses (vgl. Kapitel 2, Abbildung 2.5), das eine ständige Anpassung von Systemen an sich wandelnde Umweltbedingungen annimmt und einen Regelkreis mit den Elementen Planung, Realisation (Steuerung) und Kontrolle vorsieht.
- Bei der Planung kommt dem Controlling das Aufgabenspektrum der Unterstützung bei der Auswahl von Handlungsoptionen, der Koordination von strategischer und operativer Planung sowie von Unternehmens- und Teilplänen zu; bei der Kontrolle und Steuerung die laufende Beobachtung der Erreichung von Soll-Zielen, die Analyse von Abweichungen, Anregen von Gegenmaßnahmen, ggf. auch Plankorrekturen.

In Bezug auf die **Reichweite** kann sich Controlling innerhalb eines Spannungsfeldes sehr grober und richtungsorientierter Entwürfe oder sehr detaillierter, eng fokussierter und konkreter Aufgabenfelder erstrecken. Es eignet sich also sowohl für die Persönlichkeit eines »Erbsenzählers« als auch der eines »Kosmopoliten«. Grundsätzlich besteht eine Unterscheidung zwischen dem operativen und strategischen Controlling. Dabei ist das **operative Controlling** eher konkret, handlungsnah und unternehmensintern ausgerichtet. Weiterhin ist es tendenziell quantitativ sowie primär kurzfristig orientiert, stark strukturiert und formalistisch. Das **strategische Controlling** ist dagegen tendenziell langfristig, unternehmensextern, gering strukturiert, kreativ und abstrakt ausgerichtet. In der Praxis besteht das Kardinalproblem häufig darin, das strategische mit dem operativen Controlling zu vernetzen.

8.3 Strategisches Controlling

Die strategische Form des Controllings nimmt eine unverzichtbare Unterstützungsfunktion im Hinblick auf das Management insgesamt ein. In Teilen fällt es schwer, Anregungen und Instrumente dessen, was unter »strategisches Management« veröffentlicht wird, von dem zu unterscheiden, was es unter der Rubrik »strategisches Controlling« zu lesen gibt. Insbesondere der Planungsfunktion (vgl. Kapitel 3) kommt im Rahmen des strategischen Controllings eine zentrale Bedeutung zu. Zur Integration der strategischen Planung in ein strategisches Controlling bedarf es im Wesentlichen der folgenden zwei Bausteine (Mann 1990):

- Umsetzung, d.h. Strategien sind in konkrete Projekte herunterzubrechen. Dies bedarf unter anderem der Ermittlung dafür erforderlicher strategischer Kosten.
- Kontrollfunktion, d.h. im Sinne des kybernetischen Ansatzes muss noch der »Kontrollbaustein« hinzugefügt werden. In diesem Zusammenhang ist dies in erster Linie der sogenannte »strategische Plan-Ist-Vergleich«. Im Gegensatz zum »operativen Plan-Ist-Vergleich« beschränkt sich dieser im Wesentlichen auf jene qualitativen Merkmale, die »vor« Fakten und Zahlen bereits erkennbare Tendenzen aufzuzeigen vermögen. Dies bedeutet, Signale für zukünftige Erfolge und Misserfolge systematisch zu erfassen und frühzeitig aufzuzeigen. Im Ergebnis soll dabei transparent werden, ob die Grundprämissen des Strategiekonzeptes noch gelten, ob die Strategie erste Erfolge zeigt und ob die Kernaussagen der Strategie weiterverfolgt werden können.

8.3.1 Strategische Kontrolle und Frühwarnsysteme

Je weniger feststeht, welche Einflussgrößen in der Planung zu berücksichtigen sind und welche Ausprägungsformen diese in der Zukunft einnehmen werden, desto mehr kommt den Kontrollinformationen die Funktion zu, die Planung zu aktualisieren und die Planwerte zu revidieren. Wichtige Einflussgrößen können sich beispielsweise schlagartig und nicht vorhersehbar durch einen »Börsenkrach« oder durch neue Krisen, wie z.B. eine Finanzkrise ergeben. Die reinen Feed-back-Kontrollen der operativen Planung verlieren in diesem Zusammenhang an Bedeutung, weil Vorgabewerte in der strategischen Planung keinen fixen Charakter einnehmen dürfen. Daraus folgt, dass die strategischen Planungsprämissen eines permanenten Soll-Ist-Vergleiches bedürfen. Damit ist die **strategische Kontrolle** ein Instrument der stetigen Anpassung der **strategischen Planung** an die sich ändernde Umwelt. Ein weiteres Ziel der strategischen Kontrolle besteht darin, Fehler bei der strategischen Planung aufzuzeigen (z. B. unzureichende Einbeziehung der Mitarbeiter in die Planungsprozesse) und diese bei neuen Planungszyklen nicht mehr zu wiederholen.

Der Horizont der strategischen Kontrolle basiert – paradoxer Weise – weniger auf Erkenntnissen aus der Vergangenheit, sondern ist zukunftsgerichtet. Daher ist auch der Terminus »feed-back« (vgl. operative Planung) nicht angebracht, sondern vielmehr der eines »feed-forward«. Das heißt, dass die strategische Kontrolle in einem erheblichen Maße bei der Steuerung der strategischen Planung beteiligt ist. Einen weiteren wichtigen Baustein bildet die **strategische Überwachung**. Sie soll die sehr selektive Sichtweise der Steuerungskomponenten der strategischen Kontrolle (feed-forward) durch die ganzheitliche Betrachtungsebene einer Gesamtkontrolle ersetzen. In der strategischen Überwachung soll eine vollkommen ungerichtete Beobachtung der Unternehmensumwelt (idealer Weise) vollzogen werden. Ihr Augenmerk liegt auf der Abschätzung von Chancen und Risiken der in der strategischen Planung gewählten Konzeptionen und Geschäftsfelder. Das Beobachten der augenblicklich auftretenden Veränderungen kann beispielsweise lediglich ein Ausdruck kleiner und relativ bedeutungsloser Diskontinuitäten sein, die langfristig kaum ins Gewicht fallen. Daher ist es für Entscheidungsträger eine besondere Herausforderung, wie auf Informationen aus dem Bereich der strategischen Überwachung konkret reagiert werden soll.

Von der strategischen Überwachung, wie oben ausgeführt, bis zu einem strategischen **Frühwarnsystem** ist es nur ein kleiner Schritt. Individualpsychologisch könnte das strategische Frühwarnsystem mit Ausprägungsformen von Angstneurosen verglichen werden. Soll doch ein Frühwarnsystem mögliche, jedoch real noch nicht eingetretene Gefährdungen bzw. Gefährdungspotenziale aufzeigen. Damit wird der Entscheidungsträger in die Lage versetzt, drohende Gefahren für das Unternehmen abzuwenden und bereits eingetretene Gefahren in ihren Auswirkungen abzumildern. Das Frühwarnsystem soll ferner helfen, dass sich das Management objektiv eingetretener, krisenhafter Zustände bewusst wird. Dass Unternehmen »unheilbar krank« werden, liegt häufig daran, dass die Verantwortlichen krisenhafte Zustände in ihrer Anfangsphase gar nicht wahrnehmen wollen (s. beispielsweise die Finanzkrise in der Euro-Zone). Als weiteren wichtigen Aufgabenbereich soll das Frühwarnsystem nicht nur Symptome erfassen und darüber informieren, sondern auch eine Ursachenanalyse betreiben.

Ergänzt man die Krisenperspektive der Frühwarnsysteme um die Analyse von **Chancenpotenzialen,** so ist in der Literatur häufig auch von **Früherkennungs-** oder **Frühaufklärungssystemen** die Rede. In der Anfangsphase der Frühwarnsysteme wurde die vergangenheitsorientierte Perspektive präferiert. Diese bezog sich insbesondere auf die Insolvenzforschung und auf Zahlen des externen Rechnungswesens (Bilanzanalysen und Kennzahlensysteme). Solche vergangenheitsorientierte Systeme werden zunehmend um Systeme der strategischen Frühaufklärung ergänzt. Diese stützen sich zumeist auf das Theorem der »schwachen Signale«. Dabei

227

handelt es sich um unscharf strukturierte Informationen, die auf die Möglichkeit strategischer Diskontinuitäten, also auf »Trendbrüche«, hinweisen. Solche schwachen Signale können somit – wie die Ruhe vor dem Sturm – auf nicht in Erwägung gezogene Entwicklungen hinweisen.

Neue Entwicklungen senden jedoch häufig »weiche Signale« aus, für die es bisher noch keine Empfänger gibt. Dies bedeutet, dass es für eine Vielzahl neuer potenzieller Trendbrüche noch keine Erfahrungen aus der Vergangenheit abzuleiten gibt und von daher auch die weichen Signale im Vorfeld nicht identifiziert werden können. Man kann also bei völlig neuen Situationen nur hypothetisch versuchen, das »Gras wachsen zu hören«. Es ist völlig unklar, wie viele unterschiedlich zu wertende Strömungen im Vorfeld letztlich zusammenspielen und was im Resultat dann den Ausschlag gibt, dass ein Trend sich – trotz allem – fortsetzt, oder eben doch abbricht. Letztlich gilt es sich jedoch auch über einen Umstand im Klaren zu werden: Die Zukunft – und damit auch das Eintreten potenzieller Krisensituationen – ist immer nur mit einer gewissen Wahrscheinlichkeit vorherzusehen. Schließlich sollten auch solche »weißen Felder« nicht verschwiegen werden, bei denen Erklärungsmuster nur mit Hilfe der Chaostheorie im Nachhinein gefunden werden können.

8.3.2 Beispielhafte Methoden und Instrumente des strategischen Controllings

Beim strategischen Controlling in Sozialunternehmen kommen seit einigen Jahren unterschiedliche Methoden und Instrumente zur Anwendung. Ziel der folgenden Abschnitte ist es, jene Methoden/Instrumente aufzuzeigen, deren Anwendung sich in der Praxis in besonderem Maße zu bewähren scheint (vgl. Bachert/Pracht 2004).

Neben der ursprünglichen Ausprägung als »**SOFT-Analyse**« (Strength/Stärken, Opportunities/Chancen, Failures/Schwächen, Threats/Gefahren) ist neuerdings häufiger und mit geringfügigen Modifikationen auch von einer »**SWOFT-Analyse**« oder eben einer »**SWOT-Analyse**« (Strenth/Stärken, Weakness/Schwächen, Opportunities/Chancen, Threats/Gefahren) die Rede (Horvath 2009; Ziegenbein 2007). Im Folgenden soll die traditionelle Bezeichnung einer SOFT-Analyse beibehalten werden (s. Abbildung 8.1).

Der Beurteilung des Dienstleistungsangebotes kommt bei der SOFT-Analyse eine Schlüsselfunktion zu. Deutlich wird hier im Prozess, dass insbesondere dieses Kriterium nur vor dem Hintergrund der Einschätzung der Dienstleistungen der Wettbewerber erfolgen kann. Hier geht es also im Wesentlichen um eine gegenwärtige und zukünftige Verortung der Angebotspalette des Unternehmens. Die Einschätzung liegt quer zu den oben genannten Kriterien (Stärken, Chancen, Schwächen, Gefahren). Parallel dazu liegen die Merkmale zur Beurteilung von Ressourcen. Hier wird insbesondere das Kriterium der »**Chancen**« bemessen. Das Merkmal »**Führung**« kann wiederum schwerpunktmäßig mit allen Kriterien der SOFT-Analyse bemessen werden (Stärken, Chancen, Schwächen, Gefahren). Letztlich zielt dann das Merkmal Risiko wiederum nahezu ausschließlich auf den Aspekt der »**Gefahren**« ab. Insgesamt erscheint es angebracht, die Bewertungsphasen

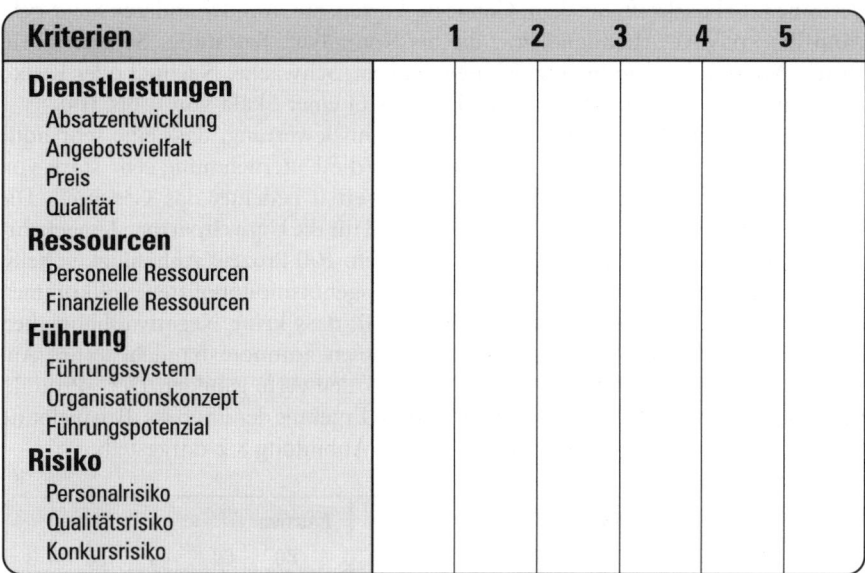

Kriterien	1	2	3	4	5
Dienstleistungen					
Absatzentwicklung					
Angebotsvielfalt					
Preis					
Qualität					
Ressourcen					
Personelle Ressourcen					
Finanzielle Ressourcen					
Führung					
Führungssystem					
Organisationskonzept					
Führungspotenzial					
Risiko					
Personalrisiko					
Qualitätsrisiko					
Konkursrisiko					

Abb. 8.1: SOFT-Analyse
Quelle: Eigene Darstellung

innerhalb dieser SOFT-Analyse mit Hilfe von Expertengruppen für die einzelnen Bewertungsaspekte durchzuführen. Hier müsste man sich dann auch noch auf »Subbewertungskriterien« festlegen. Das Ergebnis wäre dann die Einstufung des jeweiligen Aspektes in die Skalenwerte der oben aufgeführten Matrix.

Mit Hilfe der SOFT-Analyse wird damit versucht, die Stärken, Schwächen und Chancen eines Sozialunternehmens zu ermitteln. Die SOFT-Analyse kann inhaltlich nicht als ein völlig neuer Ansatz der strategischen Analyse bzw. Prognose bezeichnet werden. Sie stellt vielmehr ein sehr geeignetes Mittel zur Visualisierung dar. Hier gehen die Empfehlungen auseinander. Einmal soll der beste Wert bei »5« angesiedelt werden, ein anderes Mal – in Anlehnung an Schulklausuren – bei »1«. Die Methode eignet sich im Übrigen sehr gut als Medium für eine mitarbeitergruppenorientierte Vorgehensweise beim Versuch, das Unternehmen strategisch zu positionieren.

Die **Strategische Bilanz** kann – streng genommen – dem Methodeninventar der SOFT-Analysen zugeordnet werden, weist jedoch eine Reihe von Spezifika auf. Bei der Strategischen Bilanz geht es vor allem darum, den für die Weiterentwicklung eines Unternehmens vermeintlich maßgeblichen Engpass oder »Flaschenhals« ausfindig zu machen (Weber 1991 b). Die Entwicklung der strategischen Bilanz geht zurück auf Mann (1990). Er beschreibt im Wesentlichen folgende fünf **Produktionsfaktoren**: Kapital, Personal, Material, Absatz und Know-How.

Der originäre Ansatz des Konzeptes von Mann (1990) besteht nun darin, eine Gegenüberstellung von Bewertungsfaktoren in Form einer Bilanz vorzunehmen. Die Aktivseite kennzeichnet dabei aktive Abhängigkeiten des Unternehmens von bzw. mit seiner Umwelt, was gleichbleibend ist mit Attraktivität, Nützlichkeit,

229

Vertrauen, Lebenskraft, Stärken, Chancen, Vorteil, etc. Auf der anderen Seite steht dann die »passive Abhängigkeit«, die als Knappheit, Belastung, Schwierigkeit, Druck, Misserfolg, Begrenzung, Mangel, Ballast, Schwäche, Nachteil oder Risiko zum Ausdruck kommt. Bewertet wird jeweils in einer Skala von 0 bis 100.

Auf der **Aktivseite** bedeutet eine 100 Prozent-Bewertung, dass eine sehr hohe Attraktivität für die Umwelt besteht und dass die Unternehmung sehr stark von Partnern der Umwelt gebraucht wird. Der Wert 0 bedeutet das Gegenteil: Die Unternehmung ist in diesem Punkt unbedeutend für die Umweltpartner. Umgekehrt wird die Bewertung auf der **Passivseite** vollzogen. 100 Prozent Abhängigkeit heißt hier, dass die Unternehmung, z. B. von einem Angebotsmonopolisten, vollkommen abhängig ist. Andererseits bedeutet der Wert 0, dass keine Negativabhängigkeit besteht, sondern die Unternehmung vollkommen autonom handeln kann. Anschließend wird der Abstand der jeweiligen Skalenwerte gebildet. Der »Produktionsfaktor« mit dem geringsten Abstand ist im Ergebnis der Engpass. Beispielhafte Kriterien einer »Strategischen Bilanz« sind in Abbildung 8.2 dargestellt.

	Aktiva						Passiva				
	100	80	60	40	20	0	80	60	40	20	0
Kapital											
	1. gesunde Firmenstruktur 2. unausgeschöpfte Kreditlinien 3. Kapitalreserven						1. Überkapazitäten 2. wachsende Fixkostenbelastung 3. sinkendes Spendenaufkommen				
	100	80	60	40	20	0	80	60	40	20	0
Personal											
	1. gut ausgebildetes Personal 2. kooperativer Führungsstil 3. Innovationsfreude						1. sehr hohe Personalkosten 2. hohe Fluktuation				
	100	80	60	40	20	0	80	60	40	20	0
Absatz											
	1. deckungsbeitragsstarke Produkte 2. wachsende Märkte 3. Marktkompetenz						1. Unsicherheit über Preisentwicklung 2. steigender Preiswettbewerb 3. Marktmacht des Wettbewerbs				

Abb. 8.2: Beispielhafte Kriterien einer Strategischen Bilanz
Quelle: Eigene Darstellung

Im Ergebnis entspricht der **Engpassfaktor** dem Wert mit geringstem Abstand und bildet zugleich den Mittelpunkt unternehmerischer Aktivitäten. Wie bereits im Falle der SOFT-Analyse beschrieben, empfiehlt sich auch bei der strategischen Bilanz die Zuarbeit von Expertengruppen, welche sich mit Hilfe der Ermittlung von Subkriterien auf eine endgültige Festlegung zu einigen haben.

Grundsätzlich bedarf es auch bei der strategischen Bilanz einer Anpassung an die spezifischen Gegebenheiten von sozialen Einrichtungen und Diensten. Beispielsweise nimmt das Kriterium »Material« hier einen nur marginalen Stellenwert ein.

So bietet es sich z. B. für stationäre Einrichtungen an, die Bausubstanz als Substitut für das »Material« heranzuziehen. Ferner sollten die zentralen Aspekte von »Finanzen« und »Absatz«, die in Wirtschaftsunternehmen durchaus im Vordergrund stehen können, in Sozialunternehmen um die jeweiligen konzeptionellen Stärken und Schwächen ergänzt werden.

Den enormen Stärken dieser strategischen Bilanz steht der Schwachpunkt einer zentralen Bedeutung des Engpassfaktors gegenüber. Hier kann angezweifelt werden, dass einerseits durch geringe oder keine Negativausschläge und andererseits aber auch nur sehr geringe Positivausschläge tatsächlich »der Flaschenhals« eines Unternehmens zu definieren ist (Pracht 2008). Zudem muss angemerkt werden, dass die Begrifflichkeit der von Mann (1990) sogenannten »Produktionsfaktoren« nicht besonders glücklich gewählt wurde. Der Absatz ist beispielsweise eine Größe, die sich erst als das Ergebnis der Kombination von Produktionsfaktoren ergibt.

Die **Produkt-Markt-Portfolio-Analyse** ist ein weiteres Instrument des strategischen Controllings und im Gegensatz zu den bereits aufgezeigten Verfahren nicht auf die gesamte Breite des Unternehmensgeschehens, sondern lediglich auf die Analyse des Angebots- bzw. Produktionsprogramms ausgelegt. Die in Abbildung 8.3 aufgezeigten vier Felder der Produkt-Markt-Portfolio-Analyse symbolisieren vier **strategische Geschäftseinheiten**, die als »Stars«, »Question Marks«, »Cash Cows« und »Dogs« bezeichnet werden.

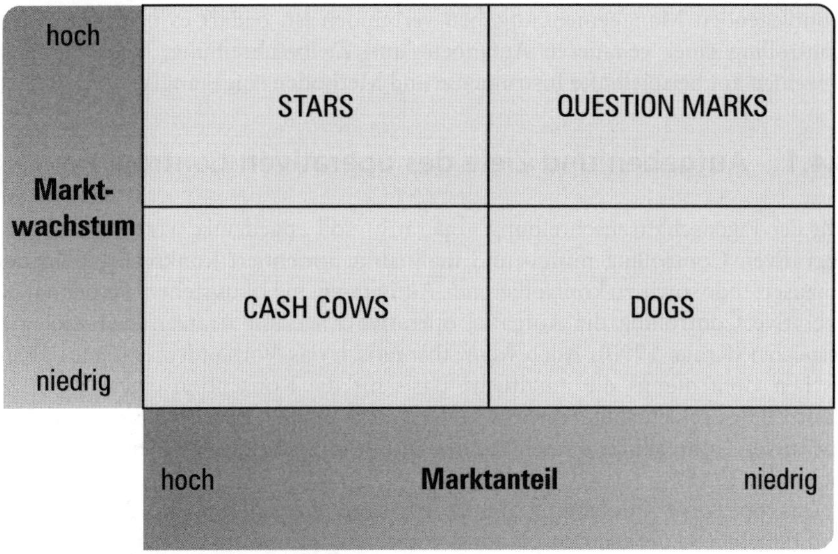

Abb. 8.3: Produkt-Markt-Portfolio-Analyse
Quelle: Eigene Darstellung

Die **Question Marks** sind in der Regel Nachwuchsprodukte oder -dienstleistungen. Diese stehen am Anfang ihres »Lebenszyklus«. Derzeit verursachen diese Produkte/ Dienstleistungen noch mehr Kosten als Erträge. Bei geringen Aussichten auf Änderung dieses Zustands sollten sie aus dem Angebotsprogramm gestrichen werden. Die **Stars** hingegen bringen Gewinne hervor und erfreuen sich eines zunehmenden Wachstums. In Zeiten wirtschaftlicher Rezession können diese Stars für ein Unternehmen überlebensnotwendig werden. Sie sollen über die Zeitachse zu **Cash Cows** »mutieren«. Cash Cows profitieren im Allgemeinen von ihrem hohen Marktanteil und der damit verbunden Fixkostendegression. Mit den erwirtschafteten Überschüssen können neue strategische Geschäftseinheiten (sprich: ganz neue »Question Marks«) aufgebaut und finanziert werden. Die **Dogs** schließlich befinden sich in der Sättigungsphase. Sie bieten sich in naher Zukunft für eine Produkt- oder Dienstleistungselimination an. Einschränkend muss allerdings für die Sozialwirtschaft konstatiert werden, dass häufig weniger die Nachfrage nach Dienstleistungen für die Angebotsgestaltung ausschlaggebend ist, als vielmehr die Antwort auf die Frage, wer denn – eine vielleicht noch so gute, innovative und passende Dienstleistung letztlich bezahlt.

8.4 Operatives Controlling

Während beim strategischen Controlling die Aufgabenbeschreibung sehr eng mit grundlegenden Managementaufgaben verbunden ist, bedarf es beim operativen Controlling einer genaueren Aufgaben- und Zielbeschreibung, bevor dann im Einzelnen auf beispielhafte Instrumente und Methoden eingegangen werden kann.

8.4.1 Aufgaben und Ziele des operativen Controllings

Mit der Eigenschaftszuschreibung »operativ« soll angedeutet werden, dass beim operativen Controlling mittel- und maßnahmenorientiert konkret zu planende, umzusetzende sowie zu kontrollierende Aktivitäten im Fokus stehen. Ferner hat das operative Controlling die Aufgabe, operative Ziele mit strategischen Zielen zu vernetzen (Kraus 1990). Auch wenn theoretisch das Vorhandensein eines strategischen Controllings die inhaltliche Basis für die Konzeption eines operativen Controllings bilden sollte, so liegt in der Praxis in aller Regel die Einführung des operativen Controllings zeitlich vor der Einführung des strategischen Controllings (Schröder 1985).

Das operative Controlling nimmt dabei in erster Linie die Aufgaben der traditionellen Unternehmensplanung wahr und konzentriert sich insbesondere auf den operativen bzw. kurzfristigen Planungsbereich sowie auf die Koordination von Teilplänen. Eine weitere Kernaufgabe des operativen Controllings besteht in der Informationsversorgungs- und Aufbereitungsaufgabe zur Unterstützung der Führungsfunktionen. Darüber hinaus wird eine Analyse- und Kontrollfunktion wahrgenommen (Kraus 1990).

8.4.2 Beispielhafte Methoden und Instrumente des operativen Controllings

Im Folgenden sollen fünf Methoden und Instrumente des operativen Controllings dargestellt werden, deren Anwendung sich in der sozialwirtschaftlichen Praxis bewährt hat. Die ersten drei sollen der kurzfristigen und operativen **Budgetierung** dienen, das nächste der wirtschaftlichen **Steuerung** sogenannter indirekter Bereiche des Unternehmens und ein fünftes der **Analyse-** und **Kontrollfunktion** des operativen Controllings.

Die **Budgetierung** dient der Vorgabe von finanziellen Ressourcen für die jeweiligen Kostenstellenverantwortlichen (Bachert/Pracht 2004). Nach Horvath ist »ein Budget [...] ein formalzielorientierter, in wertmäßigen Größen formulierter Plan, der einer Entscheidungseinheit für eine bestimmte Zeitperiode mit einem bestimmten Verbindlichkeitsgrad vorgegeben wird« (Horvath 2009, 201). In Sozialunternehmen wird das Budget im Allgemeinen ermittelt, indem kostenstellenspezifische Hochrechnungen auf der Grundlage von Vorjahresergebnissen vollzogen werden. Zusätzlich erfolgt die Aufnahme von Kostenbestandteilen, die ggf. etwa durch Veränderungen der Ausgangssituation entstehen werden. Das heißt einer etwaigen Budgetsteigerung, bedingt durch die Veränderungen der Rahmenbedingungen, sind noch die Kosten einer im Unternehmen geplanten Veränderung hinzuzuzählen. Diese Veränderungskosten werden in der Regel separat als sogenannte »Projektkosten« ausgewiesen. In der Praxis folgt daraus, dass Veränderungen nur finanziert werden (können), wenn die geplanten Erträge die Hochrechnungen des (kostengleichen) Budgets übersteigen. In aller Regel kommt es in Folge dessen zu sehr intensiven Abstimmungsgesprächen zwischen zentralen – und vermeintlich hierarchisch höher angesiedelten – Stelleninhabern einerseits und dezentralen, meist weniger mächtigen, Verantwortlichen, andererseits. Hier liegt es nahe, den Budgetierungsprozess entlang der Machtstrukturen im Betrieb zu gestalten. Eine solche Form, gestaltet »von oben nach unten«, wird als »Top-to-Down-Prozess« bezeichnet. In der einschlägigen Literatur wird jedoch das sogenannte »Gegenstromverfahren« empfohlen, das Weber in einer älteren Fassung seines grundlegenden Werkes »Einführung in das Controlling« in folgenden neun **Stufen** systematisiert:

1. »Untersuchung der Unternehmensumwelt und des Unternehmens auf wichtige Veränderungen gegenüber den Vorjahren hin.
2. Treffen von Voraussagen über budgetrelevante Faktoren der Unternehmenssituation in der nächsten Periode auf Basis der Informationen der Vorperiode.
3. Festlegen von Budgetzielen für das Gesamtunternehmen und wichtige Unternehmensbereiche unter Einbeziehung der im 1. und 2. Schritt gesammelten Informationen und der Budgetabweichung sowie deren Ursachen aus der Vorperiode.
4. Erstellung des Gesamtbudgets durch die Unternehmensleitung und Ableitung vorläufiger Budgets für die einzelnen Bereiche.

5. Planung der Einzelbudgets durch die dezentralen Planungseinheiten. Dieser Schritt umfasst eine Vielzahl von Einzelschritten wie Erarbeitung einzelner Sachziele, Prognosen, Kostenplanungen, Budgetdurchsprachen und ggf. erste Abstimmungen zwischen den Subsystemen.

6. Einreichen der Budgetanträge durch die dezentralen Planungseinheiten an die genehmigenden Stellen.

7. Prüfen der Budgetanträge auf ihre formelle und materielle Richtigkeit und Konsistenz sowie auf die Einhaltung der Ziele und Prämissen.

8. Koordinierung der Teilpläne, Zusammenfassung zu einer Gesamtberichterstattung.

9. Genehmigung des Budgets, einschließlich aller Teilbudgets durch die Unternehmensleitung« (1991 a, 69).

In der Praxis werden diese insgesamt neun Schritte zumeist wesentlich verkürzt angewendet. Dennoch kann auch bei exakter Einhaltung der Schritte nicht geleugnet werden, dass in der Frage der Durchsetzung eines dezentralen Teilbudgets eher das persönliche Ansehen und das politische Geschick der Akteure eine Rolle spielt als beispielweise die Frage der Inhalte. Neben dieser Methode des Budgetierens hat sich in der Praxis vor allem das Zero-Base-Budgeting (ZBB) bewährt, welches im Folgenden beschrieben wird.

Das **Zero-Base-Budgeting (ZBB)** ist eine Budgetierung »von Grund auf« und steht im Gegensatz zur ansonsten üblichen Planungspraxis, in der zumeist mit Hilfe von Ausgangsdaten der Vergangenheit die Zukunft »hochgerechnet« wird. Angereichert werden diese Berechnungen um die Kosten von geplanten Veränderungen (z. B. Bauprojekte, neue Einrichtungen/Dienste) sowie um die Kosten von Instandhaltungsmaßnahmen. Auf der »Gegenseite« dieser kostenspezifischen Betrachtung fließen dann die geplanten Erlöse ein. Mit dem Budgetieren von Grund auf besteht beim Zero-Base-Budgeting die Möglichkeit, Wirtschaftlichkeitspotenziale weit besser auszuschöpfen als bei der oben beschriebenen Budgetierungspraxis. Das Zero-Base-Budgeting zielt insbesondere auf den **Gemeinkostenblock**, welcher oftmals als zentrale Herausforderung für Sozialunternehmen ausgemacht werden kann. Das Verfahren eignet sich weniger zur Anwendung in Krisensituationen, sondern, weil es weniger auf platte und kurzfristige Kostensenkungseffekte zielt, primär zur nachhaltigen Steigerung der Wirtschaftlichkeit. Typische Anwendungsfelder sind beispielsweise die Verwaltungsbereiche bei freigemeinnützigen Trägern. Horvath beschreibt die Umsetzung sehr detailliert in folgenden neun **Stufen** (Horvath 2009, 237 ff.):

- **Stufe 1 – Teambildung, Entwicklung der Analyseziele durch das Team**
- **Stufe 2 – Aufteilung in Leistungseinheiten und Ableitung von Teilzielen:** Die Leistungseinheit ist die Summe der Arbeitsfelder, welche in die Analyse einbezogen werden sollen (z. B. Leistungseinheit Personal, Auszubildende, geringfügig Beschäftigte, Teilzeitkräfte). Darunter kann man eine oder mehrere Kostenstellen oder einzelne Felder innerhalb einer Kostenstelle verstehen. Die Aufgabenfelder sollten gemeinsame Merkmale aufweisen und dennoch voneinander abgrenzbar sein. Die verantwortlichen Leiter der Leistungseinheit

formulieren ihre Ziele und beschreiben ihre wesentlichen Aufgabenfelder und Arbeitsergebnisse. Sie vollziehen ferner eine Zuordnung von Personal- und Sachkosten zu den einzelnen Arbeitsfeldern und benennen ihre »internen Kunden« (d. h. Adressaten der jeweiligen Leistung).

- **Stufe 3 – Definition des Leistungsniveaus:** Das Leistungsniveau bezeichnet die Menge und Qualität der jeweiligen Arbeitsergebnisse einer Entscheidungseinheit. Entscheidungseinheiten sind in der Regel Teilaufgaben, die innerhalb eines Aufgabenfeldes anfallen. Dies kann zum Beispiel in der Debitorenbuchführung das Mahnen, das Rechnungen schreiben, das Buchen, die Kontenpflege, die Verfolgung der Zahlungseingänge etc. sein. Für jede Entscheidungseinheit werden drei Leistungsniveaus festgelegt. Leistungsniveau 3 bezeichnet dabei die jeweils wünschenswerte Leistung, Leistungsniveau 2 die im Rahmen der Arbeitsanweisungen gegebene bzw. bereits vorzufindende Leistung und Leistungsniveau 1 die Minderleistung bzw. zwingend erforderliche Leistung.
- **Stufe 4 – Suche nach alternativen Verfahrensweisen:** Für jede der drei Leistungsniveaustufen ist nun pro Entscheidungseinheit eine wirtschaftliche Verfahrensweise zu suchen.
- **Stufe 5 – Festlegung der Entscheidungspakete:** Die Leistungsniveaus pro Entscheidungseinheit sind hier kurz und stichwortartig zu beschreiben. Diese zusammenfassende Darstellungsform stellt ein sogenanntes Entscheidungspaket dar. Letztlich werden damit pro Entscheidungseinheit jeweils drei kurz gefasste Entscheidungspakte geschnürt.
- **Stufe 6 – Erste Rangordnung:** Die einzelnen Entscheidungspakete werden hier nach Prioritäten in eine Rangordnung gebracht, wobei die Leistungsniveaus einer Teilaufgabe getrennt voneinander zu betrachten sind. Dies kann zur Folge haben, dass ein geringes Leistungsniveau einer Entscheidungseinheit eine sehr hohe Position in der Rangordnung einnehmen kann, eine hohes Niveau dagegen eine geringe Position.
- **Stufe 7 – Budgetschnitt:** Das Management kann bei dieser Stufe die Rangordnung ggf. aus ihrer Sicht verändern und dem gesamten Gebilde das Budget zuweisen. Die Höhe des Budgets bestimmt nun die Höhe des in eine Rangfolge gebrachten »Leistungsturms«. Alles was oberhalb des Niveaus des »Budgetturmes« liegt, wird »abgeschnitten« und damit nicht realisiert.
- **Stufe 8 – Umsetzungsplanung und Budgetfestlegung:** Die konkreten Umsetzungsmaßnahmen werden festgelegt und ggf. wird das Budget hierfür konkretisiert.
- **Stufe 9 – Permanente Steuerung der Gemeinkosten:** Ausgehend von den Ergebnissen der Umsetzung wird ein Regelkreis aufgebaut, der eine permanente Steuerung der Gemeinkosten ermöglicht.

Mit Hilfe von Zero-Base-Budgeting können im Ergebnis Leistungsaspekte und Kostenaspekte in eine notwendige Beziehung gebracht werden. Dieser Gesichtspunkt gewinnt mit der Forderung nach Qualitätsmanagement einerseits und der oftmals sehr moderaten Steigerung von Leistungsentgelten andererseits zunehmend an Relevanz. Zu beachten ist auch, dass Zero-Base-Budgeting zumeist nicht auf das gesamte Sozialunternehmen angewandt wird. Aufgrund der nicht unerheblichen

Kosten der Methode wird der Fokus zunächst häufig auf jene Bereiche gelegt, in denen vermeintlich die größten Wirtschaftlichkeitspotenziale brach liegen (Horvath 2009).

Während das Zero-Base-Budgeting auf die Erhöhung des Leistungsgrades von Gemeinkostenblöcken abzielt, so liegt der Blickwinkel bei einem weiteren operativen Controlling-Instrument, der **Gemeinkostenwertanalyse (GKW)**, auf einer direkten Reduktion der Gemeinkostenhöhe. Die Gemeinkostenwertanalyse wurde von der Unternehmensberatung McKinsey in den USA entwickelt und hat sich in Wirtschaftsunternehmen schon seit mehr als einem Vierteljahrhundert bewährt. Als besondere Vorteile der Gemeinkostenwertanalyse werden die Eignung des Verfahrens für repetitive wie auch für innovative Prozesse, die gute Strukturierung und Transparenz des Verfahrens sowie die Eignung für Krisensituationen genannt (Horvath 2009). Die Gemeinkostenwertanalyse versucht, die Kosten und den Nutzen von Leistungen der sogenannten indirekten Bereiche eines Unternehmens gegenüberzustellen. Im Ergebnis sollen dabei solche **Kostenblöcke** eliminiert werden, die dem Unternehmen keinen oder einen nur sehr geringen Nutzen bringen. Kennzeichnend für dieses Verfahren ist, dass nur bei einem sehr hohen Grad der Mobilisierung gute Erfolgsaussichten bestehen. Es ist erforderlich, das gesamte Wissen innerhalb des Unternehmens zusammenzutragen um die Gemeinkosten senken zu können. **Hauptbeteiligte** sind zumeist

- die Leiter der Gemeinkostenbereiche
- sämtliche Führungskräfte in ihrer Funktion als Abnehmer der Leistungen dieser Bereiche
- ein Team, das sich aus spezifisch qualifizierten Führungskräften zusammensetzt und den Prozess moderiert
- Unternehmensexperten in Fragen der Kostenrechnung und damit der Abschätzung potenzieller Einspareffekte
- ggf. externe Berater für Schulungszwecke bzw. zum Einbringen von Methodenwissen.

Konkret findet bei der Gemeinkostenwertanalyse eine Dreiteilung in Vorbereitungs-, Analyse- und Realisationsphase statt. In der **Vorbereitungsphase** sollen die Mitarbeiter auf den Prozess der Gemeinkostenwertanalyse eingeschworen und für die Teilnahme motiviert werden. Hierzu gehört auch die Information über die geplante Vorgehensweise. Dieser Aspekt birgt häufig ein enormes Problem, da es von vorne um Einsparungen, insbesondere von Personalkosten, geht. Ein Kompromissansatz könnte aber darauf ausgerichtet sein, dass ein entsprechendes Ergebnis durch die sogenannte »natürliche« Fluktuation umgesetzt wird und damit Entlassungen vermieden werden. Daneben gilt es im Unternehmen noch Projektstrukturen zu schaffen. Dieser Schritt beinhaltet auch, geeignetes Personal auszuwählen sowie elementare Regeln und Normen zu definieren, die für den gesamten Prozess zur Anwendung kommen. Zudem sollte der Bildungsbedarf in Fragen des Projektmanagements und der Gemeinkostenwertanalyse ermittelt werden. Auf dieser Basis wären dann noch ggf. Qualifizierungsmaßnahmen einzuleiten.

Die folgende **Analysephase** hat zum Ziel, Einsparpotenziale aufzudecken und deren Größenordnung zu beziffern. Diese Analyse ist in jeder Unternehmenseinheit separat durchzuführen. Sie vollzieht sich in den Schritten der Erfassung und Zuordnung von Kosten und Leistungen, der Gegenüberstellung von Kosten mit ihrem jeweiligen Nutzen, der Entwicklung von Ideen zur Optimierung des Verhältnisses der Kosten in moderierten Kleingruppen sowie der anschließenden Bewertung auf Realisierbarkeit. Im Einzelnen können die in der Analysephase benannten Schritte wie folgt konkretisiert werden: Zunächst stellt der jeweilige Bereichsverantwortliche alle Leistungen zusammen, die durch seine Einheit erbracht werden. Danach werden alle Leistungen aufgelistet, die von anderen Einheiten in Anspruch genommen werden. Für alle »gelieferten« Leistungen werden die Adressaten (also »interne Kunden«) benannt und die spezifischen Kosten ermittelt. Dies erfolgt analog für alle Leistungen, die in Anspruch genommen werden. Im folgenden Schritt setzt nun die »Kernphilosophie« der Nutzwertanalyse ein: Die Kleingruppe entwickelt Kriterien für die Nutzenbestimmung der jeweiligen Leistungspakete. Nun werden diesen Leistungspaketen, ergänzt um Nutzengrößen, auch die spezifischen Kosten gegenübergestellt. Alle Leistungen, die durch ein sehr ungünstiges Kosten-Nutzen-Verhältnis auffallen, werden in der Folge genauer unter die Lupe genommen und daraufhin geprüft, ob sie kurzfristig ganz entfallen können oder ob ein schrittweiser Abbau realisiert werden kann. Anschließend werden auch alle anderen Leistungen daraufhin überprüft, ob sie mit der gegebenen Qualität, Häufigkeit und dem Umfang auch weiterhin erbracht werden müssen. Hier könnten beispielsweise bei der Materialwirtschaft in hohem Maße Kosten eingespart werden, indem der Zentraleinkauf nur noch für »A-Produkte« zuständig ist, B- und C-Produkte daraufhin ausschließlich dezentral beschafft werden. Im Controlling selbst kann beispielweise der Umfang der regelmäßig erstellten Berichte viel zu detailliert und unübersichtlich sein.

Als letzter Schritt der Gemeinkostenwertanalyse erfolgt die **Realisationsphase**. Dabei handelt es sich um den Schritt, der in aller Regel die meiste Zeit in Anspruch nimmt. Während die ersten beiden Schritte bei Sozialunternehmen mittlerer Größe ca. drei bis sechs Monate erfordern, zieht sich die Realisationsphase meist über einen Zeitraum von ca. drei Jahren hinweg. Horvath hat die Einsparpotenziale von Maßnahmen zur Gemeinkostenwertanalyse in einer Größenordnung von 12 bis 20 Prozent beziffert (Horvath 2009).

Das **Cafeteria-Prinzip** gilt als weiterer, innovativer Ansatz zur (Selbst-)Steuerung der Gemeinkostenblöcke (Bachert/Pracht 2004.). Was die Bemessung der Leistungen der Gemeinkostenbereiche anbetrifft, so stellt sich diese als Ergebnis entweder eines Prozesses des Zero-Base-Budgeting oder der Gemeinkostenwertanalyse dar. In diesem Rahmen wird für das gesamte Unternehmen festgelegt, welche Leistungen zentral von den sogenannten »indirekten Bereichen« zu erbringen sind und welche Leistungen die sogenannten dezentralen und »direkten Bereiche« selbst zu erstellen haben. So alt wie die großen Unternehmen der Sozialwirtschaft in Deutschland sind, so lange gibt es gespaltene Lager, was die Frage der **Zentralisierung** und **Dezentralisierung** anbetrifft. In einem dialektischen Prozess könnte genau dieser »Streit der Gelehrten« sich jedoch dann auflösen lassen, wenn man annimmt, dass es Situationen und Personen gibt, bei denen es einerseits besser sein kann, dass Leistungen zentralisiert werden, und solche, bei denen es besser sein kann, dass eine Dezentralisierung erfolgt. Daher wäre zunächst die Idee zu verwerfen, beispielsweise in einer komplexen Trägerstruktur die eine richtige und für alle Fälle und Personen geeignete Lösung zu suchen. Zunächst bedarf die Alternative einer dann erforderlichen Flexibilisierung jedoch eindeutig eines verstärkten Willens der Unternehmung zur Dezentralisierung. Dabei geht es vor allem um die Verantwortung, und hier in erster Linie um die Kostenverantwortung des (oftmals) mittleren Managements von Sozialunternehmen. Eine solche stärkere Delegation von Verantwortung muss dann – der Logik vernünftiger organisatorischer Regelungen folgend – Hand in Hand mit der Erhöhung von Handlungsspielräumen gehen. In der Folge heißt dies, die Kostenoptimierung auch in die Entscheidungsbefugnis der dezentral Verantwortlichen zu legen.

Bisher war es in erster Linie möglich, im Bereich der traditionell als Kostenstelleneinzelkosten ausgewiesenen Blöcke individuelle Lösungen zu generieren. Die Gemeinkosten wurden – wie auch immer – »umgelegt«. Einsparpotenziale erscheinen nun denkbar, wenn es die Möglichkeit gäbe, dezentral Verantwortlichen mehr Optionen im Hinblick auf große Teile der Gemeinkostenblöcke und der damit verbundenen »internen« Dienstleistungen an die Hand zu geben. Einfach formuliert wäre dies damit verbunden, aus weiten Teilen der Gemeinkostenblöcke quasi Einzelkosten zu generieren. Hierzu wäre es erforderlich, das interne Rechnungswesen in einem hohen Maße von der Umlagepraxis der Gemeinkosten auf ein dichtes System interner Verrechnungspreise umzustellen. Im Ergebnis hätte beispielsweise ein Heimleiter einer stationären Einrichtung die Möglichkeit, zentrale Dienste wie den Handwerkertrupp zur Renovierung der Außenfassade des Heimes in Anspruch zu nehmen, den eigenen Hausmeister damit zu beauftragen oder diese Aufgabe als Auftrag an den örtlich ansässigen Malerbetrieb zu vergeben. Dies kann sich, je nach Situation vor Ort und den persönlichen Prioritäten der Verantwortlichen sehr unterschiedlich – bezogen auf eine Komplexeinrichtung – ergeben. Aus den starren Regelungen werden damit hoch flexible im Sinne eines »**Fix-Vario-Prinzips**« (vgl. Abbildung 8.4).

Allerdings ist zu beachten, dass üblicherweise auf ein Mindestmaß an zentral zu erbringenden Diensten nicht verzichtet werden kann. Dies sind beispielsweise Tätigkeiten, die mit dem Jahresabschluss, der laufenden Buchführung, dem Mahnwesen oder bestimmten Aufgaben der Personalverwaltung zusammenhängen. Daneben fungiert das obere Management auch als Dienstleister für die aufsichtführenden Gremien eines Unternehmens. Diese Funktion erfordert es, dass die dezentralen Bereiche ganz bestimmte Leistungen auch für die Zentrale erbringen müssen, die sich verwaltungsseitig nicht eliminieren oder dezentralisieren lassen. Neben diesen zentral zu erbringenden »**Muss-Leistungen**« gibt es dann noch »**Kann-Leistungen**«. Hier kann sich der dezentral Verantwortliche entscheiden, vor allem in Abhängigkeit der Kosten und Leistungsqualität, diese von der Zentrale oder einem »fremden« Anbieter erbringen zu lassen bzw. alternativ in Eigenleistung zu erstellen. Eine breite Umsetzung dieses Systems scheitert bisher häufig an den komplexen Machtstrukturen bei Trägern der Sozialen Arbeit und kann in der Praxis oftmals nur in kleinen Schritten vollzogen werden. Allerdings zeigen die bisherigen Erfahrungen auch, dass dieses Instrumentarium in hohem Maße,

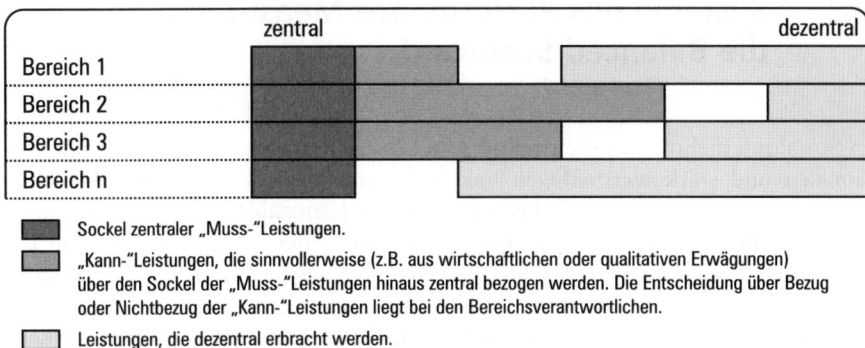

Sockel zentraler „Muss-"Leistungen.

„Kann-"Leistungen, die sinnvollerweise (z.B. aus wirtschaftlichen oder qualitativen Erwägungen) über den Sockel der „Muss-"Leistungen hinaus zentral bezogen werden. Die Entscheidung über Bezug oder Nichtbezug der „Kann-"Leistungen liegt bei den Bereichsverantwortlichen.

Leistungen, die dezentral erbracht werden.

Abb. 8.4: Fix-Vario-Prinzip
Quelle: Eigene Darstellung

insbesondere bei großen Trägern dazu beiträgt, die Gemeinkostenblöcke zu senken und die Qualität der zentral vorgehaltenen Dienste zu steigern.

Kennzahlen und **Kennzahlensysteme** gelten als weiteres zentrales Instrument des operativen Controllings. Bei Kennzahlen handelt es sich um verdichtete quantitative Daten, welche die Komplexität der Realität betriebswirtschaftlicher Sachverhalte zu reduzieren vermögen (Lachnit 1990). Im Zusammenhang mit Controlling erfüllen Kennzahlen folgende Funktionen:

- Operationalisierungsfunktion, d.h. Bildung von Kennzahlen zur Messbarmachung von Leistungen
- Anregungsfunktion, d.h. laufende Erfassung von Kennzahlen zur Erkennung von Auffälligkeiten und Veränderungen
- Vorgabefunktion, d.h. Ermittlung kritischer Kennzahlenwerte als Zielgrößen für unternehmerische Teilbereiche
- Steuerungsfunktion, d.h. Verwendung von Kennzahlen zur Vereinfachung von Steuerungsprozessen
- Kontrollfunktion, d.h. laufende Erfassung von Kennzahlen zur Erkennung von Soll-Ist-Abweichungen.

Kennzahlen sollen nicht Selbstzweck sein, sondern verlangen Vergleichsmaßstäbe. Prägnante Beispiele hierfür sind **Soll-Ist-Vergleiche** und **Betriebsvergleiche (Benchmarking)**. Darüber hinaus ist es erforderlich, Kennzahlen benutzerorientiert so aufzubereiten, dass Fehlinterpretationen ausgeschlossen werden können. Grundsätzlich ist es möglich, zwischen **mengenmäßigen**- (z.B. Personalschlüssel, Inanspruchnahmequote pro Dienst), **wertmäßigen**- (z.B. Entgelterlöse pro Monat) und **qualitätsbezogenen** Kennzahlen (z.B. Grad der Kunden- oder Mitarbeiterzufriedenheit) zu unterscheiden. Die nach bestimmten Systemen gebildeten Kennzahlen können als wichtiges Beispiel dafür herangezogen werden, dass die Controllingfunktion eine Informationsversorgungs- und Aufbereitungsaufgabe für die Wahrnehmung der Managementfunktionen erfüllt.

8.5   Systeme des Performance Measurement – die Balanced Scorecard

In Sozialunternehmen ist die traditionelle Controlling-Orientierung an eindimensionalen und stark wertmäßigen Faktoren zumeist nicht oder nur sehr eingeschränkt zielführend. Folglich bedarf es solcher Kennzahlen, die zusätzlich auch nichtmonetäre Leistungsgrößen berücksichtigen. Hier setzen die Systeme des **Performance-Measurement** an, die sozusagen als Scharnier zwischen strategischen und operativen Instrumenten des Controllings einzuordnen sind. Das bekannteste Performance-Measurement-Instrument ist die von Kaplan und Norton entwickelte **Balanced Scorecard (BSC)**. Diese »Scorecard« heißt »balanced«, weil sie ein Kennzahlensystem aus vier unterschiedlichen **Perspektiven** beinhaltet (s. Abbildung 8.5) (Kaplan/Norton 1997).

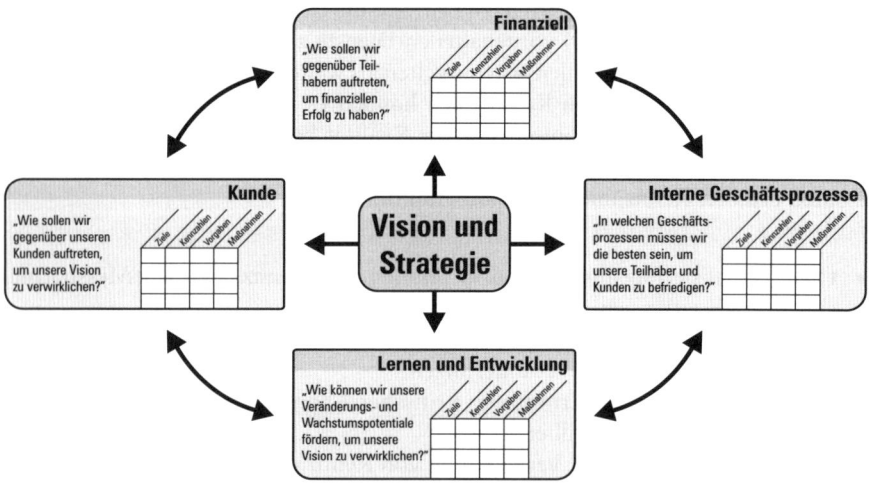

Abb. 8.5: Balanced Scorecard (BSC)
Quelle: Eigene Darstellung nach Kaplan/Norton 1997, 9

Die Balanced Scorecard berücksichtigt neben der finanziellen Perspektive weitere Ebenen, die als gleichwertig für die Unternehmensentwicklung angesehen werden. Deshalb wird die Balanced Scorecard auch als ausgewogenes Kennzahlensystem bezeichnet. Neben der Finanzperspektive werden auch die Kundenperspektive, die Prozess- sowie die Lernperspektive eines Unternehmens berücksichtigt. Kerngedanke ist, dass erst die gleichwertige Betrachtung der vier Bereiche zu einem ausgewogenen Ziel- und Steuerungssystem führt. Der Ansatz von vier Perspektiven sollte dabei nicht als starres Raster, sondern vielmehr als Grundgerüst verstanden werden. Dabei kann es durchaus sinnvoll sein, Besonderheiten des jeweiligen Arbeitsfeldes und der Trägerstrukturen in einer spezifischen Balanced Scorecard abzubilden.

Die **Finanzperspektive** bildet bei der Balanced Scorecard von Kaplan und Norton den Ausgangspunkt. Die finanzwirtschaftlichen Kennzahlen sollen offenlegen, dass die Strategie zu einer Verbesserung des Ergebnisses im Unternehmen führt. Typische Beispiele sind die Rentabilität, das Wachstum und der Unternehmenswert. Bei der **Kundenperspektive** soll der Blickwinkel des Kunden eingenommen werden. Es geht darum, das Unternehmen aus Sicht des Kunden einzuschätzen. Die verwendeten Kennzahlen beziehen sich u. a. auf die Faktoren Zeit, Qualität, Produktleistung, Service und Preis. Die Kennzahlen der **Betriebsablaufinternen Perspektive** informieren über betriebliche Ablaufprozesse. Sie geben darüber Auskunft, was intern zu tun ist, um die Kundenerwartungen zu erfüllen. Fertigungszeiten des Personals, Zykluszeiten, Produktivität und Produktqualität sind hierfür prägende Kennzahlen. Die **Innovations- und Wissensperspektive** (oder »Lernen und Entwicklung«) informiert über die Fähigkeit des Unternehmens, sich zu verbessern und Innovationen einzuführen. Das Spektrum der Kennzahlen reicht hier von produktionstechnischer und informationsbezogener Orientierung (z. B. Innovationszyklen, Leistungsfähigkeit des Infosystems) bis hin zu stärker mitarbeiterbezogen ausgerichteten Kennzahlen, wie z. B. Mitarbeiterqualifizierung und Motivation.

8.6 Zwischenfazit

Die Praxis in Sozialunternehmen, insbesondere bei komplexen und großen Trägern, zeigt, dass Instrumente des Controllings noch nicht in hinreichendem Maße Einzug gehalten haben. Die vom Selbstkostendeckungsprinzip der vergangenen Jahrzehnte getragene Philosophie konnte noch nicht restlos aus den Köpfen der Akteure beseitigt werden. Streng genommen ging es bis zur Mitte der 1990er Jahre nicht etwa um eine wirtschaftliche Steuerung des gesamten Unternehmens, sondern um den laufenden Vergleich von Ausgaben- und Einnahmeströmungen sowie um die Aktualisierung und Kontrolle der Einhaltung von Rahmenbedingungen. Dass damit aus mehreren Gründen nicht die Wirtschaftlichkeit von Unternehmen gefördert wurde, liegt auf der Hand. Den höchsten Nutzen konnten Träger der Sozialen Arbeit häufig dann erzielen, wenn die Ausgaben aus rein strategischen Gründen bis an die Grenze des Erlaubten hochgefahren wurden und nach Abschluss erfolgreicher Kostenerstattungsverhandlungen wieder versucht wurde, genau diese Ausgaben zu reduzieren. Letztlich wurden durch solch ein System eher jene Sozialunternehmen belohnt, die wirtschaftliches Handeln bewusst konterkarierten.

Seit einigen Jahren sind die in Sozialunternehmen angewandten Instrumente und Methoden des Controllings vor allem am Streben nach Wirtschaftlichkeit orientiert. Wenn nun also die wirtschaftliche Gestaltung von Sozialunternehmen, vor allem in Verbindung mit neueren Vergütungsmechanismen (z. B. Entgeltvereinbarungen oder Persönliche Budgets), tendenziell zu einer »Überlebensfrage«

geworden ist, dann erscheint es kaum verwunderlich, dass auch die Philosophie und »Werkzeuge« des Controllings in den letzten Jahren einen enormen Bedeutungszuwachs erfahren haben. Allerdings ist beim anstehenden Streben nach mehr Wirtschaftlichkeit zu berücksichtigen, dass es sich dabei nicht um plattes Kostenminimieren handeln darf. Vielmehr ist beim Controlling in sozialen Einrichtungen und Diensten von einem erweiterten Wirtschaftlichkeitsbegriff auszugehen, der den Ressourceneinsatz in ein Verhältnis zum Ressourcen- und Leistungszuwachs setzt. Dies bedeutet, dass auch bei einer eventuell anstehenden Reduktion der Ressourcen, stets die nachhaltige Auswirkung auf die Leistungsgröße ins Zentrum der Beurteilung zu stellen ist.

Literaturverzeichnis

Bachert, Robert; Pracht, Arnold: Basiswissen Controlling und operatives Controlling. München, Weinheim: Juventa Verlag, 2004.

Bradshaw, T. F., Hull, Ch. C. (Hrsg.): Controllership in modern Management. Chicago: 1950.

Deyle, A.: Geleitwort. In: Mayer, Elmar (Hrsg.): Controlling-Konzepte. Perspektiven für die 90er Jahre. Wiesbaden: C. E. Poeschel Verlag, 1986, S. VII–VIII.

Dworak, W.: Die Funktion und Arbeitsweise des Controlling und der Controller-Organisation. In: Jacob, Herbert (Hrsg.): Unternehmenskontrolle. Wiesbaden: Gabler Verlag, 1973, S. 9–21.

Horvath, Peter: Controlling. 11. Auflage. München: Vahlen, 2009.

Jackson, J. H.: The Groth of the Controllership Function. In: Bradshaw, T. F.; Hull, Ch.C. (Hrsg.): Controllership in modern Management. Chicago: Irwin, 1950, S. 11–27.

Kraus, Heinz: Operatives Controlling. In: Mayer, Elmar; Weber, Jürgen (Hrsg.): Handbuch Controlling. Stuttgart: C. E. Poeschel Verlag, 1990, S. 117–172.

Krüger, Wilfried: Controlling. Gegenstandsbereich, Wirkungsweise und Funktionen im Rahmen der Unternehmenspolitik. In: BFuP, 31, 1979, S. 158–169.

Lachnit, Laurenz: Systemorientierte Jahresabschlussanalyse. Wiesbaden: Gabler Verlag, 1990.

Mann, Rudolf: Strategisches Controlling. In: Mayer, Elmar, Weber, Jürgen (Hrsg.): Handbuch Controlling. Stuttgart: C. E. Poeschel Verlag, 1990, S. 91–116.

Mayer, Elmar (Hrsg.): Controlling-Konzepte. Perspektiven für die 90er Jahre. Wiesbaden: C. E. Poeschel Verlag, 1986.

Mayer, Elmar, Weber, Jürgen (Hrsg.): Handbuch Controlling. Stuttgart: C. E. Poeschel Verlag, 1990.

Melcom, D. G., Rowe, A. J. (Hrsg.): Management Control Systems. New York, London: Tavistock Publications, 1963.

Pracht, Arnold: Betriebswirtschaftslehre für das Sozialwesen. 2. Auflage. München, Weinheim: Juventa Verlag, 2008.

Rathe, A. W.: Management controls in business. In: Melcom, D. G., Rowe, A. J. (Hrsg.): Management Control Systems. New York, London: Tavistock Publications, 1963, S. 28–62.

Schröder, Ernst F.: Modernes Unternehmenscontrolling. 2. Auflage. Ludwigshafen: Kiehl Verlag, 1985.

Weber, Jürgen: Einführung in das Controlling. Teil 1: Konzeptionelle Grundlagen. 3. Auflage. Stuttgart: Schäffer-Poeschel Verlag, 1991 a.

Weber, Jürgen: Einführung in das Controlling. Teil 2: Instrumente. 3. Auflage. Stuttgart: Schäffer-Poeschel Verlag, 1991 b.

Ziegenbein, Klaus: Controlling. 9., überarbeitete und aktualisierte Auflage. Ludwigshafen: Kiehl Verlag, 2007.

9 Marketing

Kathrin Seifert und Arnd von Boehmer

9.1 Grundlagen

Die Diskussion um eine Übertragung des Marketingansatzes auf die Bedingungen von Sozialunternehmen hat in den letzten Jahren besonders bei frei-gemeinnützigen und privat-gewerblichen Trägern eine große Beachtung erfahren. Gründe dafür sind insbesondere die unter Kapitel 1 diskutierten sozialstaatlichen Veränderungstendenzen, wie beispielsweise sich wandelnde Finanzierungsmechanismen sowie eine zunehmende Konkurrenzsituation, die in zahlreichen Arbeitsfeldern der Sozialen Arbeit zu einem Wandel des Marktes mit Nachfrageüberhang (Verkäufermarkt) hin zu einem Markt mit Angebotsüberhang (Käufermarkt) geführt haben. Zunehmend gewinnt das Marketing auch bei öffentlichen Trägern der Sozialen Arbeit an Bedeutung. Dies liegt beispielsweise an den sinkenden finanziellen Ressourcen der Kommunen, dem zunehmenden Wettbewerb zwischen Regionen, der verstärkten Ausrichtung an Bedürfnissen der Leistungsempfänger sowie Bestrebungen nach einer strategischen und wirkungsorientierten Steuerung des Verwaltungshandelns (KGSt-Bericht 9/2004).

Das vorliegende Kapitel zielt darauf ab, einen systematischen Überblick zu den wesentlichen Grundlagen und Perspektiven von Marketing für Sozialunternehmen zu ermöglichen. Im Anschluss an eine begriffliche Abgrenzungsdiskussion und der Erläuterung von Eigentümlichkeiten eines Marketings in der Sozialwirtschaft liegt der Schwerpunkt auf der Beschreibung von Zielrichtungen des Sozialmarketings sowie dem Aufzeigen der Kerninstrumente bzw. Maßnahmen.

9.2 Begriffsbestimmung

Marketing lässt sich aus dem Englischen (market = Markt, -ing als Hinweis auf eine Verlaufsform) als aktive Handlung des »auf-den-Markt-Bringens« übersetzen. In der Fachliteratur wird Marketing unterschiedlich erläutert und interpretiert. Ein weit beachteter Ansatz basiert auf Kotler und Bliemel, die Marketing definieren als »Prozess im Wirtschafts- und Sozialgefüge, durch den Einzelpersonen und Gruppen ihre Bedürfnisse und Wünsche befriedigen, indem sie Produkte und andere Dinge von Wert erzeugen, anbieten und miteinander tauschen« (Kotler/Bliemel

2006, 12). Grundlegend für dieses Marketingverständnis ist ein umfassender Ansatz der Beeinflussung, der immer dort zur Anwendung gelangt, wo Austausch-beziehungen zwischen Individuen und/oder Unternehmen bestehen. Der Ansatz von Kotler und Bliemel ist zugleich eine wesentliche Erweiterung der traditionellen Herangehensweise, die ausschließlich auf den erwerbswirtschaftlichen Bereich bzw. dessen Teilbereiche (z. B. Industriegüter, Konsumgüter und Dienstleistungen) abzielte (Arnold 2009). Bruhn (2005) beschreibt Marketing als systematische Ausrichtung aller Unternehmensaktivitäten an den Bedürfnissen des Marktes oder der Kunden. Diese Definition gilt für sämtliche Typen von Unternehmen.

Sozialmarketing ist, neben dem Vereins- und Kulturmarketing, im Wesentlichen als Teilbereich des Non-Profit-Marketings zu verstehen und wird zunehmend ergänzt durch Einflüsse aus dem Dienstleistungsmarketing (Arnold 2009). In Anlehnung an Bruhn (2005) lässt sich Sozialmarketing allgemein als spezifische Denkhaltung definieren. Sie konkretisiert sich in der Analyse, Planung, Umsetzung und Kontrolle sämtlicher interner und externer Aktivitäten, die durch eine Aus-richtung am Nutzen und den Erwartungen der Anspruchsgruppen/Stakeholder (z. B. Leistungsempfänger, Kostenträger, Mitglieder, Spender, Öffentlichkeit) da-rauf abzielen, die finanziellen, mitarbeiterbezogenen und insbesondere aufgaben-bezogenen Ziele von Sozialunternehmen zu erreichen. Hierzu kompatibel ist der Ansatz von Arnold, der unter Sozialmarketing alle Aktivitäten von Sozialunter-nehmen versteht, »die darauf ausgerichtet sind, die Akzeptanz für die Erbringung sozialer Dienstleistungen aufzubauen bzw. sicherzustellen« (Arnold 2009, 556).

In der einschlägigen Literatur bestehen allerdings erhebliche Differenzen, wenn es um die genaue Eingrenzung von Sozialmarketing geht. In einigen Werken wird Sozialmarketing gleichgesetzt mit allen Marketingmaßnahmen, die darauf abzie-len, soziale Aufgaben zu lösen und dies unabhängig davon, wie diese definiert werden, in welchem Organisationstyp sie eingesetzt werden oder welche Ziele damit verbunden sind. Dieses Verständnis bedeutet, dass auch erwerbswirtschaft-liche Unternehmen (klassisches) Sozialmarketing betreiben, beispielsweise durch Spendenaktionen für soziale Leistungen oder durch die Generierung gewisser Sympathiewerte mittels sozialverträglicher Produktionsverfahren bzw. einer dies-bezüglichen Kommunikationspolitik. Wird ferner unter sozialen Aufgaben auch die Auseinandersetzung mit Fragen im Umwelt-, Kultur- oder Bildungsbereich verstanden, so wäre Sozialmarketing weitestgehend identisch mit Non-Profit-Marketing (ebd.).

Im vorliegenden Beitrag soll der Begriff Sozialmarketing allerdings eng abge-grenzt werden und zwar in Anlehnung an die oben angeführten Definitionen (vgl. Arnold 2009; Bruhn 2005) und die in Kapitel 1 des vorliegenden Fachbuchs aufgezeigten typischen Arbeitsfelder und Trägerstrukturen der Sozialen Arbeit. Wenngleich der Schwerpunkt dieses Kapitels vor allem auf die Instrumente bzw. Maßnahmen des Marketings gelegt wird, basiert dies auf dem Verständnis einer vorangegangenen umfangreichen Unternehmens- und Umweltanalyse sowie da-raus abgeleiteten Strategien (vgl. Kapitel 3).

9.3   Sozialmarkt

Im Vergleich mit dem Sachgüter- und Dienstleistungsaustausch im erwerbswirt-schaftlichen Bereich ist der Austausch von sozialen Dienstleistungen durch eine Reihe von Spezifika gekennzeichnet. Ausgangspunkt für die Entwicklung eines sektoralen Marketings für Sozialunternehmen (Sozialmarketing) sind Kenntnisse über diese Spezifika, die im folgenden Abschnitt thematisiert werden.

9.3.1   Integration des externen Faktors

Sozialunternehmen erbringen soziale, pädagogische, personenbezogene immate-rielle Leistungen. Die Qualität und der Erfolg hängen im Wesentlichen von der Zusammenarbeit und der Interaktion mit dem Leistungsempfänger sowie dessen aktiver Mitwirkung ab. Interaktionsbeziehungen rücken folglich in den Mittel-punkt der Leistungserbringung und der Leistungsempfänger wird zum **Kopro-duzenten** Sozialer Arbeit. Die Einbeziehung des Leistungsempfängers (= externer Faktor) in den gesamten Prozess ist daher von besonderer Relevanz für die Erstellung sozialer Dienstleistungen (Merchel 2006) und somit auch für die Entwicklung spezifischer Marketingkonzepte.

9.3.2   Nichtschlüssige Tauschbeziehungen

Die Interaktion zwischen Leistungserbringer und Leistungsempfänger in der Sozialen Arbeit basiert häufig auf nicht schlüssigen **Tauschbeziehungen,** da die erbrachten Leistungen in der Mehrzahl der Fälle vom Kunden nicht zu Markt-preisen vergütet werden. Stattdessen herrscht oft eine ideologische oder altruis-tische Angebotslogik des Anbieters (z. B. bei Selbstkostenpreisen), es wird die Preisbildung gesetzlich reguliert (z. B. in der Pflege) oder aber es tritt eine staatliche Subvention hinzu, die den vom Kunden zu zahlenden Preis (und damit den »gefühlten« Wert der Leistung) künstlich reduziert. Die Leistungsempfänger der Sozialen Arbeit sind häufig nicht die zahlungskräftigen Mitglieder der Gesellschaft, sondern sie sind von Benachteiligung sowie Ausgrenzung bedroht und verfügen zudem häufig nicht über einen hinreichenden Informationsstand zur fachlich angemessenen Form der Leistung sowie den unterschiedlichen Leistungserbrin-gern. Folglich besteht im Sozialmarkt oftmals keine ausgeprägte Kundensouverä-nität (Christa/Schellberg 2003; Gerull 2000).

9.3.3   Heterogene Anspruchsgruppen

Neben den Leistungsempfängern haben Sozialunternehmen bei der Erarbeitung von Marketingaktivitäten eine Reihe weiterer Anspruchsgruppen zu berücksich-tigen. Zur Bestimmung wesentlicher Anspruchsgruppen wird in der einschlägigen

Literatur häufig der Stakeholder-Ansatz zugrunde gelegt (Christa/Schellberg 2003; Bruhn/Tilmes 1989). Unter dem Begriff **Stakeholder** sind alle wichtigen Anspruchs-/Interessengruppen zusammengefasst, die entweder direkt oder indirekt auf die Zielbildung von Unternehmen Einfluss nehmen oder deren Beurteilung für die Träger der Sozialen Arbeit von Bedeutung sein kann (Scheuch 2007). Die wesentlichen Stakeholder für Sozialunternehmen lassen sich wie folgt zusammenfassen (Christa/Schellberg 2003; Bruhn/Tilmes 1989):

- Förderer, z. B. Geldgeber, Sponsoren und Mitglieder
- Lieferanten, z. B. Energieversorger, Betriebe für Bürobedarf, Apotheken
- regulierende Institutionen/Organe, z. B. Heimaufsichtsbehörden und Gerichte
- interne Gruppen, z. B. Mitarbeiter, Personalvertretungen und Aufsichtsgremien
- Übermittlergruppen, z. B. Medien
- Leistungsempfänger, z. B. aktuelle oder potenzielle Empfänger der Leistungen
- Angehörige der Leistungsempfänger, z. B. Kinder, Eltern, Großeltern und Geschwister
- Mittlergruppen, z. B. als Ratgeber für potenzielle Leistungsempfänger tätige Erzieher oder Sozialarbeiter
- allgemeine Interessenten, z. B. Politiker, Wissenschaftler, Meinungsführer und Selbsthilfegruppen.

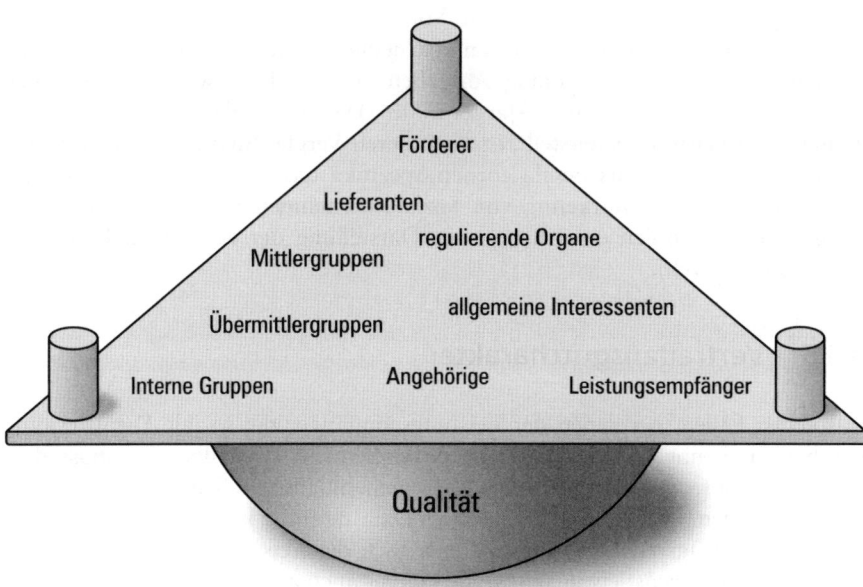

Abb. 9.1: Labiles Qualitätsgleichgewicht
Quelle: Eigene Darstellung nach Meinhold/Matul 2003, 50

Die vorhandene Heterogenität in den Anspruchs-/Interessensgruppen verdeutlicht die Notwendigkeit, bereits in der Analysephase des Marketingprozesses deren spezifischen Einstellungen, Erwartungen, Bedürfnisse und Verhaltensweisen zu identifizieren, um dazu passende Instrumente zu entwickeln. In diesem Zusammenhang sprechen Meinhold und Matul (2003) von einem **labilen Qualitätsgleichgewicht**, welches von Sozialunternehmen einen permanenten Balanceakt erfordert. Die diesbezügliche Positionierung, beispielsweise hinsichtlich der Frage welche Erwartungen erfüllbar erscheinen, erfordert komplexe Aushandlungsprozesse und stellt damit hohe Anforderungen an das Management. Abbildung 9.1 (s. S. 247) veranschaulicht dies.

9.3.4   Immaterielle Leistungen

Soziale Arbeit ist stark personenbezogen und lässt sich nur begrenzt standardisieren, da zum Beispiel die individuellen Bedürfnisse der Leistungsempfänger zu berücksichtigen sind. Weiterhin ist zu beachten, dass die soziale Leistung im Zusammenwirken von Leistungserbringer und -empfänger exakt definiert, manchmal auch individuell entwickelt wird, wobei dies üblicherweise der punktgleichen **Anwesenheit** der beiden **Akteure** bedarf. Soziale Dienstleistungen sind somit weitgehend **standortgebunden** bzw. nicht transportfähig (Merchel 2006). Ferner kann personenbezogene Soziale Arbeit, anders als industrielle Güter und Produkte, tendenziell auch nicht auf Vorrat hergestellt bzw. gelagert werden. Hinzu kommt, dass in einigen der unterschiedlichen Arbeitsfelder nur unpräzise planbar ist, in welchem Umfang Aufgaben anfallen bzw. welche Kapazitäten erforderlich sind (Knorr/Scheibe-Jaeger 2002). Da die Soziale Arbeit zumeist eine immaterielle Leistung bereitstellt, ist auch deren Vergleichbarkeit erschwert, was zusätzlich zu den bereits beschriebenen Spezifika dazu führt, dass die Herausforderungen an das Marketing von Sozialunternehmen beträchtlich sind, beispielsweise hinsichtlich einer adäquaten Darstellung der erbrachten Dienstleistungsqualität (ebd.).

9.3.5   Vertrauensgutcharakter

In solchen Fällen, bei denen der Leistungsempfänger die soziale Dienstleistung vorab nicht kennt und das Ergebnis physisch nicht darstellbar ist, muss dem Leistungsversprechen des Anbieters auf einen möglichen Nutzen hin zunächst vertraut werden. Die Qualität der sozialen Dienstleistung kann also üblicherweise nicht vor Auftragserteilung, sondern erst nach der Leistungserbringung geprüft werden. Soziale Dienstleistungen werden daher auch als **Vertrauensgüter** bezeichnet (Merchel 2006). Gerull benennt »Dienstleistungen auch als Bereitstellungsleistungen; der Anbieter stellt sein Leistungspotential bereit und verspricht mit Auftragsannahme die fachgerechte Erbringung der Leistung, ohne jedoch ein gewünschtes Ergebnis garantieren zu können« (2000, 23). Die Herausforderung für die Soziale Arbeit aus Perspektive des Marketings besteht hierbei in der

Gewinnung des Vertrauens potenzieller Leistungsempfänger, um diese zu einer Inanspruchnahme der sozialen Dienste und Einrichtungen zu bewegen.

9.4 Perspektiven und Ansatzpunkte von Marketing in Sozialunternehmen

Die Anwendung bzw. Legitimation von Marketing für Unternehmen, die im oben diskutierten Sozialmarkt agieren, stößt teilweise immer noch auf Vorbehalte. Dies beispielsweise dann, wenn Marketing überwiegend verkürzt als Werbung verstanden wird oder als die Übertragung von Instrumenten aus dem erwerbswirtschaftlichen Bereich, die im scheinbaren Gegensatz zu bisher vermittelten Haltungen für die Erfüllung sozialer Aufgaben steht. Zudem wird die mit dem Marketing verbundene Markt- und Kundenorientierung immer wieder kritisch gesehen und ist mit der Besorgnis einer unreflektierten Übernahme betriebswirtschaftlicher Instrumente auf Sozialunternehmen verbunden (Meffert/Burmann/Kirchgeorg 2008). Dies alles erfordert, neben den Kenntnissen um die Eigenarten des Sozialmarkts, ein klar definiertes Aufzeigen der zentralen Perspektiven und Ansatzpunkte von Marketing für die Sozialwirtschaft.

9.4.1 Absatzmarketing

Marketing hat zuerst eine klassische Absatzfunktion im Sinne einer marktorientierten Ausrichtung des Unternehmens. Dabei stehen vorrangig die **Leistungs- und Wettbewerbsfähigkeit** sowie der **Absatz** von Dienstleistungen (Produkten) im Fokus (Christa/Schellberg 2002). Beispiele sind Maßnahmen zur erhöhten Auslastung einer Behinderteneinrichtung, die Gewinnung von Teilnehmern für eine Bildungsmaßnahme oder die Steigerung der Beratungsstunden in einer Suchthilfeeinrichtung. Für Sozialunternehmen stellt die absatzorientierte Zielrichtung des Marketings eine vergleichsweise jüngere Ausrichtung dar, die allerdings, vor allem aufgrund der Finanzierungsumstellung vom Selbstkostendeckungsprinzip auf inanspruchnahmeabhängige Entgelte sowie dem Zulassen von Wettbewerb in zahlreichen Arbeitsfeldern, einen enormen Bedeutungszuwachs erhalten hat (Schellberg 2002).

9.4.2 Klassisches Sozialmarketing

Eine zweite Marketingperspektive ist das klassische Sozialmarketing. Dabei geht es im Kern um die Werbung für **gesellschaftliche Ziele** und **soziale Ideen**. Maßnahmen des klassischen Sozialmarketings sind auf die Gesamtbevölkerung ausgerichtet und dienen vor allem einer sozialen Idee, nicht unbedingt dem einzelnen Sozialunternehmen. Beim klassischen Sozialmarketing wird versucht, mittels kommunikationspolitischer Instrumente die Einstellungen und Verhaltensweisen der Gesellschaft zu beeinflussen. Beispielhaft sind Kampagnen zur Aids- und Drogenaufklärung, Familienförderung oder behindertenfreundlichen Ausstattung von Lebensräumen. Klassisches Sozialmarketing wird insbesondere von öffentlich-gesellschaftlich finanzierten Institutionen angewandt, wobei grundsätzlich eine Verknüpfung mit dem Ansatz des Absatzmarketings denkbar ist. Beispielsweise dann, wenn durch klassisches Sozialmarketing die Akzeptanz einer bestimmten durch das Sozialunternehmen erbrachten Dienstleistung gesteigert werden soll (Schellberg 2007).

9.4.3 Image- und Akzeptanzpolitik

Marketing als Image- und Akzeptanzpolitik ist darauf ausgerichtet, den »**Ruf**« und die **Akzeptanz** eines Trägers der Sozialen Arbeit zu verbessern sowie eine optimierte (z. B. politische oder ehrenamtliche) **Unterstützung** fur das Unternehmen zu erzielen (Christa/Schellberg 2002). Beispiele sind das Marketing einer Behinderten-einrichtung mit dem Ziel, die nachbarschaftliche Akzeptanz und Einbindung zu erhöhen, oder die Imagekampagne »Pflege mit Herz« eines in der Altenhilfe tätigen Wohlfahrtsverbandes. Eine Sonderform der Image- und Akzeptanzpolitik ist der **Lobbyismus**. Hier geht es vor allem darum, die Ziele des eigenen Sozialunternehmens im politischen Bereich zu bewerben. Lobbyismus kann dann zu einer zentralen Marketingsäule werden, wenn das Sozialunternehmen stark abhängig von Finanzmittel- und Bedarfsplanungen der Kommunen, Länder oder des Bundes ist (Schellberg 2007).

9.4.4 Bürgernahe Sozialverwaltung

Im Zuge des Modernisierungsbestrebens der öffentlichen Institutionen geraten die Frage nach dem »Ruf der Verwaltung« sowie eine an den Bedürfnissen der Empfänger ausgestaltete Leistungsgewährung in den Fokus des Marketings. Dabei soll durch eine erhöhte **Leistungsqualität** und **Behördenfreundlichkeit** die Akzeptanz bei den Bürgern erhöht und über Rechte sowie Möglichkeiten der Inanspruchnahme informiert werden (Christa/Schellberg 2002). Hierunter fallen beispielsweise die ansprechende Darstellung der Beratungs- und Informationsangebote einer Behörde oder die Verdeutlichung der Bürgernähe durch eine wohnortnahe Erreichbarkeit (Bürgerbüro).

9.4.5 Beschaffung von Ressourcen

Eine weitere Marketingperspektive für die Sozialwirtschaft ist die systematische Beschaffung von Ressourcen. Dies bezieht sich nicht ausschließlich auf die Akquise von Finanzmitteln, sondern auch auf weitere, vom Unternehmen benötigte Ressourcen, wie z. B. Mitarbeiter auf freiwilliger/ehrenamtlicher Basis. Hierbei kommt dem **Fundraising** eine zentrale Rolle zu, dies sowohl bei der Beschaffung finanzieller Mittel im Sinne von Spenden als auch bei der Generierung personeller Ressourcen (Christa/Schellberg 2002). Schellberg verweist darauf, dass Fundraising, das im Zentrum des Marketings von zahlreichen humanitären Organisationen steht (z. B. Aktion Mensch, Glücksspirale, SOS Kinderdorf), nicht mit dem Absatzmarketing verwechselt werden sollte, »wo ein klares Austauschverhältnis (auch mit den Sozialleistungsträgern) zugrunde liegt. Vielmehr geht es hier um den Austausch von ideellen Werten (die Befriedigung von Spendermotiven) gegen die Spende an sich« (Schellberg 2007, 164).

9.4.6   Interne Mitarbeiterorientierung

Die bisher aufgezeigten Perspektiven des Marketings zielen insbesondere auf die (externe) Umwelt von sozialen Einrichtungen und Diensten ab. Als Ergänzung hierzu berücksichtigt eine Orientierung an den Mitarbeitern die **interne** Marketing-perspektive des Unternehmens. Dies erscheint insofern von besonderer Bedeutung, da die Mitarbeiter im Wesentlichen den Erfolg bzw. die Umsetzung von Marke-tingmaßnahmen beeinflussen. **Mitarbeiter** geben den Trägern der Sozialen Arbeit »ein Gesicht«, sind Gradmesser für das Image und tragen zentrale Verantwortung für den Erfolg der Leistungserbringung. Marketingziele sind daher nur optimal erreichbar, wenn alle Bereiche und Mitarbeiter motiviert sowie überzeugt sind von den Unternehmenszielen und ihrer Glaubwürdigkeit, an der Umsetzung des Marketingprozesses mitwirken bzw. wenn es gelingt, eine diesbezügliche Kultur zu entwickeln (Meffert/Burmann/Kirchgeorg 2008). Für die Herausbildung einer lebendigen Unternehmenskultur sowie des Engagements und der Motivation von Beschäftigten nimmt die interne Kommunikationspolitik einen zentralen Stellen-wert ein. Dies kann auch in der Entwicklung bzw. Pflege einer **Corporate Identity**, also eines schlüssigen Zusammenhangs von Verhalten, Erscheinungsbild und Kommunikation des Unternehmens, oder in der Erarbeitung eines einheitlichen Erscheinungsbildes (**Corporate Design**) münden (Schürmann 2001).

9.5   Marketinginstrumente/-maßnahmen

Der Auftritt im Markt wird bestimmt durch den Einsatz verschiedener Instrumente/ Maßnahmen des Marketings. Diese sind sorgfältig in Bezug auf den Sozialmarkt, die definierten Ziele und die gewonnenen Erkenntnisse aus dem Planungs- bzw. Markforschungsprozess (vgl. Kapitel 3) auszuwählen bzw. abgestimmt einzuset-zen. In diesem Zusammenhang wird auch vom **Marketing-Mix** gesprochen. Ausgehend vom erwerbswirtschaftlichen Sektor erfolgt eine Gliederung in folgende **vier Instrumentenbereiche** (vgl. Wöhe 2010; Scheuch 2007):

- **Produktpolitik** mit der Aufgabe der Konzipierung eines bedürfnis- und marktgerechten Leistungsprogramms
- **Preispolitik**, d. h. die absatzfördernde Gestaltung der Transaktionsbeziehungen
- **Distributionspolitik** mit dem Fokus auf der Gestaltung der Absatzwege bzw. darauf, dass die Leistungen dem Kunden zur Verfügung stehen
- **Kommunikationspolitik** mit dem Anliegen einer planmäßigen, zielgerichteten Information des Kunden.

In der einschlägigen Literatur wird hierbei auch von den **vier Ps** des klassischen Marketings gesprochen: Product, Price, Place, Promotion (Moos/Peters 2008).

9.5.1 Produktpolitik

Die Produktpolitik wird vielfach als Leistungspolitik, teilweise auch als **Leistungs- und Programmpolitik** bezeichnet. Dabei kann unter einem **Produkt** ein »Bündel technisch-funktionaler Eigenschaften verstanden werden, das dem Nachfrager einen Nutzen stiftet« (Meffert/Burmann/Kirchgeorg 2008, 399). Das **Programm** bezeichnet alle Leistungen, die dem Kunden zum Kauf angeboten werden. Zentrale Zielsetzung der Produktpolitik ist die Ausrichtung des Leistungsprogramms an den Bedürfnissen der Nachfrager mit dem Ziel, einen beständigen Wettbewerbsvorteil zu erlangen (Meffert/Burmann/Kirchgeorg 2008). Die Kernbereiche der Produktpolitik sind in Abbildung 9.2 zusammengefasst.

Kernbereiche der Produktpolitik

Optimierung von Produkteigenschaften durch

- Produktinnovation
- Produktvariation
- Produkteliminierung

Abb. 9.2: Kernbereiche der Produktpolitik
Quelle: Eigene Darstellung nach Wöhe 2010, 423

Im Kernbereich der Produktpolitik geht es zunächst um die Entwicklung und Aufnahme neuer Leistungen in das Programm eines Trägers der Sozialen Arbeit. Grundlage für eine **Produkt- oder Leistungsinnovation** sind die sorgfältige Analyse des bisherigen Programms sowie die systematische Erforschung von Bedürfnissen der Nachfrager (Wöhe 2010). Möglichkeiten hierzu bieten beispielsweise die Analyse statistischer Daten, die Befragung von Mitarbeitern und Kunden oder die Auswertung von Fachliteratur (vgl. Kapitel 3). Konnten prüfenswerte Ideen generiert werden, führt dies zu einer Überprüfung der Umsetzbarkeit sowie den Einbezug entsprechender Strategieüberlegungen. Im Falle, dass die Ideenprüfung einen positiven Verlauf nimmt, folgen darauf die Umsetzung des Vorhabens und die Aufnahme der neuen Leistung in das Angebotsspektrum (Merchel 2009).

Die **Produkt- oder Leistungsvariation** zielt auf die Änderung einzelner Merkmale von bereits bestehenden Angeboten ab und dürfte zugleich die am häufigsten anzutreffende Form der Produktpolitik in Sozialunternehmen sein. Die Frage einer Leistungsvariation ergibt sich zumeist dann, wenn sich die Marktbedingungen verändern, beispielsweise hervorgerufen durch gesellschaftliche Trends, veränderte Finanzierungsbedingungen oder eine sich wandelnde Wettbewerbssituation. Im Zuge einer Leistungsvariation bestehen Änderungsoptionen in folgenden Bereichen (Wöhe 2010):

- Physikalische oder funktionale Eigenschaften, z. B. ausschließliche Verwendung von ökologisch erzeugten Lebensmitteln bei Mahlzeiten im Kindergarten
- Ästhetische Eigenschaften, z. B. optimierte Farb-, Form- oder Verpackungsgestaltung bei in einer Behindertenwerkstatt hergestellten Produkten
- Symbolische Eigenschaften, z. B. Namensänderung bei einem Projekt der Jugendberufshilfe
- Zusatzleistungen, z. B. Optimierung des Servicevorgangs durch ein erweitertes Nachbetreuungsangebot in der Familienhilfe.

Der einer **Produkt- oder Leistungseliminierung** zugrunde liegende Ansatz ist, dass ein Unternehmen dauerhaft nur existieren kann, wenn es gelingt, mit Erfolg neue Leistungen auf den Markt zu bringen und sich gleichzeitig von bestimmten Positionen zu verabschieden. Könnte eine solche Bereinigung nicht erfolgen, würde das Angebotsprogramm immer größer und letztendlich auch für die Kostenstruktur nicht mehr beherrschbar. In der Marketingliteratur gibt es zur Leistungseliminierung sowohl Hinweise auf **quantitative Beurteilungskriterien** (z. B. sinkende Umsätze, Marktanteile, Belegungsquoten oder Deckungsbeiträge) als auch auf **qualitative Indikatoren** (z. B. Störungen im Prozessablauf, negativer Einfluss auf das Firmenimage, Änderung der Bedarfsstruktur oder der gesetzlichen Rahmenbedingungen). Allerdings ist die Leistungseliminierung gerade für Sozialunternehmen ein besonders schwerer und komplexer Entschluss, der ausschließlich nach sorgfältiger Prüfung vorzunehmen ist. Dabei sollte das zur Eliminierung in Erwägung gezogene Leistungsangebot niemals isoliert, sondern unter Einbezug der Auswirkungen auf damit in enger Verbindung stehende Angebote betrachtet werden (Wöhe 2010). Beispielsweise hätte die Schließung einer Seniorenbegegnungsstätte oder eines Seniorenclubs vermutlich Auswirkungen auf die Nachfragesituation beim Pflegedienst desselben Trägers. Weiterhin ist zu berücksichtigen, dass mit Leistungseliminierungen der ursprüngliche Zweck eines Trägers der Sozialen Arbeit in Frage gestellt werden könnte und zudem die Gefahr besteht, dass sich solch eine Maßnahme imageschädigend auswirkt bzw. Konsequenzen bei unterschiedlichen Stakeholdern nach sich ziehen kann.

Die obigen Ausführungen zur Produktpolitik legen den primären Fokus auf die einzelnen Leistungsangebote von Sozialunternehmen. Der Zusammenhang zwischen den Leistungen bzw. die konzeptionelle Ausrichtung des gesamten Leistungsprogramms obliegt der Planungsfunktion und wurde im vorliegenden Werk bereits in anderem Zusammenhang durchleuchtet (vgl. Kapitel 3).

9.5.2 Preispolitik

In der Grundlagenliteratur zum Marketing nimmt die Darstellung der Preispolitik einen breiten Raum ein. Sie galt bis in die 1960er Jahre als wichtigstes absatzpolitisches Instrument zur Erreichung der Unternehmensziele, vornehmlich der Gewinnmaximierung. In der heutigen Zeit gilt die Preispolitik, auch in erwerbswirtschaftlichen Unternehmen, nicht mehr als der wichtigste Aktionsparameter des Marketings. Durch den enormen Wandel der Absatzmärkte haben vor allem die Produkt- und Kommunikationspolitik einen starken Bedeutungszuwachs erlangt (Wöhe 2010). Für die Sozialwirtschaft kommt hinzu, dass der **Spielraum** für die Preispolitik in den meisten Arbeitsfeldern sehr stark durch gesetzlich vorgeschriebene Verhandlungswege und die faktisch oft zusätzlich restriktive Vergütungspolitik der Kostenträger **limitiert** wird (Schellberg 2007). Folglich ist die hier beschriebene Preispolitik vor dem Hintergrund dieser Einschränkungen zu sehen bzw. überwiegend auf jene vereinzelten Tätigkeitsbereiche zu beziehen, in denen eine am Markt orientierte Preisbildung erfolgt.

Im Allgemeinen versteht man unter einem Preis die Zahl der Geldeinheiten oder Gegenleistungseinheiten, die ein Käufer für eine Leistung entrichtet. Der Begriff Gegenleistung macht deutlich, dass die Abgeltung des Preises nicht immer in Geld erfolgen muss, sondern auch durch materielle Güter oder in Form von anderen Gegenleistungen erfolgen kann (Scheuch 2007). Dabei bedient sich die praktische Preispolitik verschiedener Instrumente. Neben dem eigentlichen **Entgelt** (Preis) sind auch **variable Zahlungs- und Lieferbedingungen** sowie **Rabattmodelle** zur differenzierten Marktbearbeitung denkbar (Wöhe 2010).

Folgende **Grundmodelle** stehen im Rahmen der **klassischen Preistheorie** zur Verfügung:

- Herstellungskostenorientierte Preisfindung, die sich an den tatsächlich anfallenden Kosten orientiert
- Konkurrenzorientierte Preisgestaltung, welche an den Preisen von Konkurrenten ausgerichtet wird; diese Herangehensweise soll zum Erhalt der Wettbewerbsfähigkeit beitragen und erfordert zumeist das Vorhandensein gewisser Rücklagen, durch die ggf. erzielte Verluste ausgeglichen werden können
- Nachfrageorientierte Preisfindung mit einer Orientierung des Preises am Nachfrageverhalten der Leistungsempfänger; steigt die Nachfrage bei begrenzter Kapazität, so steigt der Preis, sinkt die Nachfrage, dann sinkt der Preis (Meffert/Burmann/Kirchgeorg 2008).

9.5.3 Distributionspolitik

Unter Distribution wird in der Wirtschaft die Verteilung von Handelsgütern verstanden (Duden 1996). »Die Distributionspolitik hat die Aufgabe, den Weg eines Gutes vom Hersteller zum Endabnehmer (Transformation) effizient zu gestalten« (Wöhe 2010, 499). Dabei sollen durch ein Distributionssystem, also durch eine bestimmte Menge an Distributionsorganen und deren Verhältnis, das örtliche sowie zeitliche Auseinanderfallen von Erzeugung und Verwendung optimal überwunden werden. In diesem Zusammenhang hat der Hersteller eine Grundsatzentscheidung dahingehend zu treffen, ob seine Produkte über den **Direktvertrieb** an Endabnehmer gelangen sollen oder **Groß- und Einzelhändler** eingeschaltet werden (ebd.).

Dienstleistungsangebote, die durch soziale Einrichtungen und Dienste erbracht werden, stellen durch die üblicherweise gleichzeitige **Anwesenheit/Verfügbarkeit** von **Leistungserbringer** und **Leistungsempfänger** an einem Ort einen Sonderfall dar. Folglich sind die Ansätze für die Distributionspolitik sehr beschränkt und konzentrieren sich vordringlich auf die **Standortwahl** (Wöhe 2010). Hierzu differenziert Bruhn (2005) zwischen drei grundsätzlichen Ansätzen zum Ort der Leistungserstellung für Sozialunternehmen:

- Leistungserbringung findet direkt beim Leistungserbringer statt, beispielsweise durch eine Drogenberatungsstelle oder stationäre Behinderteneinrichtung
- Leistungserbringung erfolgt beim Leistungsempfänger, zum Beispiel durch Hausbesuche einer Familienberatungsstelle oder Einsätze eines ambulanten Pflegedienstes
- Leistungserbringung findet an einem dritten Ort statt, u. a. bei Gesprächen durch eine Erziehungsberatungsstelle mit Eltern in einer Kindertageseinrichtung.

Für die in der Sozialen Arbeit gängigste Konstellation, bei der die Leistung direkt beim Leistungserbringer angeboten wird, ist für die Standortwahl eine Reihe von Überlegungen zu berücksichtigen. Beispielsweise stellen sich Fragen nach dem Einzugsbereich des Standorts für die jeweils angebotene Leistung (z. B. Pflegeheim in einem Stadtteil mit überwiegend älterer Bevölkerung?), nach der Erreichbarkeit für den Kunden (z. B. mit öffentlichen Verkehrsmitteln?), nach der Eignung für das jeweilige Angebot (z. B. Suchtberatungsstelle im Familienwohngebiet?), nach der öffentlichen Wahrnehmbarkeit des Standortes (z. B. an einem beliebten oder markanten Verkehrsknotenpunkt?) und letztendlich auch nach den entsprechenden Grundstücks- oder Mietpreisen.

9.5.4 Kommunikationspolitik

Die Kommunikationspolitik verfolgt die Aufgabe, mittels gestaltbarer Maßnahmen der Informationsabgabe des **Senders** zielgerichtete Reaktionen beim **Empfänger** auszulösen. Dabei ist unter dem Sender der Anbieter (Sozialunternehmen) und unter dem Empfänger der Nachfrager (Kunde) oder aber auch ein anderer Stakeholder zu verstehen (Scheuch 2007). Grundlage hierfür sind **Kommunikations- und Austauschprozesse,** wie sie am Beispiel des vereinfachten Modells der zwischenmenschlichen Kommunikation dargestellt werden können (Abbildung 9.3).

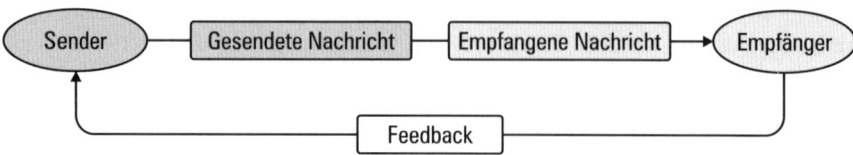

Abb. 9.3: Zwischenmenschliche Kommunikation
Quelle: Eigene Darstellung nach Schulz von Thun 1997, 81

Bezogen auf die Kommunikationspolitik geht es nun darum, dass der Sender, also das Unternehmen, seine Mitteilungsabsicht so gestaltet, dass sie übertragbar, für den Empfänger verständlich und aufnehmbar ist sowie die gewünschte Wirkung entfaltet. Die Reaktionen des Empfängers werden durch den Sender entweder direkt beobachtet oder sind als interne Wirkungen des Empfängers beispielsweise Gegenstand der Werbeforschung. Kernziel der Kommunikationspolitik aus betriebswirtschaftlicher Sicht ist es, die Empfänger durch Information zielgerichtet **positiv** zu **beeinflussen** und damit **Absatzwiderstände** zu **überwinden** (Wöhe 2010). Kotler und Bliemel schlagen folgende Schritte zur Entwicklung eines umfassenden Kommunikationsprogramms vor:

Das Unternehmen »muss
• das Zielpublikum und seinen Bezug zum Kommunikationsobjekt ermitteln
• die Wirkungsziele der Kommunikation bestimmen
• die Botschaft gestalten
• die Kommunikationswege auswählen
• das Gesamtbudget für die absatzfördernde Kommunikation festlegen
• über die Budgeteinteilung für den Absatzförderungsmix entscheiden
• die Ergebnisse messen und
• die absatzfördernde Kommunikation durchführen und koordinieren« (2006, 887).

Die **Ziele** der Kommunikationspolitik lassen sich für den Bereich der Sozialen Arbeit in drei Kategorien gliedern:

• **Kognitiv-orientierte Kommunikationsziele** mit den Teilzielen
  – Informationsfunktion, zur Verdeutlichung der Leistungsfähigkeit
  – Erinnerungswirkung, zur langfristigen Speicherung des Unternehmens im Gedächtnis der Anspruchsgruppen
  – Aufmerksamkeitswirkung, zur gezielten Wahrnehmung der vermittelten Informationen
  – Kontakterfolg, d. h. die Kommunikation soll die Anspruchsgruppen möglichst ohne Verlust erreichen
• **Affektiv-orientierte Kommunikationsziele** mit den Teilzielen
  – Gefühlswirkung, d. h. es sollen Emotionen geweckt werden
  – Entwicklung von Interesse und Aktivierung der Anspruchsgruppen

- Generierung einer positiven Hinstimmung, um die Anspruchgruppen vom Nutzen des Angebots zu überzeugen
- Vermittlung eines positiven Images und Vertrauensbildung
- **Konativ-orientierte Kommunikationsziele** mit den Teilzielen
  - Auslösung von bestimmten Handlungen, beispielsweise die Kontaktaufnahme zum Sozialunternehmen
  - Beeinflussung des Kommunikationsverhaltens durch Darstellung einer aktiven, offenen und an den Anspruchsgruppen ausgerichteten Kommunikation
  - Beeinflussung des Weiterempfehlungsverhaltens, in Form von Werbung durch Mund-zu-Mund-Propaganda (Bruhn 2005).

Zur Erreichung dieser Ziele stehen der Kommunikationspolitik unterschiedliche Instrumente zur Verfügung. Diese sind entsprechend des Wirkungsgrades in Instrumente der Individual- und Massenkommunikation teilbar. Bei den Instrumenten der Individualkommunikation findet zumeist eine 1:1-Kommunikation zwischen dem Sender und Empfänger statt bzw. zumindest eine Form der Kommunikation, bei der Sender und Empfänger miteinander bekannt sind. Zur **Individualkommunikation** zählen beispielsweise

- Fachberatung
- Informelle oder fachbezogene Kommunikation im Vorfeld, während und/oder nach der Leistungserbringung
- Persönliche, schriftliche oder telefonische Ansprache
- Nutzung von Begegnungsmöglichkeiten, z. B. im Rahmen von Fach-/Informationsveranstaltungen, Tagen der offenen Tür
- Kommunikation durch Mitarbeiter des Unternehmens im betrieblichen und privaten Umfeld
- »Mund-zu-Mund-Propaganda«, d. h. die Kommunikation zwischen Kunden und Nicht-Kunden (Schellberg 2007).

Als Säulen der Individualkommunikation kommt den Mitarbeitern und insbesondere den (bereits vorhandenen) Kunden eine zentrale Bedeutung zu. **Mitarbeiter** nehmen schon im betrieblichen Umfeld eine wichtige Kommunikationsrolle ein (z. B. durch Gespräche mit Kunden, Angehörigen und weiteren Stakeholdern), aber mehr noch im privaten Bereich (z. B. durch die Weitergabe von Informationen über das Unternehmen oder ihr Auftreten in der Öffentlichkeit). Die hervorgehobene Kommunikationsrolle der **Kunden** eines Unternehmens begründet sich vor allem darin, dass diese häufig als glaubwürdigste Übermittler von Erfahrungswerten über die angebotene Dienstleistung wahrgenommen werden. Durchleuchtet man beispielsweise, wie Eltern einen Kindergartenplatz auswählen, dann wird die zentrale Bedeutung der »**Mund-zu-Mund-Propaganda**« rasch deutlich, dies sowohl wenn positive als auch negative Erfahrungen kommuniziert werden. Die »Mund-zu-Mund-Propaganda« liegt daher im speziellen Fokus der Kommunikationspolitik. An Möglichkeiten zu deren Steuerung sind beispielsweise Prämien für erfolgreiche Anwerbungen, das Auslösen von Ereignissen mit positivem Kontext (z. B. unaufgeforderte Entschädigungen, Ersatz-/Zusatzleistungen, Verköstigungen oder andere kleine Aufmerksamkeiten für Kunden) sowie die systematische Vorbereitung, Durchführung, Auswertung und zielgenaue Umsetzung von Kundenbefragungen denkbar (ebd.).

Die zentralen Instrumente der **Massenkommunikation** in der Sozialwirtschaft sind die Öffentlichkeitsarbeit und die Werbung. Der **Öffentlichkeitsarbeit** obliegt primär die Aufgabe, bei den Stakeholdern ein positives Unternehmensimage zu generieren. Dies wird auch als Einwerben von öffentlichem Vertrauen bezeichnet. **Werbung** zielt hingegen vor allem auf das Aufzeigen der Vorteilhaftigkeit einer konkreten Dienstleistung eines Unternehmens ab bzw. darauf, diese bekannt zu machen und die diesbezügliche Nachfrage zu erhöhen (Arnold 2009). Abbildung 9.4 veranschaulicht die beiden Kerninstrumente der Massenkommunikation, getrennt nach Zielen und Beispielen.

Teilbereiche	Ziele	Beispiele
Werbung	· Beeinflussung und Steigerung des Images · Steigerung des Bekanntheitsgrades und der Nachfrage · Legitimation · Verfolgung einer langfristigen Wirkung	· Flyer und Plakate · Internetauftritt · Mitteilungen und Artikel in der lokalen Presse sowie in Fachmedien · Eintragungen ins Branchen- und Telefonregister
Öffentlichkeitsarbeit (Public Relations)	· Verbesserung und Steuerung des Images · Generierung von Sympathie und Vertrauen · Aufbau persönlicher Beziehungen zu Entscheidungsträgern (Lobbyarbeit) · Vermittlung von Informationen über das Aufgabenprofil · Förderung gesellschaftspolitischer Diskussionen · Verbesserung der unternehmensinternen Motivation und Qualität	· Fachvorträge und Präsenz auf Fachmessen · Veröffentlichungen in Fachzeitschriften · Kontaktpflege zur lokalen Medienlandschaft · Informationsstände · Broschüren und Flyer · Internetauftritt · Tätigkeitsberichte und Stellungnahmen · Veröffentlichungen in unternehmensinternen Medien · Persönliche Konsultationen und Mitwirkung an Gremienarbeit

Abb. 9.4: Teilbereiche der Massenkommunikation in Sozialunternehmen
Quelle: Eigene Darstellung

Bezogen auf die zumeist sozial benachteiligten Leistungsempfänger der Sozialen Arbeit muss abschließend konstatiert werden, dass diese aufgrund ihrer persönlichen Problemlagen, der eigenen emotionalen Betroffenheit und der Scheu, fremde Menschen in die Privatsphäre eindringen zu lassen, einer besonderen, **vertrauensfördernden Ansprache** bedürfen. Kommunikationspolitik bezogen auf die Leistungsempfänger der Sozialen Arbeit bewegt sich somit auf dem »Drahtseil« zwischen der Vermittlung der notwendigen Öffentlichkeit sozialer, pädagogischer und gesellschaftlicher Probleme und dem Hinwirken auf die gesellschaftliche Aufmerksamkeit sowie der Skandalisierung und Stigmatisierung von Einzelpersonen oder bestimmter Bevölkerungsgruppen (Boettner 2004). So werden in den Medien teilweise Berichte zu misshandelten oder gar zu Tode gekommenen Kindern skandalisiert und bezogen auf eine Verantwortlichkeit der Mitarbeiter in den Jugendämtern diskutiert. Boettner resümiert hierzu, dass dieses »prekäre Verhältnis von Öffentlichkeit und Diskretion« die Soziale Arbeit durchzieht und die Notwendigkeit der Aufnahme des Themas Öffentlichkeitsarbeit in der Ausbildung der Sozialarbeiter betont (2004, 19).

9.6 Zwischenfazit

Die betriebswirtschaftliche Funktion des Marketings hat seit Mitte der 1990er Jahre einen stetigen Bedeutungszuwachs in der Sozialwirtschaft erlangt. In Zeiten wachsenden Wettbewerbs und inanspruchnahmeabhängiger Vergütungsstrukturen reift vielerorts die Erkenntnis, dass Qualität allein nicht mehr ausreicht, sondern für den Erfolg und die Zukunftssicherung von Sozialunternehmen auch adäquate Marketingaktivitäten erforderlich sind. Ausgehend von einem begrifflichen Eingrenzungsansatz zum Sozialmarketing wurden im vorliegenden Kapitel die Rahmenbedingungen des Sozialmarktes diskutiert und aufgezeigt, dass Marketingaktivitäten zielgenau auf die unterschiedlichen Anspruchsgruppen des jeweiligen Unternehmens sowie den individuellen- und vertrauensabhängigen Charakter der Leistung auszurichten sind. Die anschließenden Ausführungen zu Perspektiven und Ansatzpunkten für Sozialmarketing machten deutlich, dass die Absatzfunktion (neben der Image- und Akzeptanzpolitik) insgesamt in den Kern der Marketingaktivitäten gerückt ist. Dennoch ist auch diesbezüglich eine differenzierte Betrachtungsweise erforderlich. Beispielsweise dürfte die Marketingperspektive bei humanitär ausgerichteten Unternehmen weniger auf absatzpolitischen Aspekten liegen, als auf der Beschaffung von Ressourcen. Die anschließende Darstellung der vier zentralen Instrumente/Maßnahmen des Marketings zeigte auf, dass die umfassende Anwendung einer Preis- und Distributionspolitik lediglich für einzelne Tätigkeitsbereiche der Sozialen Arbeit empfehlenswert erscheint. Im Zentrum der meisten Sozialunternehmen stehen vielmehr Maßnahmen der Produktpolitik und vor allem der Kommunikationspolitik. Bei der Kommunikationspolitik ist neben den Instrumenten der Massenkommunikation (Öffentlichkeitsarbeit und Werbung) auch die Individualkommunikation von hoher Wichtigkeit. Hierbei kommt vor allem der »Mund-zu-Mund-Propaganda« zwischen Kunden und Nicht-Kunden eine besondere Rolle zu.

Wenngleich der Schwerpunkt dieses Kapitels auf Instrumenten bzw. Maßnahmen des Sozialmarketings liegt, erfolgt dies aus dem Verständnis eines vorgelagerten Prozesses systematischer Planung bzw. Marktforschung. Weiterhin ist zu beachten, dass der Einsatz von Marketinginstrumenten nur dann optimal gelingt, wenn dies in enger Verzahnung mit den anderen betriebswirtschaftlichen Teilbereichen erfolgt. Beispielsweise bedarf die Ressource menschliche Arbeit nicht nur einer professionellen Personalwirtschaft, sondern Mitarbeiter der Sozialen Arbeit sind auch als zentrales Element in die Individualkommunikation einzubeziehen.

Ein ähnlicher Zusammenhang ergibt sich für das Marketing auch mit der betriebswirtschaftlichen Controllingfunktion. Kennzahlensysteme (Kundenbefragungen) bieten zum Beispiel eine zentrale Möglichkeit zur Steuerung der Kommunikationspolitik und darüber hinaus liefert das Controlling zentrale Informationen darüber, wie »Marketing wirkt«. Letztendlich kommt der Kommunikationspolitik auch eine hohe unternehmensinterne Bedeutung zu, wenn es darum geht, eine Balance zwischen den Interessen und Perspektiven der betriebswirtschaftlichen Teilfunktionen zu finden bzw. diese optimal aufeinander abzustimmen.

Literaturverzeichnis

Arnold, Ulli: Sozialmarketing. In: Arnold, Ulli; Maelicke, Bernd (Hrsg.): Lehrbuch der Sozialwirtschaft. 3. Auflage. Baden-Baden: Nomos, 2009, S. 550–600.

Boettner, Johannes: Öffentlich oder diskret: Klienten zwischen Scham und Selbstdarstellung. Sozialmagazin: Die Zeitschrift für Soziale Arbeit. Jg. 29, H. 4, 2004, S. 18–24.

Bruhn, Manfred: Marketing für Nonprofit-Organisationen: Grundlagen – Konzepte – Instrumente. Stuttgart: Kohlhammer, 2005.

Bruhn, Manfred; Tilmes, Jörg: Social Marketing. Stuttgart, Berlin, Köln: Kohlhammer, 1989.

Christa, Harald; Schellberg, Klaus: Instrumente im Dienstleistungsmarketing sozialer und öffentlicher Unternehmen. Brandenburg: Service-Agentur des Hochschulverbundes Distance Learning, 2003.

Christa, Harald; Schellberg, Klaus: Ziele und Elemente des Marketings sozialer und öffentlicher Unternehmen. Brandenburg: Service-Agentur des Hochschulverbundes Distance Learning, 2002.

Duden. Mannheim: Bibliographisches Institut & F. A. Brockhaus AG, 1996.

Gerull, Peter: Hand- und Werkbuch: Soziales Qualitätsmanagement – Konzepte und Erfahrungen. Sonderausgabe. Hannover: Evangelischer Erziehungsverband (EREV), 2000.

Kommunale Gemeinschaftsstelle für Verwaltungsvereinfachung (KGSt) (Hrsg.): Marketing in Kommunen. Bericht 9/2004. Köln: KGSt. 2004.

Knorr, Friedhelm; Scheibe-Jaeger, Angela.: Sozialökonomie. Volkswirtschaftliche und betriebswirtschaftliche Grundlagen für die soziale Arbeit. Frankfurt a. M.: Eigenverlag des Deutschen Vereins für öffentliche und private Fürsorge, 2002.

Kotler, Philip; Bliemel, Friedhelm: Marketing-Management. Analyse, Planung und Verwirklichung. 10. Auflage. München: Pearson Studium, 2006.

Meffert, Heribert; Burmann, Christoph; Kirchgeorg, Manfred: Marketing: Grundlagen marktorientierter Unternehmensführung. Konzepte-Instrumente-Praxisbeispiele. 10. Auflage. Wiesbaden: Gabler, 2008.

Meinhold, Marianne; Matul, Christian: Qualitätsmanagement aus der Sicht von Sozialarbeit und Ökonomie. Baden-Baden: Nomos, 2003.

Merchel, Joachim: Sozialmanagement. Eine Einführung in Hintergründe, Anforderungen und Gestaltungsperspektiven des Managements in Einrichtungen der Sozialen Arbeit. 2. Auflage. Weinheim, München: Juventa, 2006.

Moos, Gabriele; Peters, André: BWL für soziale Berufe. München: Ernst Reinhardt, 2008.

Schellberg, Klaus: Betriebswirtschaftslehre für Sozialunternehmen. 2., überarbeitete Auflage. Augsburg: Ziel-Verlag, 2007.

Scheuch, Fritz: Marketing. 6. Auflage. München: Verlag Franz Vahlen GmbH, 2007.

Schürmann, Ewald: Öffentlichkeitsarbeit im Sozialmanagement. Brandenburg: Service-Agentur des Hochschulverbundes Distance Learning, 2001.

Schulz von Thun, Friedeman: Miteinander Reden 1: Störungen und Klärungen. Reinbek: Rowohlt Taschenbuch Verlag GmbH, 1997.
Wöhe, Günter. Einführung in die Allgemeine Betriebswirtschaftslehre. 24. Auflage. München: Verlag Franz Vahlen GmbH, 2010.

Verzeichnis der Abbildungen

Herausgeber

Dr. Jürgen Holdenrieder ist seit 2005 Professor für Ökonomie der Sozialen Arbeit an der Hochschule Esslingen und seit 2009 Prodekan an der Fakultät Soziale Arbeit, Gesundheit und Pflege. Schwerpunkte seiner Lehrtätigkeit sind die Sozialwirtschaft und der internationale Vergleich von Sozialsystemen. Dazu hat er, in Kooperation mit der Paritätischen Bundesakademie und der Paritätischen Akademie Süd, den berufsbegleitenden Masterstudiengang Sozialwirtschaft entwickelt. Die Forschungsschwerpunkte liegen auf dem systematischen Theorie-Praxis-Transfer betriebswirtschaftlicher Instrumente. Herr Dr. Holdenrieder ist zudem geschäftsführender Partner am Sozialwissenschaftlichen und Betriebswirtschaftlichen Institut (SBI), Berater von Sozialunternehmen sowie Autor einer Reihe von (internationalen) Veröffentlichungen.

Autorenverzeichnis

Arnd von Boehmer hat an den Universitäten Konstanz und Bonn studiert und ist Dipl.-Verwaltungswissenschaftler. Nach Stationen im Journalismus sowie in der Politikberatung arbeitet er seit 2000 in Leitungstätigkeiten der frei-gemeinnützigen Sozialwirtschaft. Derzeit ist er als Geschäftsführer der AWO Sozial gGmbH in Stuttgart u. a. zuständig für Personalwirtschaft und Controlling. Tiefe Einblicke in viele andere Unternehmen ergeben sich aus seiner Tätigkeit als ehrenamtlicher Arbeitsrichter am Arbeitsgericht Stuttgart. Arnd von Boehmer ist seit 2006 Lehrbeauftragter an der Hochschule Esslingen und unterrichtet vorrangig zu betriebswirtschaftlichen Themen.

Dr. Rainer Burk ist seit 1997 Professor für Gesundheitsmanagement an der Hochschule Neu-Ulm. Schwerpunkte in der Lehre sind Fächer des Rechnungswesens und Controllings für Krankenhäuser sowie soziale Einrichtungen. Herr Dr. Burk hat sich auf Wirtschaftlichkeitsfragen des Gesundheitswesens spezialisiert und als Sachverständiger für die Wirtschaftlichkeit von Pflegeeinrichtungen zahlreiche Gutachten erstellt sowie in Zeitschriften Beiträge dazu veröffentlicht.

Dr. Nina Maier hat an den Universitäten Konstanz und München Volkswirtschaftslehre studiert und anschließend bei Ernst & Young GmbH in München und Stuttgart in der Steuerberatung gearbeitet. Berufsbegleitend hat sie die Steuerberaterprüfung absolviert und im Steuerrecht promoviert. Als Mutter von vier Kindern hat sie sich dem Thema »Sozialmanagement« zugewandt und dieses Fach im Masterstudiengang studiert. Heute liegt der Schwerpunkt ihres beruflichen und wissenschaftlichen Interesses auf diesem Themengebiet. Als Dozentin trägt sie zu den Themen »Rechtsformen, Gemeinnützigkeit und Existenzgründung« vor.

Dr. Bettina Müller ist seit 2009 Professorin für Sozialmanagement an der Hochschule Esslingen. Ihre Schwerpunkte in Lehre und Forschung sind Organisations-, Personal- und Konzeptionsentwicklung in der Sozialverwaltung, in sozialwirtschaftlichen Einrichtungen sowie in überinstitutionellen Zusammenhängen. Frau Dr. Müller war über 15 Jahre im Bereich der beruflichen Bildung und Benachteiligtenförderung als pädagogische Fach- und Führungskraft tätig. Sie hat in verschiedenen Bundesländern am strategischen sowie operativen Aufbau von kommunalen Bildungslandschaften gearbeitet und sich in der Konzeptualisierung von Maßnahmen zur schulischen Qualitätsentwicklung engagiert.

Dr. Arnold Pracht ist seit 1996 Professor für Betriebswirtschaftslehre in der Fakultät Soziale Arbeit, Gesundheit und Pflege der Hochschule Esslingen. Er ist schwerpunktmäßig dem Studiengang Pflege/Pflegemanagement zugeordnet und vertritt dort in erster Linie die Betriebswirtschaftslehre. Im Studiengang Soziale Arbeit vertritt er darüber hinaus das Handlungsfeld der Sozialen Arbeit mit Menschen mit Behinderung. 1999 füllte er für vier Jahre das Amt des Gründungsprodekans an der damaligen Fachhochschule Esslingen, Hochschule für Sozialwesen aus. Seine Schwerpunkte in den Veröffentlichungen liegen aktuell im Bereich der Begründung einer Betriebswirtschaftslehre für den Bereich der Sozialen Arbeit, der Pflege und Gesundheit.

Kathrin Seifert, Master of Arts/Sozialmanagement (M. A.) ist Referentin und Leiterin des Referates des Dezernenten für Soziales, Jugend, Gesundheit, Wohnen, Schule und Sport der Landeshauptstadt Kiel.

Dr. Reinhold Wolke ist seit dem Jahr 2001 Professor für Gesundheits- und Sozialökonomie an der Hochschule Esslingen und seit 2003 Studiendekan für den Studiengang Bachelor Pflege/Pflegemanagement. Seine Schwerpunkte in der Lehre und Forschung sind die Ökonomie der Gesundheits- und Sozialdienste sowie Krankenhausbetriebswirtschaftslehre. Seine Schwerpunkte in den Veröffentlichungen liegen aktuell in den Bereichen der ökonomischen Evaluation, in der Gesundheitsökonomie und im Qualitätsmanagement.

Ursula Hochuli Freund
Walter Stotz

Kooperative Prozessgestaltung in der Sozialen Arbeit

Ein methodenintegratives Lehrbuch

2. Auflage 2013
336 Seiten. Kart. € 29,90
ISBN 978-3-17-023077-4

‚Kooperative Prozessgestaltung' ist eine Methodik für professionelles Handeln in der Sozialen Arbeit. Sie versteht sich als methodenintegrativer, kooperativer Ansatz und ist für den praxisfeldübergreifenden Einsatz konzipiert. Im ersten Teil des Lehrbuches werden die professionstheoretischen Grundlagen dargestellt, u.a. Strukturmerkmale des Handelns, Professionsethik, Kooperation mit allen am Hilfeprozess Beteiligten. Vor dieser Hintergrundsfolie wird im zweiten Teil das Prozessmodell Kooperativer Prozessgestaltung entwickelt. Dabei wird unterschieden zwischen Situationserfassung, Analyse, Diagnose, Ziele, Interventionsplanung, Interventionsdurchführung und Evaluation. Die Bedeutung jedes Prozessschritts wird herausgearbeitet, und es werden ausgewählte Methoden beschrieben. In einer kritischen Diskussion wird jeweils erörtert, auf welche Art und Weise diese Methoden für die gemeinsame Arbeit mit KlientInnen und für die Kooperation unter Professionellen verwendet werden können.

Prof. Dr. Ursula Hochuli Freund und **Prof. lic.phil. Walter Stotz** lehren an der Hochschule für Soziale Arbeit der Fachhochschule Nordwestschweiz.

W. Kohlhammer GmbH · 70549 Stuttgart
Tel. 0711/7863 - 7280 · Fax 0711/7863 - 8430 · vertrieb@kohlhammer.de

Kohlhammer